Steffen Krotsch

# Industrialisierung in der Abwicklungs- und Transformationsfunktion von Banken

GABLER EDITION WISSENSCHAFT

Steffen Krotsch

# Industrialisierung in der Abwicklungs- und Transformationsfunktion von Banken

## Ein stochastisches Modell

Mit einem Geleitwort von Prof. Dr. Friedrich Thießen

Deutscher Universitäts-Verlag

Bibliografische Information Der Deutschen Bibliothek
Die Deutsche Bibliothek verzeichnet diese Publikation in der Deutschen Nationalbibliografie; detaillierte bibliografische Daten sind im Internet über <http://dnb.ddb.de> abrufbar.

Dissertation TU Chemnitz, 2005

1. Auflage März 2006



Lektorat: Brigitte Siegel / Stefanie Brich

Der Deutsche Universitäts-Verlag ist ein Unternehmen von Springer Science+Business Media.
www.duv.de



Umschlaggestaltung: Regine Zimmer, Dipl.-Designerin, Frankfurt/Main
Druck und Buchbinder: Rosch-Buch, Scheßlitz
Gedruckt auf säurefreiem und chlorfrei gebleichtem Papier
Printed in Germany

ISBN 3-8350-0251-1

## Geleitwort

Standardisierung und Automatisierung erreichen dank moderner Algorithmen und Softwareinstrumente immer weitere Geschäftsbereiche in den Banken und geraten zunehmend auch in das Blickfeld der Öffentlichkeit.

Die vorliegende Arbeit untersucht die Auswirkungen von Automatisierungs- und Standardisierungstendenzen im Bankenbereich auf geschäftspolitische Parameter von Banken. Zu diesem Zweck entwickelt der Autor ein umfassendes integriertes Bankenmodell, welches sich bezüglich verschiedener Standardisierungs- und Automatisierungsgrade parametrisieren lässt. Mit diesem Modell kann der Verfasser das Bankenverhalten ableiten und untersuchen, das sich bei gegebenen Bankzielen in Reaktion auf die installierten Standardisierungs- und Automatisierungsroutinen ergibt.

Das Bankenmodell zeigt, dass Automatisierung und Standardisierung insgesamt durchaus die positiven Wirkungen hervorbringen können, die mit ihrer Hilfe in erster Linie erwartet werden. Das Modell zeigt jedoch auch, dass es unter Umständen zu unerwünschten Effekten, wie pro-zyklischen Agierens oder der Multiplikation von Auswirkungen menschlicher Verhaltensschwächen kommen kann. Das Modell zeigt darüber hinaus, dass man diese Probleme bewältigen kann, ohne Automatisierungs- und Standardisierungsstrategien verlassen zu müssen. Dem Bankmanagement rät der Autor, vor der Einführung automatischer Dispositionsverfahren die möglichen Auswirkungen in einem Gesamtbankkontext, wie ihn z.B. das hier präsentierte Modell darstellt, zu prüfen.

Die Arbeit liefert einen Beitrag in der Diskussion um die Wirkungsanalyse bzgl. moderner Transaktions- und Steuerungsverfahren. Sie ist daher von hoher Relevanz für Entscheider im und Beobachter des Bankensektors.

Prof. Dr. Friedrich Thießen

# Vorwort

Industrialisierung der Abläufe wird derzeit häufig als Megatrend der Bankenbranche beschrieben. Die vorliegende Arbeit nimmt das aktuelle Thema auf und untersucht modellhaft die Auswirkungen von beobachtbaren Industrialisierungstendenzen wie Automatisierung, Standardisierung und Spezialisierung auf die Bankbereiche Transformation und Abwicklung respektive auf das risikoadjustierte Bankergebnis und die Zyklusverstärkerwirkung der Bank.

Dabei kann Industrialisierung nicht durchgängig als positiv eingeschätzt werden. So können automatische Verfahren menschliche Verhaltensanomalien multiplizieren und zu verstärktem „Herdenverhalten" auch zwischen den Banken führen. Einige Industrialisierungsschritte führen zu pro-zyklischem Verhalten bzw. einer Zyklusverstärkung durch die Bank. Dazu zählen auch Initiativen zur Dispositionsunterstützung wie sie im Rahmen von Basel II gefordert werden.

Vor der Umsetzung von Maßnahmen zur Automatisierung und Standardisierung sollten demnach mögliche negative Auswirkungen durch die Banken genau geprüft werden.

Die Untersuchung wurde in einem gemeinsamen Forschungsprojekt an der Technischen Universität Chemnitz erarbeitet. Mein besonderer Dank gilt Herrn Prof. Dr. Friedrich Thießen für die effektive Steuerung des Vorhabens, dem Gutachter Herrn Prof. Dr. Buhl aus Augsburg sowie insbesondere Herrn Dr. Cornelius Riese für die mehrjährige fruchtbare Zusammenarbeit. Darüber hinaus danke ich meiner Frau, meiner Familie und dem Freundeskreis für ihre Unterstützung.

Dr. Steffen Krotsch

# Inhaltsverzeichnis

## Abbildungsverzeichnis

## Abkürzungsverzeichnis

| | |
|---|---|
| Abb | Abbildung |
| Abs. | Absatz |
| ACPM | Active credit portfolio management |
| AEA | American Economic Association |
| AG | Aktiengesellschaft |
| ALM | Asset Liability Management |
| ASP | Application Services Providing |
| AZV | Auslandszahlungsverkehr |
| BaFin | Bundesanstalt für die Finanzdienstleistungsaufsicht |
| BaKred | Bundesaufsichtsamt für das Kreditwesen |
| Bd. | Bänden |
| BIS | Bank for International Settlement |
| BIT | Zeitschrift „Banking and Information Technology“ |
| BPO | Business Process Outsourcing |
| BPR | Business Process Reengineering |
| BRD | Bundesrepublik Deutschland |
| BWL | Betriebswirtschaftslehre |
| bzgl. | bezüglich |
| bzw. | beziehungsweise |
| ca. | Circa |
| CAD | Computer Aided Design |
| CAE | Computer Aided Engineering |
| CAPM | Capital Market Pricing Model |
| CAR | Cost Asset Ratio |
| CaR | Credit at Risk |
| CAS | Computer Aided Styling |
| CFO | Chief Financial Officer |
| CIBI | Conference on Innovation in the Banking Industry |
| CIO | Chief Information Officer |
| CIR | Cost Income Ratio |
| COO | Chief Operating Officer |
| CRM | Customer Relationship Management |
| CVaR | Conditional value at risk |
| d.h. | das heißt |
| DAX | Deutscher Aktienindex |
| DM | Deutsche Mark |
| dt. | deutsche(n) |
| EDM | Engineering Data Management |
| EDV | Elektronische Datenverarbeitung |

| | |
|---|---|
| EFQM | European Foundation for Quality Management |
| et al. | und weitere |
| etc. | et cetera |
| EU | Europäische Union |
| EVA | Economic value add |
| EVT | Extreme value theory |
| EZB | Europäische Zentralbank |
| f. / ff. | Fortfolgende |
| FAZ | Frankfurter Allgemeine Zeitung |
| FFS | Flexible Fertigungssysteme |
| FORSS | Fund Order Routing Software Solution |
| GARCH | Generalized Auto Regressive Conditional Heteroscedasticity |
| GDV | Gesamtverband der Deutschen Versicherungswirtschaft |
| GfK | Gesellschaft für Konsumforschung |
| ggf. | gegebenenfalls |
| GKM | Geld- und Kapitalmarkt |
| GmbH | Gesellschaft mit beschränkter Haftung |
| GmbH & Co. KG | Kommanditgesellschaft mit Gesellschaft mit beschränkter Haftung als Komplementär |
| GuV | Gewinn- und Verlustrechnung |
| HGB | Handelsgesetzbuch |
| Hrsg. | Herausgeber |
| HSG | Hochschule St. Gallen/ Schweiz |
| i.V.m. | in Verbindung mit |
| IAO | Fraunhofer-Institut für Arbeitswirtschaft und Organisation |
| IAS | International Accounting Standards |
| IFRS | International Financial Reporting Standards |
| IMCS | Institute of Management and Consulting Science |
| IRB | Internal Rating Based |
| IS | Information Systems |
| ISO | International Standard Organization |
| IT | Informationstechnologie |
| IZV | Inlandszahlungsverkehr |
| Jg. | Jahrgang |
| KfW | Kreditanstalt für Wiederaufbau |
| KG | Kommanditgesellschaft |
| KVP | Kontinuierlicher Verbesserungsprozess |
| KWG | Kreditwesengesetz |
| LP | Lineare Programmierung |
| LPM | Lower partial moments |
| M&A | Mergers & Acquisitions |

| | |
|---|---|
| MAD | Mean absolute deviation |
| MaH | Mindestanforderungen für Handelsgeschäfte |
| Mio. | Millionen |
| MIT | Massachusetts Institute of Technology |
| Mrd. | Milliarden |
| MVA | Market value add |
| Nr. | Nummer |
| o.V. | ohne Verfasser |
| OECD | Organization for Economic Co-operation and Development |
| OSGV | Ostdeutscher Sparkassen- und Giroverband |
| p.a. | per annum |
| Prof. | Professor |
| RAROC | Risk Adjusted Return on Capital |
| RARORAC | Risk Adjusted Return on Risk Adjusted Capital |
| RechKredV | Verordnung über die Rechnungslegung der Kreditinstitute und Finanzdienstleistungsinstitute |
| REX | Deutscher Rentenindex |
| ROE | Return on equity |
| ROI | Return on investment |
| RORAC | Return on Risk-adjusted Capital |
| RTGS | Real-Time-Gross-Settlement-Systeme |
| RWTH | Rheinisch-Westfälische Hochschule Aachen |
| S. | Seite |
| S&P | Standard&Poor's |
| Schufa | Schutzgemeinschaft für allgemeine Kreditsicherung |
| SGVHT | Sparkassen- und Giroverband Hessen-Thüringen |
| sog. | Sogenannte/r/s |
| STP | Straight Through Processing |
| TQM | Total Quality Management |
| u.a. | unter anderem; und andere |
| u.u. | und umgekehrt |
| US GAAP | US Generally Agreed Accounting Principles |
| VaR | Value at Risk |
| VdA | Verband der Automobilwirtschaft e.V. |
| vgl. | Vergleiche |
| VGR | Volkswirtschaftliche Gesamtrechnung |
| Vol. | Volume |
| vs. | Versus |
| WISU | Zeitschrift „Das Wirtschaftsstudium" |
| XML | Extensible Markup Language |

| | |
|---|---|
| z.B. | zum Beispiel |
| ZfgK | Zeitschrift für das gesamte Kreditwesen |

# I. Themenmotivation und Gang der Untersuchung

## 1.1 Situation deutscher Banken

Der Ertrags- und Rentabilitätsrückgang deutscher Kreditinstitute in den letzten Jahren lässt sich insbesondere auf einen Wandel der Marktbedingungen und der Struktur des deutschen Bankenmarktes zurückführen.[1] Schon im Jahre 1990 prophezeite dies das damalige Vorstandsmitglied der Deutschen Bank, Ulrich Cartellieri, mit seinem Vergleich, die Banken seien die Stahlindustrie der neunziger Jahre und ihnen drohe ein ähnliches Schicksal. Jedoch wurden die Probleme der deutschen Banken, auf die Cartellieri Bezug nahm, zunächst durch Sondereffekte überdeckt.[2]

So profitierten die deutschen Banken vom Boom im Immobiliengeschäft, der durch die deutsche Wiedervereinigung ermöglicht wurde. Von 1991 bis 1998 wuchs das Volumen an Baufinanzierungen um 13% p.a.. Danach setzte der Kapitalmarkt-Boom ausgelöst durch die aufkommenden neuen Technologien („New Economy") ein. Seit dem Börsengang der Deutschen Telekom 1996 vervielfachten sich die Handelsvolumina an den Börsen, die Anzahl Börsengänge und somit auch die Provisionsüberschüsse der deutschen Banken. Zusätzlich konnten die Provisionseinnahmen der Banken durch die Abschaffung des Steuerprivilegs für kapitalbildende Lebensversicherungen noch einmal wesentlich gesteigert werden.

Nach dem Abklingen dieser Sondereffekte wurden die Struktur- und Kostenprobleme in der deutschen Bankenlandschaft deutlicher sichtbar. Innerhalb von etwa zwei Jahren sank die Marktkapitalisierung der größten Banken in den Vereinigten Staaten um *11%*, in Europa um *36%* und in Asien um *45%* (vgl. Abbildung 1a). Auch die deutschen Banken verloren wesentlich an Ertragskraft und Marktkapitalisierung (vgl. Abbildung 1b).

---

1 Vgl. Bundesverband deutscher Banken, Banken 2004, 2004, S. 9.

2 Vgl. hierzu und zum folgenden Abschnitt Linn, N./ Krotsch, S./ Riese, C., Banken, 2002, S. 7ff. Die Einleitung (Kapitel 1.1–1.3) werden zusammenfassend analog der parallelen Dissertation von C. Riese „Industrialisierung von Banken – Grundlagen, Ausprägungen, Wirkungen", 2005 ausgeführt.

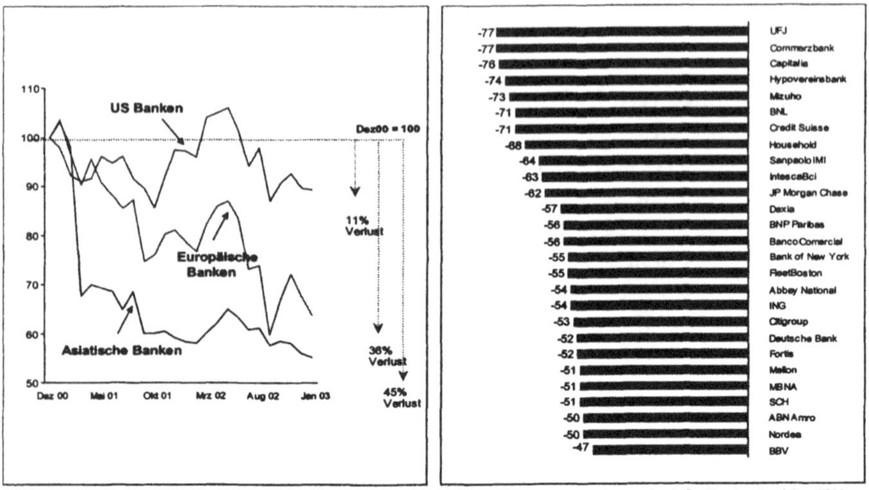


a) Marktkapitalisierung von Bankengruppen nach Region (2000-2003)

b) Verlust an Marktkapitalisierung durch Großbanken im Jahre 2002 (in %)

Abbildung 1: Banken in der Krise[3]

Deutsche Banken reagierten im Regelfall erst sehr spät auf diese neuen Herausforderungen.[4] Die Umsetzung von Kostenprogrammen, die kurzfristig die Sach- und Personalkosten reduzierten, stellte meist die primäre Handlungsoption dar. Auch wurde vielfach versucht, das Eigenkapital durch den Verkauf von Beteiligungen zu stärken. Darüber hinaus wurden die Bilanzen über eine Auslagerung von Kreditrisiken entschlackt. Die Ergebnisse des Bankensektors im Jahr 2003 zeigen zwar erste Erfolge, die Ertragslage deutscher Banken ist insbesondere im Vergleich zu anderen europäischen Ländern jedoch noch immer unbefriedigend.[5] Angesichts des zu wenig Enthusiasmus Anlass gebenden Marktumfeldes lässt sich eine gewisse Visionslosigkeit und mangelnde Langfristperspektive der deutschen Banken feststellen.

Als weitere Herausforderung ist eine Verhaltensänderung der Bankkunden zu werten. Sie stellen höhere Anforderungen an die Banken, sind besser informiert und auch immer stärker bereit, den Anbieter zu wechseln.[6]

Bei der Suche nach Wegen, diese neuen Herausforderungen zu meistern, rückt der Begriff der „Industrialisierung" immer stärker in den Mittelpunkt der Diskussion im Bankensektor.

3 Vgl. hierzu Accenture, Industry vision, 2003.
4 Vgl. Bundesverband deutscher Banken, Banken 2004, 2004, S. 11.
5 Vgl. ebenda.
6 Vgl. zu den Wachstumsaussichten der Bankenbranche und zum wachsenden Wechselwillen von Kunden Schroder Salomon Smith Barney, Revenue growth, 2002.

## 1.2 Die aktuelle Industrialisierungsdiskussion im Bankensektor

In der Diskussion um die Bankenlandschaft der Zukunft ist zunehmend eine neue, industriell-geprägte Terminologie spürbar. So werden Abläufe in so genannten Kreditfabriken beschrieben mit: "8 Uhr. Schichtbeginn in der Fabrik. Die Werker tragen hier keine Blaumänner sondern Anzüge und statt ohrenbetäubenden Maschinenlärms klackern nur Computertastaturen. Alltag in der bws Bank, der Bankfabrik der deutschen Geno-Banken."[7] Industrialisierung wird jedoch häufig auch als Zielbild für die deutsche Bankenlandschaft benutzt. So war das Thema des Bankenkongresses CIBI 2002 „Industrialisierung als Ausweg aus der Bankenkrise". In aktuellen Fachartikeln wird darauf hingewiesen, dass „durch schnelle, kostengünstigere Arbeitsabläufe bei gleichem oder besserem Service die Industrialisierung (...) der Finanzwelt faszinierende Aussichten [biete]."[8] Die „Industrialisierung bei Kreditinstituten (sei) an der Tagesordnung"[9] und sei „das zurzeit am intensivsten diskutierte Thema der Finanzbranche"[10]. Bankenvertreter wie Peter Blatter (COO der Citibank Privatkunden AG), Hans-Josef Lamberti (CIO und COO der Deutschen Bank), Prof. von Schimmelmann (CEO der Postbank) und Dietrich Voigtländer (Vorstand der DZ Bank) weisen eindringlich auf die Industrialisierung von Banken als entscheidendes Paradigma hin.[11]

Es stellt sich die Frage, warum Industrialisierung als ein Begriff aus dem Primärsektor der Volkswirtschaft mit eher negativen Konnotationen wie Fließband oder Sinnentleerung der Arbeit eine visionäre Kraft für die Überwindung der Strukturprobleme im deutschen Bankensektor darstellen soll.

Erklärbar erscheint dieser Zusammenhang nur dadurch, dass gewisse Eigenschaften der industrialisierten Produktionsprozesse (z.B. Automatisierung, Modularisierung oder Qualitätsmanagement) auf den Leistungserstellungsprozess für Bankdienstleistungen zunehmend Anwendung finden. Wie die aufgeführten Aussagen belegen, werden mit dieser „Transferleistung" große Hoffnungen für die Bankenlandschaft verbunden.

Es ergeben sich einige Fragen, die bei einer Auseinandersetzung mit dem Begriff der Industrialisierung im Bankensektor von Interesse sind:

- Welche sind die wesentlichen Eigenschaften der Industrialisierung im Bankensektor und inwieweit finden diese tatsächlich Anwendung?
- Wie wirkt die Industrialisierung auf das Bankergebnis (Ertrag, Kosten und Risiko)?
- Wie ist diese Wirkung bezogen auf die Bankbereiche Transformation und Abwicklung zu beurteilen?

---

7 O.V., Zukunft, 2002, S. 15.

8 Sponnagel, J., Fließband, 2004, S. 36.

9 O.V., Tagesordnung, 2004, S. 4.

10 Lubich, R./ Rebouillon, J., Wie industrialisiert man eine Bank, 2004, S. 27. Vgl. zu aktuellen Entwicklungen und Zitaten auch Sokolowsky, Z., Industrialisierung der Finanzdienstleister, 2004.

11 Auf die jeweiligen Aussagen und Sichtweisen der Bankvertreter wird zum Teil im weiteren Verlauf der Untersuchung eingegangen. Vgl. hierzu jedoch ausführlich die parallele Dissertation: Riese, C., Industrialisierung von Banken - Grundlagen, 2005.

- Wie wirkt Industrialisierung in verschiedenen Marktumfeldern? Ist in volatilen Märkten Industrialisierung vorteilhaft oder ggf. nachteilig?

Auf diese Fragestellungen soll im Rahmen der vorliegenden Arbeit eingegangen werden. Zuvor wird jedoch noch ein Überblick des aktuellen Standes der wissenschaftlichen Auseinandersetzung sowie des Untersuchungsvorgehens gegeben.

## 1.3 Stand der wissenschaftlichen Auseinandersetzung

Die vorliegende Arbeit führt die zwei Untersuchungsobjekte Bank und Industrialisierung im Rahmen eines Modells zusammen. Zu jedem der Untersuchungsgegenstände existiert isoliert eine breite wissenschaftliche Auseinandersetzung. Banken bilden den Gegenstand des eigenständigen Gebietes „Bankbetriebslehre" innerhalb der Betriebswirtschaftslehre. Dort sind auch zahlreiche Kategorien an Modellen zur Erklärung von Bankverhalten entwickelt worden.[12] Die Untersuchung der Industrialisierung stellt als historisches, gesellschaftlich-ökonomisches Phänomen ein wesentliches Forschungsgebiet innerhalb der Geschichtswissenschaften dar.

Der wissenschaftliche Bearbeitungsstand für eine Themenverknüpfung der beiden Objekte ist zum jetzigen Zeitpunkt jedoch schwach ausgeprägt.[13] Industrialisierungsspezifische Terminologie wurde zwar bereits Ende der sechziger Jahre auf Banken übertragen,[14] der Transfer von Managementkonzepten aus dem industriellen Bereich hingegen setzte erst Anfang der neunziger Jahre mit der Verwendung einiger industrieller Prinzipien wie z.B. der Fertigungstiefenplanung ein.[15]

Mit dem Beginn der krisenhaften Erscheinungen in der deutschen Bankenlandschaft im Jahr 2000 wurde in Fachartikeln und wissenschaftsnaher Literatur die Diskussion um eine Industrialisierung im Bankensektor gefordert und beschrieben. Dieses Thema wurde vor allem von Praktikern im Bankmanagement publiziert und vorangetrieben.[16] Die hohe Intensität, mit der die Auseinandersetzung derzeit geführt wird, lässt eine dauerhafte Entwicklung vermuten. Eine wissenschaftliche Untersuchung empirischer und vor allem modellbasierter Natur ist jedoch noch nicht erfolgt und bildet den wesentlichen Gegenstand dieser Arbeit.

## 1.4 Themenabgrenzung und Gang der Bearbeitung

Die Zielsetzung der vorliegenden Untersuchung bildet die Wirkungsanalyse bezüglich Industrialisierungstendenzen im Bankensektor. Im Vordergrund steht die Fragestellung, wie diese Industrialisierungstendenzen in der originären bankbetrieblichen Funktion, der Transformation von Risiken, Fristen und Losgrößen, wirken.

---

12 Vgl. hierzu ausführlich Kapitel 2.1.2.3.

13 Vgl. Sokolowsky, Z., Industrialisierung der Finanzdienstleister, 2004.

14 Vgl. Muthesius, P., Bankautomation, 1967, S. 128.

15 Vgl. Benölken, H./ Wings, H., Lean Banking, 1994 und Bierer, H./ Fassbender, H./ Rüdel, T., Weg zur "schlanken Bank", 1992, S. 500-506 und Bösch, G., Produktionsmanagement in Bankbetrieb, 1992.

16 Vgl. hierzu Sokolowsky, Z., Industrialisierung der Finanzdienstleister, 2004 sowie die Ausführungen in Kapitel 1.2 sowie die dort aufgezeigten Literaturverweise.

Darüber hinaus sollen Effekte modelliert und interpretiert werden, die sich aus der Industrialisierung der Abwicklung von Banken ergeben.

Zu diesem Zweck soll zunächst eine Darstellung von Grundlagen der Industrialisierung von Banken erfolgen (Kapitel 2). Es wird auf Grundlagen der Untersuchungsobjekte Industrialisierung (Kapitel 2.1.1) und Bank (Kapitel 2.1.2) eingegangen. Darüber hinaus werden in Kapitel 2.2 die wesentlichen Industrialisierungsentwicklungen, die sich im Bankbereich identifizieren lassen, dargestellt. Die Industrialisierungstendenzen werden anhand einer generischen Wertschöpfungskette bestehend aus Produktentwicklung, Vertrieb, Abwicklung und Transformation systematisiert.[17] Es schließt sich ein Überblick existierender empirischer Analysen zur Wirkung der Industrialisierung (Kapitel 2.3) an. Das Kapitel 2 stellt eine kurze Zusammenfassung der in der Dissertation von Cornelius Riese (Technische Universität Chemnitz) behandelten Themenbereiche dar.[18]

Aus den in Kapitel 2 identifizierten Industrialisierungstendenzen wird ein Modell zur Wirkungsanalyse in zwei Schritten entwickelt. Zunächst werden in Kapitel 3 Grundlagen zum Industrialisierungsmodell dargestellt sowie die Modellstruktur aufgezeigt. Dies umfasst die Darstellung von Modellzielen und -anforderungen (Kapitel 3.1) sowie die Erläuterung des Inputsystems (Kapitel 3.2), Leistungssystems und Outputsystems (Kapitel 3.6) der modellierten Bank. Im Rahmen des Leistungssystems wird zwischen der Modellierung der Geschäftsarten (Kapitel 3.3), der Bankprozesse (Kapitel 3.4) sowie der Industrialisierungsparameter (Kapitel 3.5) unterschieden.

In Kapitel 4 werden die konkrete Modellumsetzung sowie die Modellergebnisse beschrieben. Hierfür erfolgt zunächst eine Konsolidierung des Modellaufbaus (Kapitel 4.1) sowie eine detaillierte Modellbeschreibung (Kapitel 4.2). Anschließend wird die konkrete Parameterwahl für das Modell durchgeführt (Kapitel 4.3). Die Wirkungsweise des Modells im Sinne von grundsätzlichen Verhaltensweisen und Reaktionsmechanismen wird anschließend betrachtet (Kapitel 4.4). Den letzten Schritt bildet die Darstellung und Interpretation der Modellergebnisse (Kapitel 4.5). Diese umfassen die Beschreibung der Ergebnisse und ihrer Interpretation in stabilen und volatilen Marktszenarien, umfassende Sensitivitätsanalysen sowie eine abschließende kritische Würdigung des Modells. Die Arbeit schließt mit einem zusammenfassenden Ausblick (Kapitel 5).

Im Folgenden wird als Basis der Modellentwicklung auf Grundlagen der Industrialisierung von Banken eingegangen.

---

17 Vgl. hierzu Kapitel 2.1.2.2.

18 Vgl. Riese, C., Industrialisierung von Banken - Grundlagen, 2005.

# II. Grundlagen der Industrialisierung von Banken

## 2.1 Darstellung der Untersuchungsobjekte

### *2.1.1 Grundlagen des Untersuchungsobjekts Industrialisierung*

Der Begriff „Industrialisierung" lässt sich auf das lateinische Wort industria zurückführen, das als Fleiß und Betriebsamkeit charakterisiert werden kann.[19] Heute wird unter „Industrie" vielfach die gewerbliche Gewinnung, Be- und Verarbeitung von Rohstoffen respektive Halbfabrikaten verstanden.[20] In der wissenschaftlichen Auseinandersetzung besteht aufgrund der historischen Entwicklung und divergierender Ziele der Untersuchungen keine einheitliche Nomenklatur und Verwendungsweise des Begriffes Industrialisierung über verschiedene Wissenschaftsdisziplinen. Folgende Betrachtungen können unterschieden werden:[21]

- Singulär geschichtswissenschaftliche Sicht: Untersuchung der Auslöser und der zeitlichen Einordnung von Industrialisierungsphasen.
- Geschichtswissenschaftlich-ökonomische Sicht: Betrachtung des Zusammenhanges zwischen der Transformation der technischen und wirtschaftlichen Produktionsweise und dem dadurch ausgelösten Wirtschaftswachstum.[22]
- Geschichtswissenschaftlich-sozialwissenschaftliche Sicht: Analyse des Einflusses der Industrialisierung auf die Umweltbedingungen, das Normen- und Wertesystem einer Gesellschaft und deren Sozialstrukturen.[23]
- Wirtschaftsgeographische Sicht: Untersuchung der räumlichen Folgen der Industrialisierung wie z.B. Landflucht und Urbanisierung.[24]

Im Weiteren wird die Untersuchung auf die geschichtswissenschaftlich-ökonomische Sichtweise der Industrialisierung fokussiert. Deshalb erfolgt eine detailliertere Betrachtung der ökonomischen Paradigmen der Industrialisierung – zunächst auf einzel- bzw. betriebswirtschaftlicher Ebene. Diese lassen sich aus den Arbeiten von Frederik W. Taylor[25] und Henry Ford[26], den „Mit-Begründern der modernen kapitalistischen [industriellen] Produktionsorganisation"[27], ableiten. Im Vordergrund stehen Standardisierung, Automatisierung und Spezialisierung als ursprüngliche Wesensmerkmale der industriellen Leistungserstellung.

---

19 Vgl. hierzu Brockhaus, Enzyklopädie Band 10, 1999, S. 477f.
20 Vgl. ebenda.
21 Vgl. hierzu auch Büsch, O., Industrialisierungsforschung, 1979, S. 25ff.
22 Für Beispiele vgl. Ditt, K./ Pollard, S., Von der Heimarbeit in die Fabrik, 1992.
23 Vgl. Nolte, E., Marxismus, 1983.
24 Vgl. Grabher, G., De-Industrialisierung, 1988 und Heine, M., Wirtschaftsmetropole, 1989.
25 Taylor begründete ein Theorie- und Methodengebilde zur Analyse und Aufteilung von Arbeitsprozessen (Wissenschaftliche Betriebsführung oder englisch: Scientific Management). Vgl. Taylor, F.W., Scientific management, 1911. Vgl. auch Kern, W., Produktionswirtschaft, 1996, S. 75.
26 Ford setzte die Aufteilung der Arbeitsprozesse in der Automobilindustrie um. Vgl. zum Fordismus Kang, S.-D., Fordismus, 1994, S. 150ff.
27 Flämig, M., Managementtheorien, 1998, S. 94.

*Standardisierung:* Taylor und Ford propagierten eine Zerlegung komplexer Arbeitsprozesse in singuläre Arbeitsschritte, „that the work can be done better and more economically by a subdivision of the labour“,[28] die auch mit einer Normierung der Arbeitsschritte und Arbeitsmittel einherging. Unter Standardisierung soll im Folgenden diese Aufteilung, Normierung und Regelgebundenheit sowohl von Produkten als auch von Arbeitsprozessen und -systemen verstanden werden.
*Automatisierung:* Eine Mechanisierung beschreibt die maschinelle (Prozess-) Unterstützung vormals ausschließlich manueller Tätigkeiten industrieller Arbeiter.[29] Die Fließbandfertigung nach Ford, bei der über die Gestaltung arbeitsorganisatorischer Prozesse und technischer, ständig laufender Transportsysteme die Maschine wesentlich den Arbeitsrhythmus der menschlichen Arbeitskräfte determiniert, kann hingegen schon als Automatisierung bezeichnet werden. Der Begriff der Automatisierung soll im Folgenden als Einsatz von moderner Technologie verstanden werden, welcher auf eine Substitution von menschlichen durch maschinelle Leistungsträger abzielt. Im Extremfall wird die menschliche Arbeitskraft mit Ausnahme von Kontroll-, Wartungs- und Instandhaltungstätigkeiten vollständig substituiert.[30]
*Spezialisierung:* Eine Folge der Arbeitszerlegung und Automatisierung bei Mensch und Maschine ist ein steigender Spezialisierungsgrad.[31] Unter Spezialisierung auf einzelwirtschaftlicher Ebene wird die Zuordnung und Bündelung von zusammengehörigen und/ oder gleichartigen Arbeitstätigkeiten zu spezifischen Stellen oder Kompetenzbereichen verstanden.
Die nach Taylor und Ford abgeleiteten Wesensmerkmale industrieller Fertigung auf einzelwirtschaftlicher Ebene besitzen trotz häufiger Kritik auch heute noch ihre Gültigkeit in Theorie und Praxis.[32] Gleichwohl wurden diese durch neuere Managementkonzepte ergänzt bzw. erweitert. Aus der Analyse von kostenorientierten (z.B. „Lean Production“), qualitätsorientierten (z.B. Total Quality Management - TQM) und zeitorientierten (z.B. Time-based Management) Konzepten[33] können die folgenden Schlüsse hinsichtlich der Paradigmen der industriellen Leistungserstellung gezogen werden:

- Auch in neueren Konzepten (insbesondere „Lean Production“) behält das Standardisierungs-Paradigma seine Gültigkeit, wird jedoch auf Produkte erweitert. Die so genannte standardisierte Individualisierung erfolgt durch die Mehrfach-Verwendung von standardisierten Teilen und Baugruppen und die damit verbundene Möglichkeit, zahlreiche kundenspezifische Varianten zu bilden.[34]

---

28 Taylor, F.W., Scienfic management, 1911, S. 38.
29 Vgl. hierzu Corsten, H., Produktionswirtschaft, 2000, S. 290f.
30 Zu neueren Entwicklungen und Dimensionen in der Automatisierungsforschung vgl. Akademie der Wissenschaften zu Berlin, Automatisierung, 1993, S. 82ff. und Otto, B., Referenzmodell, 2002.
31 Vgl. Eberhard, S., Taylorismus, 1995, S. 16.
32 Vgl. Kern, W., Produktionswirtschaft, 1996, S. 75.
33 Vgl. Keuper, F., Management, 2001, S. 64. Keuper grenzt neben diesen erfolgsfaktorzentrierten Managementkonzepten noch prozessorientierte Konzepte zur Umsetzung ab (z.B. Business Process Reengineering).
34 Vgl. Keuper, M., Management, 2001, S. 78.

- Spezialisierung kann im Rahmen des „Lean Production" von der Unternehmens- auf die Marktebene gehoben werden; es erfolgt eine systematische Reduktion der Fertigungstiefe.[35] Drittanbieter liefern als Systemlieferanten komplexe Komponenten in den Produktionsprozess ein.
- Auf Qualität fokussierende Konzepte (z.B. TQM) heben die Qualität als wesentlichen Managementgegenstand in der industriellen Leistungserstellung hervor.[36] Fokusbereiche z.B. des Total Quality Managements sind eine hohe Kundenorientierung, Mitarbeiter-Motivation und proaktive Verbesserungsvorschläge zu Abläufen unter Verwendung kontinuierlicher Verbesserungsprozesse.[37]
- Neben der einzelwirtschaftlichen Ebene wird Industrialisierung auch aus gesamtwirtschaftlicher Sicht diskutiert. Hier stehen die in der Industrieökonomik diskutierten Eigenschaften industrieller Märkte im Fokus.[38] Untersucht man industrialisierte Branchenstrukturen z.B. der Automobilindustrie als eine weitgehend industrialisierte Branche,[39] so lassen sich zwei weitere Paradigmen der Industrialisierung identifizieren: Konzentration und Spezialisierung. Während erstere ein oftmals untersuchtes und bekanntes Phänomen darstellt und inzwischen auch die Zulieferbranchen umfasst,[40] bildet letztere das Resultat der systematischen Reduktion der Fertigungstiefe auf einzelwirtschaftlicher Ebene. Wie oben erwähnt, wird Spezialisierung heute von der Unternehmens- auf die Marktebene ausgeweitet. Industrieökonomische Analysen in der Automobilbranche bestätigen dies:

35 Vgl. Wollseifen, B., Fertigungstiefenplanung, 1999, S. 143ff.

36 Vgl. Binner, H.F., TQM-Umsetzung, 2000, S. 33ff.

37 Vgl. Keuper, M., Management, 2001, S. 113. Im Vergleich zu den kosten- und qualitätsorientierten Konzepten ist der Beitrag der zeitorientieren eher gering und soll nicht explizit thematisiert werden.

38 Vgl. Bühler, S./ Jäger, F., Einführung, 2002, S. 1 und Scherer, F.M., Industrieökonomik, 1985, S. 3ff.

39 Vgl. Institut für Weltwirtschaft, Automobilindustrie, 2000, S. 1.

40 Die Zahl der unabhängigen Automobilhersteller ist von 1964 bis 2002 von >50 auf 10 gesunken. Vgl. hierzu Kappeldorf, G., Automobilindustrie, 2004, S. 13 und Pointner, W., Umbruch, 2003, S. 50.

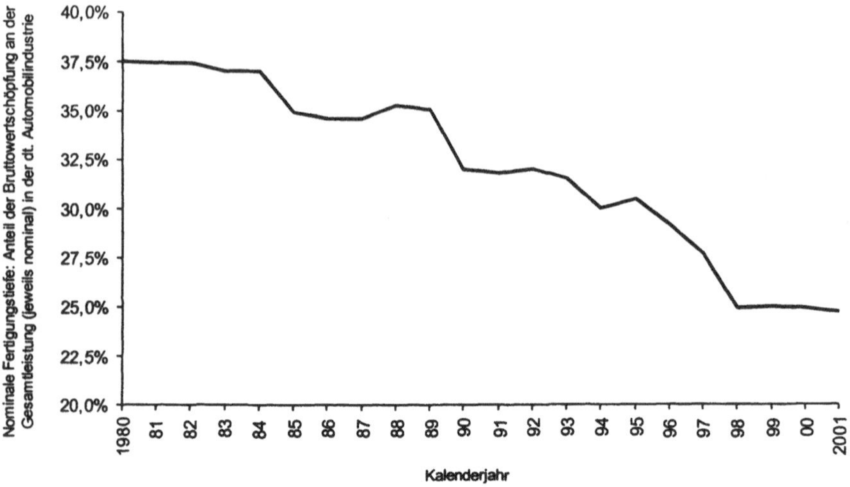


Abbildung 2: Entwicklung der Fertigungstiefe deutscher Automobilhersteller[41]

Die Ansätze von Taylor und Ford, neuere industrielle Managementkonzepte sowie industrieökonomische Branchenanalysen können also als Quellen verwendet werden, um die ökonomischen Paradigmen der Industrialisierung zu definieren. Zusammenfassend lassen sich diese wie folgt darstellen:

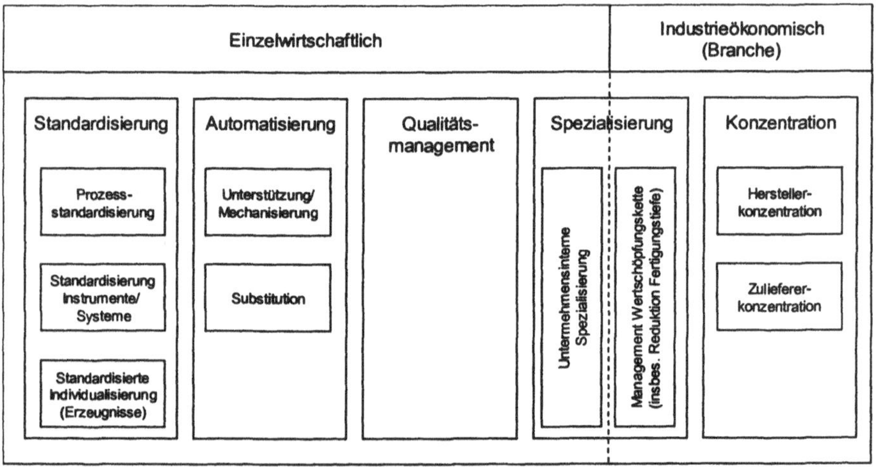


Abbildung 3: Ökonomische Paradigmen der Industrialisierung[42]

41 VDA, Jahresbericht, 2003, S. 65.
42 Riese, C., Industrialisierung von Banken - Grundlagen, 2005.

Die Paradigmen bilden eine wichtige Struktur für die weitere Analyse, in dem sie auf den Bankensektor angewendet werden und danach teilweise im Industrialisierungsmodell abgebildet werden. Zunächst soll die Analyse des zweiten Untersuchungsgegenstandes, der Bank, erfolgen.

### *2.1.2 Grundlagen des Untersuchungsobjekts Bank*

#### *2.1.2.1 Banken als spezifische Finanzintermediäre auf Kapitalmärkten*

Kapitalmärkte bilden den primären Handlungsraum von Banken. Sie bringen Kapitalanbieter und Kapitalnachfrager zusammen, so dass diese den Produktionsfaktor Kapital austauschen können.[43] Dabei erfüllt der Kapitalmarkt eine Koordinations-, Exekutions-, und Auswahlfunktion.[44] Die neo-klassische Theorie beschreibt Marktprozesse in perfekten, friktionslosen Märkten[45] unter restriktiven Annahmen wie dem rationalen Verhalten der Marktteilnehmer im Sinne ihrer Nutzenfunktion („Homo Oeconomicus"), der Homogenität und Teilbarkeit des Kapitals, unendlich schnellen Reaktionszeiten, eines vollkommenen Wettbewerbs sowie der Abwesenheit von Transaktionskosten. Der Handel von Kapital findet somit direkt zwischen Anbietern und Nachfragern statt, Finanzintermediäre können keine Wohlfahrtsgewinne schaffen.[46]
In der Neuen Institutionenökonomik werden Marktunvollkommenheiten wie asymmetrische Informationsverteilungen und/ oder Transaktionskosten zugelassen und konzeptionalisiert.[47] Dabei werden mit den Propery Rights, der Principal Agent- und der Transaktionskostentheorie drei wesentliche Ansätze eingeführt. Die Darstellung von vertraglichen Beziehungen zwischen den Marktteilnehmern wird mit den Property Rights beschrieben, die mit einem Gut verbundene Verfügungs- und Handlungsrechte darstellen. Die Theorie beschreibt den Zusammenhang zwischen Inhalt/ Struktur der Rechte und der Allokation/ Nutzung von Ressourcen.[48] Informationsasymmetrien werden mit der Principal Agent-Theorie abgebildet. Der Fokus liegt hier auf dem Design eines Kontraktes bzw. eines Kompensationssystems, welches zu einem Interessenangleich von Principal und Agent führen soll.[49] Transaktionskosten (z.B. Informations-, Verhandlungs-, Entscheidungs- und Überwachungskosten) als dritte Marktunvollkommenheit werden mittels der Transaktionskostentheorie adressiert.[50] Sie wird zur Analyse zahlreicher praktischer volks- und betriebswirtschaftlicher Probleme angewendet, z.B. der relativen Vorteilhaftigkeitsanalyse zwischen Eigenfertigung und Fremdbezug.

---

43 Vgl. Brockhaus, Enzyklopädie Band 11, 1999, S. 434.
44 Vgl. zu den Funktionen von Märkten, insbesondere Kapitalmärkten, Obst/ Hintner/ von Hagen, J./ Stein, J.H., Geld- Bank- und Börsenwesen, 2000, S. 23 und S. 202f.
45 Vgl. Stillhart, G., Finanzintermediation, 2002, S. 12.
46 Vgl. Richter, R., Geldtheorie, 1990, S. 87.
47 Vgl. Bernet, B., Finanzintermediation, 2003, S. 94ff.
48 Der Property Rights-Ansatz geht auf Alchian/ Demsetz zurück. Vgl. Strohm, A., Konzepte, 1988.
49 Vgl. z.B. Grossman, S.J./ Hart, O., Principal agent-problem, 1983.
50 Zur Entstehung der Transaktionskostentheorie vgl. Arrow, K.J., Organization, 1969, S. 47-63 und Coase, R.H., Firm, 1937, S. 386-405 und Williamson, O.E., Markets, 1975.

Im Gegensatz zur neo-klassischen Theorie adressiert die Neue Institutionenökonomik somit zahlreiche Marktunvollkommenheiten und sieht Lösungsmöglichkeiten in der Existenz von Institutionen (Finanzintermediären), die die Markteffizienz erhöhen. Eine der wesentlichen Typologisierungen von Finanzintermediären orientiert sich hierbei an den Phasen des Tauschprozesses (Anbahnungs-, Kontrahierungs-, Realisations- und Transaktionsphase).[51] In der Anbahnungsphase werden durch Intermediäre wie Wirtschaftsprüfer oder Rating-Agenturen Informationen über die Nutzenwirkung der signalisierten Kontrakte bereitgestellt. Teilnehmer der Kontrahierungsphase wie z.B. Kursmakler verhandeln die Tauschbedingungen für Kapitalanbieter und -nachfrager. In der Realisationsphase werden Händler oder Market Maker (wie z.B. geschlossene Immobilienfonds) als eigenständige Tauschpartei tätig, indem sie Finanzierungstitel gegen eine Marge vom Verkäufer an den Käufer transferieren. In der Transaktionsphase werden Produzenten wie z.B. Banken tätig, in dem sie eine Transformation der Finanzkontrakte vornehmen.[52] Somit können Banken als Finanzintermediäre interpretiert werden, die meist der Produzentenkategorie zuzuordnen sind, jedoch auch Funktionen in den anderen Tauschphasen übernehmen.
Die definitorische Einordnung von Banken wird in der Literatur kontrovers diskutiert.[53] Auf einzelwirtschaftlicher Ebene werden Banken häufig funktional definiert, z.B. im Rahmen der Legaldefinition des §1,1 KWG (Kreditwesengesetz)[54], nach der Unternehmen dann Kreditinstitute sind, wenn sie Bankgeschäfte betreiben, deren Umfang einen in kaufmännischer Weise eingerichteten Geschäftsbetrieb erfordert.[55] In Abkehr von funktionalen Bankbegriffen wird dieser oftmals als ein System zweckorientierter Handlungen definiert, das auf Basis bestimmter Zielvorstellungen bankspezifische Produktionsfaktoren kombiniert und dadurch Bankmarktleistungen erstellt.[56] Der systemorientierte Bankbegriff, der die Bank als sozio-technisches System darstellt, beschreibt das Bankverhalten als eine Funktion von internen (betrieblichen) und externen (Markt-) Faktoren.[57]
Gesamtwirtschaftliche Definitionen der Banktätigkeit fokussieren sich auf die Rolle der Bank als Finanzproduzent mit Risiko-, Fristen- und Losgrößentransformationsaufgaben.[58] Mittels einer Risikotransformation bringt die Bank die Risikovorstellungen von Kapitalanbieter und -nachfrager zusammen. Die Bank bedient sich dabei Möglichkeiten der Risikospaltung und des Portfoliomanagements. Banken führen zudem eine Fristentransformation durch, in dem sie die Laufzeitvorstellungen von Kapitalgeber und -nehmer ausgleichen. So können beispielsweise langfristige Immobilienfinanzierungen mit kurzfristigen Einlagen in Übereinstimmung gebracht werden.

---

51 Vgl. Breuer, W., Finanzintermediation, 1992, S. 9ff.
52 Vgl. Obst/ Hintner/ von Hagen, J./ Stein, J.H., Geld-, Bank- und Börsenwesen, 2000, S. 211ff.
53 Vgl. Eilenberger, G., Bankbetriebswirtschaftslehre, 1997, S. 10.
54 Vgl. Deutsche Bundesbank, KWG, 1998.
55 Als Bankgeschäfte werden explizit die Folgenden definiert: Einlagen-, Kredit-, Diskont-, Effekten-, Depot-, Investment-, Darlehenserwerbs-, Garantie- und Girogeschäfte. Vgl. ebenda.
56 Vgl. Deppe, H.-D., Wachstum, 1969.
57 Vgl. Eilenberger, G., Bankbetriebswirtschaftslehre, 1997, S. 13.
58 Vgl. hierzu Büschgen, H.E., Bankbetriebslehre, 1998, S. 39f.

Mit der Losgrößentransformation bringen Banken schließlich die Vorstellungen von Kapitalgebern und Kapitalnehmern hinsichtlich der Kapitalhöhe in Einklang.
Neben der definitorischen Abgrenzung von Banken werden zahlreiche Ansätze zur Typologisierung von Banken unterschieden.[59] Hierbei werden Banken häufig nach ihrer Größe, ihrer regionalen Reichweite (Großbanken, Regionalbanken), ihrer Eigentümerstruktur (Privatbanken, Genossenschaftsbanken, Sparkassen), ihrer Zielkundensegmente (z.B. Retail-Banken) bzw. nach der Breite ihrer Produktpalette (z.B. Spezialbanken) kategorisiert. Im Hinblick auf die spätere Verknüpfung der Untersuchungsgegenstände Bank und Industrialisierung ist es zweckmäßig, den systemorientierten Bankbegriff, der den Gedanken des sozio-technischen Systems in den Vordergrund stellt, als Basis für die weitere Analyse zu verwenden. Als Referenz dient darüber hinaus eine traditionelle deutsche Universalbank.
Im Folgenden soll der Leistungserstellungsprozess von Banken dargestellt werden. Dieser dient als Analyse-Systematik für die Paradigmen der Industrialisierung im Bankensektor.

#### *2.1.2.2 Leistungserstellung von Banken*

Die betriebliche Leistungserstellung kann als Prozess der Erzeugung gewisser Leistungen (Outputsystem) durch Kombination spezifischer Produktionsfaktoren (Inputsystem) interpretiert werden. Dieser Prozess weist bei Banken gegenüber anderen Unternehmen Besonderheiten auf (z.B. die Rolle von Kapital als Inputfaktor).[60] Für das Leistungserstellungssystem von Banken existiert eine Vielfalt an Systematisierungsansätzen.[61] Im Rahmen dieser Untersuchung soll eine Unterteilung in die Prozessbereiche Produktentwicklung, Vertrieb, Abwicklung und Transformation erfolgen. Die Produktentwicklung ermöglicht die Konzeption und systemseitige und organisatorische Abbildung von neuen Produkten.[62] Demgegenüber umfasst der Vertrieb im Sinne einer Schnittstelle zwischen Kunde und Bank die Gestaltung des Kanalportfolios sowie die Kundeninteraktionsprozesse (insbesondere Kundenakquisition und -beratung über sämtliche Vertriebskanäle bis hin zum Kundenservice).[63] Der Abwicklungsschritt bewirkt originär die Bankleistung und bildet das Äquivalent zum Fertigungsbereich von Sachleistungsunternehmen (z.B. Wertpapier-, Kredit- und Zahlungsverkehrsabwicklung).[64] Im Transformationsbereich[65] werden die im gesamtwirtschaftlichen Verständnis von Banken definierten Transformationen durchgeführt.

---

59 Die Deutsche Bundesbank gruppiert beispielsweise Großbanken, Regionalbanken, Zweigstellen ausländischer Banken und Privatbankiers unter die Kategorie der Kreditbanken im Rahmen ihrer Bankenstatistik. Vgl. Büschgen, H.E., Bankbetriebslehre, 1998, S. 78f.

60 Vgl. Hein, M., Bankbetriebslehre, 1993, S. 123.

61 Vgl. Börner, C.J., Bankmanagement, 2000, S. 166ff. und insbesondere S. 178f. und Praxmarer, M.A., Gestaltungsansätze, 1993, S. 231 und Sauer, T., Informationsplanung, 1990, S. 210-216. Die Analyse erfolgt oftmals unter Verwendung der Porterschen Wertkette. Vgl. hierzu Porter, M.E., Competitive advantage, 1990, S. 36.

62 Vgl. Strutz, E., Wertmanagement, 1993, S. 227.

63 Vgl. Sauer, T., Informationsplanung, 1990, S. 211.

64 Vgl. Börner, C.J., Bankmanagement, 2000, S. 167.

65 Vgl. hierzu Börner, C.J., Bankmanagement, 2000, S. 175ff.

In diesem Bereich wird auch die Steuerung der Bank bezüglich der Ertrags- und Risikoposition durchgeführt (Gesamtbanksteuerung).

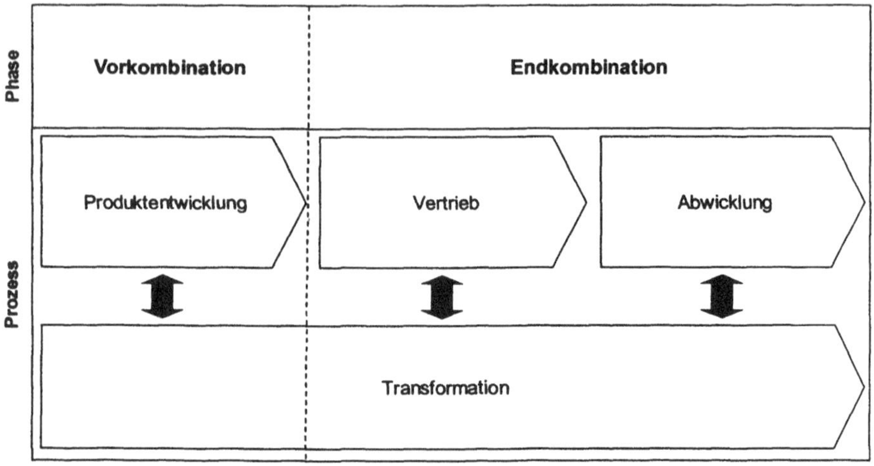


Abbildung 4: Leistungserstellungsprozess von Banken[66]

Abbildung 4 bringt die Prozesse in eine zeitliche Reihenfolge der Erstellung; hierbei wirkt die Transformationsfunktion übergreifend auf alle Prozesse (z.B. über die Vorgabe von Richtlinien und Zielpreisen). Weiterhin kann eine Unterteilung in vor- und endkombinatorische Prozesse vorgenommen werden; letztere bedürfen wegen der Dienstleistungseigenschaft von Bankprodukten den Einbezug des externen Faktors (meist des Kunden).[67]

Im Folgenden soll auf die quantitative Abbildung der Leistungserstellung von Banken eingegangen werden.

#### *2.1.2.3 Quantitative Abbildung der bankbetrieblichen Leistungserstellung*

Die quantitative Abbildung der Leistungserstellung von Banken erfolgt insbesondere über das Rechnungswesen, das den „wesentlichen Teilbereich eines umfassenden bankbetrieblichen Informationssystems darstellt".[68] Es wird zwischen internem und externem Rechnungswesen unterschieden.[69] Das interne Rechnungswesen stellt Informationen zur unternehmensinternen Steuerung, Kontrolle und Dokumentation von Geschäftsabläufen auf Basis einer Kosten- und Erlösrechnung zur Verfügung.

66 Riese, C., Industrialisierung von Banken - Grundlagen, 2005.

67 Vgl. Börner, C.J., Bankmanagement, 2000, S. 179.

68 Eilenberger, G., Bankbetriebswirtschaftslehre, 1997, S. 592. Neben dem Rechnungswesen werden noch die Innenrevision, das Berichtswesen und spezifische leistungsbezogene Informationssysteme abgegrenzt.

69 Vgl. Büschgen, H.E., Bankbetriebslehre, 1998, S. 774.

Diese Informationen dienen als Basis für unternehmerische Entscheidungen sowie für Budgetierung und Soll-Ist-Vergleiche.[70] Heute wird das interne Rechnungswesen immer stärker als wesentliche Grundlage einer übergreifenden Konzeption von Banksteuerung und -controlling verstanden (z.B. ertragsorientiertes Bankmanagement[71]). Als eine Weiterentwicklung können wertbasierte Ansätze der Banksteuerung[72] verstanden werden, die die Opportunitätskosten des eingesetzten Kapitals berücksichtigen.[73]

Das externe Rechnungswesen stellt Informationen an externe Adressaten (z.B. Öffentlichkeit/ Aktionäre, BaFin und Bundesbank) zur Verfügung. Zentrale Elemente bilden die Bilanz als stichtagsbezogene Gegenüberstellung von Vermögensgegenständen und Schulden sowie die Gewinn- und Verlustrechnung (GuV), als Gegenüberstellung von Erträgen und Aufwendungen bezogen auf einen Zeitraum.

Ein wesentliches Element der bankbetrieblichen Leistungserstellung stellt das kalkulierte Eingehen von Risiken dar. Die quantitative Abbildung von Erträgen und Risiken ist eine der wesentlichen Herausforderungen im Rechnungswesen von Banken, die mittels Risikotragfähigkeitskalkül bzw. Risiko-Chance-Kalkül beantwortet wird.[74] Risiken können mit Hilfe von statistischen Verteilungsfunktionen dargestellt werden. Es existieren zahlreiche Risikokennzahlen, die auf eine Wahrscheinlichkeitsverteilung zugreifen (z.B. Varianz bzw. Standardabweichung).[75] In den letzten Jahren hat sich jedoch der Value at Risk (VaR) als „zentrale(s) Messkonzept zur Quantifizierung von Risikopotenzialen“[76] etabliert.

Folgende allgemeingültige Definition des VaR lässt sich formulieren: der VaR ist „der geschätzte, maximale Wertverlust einer Einzelposition oder eines Portfolios, der unter üblichen Marktbedingungen innerhalb eines festgelegten Zeitraums mit einer bestimmten Wahrscheinlichkeit eintreten kann“.[77]

Es existiert eine enge Verknüpfung zwischen dem VaR und dem ökonomischen Kapital bzw. Risikokapital, das die Gesamtheit der Risikodeckungsmassen abbildet, die mindestens vorgehalten werden müssen, um selbst dann, wenn die vorab definierte Maximalbelastung eintritt, solvent zu bleiben.[78] Die Maximalbelastung bei vorgegebenem Konfidenzniveau determiniert das ökonomische Kapital; somit kann der VaR auf Gesamtbankebene mit dem ökonomischen Kapital gleichgesetzt werden.[79]

---

70 Vgl. Schierenbeck, H., Band 1, 2001, S. 16.

71 Vgl. ebenda.

72 Vgl. Paul, S., Gesamtbanksteuerung, 2001, S. 73.

73 Vgl. Schröck, G., Wertmanagement, 1997 und Seidel, S., Wertmanagementkonzept, 2000.

74 Vgl. Schierenbeck, H., Band 2, 2003, S. 14-47.

75 Für weitere Risikokennzahlen, die auf eine Wahrscheinlichkeitsverteilung zurückgreifen vgl. Völker, J., Value at Risk-Modelle, 2001, S. 46ff.

76 Schierenbeck, H., Band 2, 2003, S. 15.

77 Schierenbeck, H., Band 2, 2003, S. 15 und S. 20 zur Differenzierung zwischen barwertorientiertem und periodenorientiertem Value at Risk.

78 Vgl. Schierenbeck, H., Band 2, 2003, S. 21.

79 Allerdings weist Schierenbeck darauf hin, dass man sich bei der Bestimmung des ökonomischen Kapitals nicht allein vom normalverteilungsdeterminierten Konfidenzniveau leiten lassen sollte, sondern Simulationsmodelle zur Bestimmung eines Extremwerts für den unerwarteten Verlust nutzen sollte. 100%ige Sicherheit sei grundsätzlich nicht zu erreichen. Vgl. ebenda.

Die Zusammenführung von Erträgen, Aufwendungen und (ökonomischem) Kapital erfolgt im Rahmen einer risikoadjustierten Ergebnismessung in Kennzahlen wie RORAC (Return on Risk-adjusted Capital) oder RAROC (Risk-adjusted Return on Capital), auf die bei der Modellausgestaltung in Kapitel 3.6 noch Bezug genommen wird. Neben den Regelungen und Konzepten des Rechnungswesens von Banken existieren in der wissenschaftlichen Auseinandersetzung zahlreiche Modelle, die theoretisch die Leistungserstellung von Banken respektive deren Verhalten abbilden. Diese werden in Kapitel 3.1.2 eingehend behandelt.
Im Folgenden sollen die zwei Untersuchungsobjekte im Rahmen einer deskriptiven Analyse zusammengeführt werden.

## 2.2 Industrialisierungsentwicklungen im Bankensektor

Die Industrialisierungsentwicklungen werden zunächst anhand der Hauptprozesse der bankbetrieblichen Leistungserstellung (vgl. Kapitel 2.1.2.2: Produktentwicklung, Vertrieb, Abwicklung, Transformation) kategorisiert, bevor auf prozessübergreifende Entwicklungen eingegangen wird.[80]

### *2.2.1 Industrialisierung der Leistungserstellungsprozesse von Banken*

#### *2.2.1.1 Industrialisierung in der Produktentwicklung von Banken*

In der Produktentwicklung von Banken lassen sich zwei Tendenzen identifizieren, die den in Kapitel 2.1.1 beschriebenen ökonomischen Paradigmen der Industrialisierung entsprechen: die standardisierte Individualisierung des Leistungsangebotes und die Automatisierung der Leistungseinführung und -verwaltung.
Eine Diskussion über die Standardisierung des Produktportfolios ist erstmals mit dem Konzept des „Lean Banking" geführt worden.[81] Hier wurden Überlegungen zur Produktalterung[82] und Produktprofitabilität im Bankensektor angestellt. Es wurde festgestellt, dass die Produktpalette in vielen Fällen zu groß ist und „bei korrekter Kalkulation negative Deckungsbeiträge aufweist."[83] Mitte der neunziger Jahre konnten im genossenschaftlichen Finanzverbund z.B. etwa 400 Produkte[84], bei einer deutschen Universalbank mehr als 200 verschiedene Bankprodukte[85] gezählt werden.

---

80 Vgl. zum Folgenden insbesondere Sokolowsky, Z., Industrialisierung der Finanzdienstleister, 2004.

81 Vgl. Bierer, H./ Fassbender, H./ Rüdel, T., Weg zur „schlanken Bank", 1992, S. 502f. und Benölken, H./ Wings, H., Lean banking 1994, S. 200ff.

82 Vgl. Büschgen, H.E., Bankmarketing, 1995, S. 131. Obwohl die Produkt-Änderungsgeschwindigkeit in den neunziger Jahren im Bankensektor zugenommen hat, so ist diese im Vergleich zur Industrie, bei der in Teilen stets 60-80% des Umsatzes von Produkten erwirtschaftet werden, die nicht älter als fünf Jahre sind, noch erheblich geringer.

83 Bierer, H./ Fassbender, H./ Rüdel, T., Weg zur „schlanken Bank", 1992, S. 502.

84 Vgl. Muthers, H./ Haas, H., Bankmanagement, 1994, S. 18f.

85 Vgl. Schulte, H., Produktoptimierung, 2002, S. 77.

Diese Produkte sind in vielen Fällen einzeln in Bankprozessen und -systemen implementiert, was zu hohen Prozessüberlappungen[86] und letztendlich zu einer nachteiligen Effizienzposition der Bank führt. Dies äußert sich zum Beispiel in kontinuierlich steigenden Kosten für die Instandhaltung von Basisanwendungen im Privatkundensegment deutscher Universalbanken.[87]
Heute wird für das Privatkundengeschäft ein straffes Produktportfolio mit etwa 10 Kernprodukten wie z.B. Girokonto, Ratenkredit, Sparprodukt, Standard-Baufinanzierung und Vermögensanlagen gefordert. Diese Produkte sollen zu Bündeln kombinierbar sein und auf gemeinsamen (Abwicklungs-)Plattformen erstellt werden.[88] Die Privatkundensparte der Citibank deckt beispielsweise über ein globales Konzept mit ca. 20 Produkten die Bedürfnisse ihrer Kunden ab.[89]
Die angesprochene Breite des Produktportfolios hat dazu geführt, dass die Leistungserstellung von Banken auf heterogene Prozesse und Systeme zurückgreift. Letztendlich führt dies zu einer immer komplexeren und aufwendigeren Leistungseinführung und -verwaltung.
Die Neueinführung von Produkten wird dadurch schwieriger, da „die maschinelle Unterstützung (...) oft nicht in gewünschtem Umfang möglich [ist und] die Umsetzung (...) umfangreiche Softwareanpassungen in mehreren Anwendungssystemen sowie Datei- und Schnittstellenanpassungen [erfordert].“[90]
Heute werden verstärkt integrierte, automatisierte Bankplattformen zur Steuerung der Leistungsentwicklung und -administration gefordert und eingesetzt,[91] die eine offene, komponentenbasierte Architektur enthalten.[92] Der Leistungseinführungsprozess wird durch integrierte Standardsoftware-Plattformen dahingehend unterstützt, dass Produktentwicklungen direkt durch Eingabe in den Systemen parametrisiert werden können.
Produktentwicklungen werden mit so genannten Product Factories unterstützt, die das Produktportfolio und dessen Eigenschaften verwalten und umfangreiche Produktkombinationen aus den Eigenschaften heraus zulassen.[93]

---

86 Vgl. Bielenberg, U., Bankmarketing, 1997, S. 122.
87 Dies weist Schulte exemplarisch nach. Vgl. Schulte, H., Produktoptimierung, 2002, S. 83.
88 Vgl. Benölken, H./ Wings, H., Lean banking, 1994, S. 201 und Bielenberg, U., Bankmarketing, 1997, S. 126f.
89 Vgl. Bierer, H./ Fassbender, H./ Rüdel, T., Weg zur „schlanken Bank“, 1992, S. 502.
90 Schulte, H., Produktoptimierung, 2002, S. 87.
91 Es wird ein Wachstum diese Softwaresegments von mindestens 5% p.a. erwartet. Vgl. Datamonitor, Core systems, 2002, S. 11.
92 Eine Hierarchisierung kann z.B. im Rahmen eines objektorientierten Produkt-Meta-Modells erfolgen. Vgl. Schulte, H., Produktoptimierung, 2002, S. 83.
93 Diese Struktur findet sich beispielsweise bei Alnova als einem der führenden Kernbankensysteme. Vgl. hierzu Alnova Corporation, Produkt- und Gebührenmodellierung, 2002. Vgl. für eine ähnliche Strukturierung in Produkt- und Vertrags-Engine auch Schulte, H., Produktoptimierung, 2002, S. 88ff.

Eine Produktentwicklung durch Parametrisierung führt zum einen zu einer standardisierten Individualisierung und zum anderen zu einer automatisierten Leistungseinführung im Sinne der ökonomischen Industrialisierungsparadigmen und letztendlich zu einer wesentlich verkürzten Zykluszeit.[94]

#### *2.2.1.2 Industrialisierung im Vertrieb von Banken*

Im Bankvertrieb werden zwei Industrialisierungstendenzen sichtbar: die Diversifikation und Spezialisierung des Vertriebskanalportfolios sowie die Spezialisierung und Automatisierung des Vertriebs bzw. der Vertriebsunterstützung. Hinsichtlich ersterer konnte eine beginnende Diversifikation des Vertriebskanalportfolios[95] bereits in den sechziger Jahren beobachtet werden. Die Sparkasse Tübingen führte 1968 den ersten Geldautomaten in Deutschland ein. Nachfolgend wurden Selbstbedienungsautomaten (Kontoauszugsdrucker, Abfrageterminals) nahezu flächendeckend eingeführt.[96]

In jüngster Vergangenheit wurde der Filialkanal aufgrund von Effizienzanstrengungen vielfach reduziert.[97] Alternative Vertriebskanäle wie Internet, Telefon und Selbstbedienungsterminals werden hingegen von den Banken forciert. Heute ist der Anteil der Standardtransaktionen über alternative Kanäle bereits auf über 50% gestiegen.[98] Einige Banken haben eine erfolgreiche Spezialisierung auf Direktkanäle etablieren können (z.B. ING DiBa). Die Kanal-Integration im Rahmen eines Multikanalmanagements stellt eine große Herausforderung für die Banken dar.[99] Auch Franchise-ähnliche Vertriebskonzepte gewinnen als Alternative zum klassischen Filialkonzept zunehmend an Bedeutung (z.B. MLP, AWD).[100] Das optimale Kanalportfolio kann durch eine Vielzahl von Faktoren determiniert werden (vgl. Abbildung 5).

---

94 Vgl. Datamonitor, Core systems, 2002, S. 47.

95 Im Sinne von Diversifikation über den traditionellen Vertriebskanal, die Bankfiliale, hinaus.

96 Vgl. o.V., Banking solutions, 2003. Derzeit gibt es in Deutschland ca. 60.000 Automaten an 40.000 Standorten. Vgl. Bundesverband deutscher Banken, Statistik Service, 2003.

97 In den letzten zwei Jahren haben die privaten Kreditbanken ihre Filialanzahl um 19,9%, die Genossenschaftsbanken um 10,3% und die Landesbanken / Sparkassen um 7,7% reduziert. Vgl. Baxmann, U.G., Kostenjäger, 2004, S. B2.

98 Vgl. zum Anteil verschiedener Vertriebskanäle am Gesamttransaktionsvolumen Macchi, M., Effiziente Vertriebsmodelle, 2002, S. 118f. „Alternative Kanäle" meint hier alternativ zum traditionellen Filialkanal.

99 In einer Untersuchung in diesem Kontext erhalten diese beiden Themen sehr hohe Prioritäten (81% bzw. 67% der Nennungen); vgl. Bullinger, H.-J. et al., IT-Szenarien Finanzdienstleister, 2002. Für einen Überblick alternativer Vertriebskanäle, vgl. Ambros, H., Strukturwandel, 2001, S. 192ff.

100 Vgl. für einen kurzen Überblick der Funktionsweise von Maklerorganisationen und Strukturvertrieben Büschgen, H.E., Bankmarketing, 1995, S. 206ff.

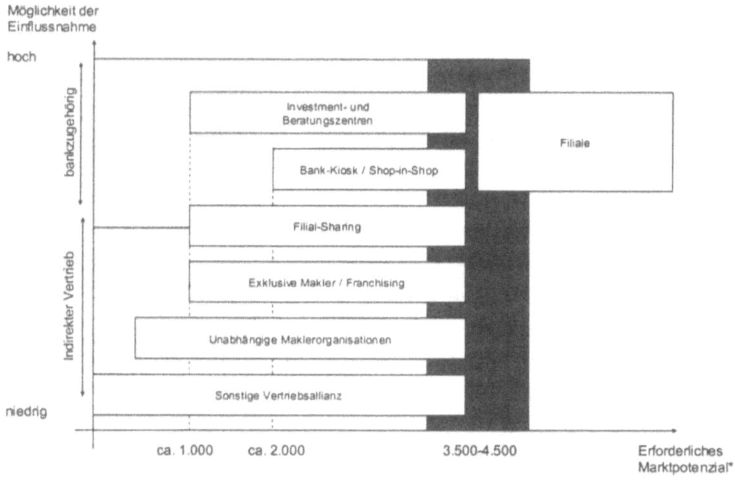


*Kundenpotenzial einer Bank im Einzugsbereich einer Filiale bei Unterstellung eines realistischen Marktanteils

Abbildung 5: Entscheidungsstruktur für regionale Vertriebswegewahl[101]

Das regionale Kundenpotenzial stellt also einen wichtigen Entscheidungsfaktor für die Wahl des Vertriebskanal-Mixes dar. Die Vertriebswegestruktur nähert sich in ihrer Komplexität und Spezialisierung immer stärker derjeniger industrieller Vorbilder mit mehrstufigen parallelen Handelsorganisationen an. Der Ein-Wege-Vertrieb über die Filiale hat ausgedient.

Der zweite Industrialisierungstrend im Vertriebsbereich, die Automatisierung der Vertriebsunterstützung, ist eng mit der Aufspaltung von Verkaufs- und Administrationstätigkeiten in Vertriebseinheiten verbunden. Während Verkaufstätigkeiten Kundenkontakt und die Zeit des Vertriebsmitarbeiters fordern, sollen Administrationstätigkeiten minimiert oder verlagert werden. Die Citibank hat beispielsweise die Filialen weitgehend von Administration befreit und „die Bank industrialisiert“.[102] Auf europäischer Ebene konnte diese Entkopplung von Vertrieb und Administration in einer Analyse bestätigt werden.[103]

Die Automatisierung der Vertriebsunterstützung wird auch durch den Trend zu Customer Relationship Management (CRM) über integrierte IT-Infrastrukturen deutlich.[104]

101 Riese, C., Industrialisierung von Banken - Grundlagen, 2005.

102 Germann, U., Vertrieb, 2004, S. 17. Vgl. auch Hambücher, H., Bankfiliale, 2001, S. 87.

103 Vgl. Celent Communications, Trends in European Banking, 2004, S. 23.

104 Customer Relationship Management in der Bankenlandschaft umfasst insbesondere die Prozesse der Marketingplanung (Kundensegmentierung, Kampagnenplanung, etc.), des Vertriebs (insbesondere Kundenansprache, Bedarfsanalyse, Verkauf) sowie der Betreuung und Bindung von Kunden (inkl. Beschwerdemanagement). Vgl. hierzu Moormann, J., CRM in Banken, 2002 und Schmid, R.E./Bach, V., CRM bei Banken, 1999, S. 16ff.

Dieses Konzept stellt das Bindeglied zum Multikanalmanagement dar, in dem das CRM Kunden- und Transaktionsdaten über alle Kanäle konsistent vorhält und so der Bank ermöglicht, dem Kunden ein einheitliches Erscheinungsbild der Bank zu präsentieren.[105] Weitere Nutzeneffekte eines CRM-Konzeptes liegen in Ertragssteigerungen durch konsequente Datenauswertung und nachfolgende Kundenansprache von Bestands- und Neukunden.[106]

#### *2.2.1.3 Industrialisierung in der Abwicklung von Banken*

In der Abwicklung von Banken können zwei wesentliche Industrialisierungsentwicklungen identifiziert werden: Die Standardisierung und Automatisierung der Abwicklung sowie die Reduktion der Fertigungstiefe.

Durch den virtuellen und digitalen Charakter vieler Bankprodukte nimmt die Automatisierung im Sinne des in Kapitel 2.1.1 diskutierten Ersatzes von menschlicher durch maschinelle Arbeit im Bankensektor die Gestalt einer durchgängigen Abbildung von Prozessen in der IT an. Man spricht in diesem Zusammenhang von Straight Through Processing (STP).[107] Bei der Prozessumgestaltung finden zunehmend auch Prozess-Redesign und Business Process Reengineering (BPR) sowie der aus der Industrie bekannte kontinuierliche Verbesserungsprozess (KVP) Anwendung.[108] Die Industrialisierungstrends werden im Folgenden auf die Abwicklungsbereiche Zahlungsverkehr, Kredit und Wertpapier spezifiziert.

Das STP im Zahlungsverkehr wird vor allem durch die verstärkte Nutzung von beleglosem Zahlungsverkehr auf der Kundenseite und den hohen Standardisierungsgrad der Abwicklungsprozesse positiv beeinflusst.[109] Im Kreditbereich ist ein vollständiges STP aufgrund der geringeren Standardisierbarkeit der Produkte und Prozesse schwer erreichbar. Jedoch sind auch hier Tendenzen zur Standardisierung und Automatisierung von Prozessschritten wie Neugeschäfts-, Bestandsgeschäftsbearbeitung oder Prolongationen beobachtbar.[110] Auch werden hier eine Reduktion der Produktvarianten, sowie eine verbesserte IT-Unterstützung über den gesamten Kreditbearbeitungs-Workflow umgesetzt.[111]

Die Abwicklung von Wertpapiertransaktionen ist in den letzten Jahren mit der Einführung elektronischer Handelssysteme stark automatisiert worden.[112] Darüber hinaus wurde der Settlement-Prozess auf europäischer Ebene weiter zentralisiert und standardisiert.[113] Automatisierungstendenzen werden auch im Orderrouting und in der Fondsabwicklung sichtbar.[114]

---

105 Vgl. Schmid, R.E./Bach, V., CRM bei Banken, 1999, S. 33.
106 Vgl. Jenkins, S., Distribution and marketing game, 2004, S. 16.
107 Vgl. hierzu Unseld, S., Straight through processing, 2003.
108 Vgl. Sokolowsky, Z., Industrialisierung der Finanzdienstleister, 2004, S. 10.
109 Vgl. Lamberti H.-J./ Pöhler, A., Industrialisierung des Backoffice, 2003, S. 29f.
110 Vgl. Musäus, N., Industrialisierung, 2002, S. 1.
111 Vgl. Holtmann, C.-F./ Kleinheyer, N., Kreditfabrik, 2003, S. 4.
112 Vgl. Gissel, R., Wertpapierbereich, 2004, S. 17.
113 Vgl. Gissel, R., Wertpapierbereich, 2004, S. 17.
114 Vgl. Lamberti, H.-J./ Pöhler, A., Industrialisierung des Backoffice, 2003, S. 25f.

Bei der IT-Unterstützung der Abwicklungsprozesse wurde in den letzten Jahren ein zunehmender Trend zur Verwendung von Standardsoftware-Paketen wie SAP auch im Bankbereich deutlich.[115]

Im Ergebnis wird mit der Standardisierung und Automatisierung der Abwicklung häufig eine Reduktion der Durchlaufzeiten[116] und eine Verringerung der Stückkosten angestrebt.

| | **Zahlungsverkehr / Kontoführung** (Beispiel: Eröffnung Girokonto) | **Kredit** (Beispiel: Bestandsmanagement Hypothekenkredit p.a.) | **Wertpapier** (Beispiel: Abwicklung Standard-Xetra-Transaktion) |
|---|---|---|---|
| **Industrialisiert** | 20 € | 81 € | 1,40 € |
| **Nicht-Industrialisiert** | 40 € | 130 € | 9,50 € |

Abbildung 6: Stückkosten ausgewählter Bankabwicklungs-Prozesse[117]

Gemäß Abbildung 6 scheinen Standardisierung und Automatisierung der Abwicklungsprozesse also einen senkenden Einfluss auf die operativen Bankkosten zu haben. Die dargestellten Stückkosten-Einsparungen beinhalten bereits den zweiten Industrialisierungstrend in der Abwicklung von Banken – die Spezialisierung und Reduktion der Fertigungstiefe. In den letzten Jahren ist der Trend zur Auslagerung von Geschäftsfunktionen und mithin zur Reduktion der Leistungstiefe im Bankensektor beobachtbar.[118] Das lässt sich spiegelbildlich am Wachstum des Marktes für Outsourcing-Dienstleistungen belegen (vgl. Abbildung 7).

115 Vgl. o.V., Standardsoftware, 2003, S. 144.

116 So verweisen beispielsweise die Sparkassen auf Variationsbreiten der Bearbeitungszeit für einen Kreditantrag je nach Standardisierungs- und Automatisierungsgrad von 836 bis zu 4.525 Minuten. Vgl. hierzu Holtmann, C.-F./ Kleinheyer, N., Kreditfabrik, 2002, S. 3.

117 Zusammenfassung basierend auf Voigtländer, D., Industrialisierung, 2004. Vgl. auch Riese, C., Industrialisierung von Banken - Grundlagen, 2005.

118 Vgl. o.V., Strukturen, 2002, S. 8.

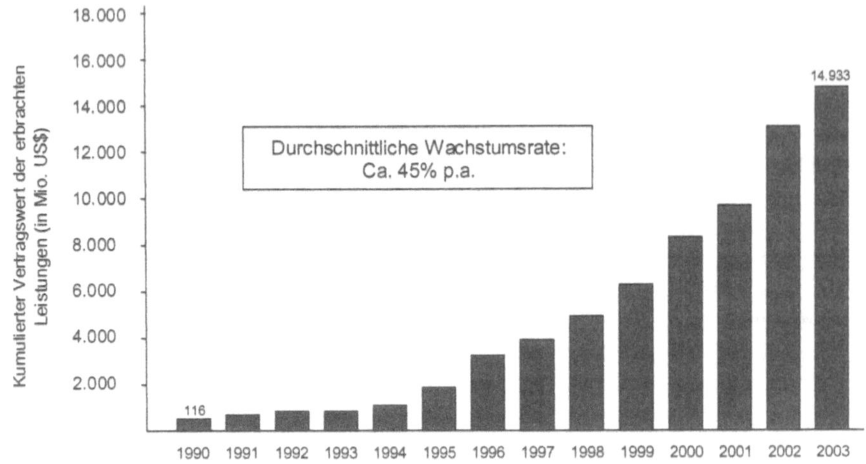


Abbildung 7: Kumulierter Vertragswert - Outsourcing-Leistungen (Finanzindustrie)[119]

Banken spielen eine wichtige Rolle bezüglich des Wachstums des Outsourcing-Marktes in der Finanzindustrie. Etwa *53%* aller Auslagerungen haben im Bankensektor stattgefunden.[120] Als Hauptmotiv für eine Auslagerung von Geschäftsfunktionen wird oft die Variabilisierung der operativen Kosten, also die Umwandlung von fixen in variable Kosten genannt. Aber auch der Zugang zu spezialisierten Ressourcen, die Realisierung von Kostensenkungen (z.B. über Größenvorteile) sowie die bessere Plan- und Steuerbarkeit von Kosten spielen bei der Auslagerungs-Entscheidung eine Rolle.[121]

Die aufnehmenden Unternehmen bei Banken-Outsourcing werden oftmals als Abwicklungsfabriken bezeichnet. Im Zahlungsverkehrsbereich wurden im deutschen Markt schon einige Abwicklungsfabriken etabliert, die für mehrere Bankinstitute tätig sind.[122] Des Weiteren kam es bereits zu Bündelungen des Zahlungsverkehrs mehrerer Institute wie z.B. zwischen Deutscher Bank, Dresdner Bank und Postbank.[123]

Im Kreditbereich ist der Reifegrad des Marktes für Abwicklungsleistungen geringer. Trotzdem existieren einige Abwicklungsfabriken wie z.B. die Aareal Hypothekenmanagement AG, prompter (eine Tochtergesellschaft der Eurohypo AG), Stater Deutschland GmbH & Co. KG und das VR Kreditwerk im deutschen Markt.[124]

---

119 E-Finance Lab, Outsourcing, 2004, S. 8.

120 Vgl. E-Finance Lab, Outsourcing, 2004, S. 9. In der Grundgesamtheit der Untersuchung befinden sich darüber hinaus weitere Finanzdienstleister, insbesondere Versicherungen und Börsen. Vgl. für einen Überblick wichtiger Outsourcingtransaktionen im Bankbereich Lacity, M./ Willcocks, L./ Feeny, D., Outsourcing, 2004, S. 127ff. und Quelin, B./ Duhamel, F., Strategic outsourcing, 2003, S. 651 (insbesondere angelsächsische Banken).

121 Vgl. hierzu die Untersuchung von Köhler, T./ Fink, D., Innovationspartnerschaft, 2003. S. 6ff.

122 Vgl. o.V., Business process outsourcing, 2004, S. 40.

123 Vgl. o.V., Zahlungsverkehr, 2004, S. 20.

124 Vgl. für einen detaillierten Anbieterüberblick Bearing Point, Kreditbackoffice-Dienstleistungen, 2003, S. 16ff.

Das höchste Volumen kann jedoch das VR Kreditwerk durch seine Positionierung im genossenschaftlichen Verbund auf sich vereinen.[125]
Im Wertpapierbereich kann mit etwa 15 Abwicklungsplattformen, die ca. 50% der Depots auf sich vereinen können, von einem höheren Reifegrad des Abwicklungsmarktes in Deutschland gesprochen werden.[126] Dabei sind erste Konsolidierungsschritte im Markt beobachtbar.[127] Banken reduzieren darüber hinaus ihre Fertigungstiefe in Unterstützungs- und Querschnittsfunktionen.[128] Beispiele stellen die Auslagerung des IT-Bereiches der Deutschen Bank an IBM bzw. die Auslagerung einiger Beschaffungsfunktionen der Deutschen Bank an Accenture dar.[129]
Zusammenfassend kann festgehalten werden, dass wesentliche Industrialisierungstendenzen im Abwicklungsbereich von Banken beobachtbar sind.

#### *2.2.1.4 Industrialisierung in der Transformation von Banken*

Im Transformationsbereich von Banken können zwei Industrialisierungstendenzen beobachtet werden: die Automatisierung der Bankdisposition im Sinne einer Unterstützung oder eines Ersatzes von menschlichen Entscheidungen und die Standardisierung und Automatisierung durch die Einführung einer Gesamtbanksteuerung.
Im Bankensektor existieren eindeutige Entwicklungen hin zu einer Automatisierung von Entscheidungsprozessen im Kredit- und Handelsbereich. Im Kreditbereich kommt es zum einen zur Teil-Automatisierung von Kreditwürdigkeitsprüfungen mittels Entscheidungssystemen und Scoring Modellen,[130] die im Sinne der in Kapitel 2.1.1 definierten Industrialisierungsparadigmen als Mechanisierung einzuordnen sind.[131] Zum anderen sind Tendenzen zu einer Voll-Automatisierung des Kreditprüfungs- und -entscheidungsprozesses beobachtbar. Vor allem im Konsumentenkreditbereich existieren heute Lösungen, die keine menschliche Disposition mehr erfordern (z.B. bei der Norisbank).[132]
Die teilweise Ersetzung der dispositiven Wirkung des Menschen im Handelsbereich kann über eine verstärkte Automatisierung von Unterstützungsfunktionen wie Kommunikation mit Geschäftspartnern, Anzeige von Marktinformationen, Positionsführung der gehandelten Instrumente, Limit-Auslastungsanzeigen sowie Berechnung des Händler-Erfolgsbeitrages nachgewiesen werden.[133]

---

125 Mit 1 Million Konten ist das VR Kreditwerk größte Kreditfabrik im deutschen Markt. Vgl. Krichel, M./ Schwind, K., Immobilienfinanzierungsgeschäft, 2003, S. 7.
126 Vgl. Bösch, M., Outsourcing im Transaction Banking, 2004, S. 125.
127 Vgl. Gissel, R., Wertpapierbereich, 2004, S. 19.
128 Vgl. Friedrich, L. et al., Intelligentes Sourcing, 2004, S. 14ff.
129 Vgl. Hornblower Fisher, Deutsche Bank, 2000, S. 1.
130 Vgl. Bruckner, B., Bonitätsbeurteilung, 1996, S. 46 und Meyer zu Selhausen, H., Bankbetriebswirt-schaftslehre, 2000, S. 239ff.
131 Da die menschliche Disposition unterstützt, aber nicht abgelöst wird.
132 Vgl. ABC Systemhaus, Software, 2004.
133 Vgl. hierzu Meyer zu Selhausen, H., Bankbetriebswirtschaftslehre, 2000, S. 284ff.

Während eine vollständige Ablösung der menschlichen Disposition nicht beobachtet werden kann, bieten Systeme heute modellgestützte Anzeigen von Arbitragemöglichkeiten und Vorschläge für Hedging-Transaktionen, die wiederum als Unterstützung der menschlichen Disposition zu werten sind.
Parallel bzw. in Abhängigkeit zu dieser Entwicklung erfolgt vielfach eine Standardisierung und Automatisierung im Rahmen der Gesamtbanksteuerung. Diese integriert alle Ertrags-, Kosten- und Risikokomponenten in eine risikoadjustierte Performance-Kennzahl mit dem Ziel der Erwirtschaftung einer angemessenen Verzinsung. In der methodischen und praktischen Umsetzung stellt dies eine große Herausforderung dar,[134] da eine umfassende Integration und Automatisierung von Methoden und Daten auf Gesamtbankebene erforderlich ist.
Die Historisierung von Daten und der online-Zugriff respektive die Zusammenführung von verschiedensten bankeigenen und bankfremden Daten in dispositiven Systemen auf Basis einheitlicher Methoden sind aus systemtechnischer Sicht äußerst komplex.[135] Standardsoftware-Pakete wie der SAP Bank Analyzer adressieren diese Problemstellung und offerieren Daten- sowie Methodenkonsistenz und zentralisierte Daten- und Ergebnishaushalte.[136]
Der Status der Banken auf dem Weg zu einer integrierten Gesamtbanksteuerung kann an Kriterien wie beispielsweise einer Risikomessung auf VaR-Basis, einer Berücksichtigung von Korrelationen zwischen den Geschäftsarten oder einer einheitlichen, historisierten Datenbasis beurteilt werden. Untersuchungen bzgl. des Entwicklungsstandes weisen auf die verstärkte Tendenz zur Integration aller Ergebnis- und Risikokomponenten im Rahmen einer Gesamtbanksteuerung hin.[137]
Nachdem die Industrialisierungsentwicklungen in den Haupt-Prozessbereichen der Bank analysiert wurden, wird nun auf Bankprozess-übergreifende Industrialisierungstendenzen eingegangen.

### *2.2.2 Prozessübergreifende Industrialisierungsentwicklungen*

Analog der ökonomischen Paradigmen der Industrialisierung auf einzelwirtschaftlicher Ebene werden zunehmend Qualitätsmanagement-Methoden wie z.B. Total Quality Management und Six Sigma auch im Bankbereich eingesetzt.[138] „Immer mehr Banken (...) [verwenden] [Qualitätsmanagement-]Konzepte zur kontinuierlichen Prozessverbesserung in Richtung Null-Fehler-Qualität."[139]

---

134 Vgl. Schumacher, M./ Goebel, R., Gesamtbanksteuerung, 2002, S. 22.
135 Vgl. Euroforum, Banken, 2003, S. 13.
136 Vgl. Färber, G./ Kirchner, J., Gesamtbankinfrastruktur, 2003, S. 28.
137 Vgl. Grimmer, J.U., Gesamtbanksteuerung, 2003.
138 Vgl. beispielhaft Bergmann, M., Qualitätsmanagement, 1996 und Hügginger, S., TQM bei Kreditinstituten, 1995 und Hügli, J., Zertifizierung, 1997 und Lieber, K./ Moormann, J., Six Sigma, 2004, S. 28-33 und Mohandas, P., Six Sigma, 2003 und Perger, E., Total quality management, 2002 und Roth-Herren, M., Total quality management, 1994 und Schmitz, G., Qualitätsmanagement, 1994 und Töpfer, A., Six Sigma, 2003 und Ulrich, T., Qualitätsmanagement, 1996.
139 Töpfer, A., Six Sigma, 2003, S. 6.

Gründe hierfür liegen in der Bedeutung der Qualität für Banken aufgrund der zunehmenden Produktstandardisierung sowie der erhöhten Wechselbereitschaft von Kunden.[140]
Ergebnisse dieser Bemühungen werden z.B. über Abwicklungsfehler oder Verfügbarkeiten von Systemen oder Automaten gemessen. Die Citibank konnte z.B. die Verfügbarkeit der Geldausgabeautomaten von 97% auf 99% durch den Einsatz von Qualitätsmanagement-Methoden steigern.[141]
Auch auf gesamtwirtschaftlicher Ebene sind Industrie-analoge Tendenzen im Bankenmarkt feststellbar. Der Bankensektor weist durch gesetzliche Restriktionen einen geringen Konzentrationsgrad auf.[142] In jüngster Zeit kam es jedoch im internationalen Bankenmarkt zu einer verstärkten Konzentration.[143] Gründe hierfür sind die Erzielung von Größenvorteilen, die Lockerung gesetzlicher Rahmenbedingungen, sowie die Ausdehnung der geografischen Reichweite. Die Konsolidierung kann auch am Marktanteil der größten *25* Banken gemessen werden, der in den letzten neun Jahren von *31%* auf *37%* gestiegen ist.[144]
Auch in europäischen Bankenmärkten ist eine steigende Konzentration zu verzeichnen. Die größten fünf Institute im englischen, französischen und italienischen Bankenmarkt erreichen jeweils einen Marktanteil von mindestens *60%*.[145] Der deutsche Markt ist wegen des ausgeprägten staatlichen und genossenschaftlichen Bankensektors noch hoch fragmentiert; jedoch sind auch hier erste Konsolidierungstendenzen spürbar.

In Abbildung 8 werden die identifizierten Industrialisierungstendenzen im Bankensektor noch einmal zusammengefasst.

140 Vgl. Perger, E., Total quality management, 2003, S. 3.
141 Vgl. ebenda, S. 9.
142 Vgl. Goedeckenmeyer, K.-H., Konsolidierungsdruck, 2004, S. 296.
143 Vgl. ebenda.
144 Vgl. Franke, D., Banken der Welt, 2004, S. 33.
145 Vgl. Bundesverband deutscher Banken, Banken 2004, 2004, S. 8ff.

| Kategorie | Prozess | Industrialisierungsentwicklung im Bankensektor |
|---|---|---|
| Prozess-spezifisch | Produkt-entwicklung | Standardisierte Individualisierung des Leistungsangebots |
| | | Automatisierung der Leistungseinführung und -verwaltung |
| | Vertrieb | Diversifikation und Spezialisierung des Bankenkanalportofolios |
| | | Spezialisierung und Automatisierung von Vertrieb (-sunterstützung) |
| | Abwicklung | Standardisierung und Automatisierung der Abwicklung |
| | | Spezialisierung und Reduktion der Fertigungstiefe |
| | Transformation | Automatisierung der Bankdisposition |
| | | Standardisierung/ Automatisierung der Gesambanksteuerung |
| Prozessübergreifend | | Etablierung von Qualitätsmanagement in Banken |
| | | Wettbewerbliche Konzentration in der Bankenlandschaft |

Abbildung 8: Identifizierte Industrialisierungsentwicklungen im Bankensektor[146]

Im Folgenden wird ein Überblick der existierenden empirischen Analysen zur Wirkung der Industrialisierung von Banken gegeben.[147]

## 2.3 Empirische Analysen zur Wirkung der Industrialisierung von Banken

### *2.3.1 Industrialisierung und Bankergebnis*

Zunächst soll untersucht werden, wie Industrialisierung von Banken auf deren wirtschaftlichen Erfolg wirkt. Dazu ist die Analyse einer hinreichend großen Anzahl von Datenpunkten aus dem externen Rechnungswesen von Banken erforderlich.[148]
Als Messgröße der Industrialisierung soll hier der Quotient aus Sach- und Gesamtaufwand $q$ dienen

$$q = Sachaufwand / (Personalaufwand + Sachaufwand) = Sachaufwand / Gesamtaufwand \qquad Gl.\ 2.3\text{-}1,$$

da viele Industrialisierungsentwicklungen zu einem (teilweisen) Ersatz von menschlicher durch maschinelle Arbeitskraft führen. Auch die Reduktion der Fertigungstiefe führt ihrerseits zu einer Transformation von Personal- in Sachkosten.

146 Riese, C., Industrialisierung von Banken - Grundlagen, 2005.
147 Für eine detailliertere Analyse vgl. Riese, C., Industrialisierung von Banken - Grundlagen, 2005.
148 Vgl. Kapitel 2.1.2.3.

Dabei ist festzustellen, dass der Quotient *q* lediglich Veränderungen im Verhältnis zwischen Sach- und Personalkosten anzeigt und kein Maß für die Veränderung der Gesamteffizienz durch das Ersetzen von Personal- durch Sachkosten darstellt.[149]
Diese Meßgröße soll mit Hilfe einer linearen Regressionsanalyse[150] analysiert werden. Dabei stellt *q* die unabhängige Variable dar, während die Eigenkapitalrentabilität der Bank als abhängige oder Zielvariable gewählt wird. Untersucht werden die *45* größten europäischen Banken über die Jahre 1997-2003.[151]
Eine Gegenüberstellung von unabhängiger Variable und Zielvariable ist in folgender Abbildung ersichtlich:

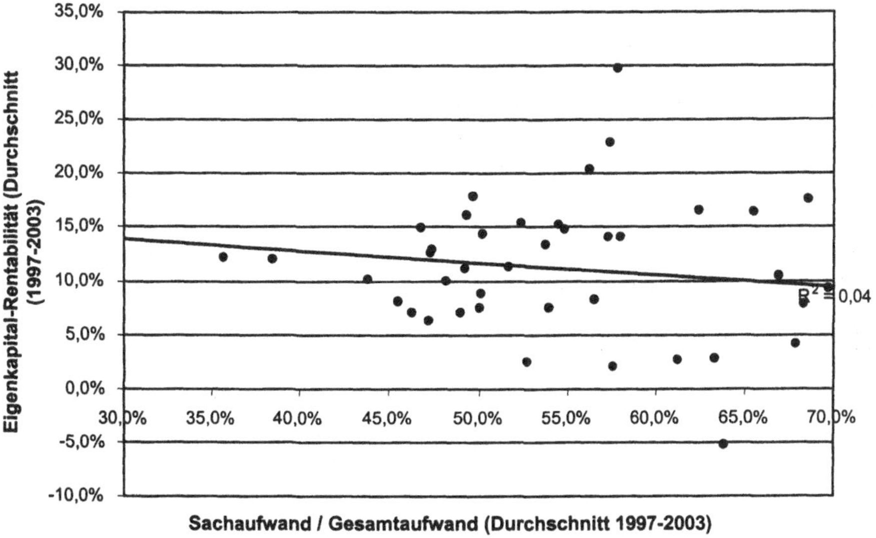


Abbildung 9: Eigenkapitalrentabilität vs. Sachaufwand / Gesamtaufwand[152]

Der Zusammenhang kann als schwach charakterisiert werden, das Bestimmtheitsmaß $R^2$ beträgt lediglich *0,04*. Es kann nicht gefolgert werden, dass die Industrialisierung[153] von Banken das Ergebnis von Banken positiv beeinflusst.
Im Folgenden soll geprüft werden, inwiefern die Industrialisierung von Banken auf die Effizienz der Leistungserstellung im Sinne von Input-Output-Betrachtungen wirkt.[154]

149 Es kann also vorkommen, dass Personal- durch höhere Sachkosten ersetzt werden und q trotzdem ansteigt.
150 Vgl. für statistische Grundlagen der Regressionsanalyse Bleymüller, J./ Gehlert, G./ Gülicher, H., Statistik, 2004, Kapitel Regressionsanalyse I, S. 139ff.
151 Wenn zum Zeitpunkt der Analysedurchführung die Daten für 2003 noch nicht vorlagen, wurden die aktuellsten Daten für die Durchschnittsbildung herangezogen. Die Daten wurden der Branchdatenbank für Banken „Bankscope" entnommen.
152 Riese, C., Industrialisierung von Banken - Grundlagen, 2005.
153 Industrialisierung im Sinne eines Ersatzes von Personal- durch Sachaufwand durch Automatisierung und Outsourcing.
154 Für eine detailliertere Analyse vgl. Riese, C., Industrialisierung von Banken - Grundlagen, 2005.

*2.3.2 Industrialisierung und Effizienz der Leistungserstellung*

Die Effizienz von Leistungserstellungsprozessen kann über das Verhältnis von Einsatz (Input) und Ausbringung (Output) charakterisiert werden, wobei ein Vergleichsmaßstab vorhanden sein muss.[155]

Dabei stellt die Cost Income Ratio (CIR, operatives Aufwands-Ertrags-Verhältnis) eine wesentliche Kennzahl der Bankeffizienz dar - sie setzt den operativen Aufwand zu den generierten Erträgen ins Verhältnis:

*CIR = operativer Aufwand/ operative Erträge*

*mit operative Erträge...Erträge vor Risikovorsorge*

*Gl. 2.3-2.*

Im Rahmen einer Regressionsanalyse soll der Zusammenhang zwischen Industrialisierung und Effizienz analysiert werden. Dabei wird die Industrialisierung wieder durch den Quotient *q* als unabhängige Variable charakterisiert. Als abhängige Variable wird diesmal jedoch das Effizienzmaß CIR gewählt.[156]

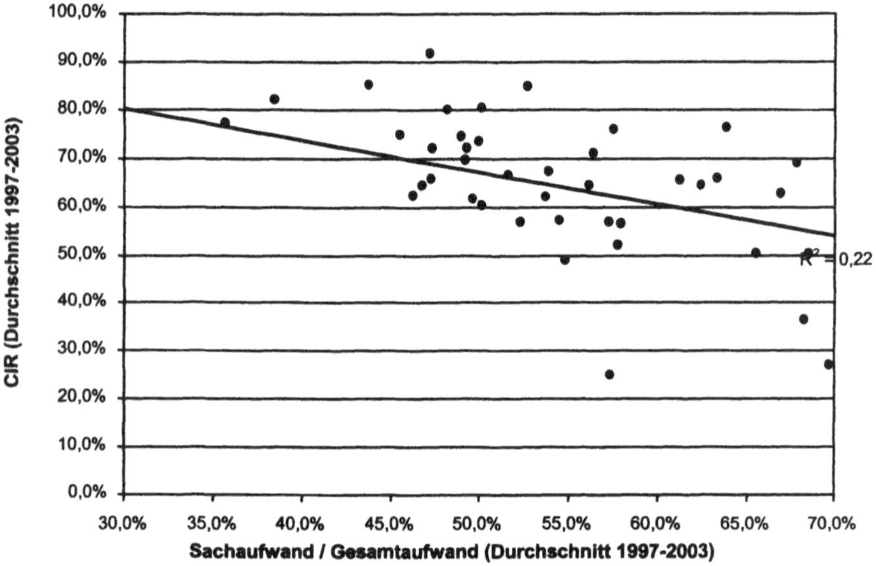


Abbildung 10: Cost Income Ratio vs. Sachaufwand / Gesamtaufwand[157]

Die CIR wird negativ durch die Industrialisierungsvariable *q* beeinflusst, was einer Erhöhung der Effizienz der Leistungserstellung durch Industrialisierung gleichzusetzen ist. Das Bestimmtheitsmaß beträgt $R^2=0,22$ und deutet auf eine schwache Aussagekraft der Analyse hin.

155 Vgl. Pham-Puong, D., Leistungsfähigkeit, 2004, S. 5.

156 Untersucht wurden wieder die 45 größten Banken in Europa über den Zeitraum von 1997-2003. Datenquelle: Bankscope.

157 Riese, C., Industrialisierung von Banken - Grundlagen, 2005.

### 2.3.3 *Industrialisierung und Kapitalmarkteinschätzung*

Die Frage der Reaktion des Kapitalmarktes auf Ankündigungen von Maßnahmen zur Verringerung der Fertigungstiefe (Outsourcing) wurde kürzlich durch das E-Finance-Lab[158] untersucht. Dazu wurden *250* Outsourcing-Ankündigungen im Rahmen einer Ereignisstudie (Signalling Theory) analysiert.

Abbildung 11 stellt die Ergebnisse der Studie, die Häufigkeitsverteilung der Überrenditen sowohl für das abgebende Unternehmen (Outsourcer) als auch für das aufnehmende Unternehmen (Insourcer) dar:

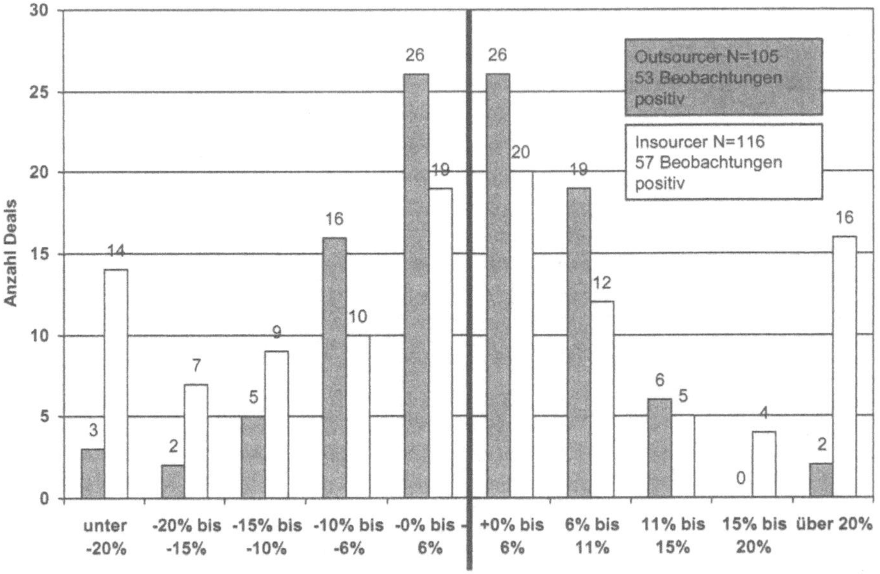


Abbildung 11: Ereignisstudie – Häufigkeitsverteilung der Überrenditen[159]

Durch die symmetrische Verteilung der Überrenditen kann nicht absolut von einer positiven Reaktion des Kapitalmarktes gesprochen werden. Daraufhin wurden Überrenditen auf Kriterien der Deal-Ausgestaltung hin untersucht. Größe, Profitabilität und spezifische Erfahrung des Insourcers wurden dabei als signifikante Kriterien für eine positive Kapitalmarktreaktion identifiziert.[160]

Demnach wird die Verringerung der Fertigungstiefe nicht per se honoriert, sondern nur, wenn ein hohes Vertrauen des Marktes in die Leistungsfähigkeit des neuen Lieferanten vorherrscht.

Die durchgeführten empirischen Untersuchungen können somit nur vage Hinweise auf die Wirkung von Industrialisierungsmaßnahmen geben. Deshalb soll im Folgenden der Fokus auf eine modellhafte Wirkungsanalyse gelegt werden.

---

158 Vgl. hierzu und für das gesamte Kapitel E-Finance Lab, Outsourcing, 2004.
159 Vgl. E-Finance Lab, Outsourcing, 2004.
160 Vgl. ebenda.

# III. Grundlagen und Struktur des Modells

## 3.1 Modellziele und Anforderungen

Nachdem die Untersuchungsobjekte Bank und Industrialisierung im Rahmen der deskriptiven Analyse von Industrialisierungstendenzen im Bankbereich zusammengeführt sind und empirische Ansätze zur Wirkungsanalyse der Industrialisierung auf Banken vorgestellt wurden, geht es im Folgenden um die Ausgestaltung einer modellhaften Wirkungsanalyse.

### *3.1.1 Zielformulierung*

Das Ziel der Modellierung kann als quantitative Abbildung respektive Zusammenführung der Untersuchungsgegenstände Bank und Industrialisierung zum Zweck der Wirkungsanalyse beschrieben werden.
Das Untersuchungsobjekt Bank ist dabei, wie in Kapitel 2.1.2.1 ausgeführt, als Akteur auf den Kapitalmärkten im Sinne der Neuen Institutionenökonomie unter Referenzierung auf eine klassische deutsche Universalbank anzusehen.
Dementsprechend sollen die Kapitalmärkte als Inputfaktoren für die Bank im Kontext von deutschen Aktien- und Zinsmärkten beschrieben werden. Besondere Berücksichtigung findet bei der Modellierung der Inputfaktoren die Abbildung verschiedener Marktzustände, wie z.B. stark volatiler Marktphasen. Daraus sollen Rückschlüsse über die Wirkung der Industrialisierung in z.B. Phasen hoher Marktvolatilität gezogen werden.[161] Die Märkte als Inputfaktoren für die Bank werden im Modellblock „Inputsystem“ beschrieben (die Grundstruktur des Modells ist in Abbildung 12 ersichtlich).
Die originäre Transformationsfunktion einer Bank hinsichtlich Risiken, Fristen und Laufzeiten wurde in Kapitel 2.1.2.1 beschrieben. Zur Durchführung dieser Funktion ist es erforderlich, dass die Bank über ein entsprechendes Produktportfolio verfügt. Dazu zählen insbesondere das Kredit-, Einlagen- und Handelsgeschäft.[162]

---

161 Auf makroökonomischer Ebene wird diskutiert, ob Basel II durch eine genauere Ermittlung von Risikopotenzialen die Konjunkturzyklen z.B. durch weitgehende Risikovermeidung und restriktive Vergabepolitik verschärft. Vgl. u.a. Walter, N., Basel II, 2003 und Rösch, D., Mitigating procyclicality, 2002.

162 Vgl. Obst/ Hintner/ von Hagen, J./ Stein, J.H., Geld- Bank- und Börsenwesen, 2000, S. 201ff.

Dementsprechend werden diese Produkte im Modellblock „Geschäftsarten" abgebildet.
Darüber hinaus sollen die Geschäfte mit ihren jeweiligen Erfolgs- und Risikobeiträgen (vgl. Kapitel 2.1.2.3) im Rahmen dieses Modellblocks beschrieben werden.
Das Leistungserstellungssystem der Bank wurde in Kapitel 2.1.2.2 über die Prozessbereiche Produktentwicklung, Vertrieb, Abwicklung und Transformation charakterisiert. Diese Bereiche der bankbetrieblichen Leistungserstellung sollen in das Modell Eingang finden (Modellblock „Bankprozesse" in Abbildung 12). Dabei erfolgt im Modell aus Gründen der Fokussierung der Untersuchung bzw. der Komplexitätsreduktion eine Einengung auf die Prozessbereiche Transformation und Abwicklung.
Die Performance- oder Outputmessung der Bank soll auf Basis der Überlegungen in Kapitel 2.1.2.3 zu wertbasierten bzw. risikoadjustierten Kennzahlen erfolgen (Modellblock „Outputsystem").
Das zweite Untersuchungsobjekt, die Industrialisierung wurde über die Ableitung von Paradigmen in Kapitel 2.1.1 beschrieben. Im Modellblock „Industrialisierungsfaktoren" soll daher eine modellhafte Abbildung der hergeleiteten Paradigmen durch Parametrisierung der Bankprozesse (Industrialisierungsparameter) erfolgen.
Eine zusammenfassende Übersicht der Modellkomponenten ist in Abbildung 12 ersichtlich.

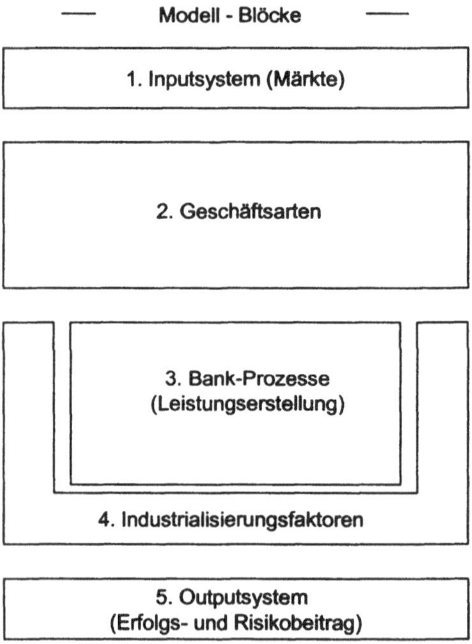


Abbildung 12: Grundstruktur des Modells[163]

163 Eigene Darstellung.

Das Modell stellt somit ein Parzialmodell der Untersuchungsgegenstände Bank und Industrialisierung dar. Dem Autor ist keine wissenschaftliche Ausarbeitung bekannt, die eine Industrialisierung über Parametrisierung von Bankprozessen modelliert.
Nachdem das allgemeine Ziel der Analyse in einzelne Modellblöcke strukturiert wurde, wird im Folgenden die weitere Ausgestaltung dieser Modellstruktur durchgeführt. Zunächst soll jedoch ein Überblick zu Modellierungsansätzen für das Bankverhalten gegeben werden.

### *3.1.2 Grundlagen der Modellierung von Banken*

In der wissenschaftlichen Diskussion um die Modellierung des Bankverhaltens lassen sich zwei Strömungen ausmachen. Zum einen wurden im Rahmen des Forschungsgebietes Strategisches Management bzw. Operations Research Modelle zur ganzheitlichen Beurteilung der Leistungserstellung in Banken entwickelt.[164]
Diese beziehen alle wesentlichen Prozessbereiche in die Modellierung ein und zielen meist auf eine strategische Optimierung der Prozesse zur Leistungserstellung bei veränderlichen Inputgrößen ab.[165]
Zum anderen existiert ein breites Forschungsgebiet zu fokussierteren Asset Liability Management Modellen, die sich auf die Abbildung der Transformationsfunktion der Bank beschränken.[166] Diese Modelle fußen auf der Portfolio-Selection Theorie nach Markowitz.[167]
Derartige Modelle lassen sich weiter in die Kategorien statische Modelle, stochastische Modelle (einperiodig) sowie stochastische Modelle (mehrperiodig) unterteilen.[168] Statische Modelle fokussieren sich auf einzelne, externe Einflüsse auf das Bankportfolio, wie z.B. einmalige Zinsänderungen.[169] Einperiodige, stochastische Modelle optimieren das Bankportfolio ganzheitlich im Sinne der Portfoliotheorie nach Markowitz. Korrelationen zwischen den Portfoliopositionen werden hierbei berücksichtigt.[170] Die eigentliche Optimierung wird meist mit dem Konzept der linearen Programmierung durchgeführt. Mehrperiodige, stochastische Modelle können hingegen auf sich verändernde Inputgrößen im Zeitverlauf reagieren und das Portfolio dynamisch und vor-

164 Vgl. Ansoff, H.L., Strategic management, 1985. Ansoff schlägt ein zweistufiges Konzept vor: 1. Beurteilung der zukünftigen Volatilität der Umweltfaktoren und 2. Adaption des „Management Systems", also aller Planungs-, Steuerungs- und Überwachungsprozesse. Vgl. weiter Taylor, B., Strategic planning, 1984.

165 Vgl. Bedoni, M., Aggregate bank model, 1987 und Grubmann, N., Simulation model, 1987.

166 Vgl. zu Asset liability management z.B. Süchting, J./ Paul, S., Bankmanagement, 1998, S. 416.

167 Vgl. hierzu Markowitz, H.M., Portfolio selection, 1952, S. 77ff.

168 Vgl. zu dieser Kategorisierung Nager, J., Ansätze, 1997 und Schürle, M., Stochastische Optimierung, 1998, S. 8ff. und Zenios, S.A., Asset liability management, S. 77ff. Eine alternative Unterscheidung erfolgt in deterministische und stochastische Modelle. Vgl. Oguzsoy, C.B./ Güven, S., Asset and liability management, 1997, S. 575ff.

169 Vgl. Schürle, M., Stochastische Optimierung, 1998, S. 10.

170 Wesentliche Beiträge im Rahmen der einperiodigen und stochastischen Ansätze liefern z.B. Bertsekas, D.P., Dynamic programming, 1987 und Pyle, D.H., Financial Intermediation, 1971, S. 737ff.

ausschauend optimieren. Es wird noch zwischen zwei- und mehrstufigen Modellen sowie zwischen Modellen ohne und mit Feedback-Schleife differenziert.[171]
Ein moderner Modellansatz, der zum einen die Bank als risikoaversen Investor interpretiert und zum anderen eine Integration von Risiko- und Ertragskalkülen im Rahmen einer zentralisierten Steuerung propagiert, ist das Bankmodell von Froot/ Stein.[172]
Im Weiteren sollen sowohl die Gedanken einer ganzheitlichen Optimierung der Leistungserstellung über alle Prozessbereiche als auch die spezifischen Abbildungsvarianten für den Transformationsbereich Eingang finden. Aus Gründen der Komplexitätsreduktion wird als grundsätzlicher Modellansatz das einperiodige, stochastische Bankmodell nach Pyle[173] gewählt.
Analog zu diesem Modellansatz soll die Bilanzsumme der Bank über alle Simulationen konstant gehalten werden. Dazu werden alle Verluste vor jeder neuen Periode ausgeglichen. Außerdem werden Neugeschäfts- bzw. Abschmelzeffekte vernachlässigt.[174]
Der stochastische Marktinput wird durch eine Allokation von Finanzmitteln im Sinne eines Portfoliomanagements transformiert, wobei die Portfolio-Optimierung sich nur über eine Simulationsperiode erstreckt. Die zur Optimierung notwendige Ziel-Nutzenfunktion der Bank wird nach den Erkenntnissen von Froot/ Stein[175] risikoavers ausgestaltet.
Die geforderte Abbildung des Abwicklungsbereiches wird durch eine ganzheitliche Ausgestaltung des Modells nach Bedoni[176] bzw. Grubmann[177] erreicht.
Nachdem die Grundzüge der Modellausgestaltung definiert sind, erfolgt im Weiteren eine Konkretisierung der in Kapitel 3.1.1 eingeführten Modellblöcke.

### *3.1.3 Grundlagen des Inputsystems*

Wesentlicher Geschäftszweck von Banken (vgl. Kapitel 2.1.2.1) stellt die Risikotransformation respektive das kalkulierte Eingehen von Risiken dar. Das Eigenkapital der Bank nimmt dabei hinsichtlich Risikobegrenzung und Risikosteuerung eine tragende Rolle ein.[178]

---

171 Im zweistufigen Ansatz werden sämtliche zukünftigen Zeitpunkte in der zweiten Stufe des Problems zusammengefasst. Vgl. z.B. das Modell von Kallberg, J.G./ White, R.W./ Ziemba, W.T., Financial planning, 1982, S. 670ff. Für zweistufige Verfahren vgl. darüber hinaus Black, F./ Derman, E./ Toy, W., One-factor model, 1990, S. 33ff. und Brodt, A.I., Balance sheet management model, 1978, S. 221ff. und Golub, B. et al., Stochastic programming model, 1995, S. 282ff. Zu den mehrstufigen Verfahren vgl. Kusy, M.I./ Ziemba, W.T., Asset and liability management model, 1986, S. 356ff. und Carino, D.R./ Myers, D.H./ Ziemba, W.T., Concepts, 1995.
172 Vgl. Froot, K.A./ Stein, J.C., Risk management, 1998.
173 Vgl. Pyle, D.H., Financial Intermediation, 1971.
174 Diese Annahme bedeutet eine Vernachlässigung der Prozessbereiche Vertrieb und Produktentwicklung und ist damit konsistent zur Zielformulierung bzgl. einer Fokussierung auf die Prozessbereiche Transformation und Abwicklung. Vgl. Kapitel 3.1.1.
175 Vgl. Froot, K.A./ Stein, J.C., Risk management, 1998.
176 Vgl. Bedoni, M., Aggregate bank model, 1987.
177 Vgl. Grubmann, N., Simulation model, 1987.
178 Vgl. Eilenberger, G., Bankbetriebswirtschaftslehre, 1997.

Es ist daher zweckmäßig, zur Beschreibung des Inputsystems und der nachfolgenden Präzisierung der Geschäftsarten, bankbetriebliche Risikoarten zu systematisieren.

Risiko wird in der Literatur unterschiedlich definiert. Die allgemeinste Definition bezieht sich auf eine Gefahr der Nichterfüllung bestimmter Ziele.[179] Speziellere Definitionen beziehen sich auf die Möglichkeit von (meist negativen) Abweichungen von einer prognostizierten Vermögens-, Finanz- oder Ertragsposition. Im Einklang damit sind Risikointerpretationen als Möglichkeit von Wertschwankungen (positiv oder negativ) oder als Möglichkeit negativer Vermögenswertänderungen abgegrenzt.[180]

Für Banken als spezifische Finanzintermediäre, die u.a. eine Risikotransformation durch das bewusste und kalkulierte Eingehen von Risiken durchführen, stellt die Erkennung, Messung, Aggregation und Steuerung aller betrieblichen Risiken eine wichtige Funktion dar.

Es existieren zahlreiche Ansätze zur Beschreibung und Systematisierung von bankbetrieblichen Risikoarten.[181]

Schierenbeck definiert zunächst Finanzrisiken und operationelle Risiken als ein dichotomisches Begriffspaar. Operationelle Risiken werden als nicht mit der direkten Leistungserstellung verbundene strategische Risiken bezeichnet. Der Basler Bankenausschuss definiert hingegen operationelle Risiken weiter und inkludiert u.a. Transaktions- und Abwicklungsrisiken, sowie weitere im internen Leistungsbereich auftretende Risiken durch Menschen, Verfahren und Systeme.[182] Für diese Betrachtung werden interne Risiken in strategische Risiken und operationelle Risiken der internen Leistungserstellung im Sinne des Basler Bankenausschusses unterschieden.

Geschäftsrisiken im externen Leistungsbereich können als Erfolgs- oder Liquiditätsrisiken[183] auftreten und betreffen Gegenparteien oder Märkte. Eine Übersicht der bankbetrieblichen Risiken findet sich in Abbildung 13.

---

179 Vgl. Poddig, T./ Dichtl, H./ Petersmeier, K., Statistik, 2000, S. 122.

180 Vgl. Hockmann, H.J./ Thießen, F., Investment banking, 2002, S. 738.

181 Zur Definition der Risikoarten vgl. Schierenbeck, H., Band 1, 2001, S. 15f., Band 2, 2003, S. 3ff, Büschgen, H., Bankbetriebslehre, 1998, S. 870ff., Theiler, U., Risk-/Return-Steuerung, 2002, S. 15ff.

182 Vgl. Basler Ausschuss für Bankenaufsicht, Eigenkapitalrichtlinie, 2001, S. 103.

183 Zur Einlagensicherung und der Gefahr von „bank runs" vgl. Bauer, W./ Ryser, M., Risk management strategies, 2004.

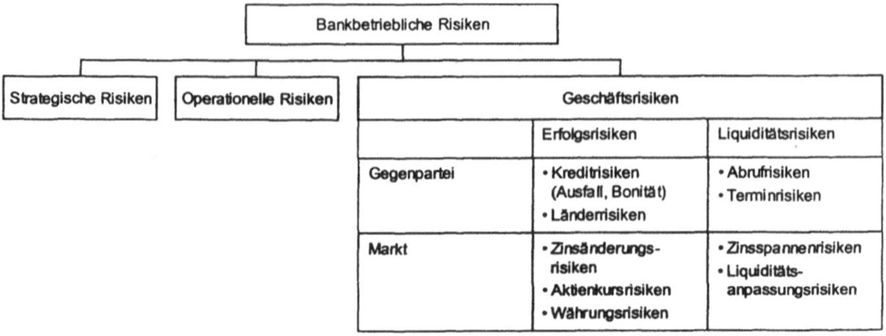


Abbildung 13: Bankbetriebliche Risiken[184]

Die Geschäftsrisiken im externen Leistungsbereich werden zum Zweck der Konkretisierung des Inputsystems im Folgenden näher beschrieben.

Das *Gegenpartei-Erfolgsrisiko*, wie z.B. das Kredit- oder Länderrisiko, ist das Risiko, dass ein Vertragspartner seinen Verpflichtungen in Bezug auf die Höhe des geforderten Kapitaldienstes nicht zeitgerecht oder nicht vollständig nachkommt. Im engeren Sinne ist damit eine Zahlungsunfähigkeit respektive ein Ausfallrisiko verbunden. Im Spezialfall der Kreditrisiken wird auch das Bonitätsrisiko zum Gegenpartei-Erfolgsrisiko gezählt.[185]

Das *Markterfolgsrisiko* oder Marktrisiko beinhaltet die Gefahr, dass sich ein Markt negativ für die Bank entwickelt und zu Wertverlusten aufgrund eingetretener Preisänderungen führt. Das Marktrisiko lässt sich nach den gehandelten Instrumenten weiter unterteilen in Aktienkurs-, Zinsänderungs-, Wechselkurs- und andere Preisrisiken.[186]

*Gegenpartei-Liquiditätsrisiken*, wie beispielsweise Abrufrisiken, beschreiben die Gefahr, dass Aktivpositionen unerwartet in Anspruch genommen oder Passivpositionen unerwartet abgerufen werden. Dieses Risiko tritt vornehmlich im Großkredit- und Einlagengeschäft auf.[187]

*Markt-Liquiditätsrisiken*, beschreiben marktinduzierte Gefahren für die Liquiditäts-Position der Bank. Das Liquiditätsanpassungsrisiko besteht aus der Möglichkeit, dass aufgrund mangelnder Marktliquidität Positionen nicht zu akzeptablem Preis ge- oder verkauft werden können. Im Gegensatz dazu birgt das Terminrisiko die Gefahr von Kapitalbindungsdauern durch Marktengpässe oder Liquiditätsschwierigkeiten des Schuldners. Das Zinsspannenrisiko[188] ist eine marktinduzierte Gefahr der Nicht-Realisation von Zinserträgen, die bei einem Aktiv- oder Passivüberhang bei Fluktuationen des Marktzinses beobachtbar sind.

184 Eigene Darstellung.
185 Vgl. Schierenbeck, H., Band 2, 2003, S. 5f.
186 Vgl. Theiler, U., Risk-/Return-Steuerung, 2002, S. 18.
187 Vgl. Schierenbeck, H., Band 2, 2003, S. 10f.
188 Zur Abgrenzung von Zinsrisiken vgl. Schierenbeck, H., Band 2, 2003, S. 291ff.

### *3.1.4 Präzisierung der Geschäftsarten*

In Kapitel 3.1.1 wurden mit dem Kredit-, Einlagen- und Handelsgeschäft bereits die zur Sicherstellung der Transformationsfunktion notwendigen Geschäftsarten einer Bank beschrieben. Im Weiteren geht es um die Verknüpfung dieser Geschäftsarten mit den eben beschriebenen Risikoarten (Markt-, Gegenpartei- und Liquiditätsrisiken).

Das Kreditgeschäft mit Firmenkunden ist mit Kreditrisiken (Ausfall- und Bonitätsrisiken) belastet. Der Marktwert eines Kredites ändert sich über die Abzinsung zukünftiger Cash Flows aber auch mit der Schwankung des Marktzinses, das Kreditgeschäft trägt mithin auch ein Zinsänderungsrisiko.[189]

Das Einlagengeschäft trägt lediglich ein Liquiditätsanpassungsrisiko. Erst durch die Verbindung des Einlagengeschäftes mit dem Kreditgeschäft zu einem Aktiv-Passiv-Geschäft ergeben sich zusätzliche Risiken über die Anpassung der Zinsspannen. Das Zinsspannenrisiko tritt auf, wenn es einen Überhang von festverzinslichen Aktiv- oder Passivpositionen gibt, die bei Änderungen des Marktzinses zu Fehlbeträgen führen können.

Das Handelsgeschäft ist durch Zinsänderungs- und Aktienkursrisiken behaftet. Eine Zusammenfassung der bei den Geschäftsarten der Modellbank auftretenden Risiken ist in Abbildung 14 ersichtlich.

| Geschäftsart der Modellbank | Aktienkurs- und Bonitätsrisiko | Zinsänderungsrisiko | Zinsspannenrisiko |
|---|---|---|---|
| 1) Kreditgeschäft (mit Firmen) | Ausfall-/ Bonitätsrisiko des Kreditnehmers (Marktwert der Unternehmung) | Diskontierungssatz der zukünftigen Cash Flows des Kredites | Festzinsüberhang Aktiv/ Passiv |
| 2) Einlagengeschäft | | | Festzinsüberhang Aktiv/ Passiv |
| 3a) Handelsgeschäft: festverzinsliche Papiere | | Diskontierungssatz der zukünftigen Cash Flows des Wertpapiers | |
| 3b) Handelsgeschäft: Aktien | Kursrisiko (Marktwert der Unternehmung) | | |

Abbildung 14: Überblick der Geschäfts- und Risikoarten der Modellbank[190]

Die notwendigen Geschäftsarten können jetzt auf Basis von Abbildung 14 konkretisiert werden:

- Kreditgeschäft (mit Firmen): Das Geschäft soll weiter durch festverzinsliche Kredite (fixer Sollzins) mit lediglich einer möglichen Laufzeit charakterisiert werden.
- Einlagengeschäft: Feste Haben-Zinsen und nur eine mögliche Laufzeit sollen gegeben sein.

189 Vgl. ebenda, S. 291.
190 Eigene Darstellung.

- Handelsgeschäft (Handel auf eigene Rechnung der Bank): Die Bank soll in festverzinsliche Wertpapiere mit hoher Bonität und Aktienwerte investieren können.

Aus Abbildung 14 lässt sich ebenfalls erkennen, dass die Modellbank grundsätzlich zwei externen Marktrisiken ausgesetzt ist: einem Unternehmens-Marktwertrisiko (manifestiert entweder in einem Aktienkurs- oder einem Bonitätsrisiko) und einem Zinsänderungsrisiko (dass sich wiederum niederschlägt im Marktwertrisiko der Zinspositionen und in einem Zinsspannenrisiko). Im Weiteren werden deshalb im Rahmen des „Inputsystems" der Modellbank das Unternehmens-Marktwert-/ Aktienkursrisiko und das Zinsänderungsrisiko näher betrachtet. Zunächst sollen allerdings die bisher an das Modell zu stellenden Anforderungen systematisiert werden.

### *3.1.5 Modellfindung und Anforderungen*

Nachdem der grundsätzliche Modellansatz beschrieben ist, die Ableitung der bankbetrieblichen Risikoarten und die Präzisierung der Geschäftsarten der Modellbank erfolgt ist, können die Anforderungen an die Modellblöcke auf Basis der Ausführungen in Kapitel 3.1.1 wie folgt zusammengefasst werden:

1. Inputsystem
   a) Die Modellparameter des Inputsystems der Modellbank sind anhand deutscher Aktien- und Zinsmärkte weitgehend wirklichkeitsnah auszugestalten.
   b) Als Voraussetzung für eine Portfolio-Optimierung (vgl. Kapitel 3.1.2) sind liquide Märkte anzunehmen, d.h. Positionen des Bankportfolios können jederzeit ge- und verkauft werden.
   c) Die Wirkungsanalyse soll für stabile und stark volatile Marktzustände erfolgen. Das Inputsystem muss daher wirtschaftliche Zyklen und extremen Bedingungen (Schocks) in den Märkten abbilden können.
2. Geschäftsarten
   a) Das Kreditgeschäft mit Firmen, das Einlagengeschäft sowie der Eigenhandel mit Aktien und festverzinslichen Wertpapieren sind zu modellieren und mit den Risikoarten (Markt-, Gegenpartei- und Liquiditätsrisiken) zu verbinden.
   b) Die Geschäftsarten sind bezüglich ihrer spezifischen Erfolgs-, Kosten- und Risikobeiträge zu jedem Zeitpunkt bewertbar, d.h. die Positionen können jederzeit risikoadäquat bepreist werden (als Voraussetzung für Portfolio-Optimierung (vgl. Kapitel 3.1.2).
3. Bankprozesse
   a) Die Abbildung der Leistungserstellung der Bank soll sich auf die Prozesse Transformation und Abwicklung fokussieren.
   b) Die Repräsentation der Transformationsfunktion erfolgt im Rahmen einer Portfolio-Optimierung (integrierte Risiko-Rendite-Steuerung).[191]
   c) Die Ausgestaltung der Prozesse soll unter besonderer Berücksichtigung der Möglichkeit zur Abbildung von Industrialisierungsfaktoren (vgl. Anforderung 4) erfolgen.
4. Industrialisierungsfaktoren
   a) Die Industrialisierungsparadigmen Automatisierung/ Standardisierung und Spezialisierung (auf Firmen- und Marktebene) sind als Parametrisierungen (Industrialisierungsfaktoren) der Hauptprozesse Transformation und Abwicklung zu gestalten.[192]
5. Outputsystem
   a) Die Bankperformance soll mittels wertorientierter bzw. risikoadjustierter Ansätze angegeben werden.
   b) Zusätzlich ist ein Maß für die Zyklusverstärkerwirkung der Bank vorzusehen, da erfasst werden soll, ob die Bank den vorherrschenden wirtschaftlichen Zyklus verstärkt oder abschwächt.

Die Anforderungen an die Modellblöcke sind in Abbildung 15 zusammengefasst.

191 Vgl. dazu die Ausführungen in Kapitel 3.1.2.
192 Vgl. Kapitel 2.1.1.

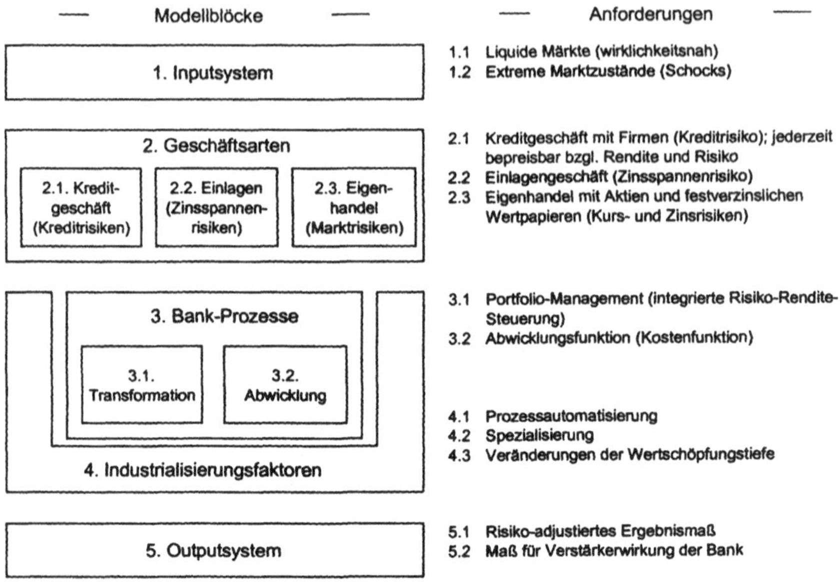


Abbildung 15: Modellblöcke und -Anforderungen[193]

Nachdem die Modellanforderungen im Rahmen der Modellblöcke konkretisiert wurden, kann im Folgenden die weitere Ausgestaltung der Modellkomponenten erfolgen. Dabei soll zunächst das Inputsystem detailliert werden.

## 3.2 Inputsystem

Wie in Kapitel 3.1.4 ausgeführt, hat das Inputsystem zwei wesentliche Anforderungen zu erfüllen. Zum einen sollen relevante Kapitalmärkte für Unternehmensrisiken (Unternehmens-Marktwert-/ Aktienkursrisiko) und Zinsrisiken (Zinsänderungsrisiko) abgebildet werden. Zum anderen soll das Inputsystem die Modellierung extremer Marktzustände wie Schocks erlauben.
Ein Kapitalmarkt in diesem Verständnis des Inputsystems kann als Aktienmarkt bzw. Anleihen- oder Rentenmarkt beschrieben werden.[194] Auf diesen Märkten werden Anbieter und Nachfrager von Kapital durch Finanzintermediäre zusammengebracht.[195]

193 Eigene Darstellung.

194 Vgl. Obst/ Hintner/ von Hagen, J./ Stein, J.H., Geld- Bank- und Börsenwesen, 2000, S. 361ff.

195 Der Handlungsraum Kapitalmärkte sowie Banken als Akteure in diesem Handlungsraum werden in Kapitel 2.1.2.1 beschrieben. Gegenstand des Austausches ist dabei das Kapital, welches aus makroökonomischer Sicht als der Bestand an Sach- und Finanzmitteln verstanden wird, der zur Erzeugung des Sozialproduktes dient. Man unterscheidet ferner nach der Herkunft der Marktteilnehmer in internationale und nationale Märkte, sowie in verschiedene Fristigkeiten und Verbriefungen von Verbindlichkeiten. Vgl. hierzu Hockmann, H.J./ Thießen, F., Investment banking, 2002, S. 6f.

Das Marktrisiko in Kapitalmärkten kann durch die beobachtete Schwankung der Preise bzw. Renditen beschrieben werden.[196] Zusätzlich kann zur Charakterisierung und Modellierung eines Kapitalmarktes seine Korrelation zu anderen Märkten angegeben werden.

Zusammenfassend kann festgehalten werden, dass das geforderte Inputsystem durch einen Aktien- bzw. Anleihenmarkt beschrieben werden kann. Die Märkte werden durch ihre Renditen, ein Maß ihrer Volatilität und ihre Korrelation untereinander näher charakterisiert.

Die geforderte Abbildung der Märkte macht es zunächst notwendig, dass die Grundlagen effizienter Kapitalmärkte erarbeitet werden (Kapitel 3.2.1). Danach wird auf Grundlagen und Modellansätze für extreme Marktzustände eingegangen (Kapitel 3.2.2).

### *3.2.1 Effiziente Kapitalmärkte*

Neoklassische Marktmodelle wie das Kapitalmarktmodell ohne Unsicherheit oder das Capital-Asset-Pricing-Modell (CAPM) setzen eine Vollkommenheit der Märkte hinsichtlich Transaktionskosten, Marktliquidität und Bewertungsgleichheit Informationseffizienz voraus.[197]

Ein Markt ist vollkommen hinsichtlich Transaktionskosten, wenn er friktionslos ist, also alle Transaktionen kostenfrei verlaufen können. Die Effizienz eines realen Marktes kann somit durch Messung der tatsächlichen Transaktionskosten bestimmt werden.

Vollkommenheit hinsichtlich Marktliquidität liegt vor, wenn die gehandelten Titel ohne Kosten in liquide Mittel getauscht werden können. Kosten sind hier vor allem implizite Mehrkosten durch nicht-liquide Märkte, also Sofortigkeits- oder Wartekosten. Diese impliziten Kosten können über Markteigenschaften wie Markttiefe, Marktbreite, Marktenge oder Erneuerungskraft des Marktes gemessen werden.[198]

In bewertungseffizienten Märkten entsprechen die Marktpreise den Fundamentaldaten der gehandelten Titel. Stimmen die Preise nicht mit den Fundamentalanalysen überein, so spricht man von Preislücken oder Preisblasen.

In einem Markt mit vollkommener Informationseffizienz sind nach Fama alle vorhandenen Informationen in den Marktpreisen reflektiert.[199] Fama leitet aus der allgemeinen Definition drei Abstufungen der Informationseffizienz ab: bei strenger Informationseffizienz sind alle öffentlich und privat verfügbaren Informationen in den Preisen reflektiert, auf Informationen basierende Spekulationen können in diesem Markt also nicht auftreten. Bei mittelstrenger Informationseffizienz sind lediglich die öffentlichen Informationen reflektiert.

---

196 Vgl. Obst/ Hintner/ von Hagen, J./ Stein, J.H., Geld- Bank- und Börsenwesen, 2000, S. 298ff.

197 Ein vollkommener Markt ist gekennzeichnet durch 1) keine operativen Transaktionskosten im Handel; 2) alle verfügbaren Informationen stehen allen Marktteilnehmern kostenfrei zur Verfügung und 3) alle Marktteilnehmer sind sich einig über die Implikationen der vorliegenden Informationen auf den heutigen Preis und die zukünftige Verteilung der Marktrenditen. Vgl. dazu Fama, E.F., Efficient capital markets, 1970, S. 387 und Hockmann, H.J./ Thießen, F., Investment banking, 2002, S. 42.

198 Vgl. Hirth, H., Marktliquidität, 1999.

199 Vgl. Fama, E.F., Efficient capital markets, 1970.

Insider (Informed Trader) haben in diesen Märkten die Möglichkeit, private Informationen für spekulative Strategien zu nutzen. Bei schwacher Informationseffizienz sind lediglich die Informationen aus historischen Marktpreisen in den aktuellen Preisen reflektiert. In diesen Märkten können Marktteilnehmer durch Fundamentalanalyse der gehandelten Werte Informationen gewinnen und diese spekulativ einsetzen.[200]
Es existieren in der Literatur mehrere Modelle zur Beschreibung der Informationseffizienz von Kapitalmärkten.[201] Das Fair-Game-Modell besagt, dass der Erwartungswert des Marktpreises des Titels *j* zum Zeitpunkt *t+1* unter einer gegebenen Informationsstuktur $\Phi_t$ gleich dem Produkt aus Erwartungswert der Rendite des Titels *j* mit dem Marktpreis zum Zeitpunkt *t* ist:

$$E(p_{j,t+1} \mid \Phi_t) = (1 + E(r_{j,t+1} \mid \Phi_t)) * p_{j,t}$$

*Gl. 3.2-1*

*mit E()...Erwartungswertoperator;* $p_{j,t}$*...Preis des Titels j zum Zeitpunkt t;*

$\Phi_t$*...Informationsstruktur zum Zeitpunkt t;* $r_{j,t+1}$*...Rendite des Titels j zum Zeitpunkt t+1.*

Ein Spezialfall des Fair-Game-Modells ist das Submartingal-Modell. Es besagt, dass der auf der Informationsstruktur $\Phi_t$ beruhende Erwartungswert des Marktpreises zum Zeitpunkt *t+1* größer oder gleich dem Marktpreis zum Zeitpunkt *t* sein muss:[202]

$$E(p_{j,t+1} \mid \Phi_t) >= p_{j,t}$$

*Gl. 3.2-2*

Eine weitere Präzisierung und Verschärfung der Modellierung effizienter Märkte wird durch das Random-Walk-Modell erreicht. Es besagt, dass Preisänderungen zwischen zwei beliebigen Zeitpunkten unabhängig sind und einer gleichen Wahrscheinlichkeitsverteilung folgen:

$$f(r_{j,t+1} \mid \Phi_t) = f(r_{j,t+1})$$

*mit* $f(r_{j,t+1})$*...Wahrscheinlichkeitsverteilung der Renditen des Titels j zum Zeitpunkt t+1*[203]

*Gl. 3.2-3.*

Handelt es sich um positive Preisänderungen, die zu einer grundsätzlich positiven Rendite führen, so spricht man vom Random-Walk mit Drift.
In effizienten Märkten, in denen alle Informationen in den Preisen reflektiert sind, kommt es zu einem Informations-Paradoxon. Grossmann hat gezeigt, dass der Marktpreis alle Informationen der „Informed Trader“ aggregiert.[204] „Uninformed Trader“ können so alle verfügbaren Informationen aus der Historie der Marktpreise able-

200 Vgl. Hockmann, H.J./ Thießen, F., Investment banking, 2002, S. 44ff.
201 Vgl. ebenda, S. 46ff.
202 Für empirische Implikationen des Submartingal Modells vgl. Fama, E.F., Efficient capital markets, 1970, S. 386.
203 Die Wahrscheinlichkeitsverteilung der Renditen zum Zeitpunkt t1 ist demnach unabhängig von den Informationen, die zum Zeitpunkt t0 vorliegen, sie ist stationär über die Zeit. Die Wahrscheinlichkeitsverteilung beinhaltet in sich bereits alle Informationen der historischen Renditeentwicklung. Demnach ist die zukünftige Verteilung der Renditen nicht unabhängig von historischen Informationen, lediglich die Reihenfolge der historischen Renditen ist irrelevant. Vgl. ebenda.
204 Vgl. Grossman, S., Stock market efficiency, 1976, S. 582.

sen. Weder für „Informed“ noch für „Uninformed Traders“ besteht so ein Anreiz, Kosten für die Informationssammlung aufzuwenden.
Wenn aber keiner der Marktteilnehmer Informationen sammelt, können diese wiederum nicht in den Preisen enthalten sein. Die Auflösung dieses Paradoxons liegt zum einen in einem „Noise Factor“ des Marktes, der verhindert, dass die enthaltenen Informationen vollständig aus den historischen Preisen abgelesen werden können. Zum anderen existieren unterschiedliche Informationskosten für die Marktteilnehmer. Ein Gleichgewicht ergibt sich, wenn die risiko- und kostenadjustierte Rendite der „Informed Traders“ gleich der risikoadjustierten Rendite der „Uninformed Traders“ ist.[205]
In der Modellierung werden im stabilen Marktzustand effiziente Märkte abgebildet. Die Lerneigenschaft der Transformationsfunktion der Bank modelliert die Extraktion von Markteigenschaften aus historischen Marktpreisen (vgl. Kapitel 3.4.1.4).

### *3.2.2 Abbildung von Marktschocks und Marktzyklen*

Es besteht in der wissenschaftlichen Diskussion weitgehende Einigkeit, dass in relativ ruhigen Marktphasen das Modell effizienter Märkte gut anwendbar ist.[206] Die Beschreibung von hohen Marktvolatilitäten und Kursstürzen wird jedoch in der Wissenschaft kontrovers diskutiert[207] und hat in den letzten Jahren durch Schock-Ereignisse wie die Asien-Krise oder die „New Economy Bubble“ deutlich an Intensität zugenommen.[208]
Grundsätzlich können drei Forschungsrichtungen unterschieden werden:

1. Beibehaltung der Hypothese effizienter Märkte; Erklärung der Schocks durch Informations-Asymmetrien bzw. Lerneffekte im Markt
2. Abweichungen von der Hypothese effizienter Märkte: Marktpreise weichen von den Fundamentaldaten ab, die durch den diskontierten zukünftigen Dividendenstrom gegeben sind. Investoren sind nicht vollständig rational und weisen z.B. spezielle Präferenzfunktionen auf
3. Aufgabe der Hypothese effizienter Märkte; Übergang zu Verhaltens- oder Chaos-theoretischen Erklärungsansätzen

Die drei Forschungsrichtungen sollen im Folgenden näher betrachtet werden.

#### *3.2.2.1 Beibehaltung der Hypothese effizienter Märkte*

Die Strömung der strikten Beibehaltung der Hypothese effizienter Märkte versucht, auch große Kursschwankungen mit systematischem ökonomischem Denken zu vereinbaren. Sampson schlägt ein Modell vor, dass Kursstürze mit rationalem Lernen bei einem Übergang in eine neue ökonomische Ära begründet.[209] Eine neue Ära ist in seiner Diktion eine ökonomische Situation, die nicht ex ante bewertet werden kann:

---

205 Vgl. Hockmann, H.J./ Thießen, F., Investment banking, 2002, S. 51.
206 Vgl. Kiehling, H., Kursstürze, 1991.
207 Einen guten Überblick über Beschreibungsansätze für Kursstürze liefern Sampson, M., New eras, 2003, Kiehling, H., Kursstürze, 1991 und Hodrick, R.J., Market volatility, 1990.
208 Für theoretische und empirische Studien in diesem Gebiet vgl. Fama, E.F., Efficient capital markets: II, 1991.
209 Vgl. Sampson, M., New eras, 2003.

„(..) nobody had ever seen, how an economy would function with electricity or the internet until these inventions had been integrated into the workings of the real economy."[210] In einer solchen Situation besteht wachsende Unsicherheit über zukünftige Dividendenströme, da die neue Ära noch nicht mit Informationen beschrieben und bewertet werden kann. Liegen erste Datenpunkte vor, können diese mit hoher Unsicherheit eingepreist werden – es kommt zu einem erst ansteigenden, danach fallenden Unsicherheitszyklus, den Sampson als „bubble" oder Blase bezeichnet. Dieser Erklärungsansatz erscheint kohärent mit Kursstürzen in der jüngeren Vergangenheit (z.B. „New Economy Bubble", 1997-2000).

Barlevy und Veronesi zeigen, dass Informations-Asymmetrien im Markt zu Preis-Schocks führen können und dass das Ausmaß der Kursschwankung vom Anteil der „Uninformed Traders" im Markt abhängt.[211]

Der Crashes des US-Aktienmarktes am 19. Oktober 1987, in dem der Dow Jones Index etwa *23%* seines Wertes ohne merkliche Änderung der unterliegenden ökonomischen Fundamentaldaten an einem einzigen Tag verlor, war Auslöser für eine Reihe von Studien zur Erklärung der Ursachen.[212] Genotte und Leland stimmen insofern mit den Ergebnissen des „Brady Reports" überein, dass die Portfolio-Absicherung der Investoren durch Hedging eine der Ursachen des Crashes war. Sie argumentieren jedoch weiter, dass die Hedging-Strategien der meist institutionellen Anleger auf die Bedingung einer sehr geringen Marktliquidität treffen muss, damit Auswirkungen dieser Größenordnung erreicht werden können. Die Ursachen der geringen Marktliquidität werden auch hier durch Informations-Asymmetrien respektive einen hohen Anteil an „Uninformed" Tradern begründet.[213]

#### *3.2.2.2 Abweichungen von der Hypothese effizienter Märkte*

Die zweite Forschungs-Strömung weicht in Teilbereichen von der Hypothese effizienter Märkte ab. Zum einen wird das Kriterium der Rationalität der Investoren aufgeweicht, in dem z.B. abweichende Präferenzfunktionen für Investoren zugelassen werden. Keynes versieht die Investoren mit einer „animalischen" Präferenzkomponente und vergleicht Aktienmärkte mit Schönheitswettbewerben: „(...) like a beauty contest where everyone tries to guess who everyone else will think is the most beautiful".[214]

Zum anderen werden in der zweiten Strömung Erklärungsansätze erlaubt, die die Marktpreise von den Fundamentaldaten abweichen lassen.

---

210 Sampson, M., New eras, 2003.

211 Vgl. Barlevy, G./ Veronesi, P., Rational panics and crashes, 2003.

212 Neben einem durch die Regierung beauftragten Gutachten "The Brady Commission": Brady, N., Presidential task force, 1988, wurden die Ereignisse des 19. Oktober 1987 durch Genotte/ Leland untersucht: Genotte, G./ Leland, H., Market liquidity, 1990.

213 Vgl. Genotte, G./ Leland, H., Market liquidity, 1990. Weiterführende Theorien zur Rolle von Informations-Asymmetrien bei Schocks finden sich in Caplin, A./ Leahy, J., Market crashes, 1994.

214 Keynes, J.M., General theory, 1936.

Das Konzept der „rational expectation (RE) bubbles" oder spekulativen Blasen beschreibt Anomalien des klassischen Marktmodells, in denen die Preise zwar von den Fundamentaldaten abweichen, die fundamentale Voraussetzung für effiziente Märkte – die Bedingung rationaler Erwartungen – jedoch bestehen bleibt.[215] Nach Sornette treten „rational expectation (RE) bubbles" genau dann auf, wenn der aktuelle Marktpreis positiv von seiner eigenen erwarteten Änderung abhängt. Grundsätzlich wird also unterstellt, dass die Marktteilnehmer durchaus merken, dass sich die Kurse von den Fundamentalwerten entfernen und sie sich in einer spekulativen Blase befinden. Sie glauben jedoch, mit hoher Wahrscheinlichkeit rechtzeitig aussteigen zu können. Je mehr spekulative Anleger im Markt vertreten sind und je weiter sich die Kurse von den fundamentalen Daten entfernen, desto größer wird die Wahrscheinlichkeit eines Schocks. In der Literatur wird dazu auch das Konzept der „periodically collapsing bubbles", also periodischer Auf- und Abbauphasen der spekulativen Blasen eingeführt.[216] Auch Fama spricht in einem Review aktueller Markttheorien von „irrational bubbles through swings away from fundamental values",[217] also längerfristigen Preisentwicklungen, die sich offensichtlich weg von den Fundamentalwerten bewegen.

Eine wissenschaftliche Stoßrichtung, die ebenfalls der zweiten Strömung zuzurechnen ist, untersucht die Varianz und die Korrelation der Fundamentaldaten als potenzielle Ursachen von hohen Marktvolatilitäten. Hodrick argumentiert beispielsweise, dass die Korrelation von Fundamentalfaktoren wie Dividenden bzw. Dividenden-Wachstum zwischen Unternehmen im Markt oder Konsum-/ Spar-Raten zwischen verschiedenen Märkten Ursachen für Ergebnis- und Preis-Volatilitäten sein können.[218]

#### *3.2.2.3 Aufgabe der Hypothese effizienter Märkte*

Die dritte Strömung der wissenschaftlichen Diskussion entfernt sich gänzlich von der Hypothese effizienter Märkte und rationaler Investoren. Es wird versucht, die Preisentwicklungen liquider Märkte mit verhaltenstheoretischen Ansätzen oder mit nichtlinearen Funktionen bzw. Konzepten wie der Chaos-Theorie zu beschreiben.

*Verhaltenstheoretische Ansätze:* die verhaltenswissenschaftliche Kapitalmarktforschung (Behavioral Finance) kann grundsätzlich in zwei Strömungen unterteilt werden: Prospect-Theorie[219] und Heuristiken[220]. Die Prospect-Theorie stellt das Pendant zur modernen Portfoliotheorie dar. Wie der Mean-Variance-Ansatz[221] beschreibt auch die Prospect-Theorie, wie Menschen zwischen (Investitions-) Entscheidungen unter Risiko wählen.

---

215 Vgl. Sornette, D./ Malevergne, Y., Rational bubbles, 2001. Zu empirischen Untersuchungen der "rational expectation (RE) bubbles" in verschiedenen Märkten vgl. Johansen, A./ Sornette, D., Bubbles and anti-bubbles, 2001.

216 Vgl. Blanchard, O.J./ Watson, M.W., Rational expectations, 1982.

217 Fama, E.F., Efficient capital markets: II, 1991.

218 Vgl. Hodrick, R.J., Market volatility, 1990.

219 Vgl. Kahneman, D./ Tversky, A., Prospect theory, 1979.

220 Siehe dazu auch: o.V., The contributions of Daniel Kahneman and Amos Tversky, 2003.

221 Vgl. hierzu auch die Auswahl des Portfolio-Optimierungsansatzes in Kapitel 3.4.1.2.

Dabei bestehen wichtige Unterschiede in den Annahmen über die handelnden Personen in beiden Theorien: während Investoren im Mean-Variance-Ansatz auf Basis des zukünftigen Wertes der Investition entscheiden, wählen Investoren der Prospect-Theorie nach der Höhe der Wertänderung der Investition aus.
Weiterhin sind Investoren der Prospect-Theorie lediglich risikoavers, wenn die Wertänderungen als Gewinne wahrgenommen werden. Außerdem werden kleine Wahrscheinlichkeiten von Investoren der Prospect-Theorie übergewichtet und der Kontext oder „Frame", in dem die Alternativen präsentiert werden, beeinflusst die Entscheidung der Investoren. Kahneman und Tversky finden auf Basis dieser Überlegungen, dass die Investoren keine gut diversifizierten Portfolios auswählen und dass insbesondere die Kovarianzen der Investitionen ignoriert werden.[222]
Auf Basis der Prospect-Theorie wurden einige Konzepte der Verhaltenstheorie weiterentwickelt. Beispielsweise beschreibt der Dispositionseffekt das Zögern der Investoren, Verluste zu realisieren und wird durch Erscheinungen, wie z.B. Bedauern, Selbst-Kontrolle und steuerliche Effekte begründet.[223]
Die zweite Strömung der verhaltenswissenschaftlichen Kapitalmarktforschung beschäftigt sich mit Heuristiken und „Biases" und stellt damit das Pendant zur Hypothese effizienter Märkte dar.[224] Auch hier werden abweichende Annahmen über das Verhalten der Investoren vom klassischen Ansatz effizienter Märkte getroffen. Der verhaltenswissenschaftliche Ansatz geht davon aus, das systematische Heuristiken existieren, mit deren Hilfe Investoren Anlagealternativen bewerten. Damit sind auch die Abweichungen von den Fundamentaldaten, die „Biases", systematisch und werden nicht im Mittel über alle Investoren zu Null. Kahneman und Tversky argumentieren, dass Investoren dazu tendieren, Fundamentaldaten unterzugewichten und Daten, die einen Stereotyp oder eine Heuristik unterstützen, überzugewichten.[225]
Diese Überlegungen wurden in der Literatur maßgeblich weiterentwickelt und verifiziert. Bei von Nitzsch[226] findet sich eine gute Systematik der Forschungsrichtungen, die sich mit Heuristiken und „Biases" beschäftigen. Es werden fünf Bereiche unterschieden: Über-/ und Unterreaktionen auf Informationen, schematisches Denken und Fehlinterpretationen, Dissonanzbewältigung und Entscheidungsrechtfertigung, Verlustaversion und Mental Accounting sowie überhöhtes Vertrauen in die eigene Meinung. Diese Eigenschaften dienen im Weiteren sowohl als Erklärungsansatz für Anomalien der Inputmärkte als auch als Basis für die Beschreibung und Modellierung von menschlichem Verhalten bei der Dispositionsentscheidung im Kontext der Transformationsfunktion der Bank (vgl. Kapitel 3.5.2). Vor diesem Hintergrund sollen die Ansätze der Behavioral Finance im Folgenden kurz beschrieben werden.

---

222 Vgl. Kahneman, D./ Tversky, A., Prospect theory, 1979.
223 Vgl. Shefrin, H./ Statman, M., Sell winners too early, 1985.
224 Vgl. Kahneman, D./ Tversky, A., Psychology of prediction, 1973.
225 Vgl. ebenda.
226 Vgl. von Nitzsch, R./ Friedrich, C., Behavioral finance, 1999. Eine weitere gute Systematik von verhaltenswissenschaftlichen Ansätzen findet sich in Hockmann, H.J./ Thießen, F., Investment banking, 2002, S. 126ff.

*Über-/ und Unterreaktionen auf Informationen:* Überreaktionen werden mit der Verfügbarkeitsheuristik verknüpft. Diese Heuristik beschreibt die Präferenz der Investoren, die Entscheidung auf Basis von besonders gut verfügbaren Informationen zu fällen.

Dabei kann die Verfügbarkeit mit dem Zugang zu Informationen (z.B. Zeitschrift, Internet) als auch mit dem Erinnern an Informationen zusammenhängen.[227] Eine positive Ad-Hoc-Meldung über ein Investment kann so beispielsweise die vorteilhafteren Fundamentaldaten eines anderen Investments überlagern. Generell gesprochen, tendieren Investoren zu einer Übergewichtung von unerwarteten, dramatischen Neuigkeiten bei einer gleichzeitigen Untergewichtung der Basisinformationen.[228]

Unterreaktionen sind eng mit der Verankerungsheuristik verknüpft.[229] Demnach orientieren sich Investoren bei Ihren Entscheidungen sehr stark an einem ursprünglichen Wert, einem Anker. Nutzen viele Investoren beispielsweise den heutigen Preis als Anker für Ihre Prognose, so kommt es zum Phänomen des „sticky prices".

*Schematisches Denken und Fehlinterpretationen*: Investoren neigen zur Anwendung der Repräsentativitäts-Heuristik, d.h. sie versuchen, die Informationen nach bestimmten Denkmustern zu kategorisieren. Es kann zu verzerrten und falschen Interpretationen der Informationen kommen.[230] Glauben wiederum viele Investoren an Denkmuster wie beispielsweise eine saisonale Abschwächung der Kurse, so kann das Schema durch entsprechende Gegenmaßnahmen der Marktteilnehmer tatsächlich Realität werden und damit die Denkmuster noch verstärkt werden.

*Dissonanzbewältigung und Entscheidungsrechtfertigung*: Verluste bei Anlageentscheidungen lösen bei Investoren Effekte aus, die in der Psychologie als Dissonanzen bezeichnet werden.[231] Die Dissonanz entsteht durch einen Widerspruch der Kognitionen: in der ersten Kognition will der Investor Gewinne erwirtschaften; in der zweiten Kognition hat sein Verhalten allerdings dazu geführt, dass Verluste entstanden sind. Die emotionale Bindung des Investors an seine Entscheidung wird als „Commitment" bezeichnet. Es steigt mit den Kosten der Entscheidung und mit dem Grad der Normabweichung.[232] Das Commitment des Investors ist hingegen geringer, wenn die Entscheidung erzwungen wurde.[233] Tritt eine Dissonanz auf, nimmt der Investor Informationen verzerrt wahr. Er interpretiert sie in eine positive Richtung für sein Investment, was zu einem „Aussitzen von Verlusten" respektive einem Dispositionseffekt führt.[234]

---

227 Vgl. Kahneman, D./ Tversky, A., Psychology of prediction, 1973.

228 Vgl. de Bondt, W.F.M./ Thaler, R., Overreaction, 1985.

229 Vgl. Tversky, A./ Kahneman, D., Uncertainty, 1974.

230 Vgl. Kahneman, D./ Tversky, A., Psychology of prediction, 1973.

231 Vgl. von Nitzsch, R./ Friedrich, C., Behavioral finance, 1999.

232 Normabweichung meint hier den Grad der Entfernung vom Verhalten informierter Investoren („vorherrschende Meinung").

233 Vgl. ebenda.

234 Vgl. Shefrin, H./ Statman, M., Sell winners too early, 1985, Ritter, J.R., Behavioral finance, 2003.

*Verlustaversion und Mental Accounting*: Menschen neigen dazu, gedanklich mehrere Konten zu führen. Dabei kann der gleiche Betrag in einem Konto als höherer Wert wahrgenommen werden als in einem anderen Konto.[235]

In jedem Konto gibt es dabei einen Bezugspunkt, der meist den Einstandspreis darstellt. Dabei werden Wertänderungen in der Nähe des Bezugspunktes als wesentlich höher wahrgenommen als Wertänderungen, die sich weit weg vom Bezugspunkt ereignen.

Dieser Effekt wird als abnehmende Sensitivität bezeichnet[236] und führt im Gewinnbereich zu Verlustaversion und im Verlustbereich zu Risikofreude. Damit verbunden ist der Effekt der Verlustaversion, eine verstärkte Wahrnehmung von Verlusten verglichen mit gleich hohen Gewinnen.[237]

Der „Home Bias"-Effekt beschreibt die Tatsache, dass Investoren lieber in bekannte, einheimische Werte investieren.[238] Demnach fühlen sich Investoren kompetenter in Bezug auf einheimische Werte, Effekte wie Ambiguität oder Normabweichung werden also bewusst vermieden.[239]

*Überhöhtes Vertrauen in die eigene Meinung*: der auch als „Overconfidence" bezeichnete Effekt beschreibt ein überhöhtes, nicht rationales Vertrauen in die eigene Meinung, dass sich aus einer „Kontrollillusion" speist.[240] Am Kapitalmarkt zeigt dieser Effekt Wirkungen wie z.B. eine zu geringe Diversifikation des Portfolios aufgrund einer zu starken Orientierung auf bekannte Werte oder ein zu häufiges Handeln von Werten.

Das Wissenschaftsfeld der Behavioral Finance untersucht die besprochenen und weitere Effekte zur Erklärung von Anomalien der Märkte. Dabei stehen die Erklärungsansätze in Teilen im Widerspruch zur klassischen Finanz- und Markttheorie. Dementsprechend werden Konzepte und Effekte kontrovers diskutiert. Fama argumentiert, dass Über- und Unterreaktionen im Zufall begründet sind und das in einer Langfrist-Betrachtung die meisten Anomalien verschwinden, bzw. nicht robust gegenüber Änderungen der statistischen Meßmethode sind.[241] Weiterhin führt er aus, dass Markteffizienz per se nicht getestet werden kann.

---

235 Vgl. Kahneman, D./ Tversky, A., Psychology of prediction, 1973 und Ritter, J.R., Behavioral Finance, 2003. Ritter beschreibt dazu das anschauliche Beispiel der "Mental Accounts" für Lebensmittel und Restaurant – im Supermarkt vergleichen Menschen verschiedene Marken, um einen geringen Betrag zu sparen. Im Restaurant hingegen bestellen die gleichen Menschen teure Gerichte.

236 Vgl. Kahneman, D./ Tversky, A., Prospect theory, 1979.

237 Vgl. von Nitzsch, R./ Friedrich, C., Behavioral Finance, 1999. Weitere prominente Effekte sind z.B. der „Proud Effect", der die Verbindung zwischen Commitment und Bewertung herstellt und der „Small Firm Effect", der Investitionen in weniger bekannte oder kleine Firmen mit einer Normabweichung in Verbindung bringt.

238 Vgl. Kilka, M./ Weber, M., Home bias, 2000.

239 Im Extremfall kann es dadurch zu sogenanntem "Herdenverhalten" kommen, bei dem Investoren bewusst Normabweichungen vermeiden und der "Mehrheit" folgen. Vgl. Scharfstein, D.S./ Stein, J.C., Herd behavior and investment, 1990.

240 Vgl. Kahneman, D./ Slovic, P./ Tversky, A., Uncertainty, 1982, S. 306-334.

241 Vgl. Fama, E.F., Market efficiency, 1998.

Es kann jedoch festgehalten werden, dass Behavioral Finance neben der klassischen Kapitalmarkttheorie seinen Platz in der wissenschaftlichen Diskussion, insbesondere in der Analyse und Erklärung von Schocks, gefunden hat.[242]

*Nichtlineare Funktionen*: die zweite Strömung an Erklärungsansätzen entfernt sich noch weiter von der Hypothese effizienter Märkte. Ein Vertreter ist Zeeman, der die von Thom entwickelte Katastrophentheorie auf den Aktienmarkt anwendet.[243]

Wesentliche Einflussfaktoren in Zeemans Modell sind der Marktindex *I*, dessen Änderungsrate als „Verhaltensparameter" *J*, sowie die Nachfrage von spekulativen Anlegern *(C)* und langfristig orientierten Anlegern *(F)*. Das Modell wird beschrieben durch $I = \frac{1}{4} * J^4 - F * J - \frac{1}{2} * C * J^2$, also durch eine nichtlineare Funktion, deren graphische Repräsentation einer Spitzenkatastrophe gleicht. Folgendes Verhalten des Marktindices kann anhand des Modells beobachtet werden: überwiegen die langfristigen Anleger, so bewegt sich der Index mit der Nachfrage. Steigt die Nachfrage spekulativer Anleger, so entfernt sich der Index vom „Normalzustand"; er steigt stärker als die Nachfrage. Ein nachfolgendes Verringern der Nachfrage senkt den Index zunächst moderat bis zu dem Punkt, an dem die fallende Nachfrage die Kante des Graphen trifft und den Index extrem fallen lässt: es kommt zu einer Katastrophe respektive einem Crash. Der Anteil an spekulativen Anlegern erhöht also die Instabilität des Marktes und führt dazu, dass sich der Markt von den fundamentalen Daten entfernt.[244] Kiehling weist darauf hin, dass Aktienmärkte durch unterschiedliche, ineinander greifende Regelkreise charakterisiert werden können. Die Aktivierung dieser Regelkreise, und damit das Zustandekommen von übergroßen Tageskursschwankungen, hängt von der Überschreitung eines kritischen Parameters ab.[245]

Eine Weiterentwicklung der wissenschaftlichen Erklärung von Marktschocks liegt in der Analyse der Übertragbarkeit von Schocks über Märkte hinweg. Ausgangspunkt für viele Forschungsarbeiten war die Tatsache, dass der Schock an den US-Aktienbörsen vom 19. Oktober 1987 auch zu signifikanten Einbrüchen an den Börsen in Tokio und London führte, obwohl die drei Märkte vor diesem Tag unterschiedlichen Entwicklungen folgten. Eine Hypothese ist, dass bei steigenden Volatilitäten auch die so genannten „contagion effects", also „Ansteckungs-" oder Übertragungseffekte zwischen den Märkten zunehmen.[246] Dieser empirisch gefundene Zusammenhang bedeutet, dass Volatilität aus beobachteter Volatilität entstehen kann, also selbstunterstützend wirkt.[247]

---

242 Für eine kritische Abgrenzung der Entwicklung beider wissenschaftlicher Strömungen vgl. Stracca, L., Behavioral finance, 2004.

243 Zeeman, E.C., Unstable behaviour of stock exchanges, 1974.

244 Für eine ausführliche Diskussion des Modells von Zeeman vgl. Kiehling, H., Kursstürze, 1991.

245 ebenda.

246 Vgl. King, M., Transmission of volatility, 1990.

247 Vgl. hierzu Kaizoji, T., International financial crises, 2001. Kaizoji belegt die Hypothese, dass in einem Marktschock sowohl die Volatilität der Renditen der Aktienmärkte, als auch die Kovarianz der Märkte untereinander drastisch ansteigt.

Eine Differenzierung des „contagion effects" wurde durch Lin et al. vorgenommen. Die Übertragungsrate zwischen Märkten kann dabei in lokale und globale Effekte differenziert werden, wobei die Hypothese, dass nur der global relevante Teil der Marktinformation übertragen wird, empirisch nicht bestätigt werden konnte.[248]
Nachdem Grundlagen und Ursachen von Schocks erarbeitet wurden, sollen im Folgenden Auswirkungen von Schocks auf Kapitalmärkte beispielhaft behandelt werden.

#### *3.2.2.4 Auswirkungen von Marktineffizienzen*

Die Wirkungsanalyse bzgl. Abweichungen vom Modell effizienter Märkte wird empirisch vor allem in zwei Richtungen diskutiert: saisonale/ wiederkehrende Effekte und seltene, extreme Marktzustände bzw. Schocks.
*Saisonale und wiederkehrende Effekte*: in der empirischen Wirkungsanalyse wurden vor allem der Montags- und der Januar-Effekt untersucht. Für den Montagseffekt, der zu geringeren Renditen an Montagen im Vergleich zu anderen Handelstagen führt, gibt es auch im deutschen Aktienmarkt signifikante empirische Evidenz.[249] Der Januareffekt, bei dem Überrenditen im Januar im Vergleich zu anderen Monatsrenditen gefunden wurden, ist international breit dokumentiert.[250] Diese saisonalen Effekte beeinflussen die Renditeverteilung in den Kapitalmärkten. So kann die Normalverteilungsannahme für Wochen- und Zwei-Wochenrenditen weitgehend eingehalten werden, für Tages- und Monatsrenditen ist diese Annahme jedoch auf Basis der empirischen Ergebnisse zurückzuweisen.[251]
*Seltene, extreme Marktzustände bzw. Schocks*: Schocks und Bubbles in Finanzmärkten werden in einer Vielzahl empirischer Untersuchungen analysiert.[252] Hauptsächliche Untersuchungsobjekte stellen dabei die Preisentwicklung der Märkte, extreme Volatilitäten und Veränderungen der Korrelationen („correlation break downs") dar.
Kaminsky et al. untersucht die Preisentwicklung internationaler Zins-, Währungs- und Aktienmärkte vom 1. Juli 1997 bis zum 14. Oktober 1998.[253] Es werden kumulierte Änderungen der Aktienpreise im asiatischen Raum von *-56.11%* im Zeitraum vom 1. Juli 1997 bis zum 17. August 1998 verzeichnet. Im zweiwöchigen Zeitraum vom 17. August 1998 bis zum 1. September 1998 verlieren die europäischen Aktienmärkte *14,02%*.[254]

---

248 Vgl. Lin, W.L./ Engle, R.F./ Ito, T., Bulls and bears across borders, 1994.
249 Vgl. Krämer, W./ Runde, R., German stock returns, 1996.
250 Vgl. Obst/ Hintner/ von Hagen, J./ Stein, J.H., Geld- Bank- und Börsenwesen, 2000, S. 278f und 292f.
251 Vgl. ebenda sowie Campell, R./ Huisman, R./ Koedijk, K., Optimal portfolio selection, 2001.
252 Beispiele für empirische Studien über Marktschocks beinhalten: Rigobon, R., International propagation, 2003, sowie Kaminsky, G.L./ Reinhart, C.M., Financial markets, 2002. Siehe auch Franke, D., Crash, 2004.
253 Vgl. Kaminsky, G.L./ Reinhart, C.M., Financial markets, 2002, in dieser Zeitspanne sind die Asienkrise (Thailand) im Juli 1997, die Russlandkrise im Juli 1998 und der Konkurs der LTCM im September 1998 anzusiedeln.
254 Vgl. ebenda.

Rigobon untersucht die Volatilitätsänderungen und die Übertragbarkeit („Ansteckung") zwischen Märkten über Veränderungen der Marktkorrelationen während extremer Marktzustände.[255]

| Schock | Zeitraum („high volatility window") | Varianzänderung der hauptsächlich betroffenen Marktindizes[256] |
|---|---|---|
| Mexikanische Krise (Währungsabwertung) | 09.01.1995-31.03.1995 (< 3 Monate) | 4,32 (Märkte in Lateinamerika) |
| Asienkrise (Hong Kong) | 27.10.1997-28.10.1997 (1 Tag) | 11,63 (Märkte in Südostasien) |
| Asienkrise (Korea) | 01.12.1997-30.1.1998 (< 2 Monate) | 6,72 (Märkte in Südostasien) |
| Russlandkrise (Währungsabwertung) | 03.08.1998-15.10.1998 (< 3 Monate) | 5,30 (OECD-Märkte) |

Abbildung 16: Ausgewählte Schocks[257]

Aus Abbildung 16 wird deutlich, dass während extremer Marktzustände extreme Varianzänderungen bis zur *12*-fachen Höhe der normalen Marktvarianz erreicht werden. Das entspricht einer Erhöhung der Standardabweichung des Marktes um mehr als *300%*.

Auch die zeitliche Ausdehnung von Schocks lässt sich in Abbildung 16 erkennen. Die hier untersuchten Ereignisse erstrecken sich auf wenige Wochen bzw. Monate.

Schocks wirken sich dabei mit unterschiedlicher Intensität auf Währungs-, Zins- und Aktienmärkte aus. Empirische Evidenz deutet auch hier auf eine starke Abhängigkeit der Schwankungen von den Markteigenschaften (Integriertheit der Märkte, Geldpolitik in den Märkten, Position der Märkte im Makro-Zyklus) und auf eine globale Fortpflanzung der Schocks hin.[258]

| 01.07.1997-17.08.1998 (Asienkrise) | Veränderung Zinsmarkt (%) | Veränderung Währungsmarkt (%) | Veränderung Aktienmarkt (%) |
|---|---|---|---|
| Asien | 7,09 | 100,87 | -56,11 |
| Europa | 1,18 | 13,35 | 37,64 |
| G7 | 0,11 | 6,29 | 24,04 |
| Lateinamerika | 0,95 | 13,36 | -32,16 |

Abbildung 17: Kumulierte Veränderungen der Märkte[259]

Einen direkten Zusammenhang zwischen exogenen Schocks auf Zins- und Währungsmärkten und dem Banksystem stellen makroökonomische Analysen wie bei Blejer et al. dar.[260]

255 Vgl. Rigobon, R., International propagation, 2003.

256 Die Volatilitätsänderung wurde über die Kovarianzmatrix der Marktindizes der Länder der jeweils betroffenen Region berechnet und anschließend über die Euklidische Norm wieder aggregiert. Eine Zahl von 1200% beschreibt damit eine 12fach höhere Volatilität der Aktien-Länderindizes im beschriebenen Zeitraum.

257 Rigobon, R., International propagation, 2003.

258 Vgl. Kaminsky, G.L./ Reinhart, C.M., Financial markets, 2002.

259 Kaminsky, G.L./ Reinhart, C.M., Financial markets, 2002.

260 Vgl. Blejer, M.I./ Feldman, E.V./ Feltenstein, A., Exogenous shocks, 2002.

Simulationen über Bank-Kredit- und Einlagenpositionen ergeben eine Zunahme des Anteils von (erwarteten und unerwarteten Kreditausfällen) von bis zu *67%* der risikogewichteten Aktiva.[261]

Die Untersuchung der Korrelationsänderung bei Marktschocks ist ebenfalls Gegenstand der wissenschaftlichen Diskussion. Rigobon findet eine verstärkte Korrelation internationaler Aktien-, Zins- und Währungs-Märkte während extremer Marktzustände.[262] Gantenbein findet lediglich steigende Korrelationen zwischen Aktienmärkten, jedoch nicht zwischen internationalen Zinsmärkten.[263]

Empirische Untersuchungen zeigen weiter, dass es innerhalb eines Marktes in extremen Marktsituationen zu Korrelations-Einbrüchen bis hin zu Vorzeichen-Wechseln kommen kann.[264]

Zusammenfassend kann festgehalten werden, dass Marktschocks sowohl durch externe Ereignisse als auch durch marktinterne Strukturen entstehen können.

Externe Ursachen können singuläre Ereignisse (z.B. LTCM[265] im September 1998), ökonomischen Zyklen respektive Krisen (z.B. Asienkrise ab Juli 1997) oder Übergänge in so genannte *„new eras"* wie beispielsweise das Internet-/ „New Economy"-Zeitalter verbunden mit zunächst unsicheren Rendite-/ Risikoerwartungen sein.

Über marktinterne Ursachen von Schocks besteht Uneinigkeit in der wissenschaftlichen Auseinandersetzung. Die Ansätze lassen sich dadurch unterscheiden, inwieweit sie an der Hypothese effizienter Märkte festhalten oder nicht.

Das Modell der „rational bubbles", dem vielmals der Marktschock im Oktober 1987 in den USA zugeordnet wird, geht von einer bestimmten Verteilung der Marktteilnehmer (informiert vs. uninformiert) aus. Diese Informationsasymmetrie führt dann zunächst zu einer Marktüberhitzung und zum Platzen der „rational bubble".

Auf der anderen Seite stehen Modelle, die sich von der Definition effizienter Märkte gänzlich entfernen und nicht rationales oder chaotisches Verhalten unterstellen. Prominente Vertreter sind hier die Modelle der Behavioral Finance sowie Chaos- und Katastrophentheorie.

Marktschocks besitzen eine zeitliche Ausdehnung von wenigen Wochen oder Monaten und verändern Marktpreise, Marktvolatilitäten sowie Korrelationen drastisch.

#### *3.2.2.5 Modellierung von extremen Marktereignissen*

Wie in Kapitel 3.2.2.4 ausgeführt, werden die Renditeverteilungen durch saisonale Effekte und extreme Marktereignisse (Schocks) beeinflusst. Es entstehen extreme Verluste, so genannte „tail losses", die die Verteilungsfunktion der Rendite wesentlich von einer Normalverteilung abweichen lassen.

---

261 Vgl. ebenda.

262 Vgl. Rigobon, R., International propagation, 2003.

263 Vgl. Gantenbein, P./ Spremann, K., Protection management, 2003 sowie Malz, A.M., Financial crises, 2001. Es wurden Marktpreis-, Volatilitäts- und Korrelationsänderungen von Zins- und Währungsmärkten im Zeitraum 1997-1998 untersucht. Malz findet in Einzelmärkten eine bis zu 20-fache Erhöhung der Volatilität sowie Korrelationseinbrüche von über 50%.

264 Vgl. hierzu ebenda und Harper, R.B., Asset allocation, 2003.

265 LTCM (Long-Term Capital Management), ein US-Hedge Fund, der 1998 durch spekulative Transaktionen in finanzielle Schwierigkeiten geriet.

Die Extreme-Value-Theory nach Fisher und Tippett adressiert diese extremen Ereignisse über drei asymptotische Verteilungsfunktionen, die verschiedene Eigenschaften von Extremwerten modellieren.[266]

In der Typ I-Verteilung wird die Asymptote über eine exponentielle Funktion erreicht (so genannte Gumbel-Verteilung), in der Typ II-Verteilung wird die Asymptote weniger schnell erreicht (so genannte Fréchet-Verteilung) und Typ III beschreibt die Eigenschaften von abgeschnittenen tails (so genannte Weinbull-Verteilung). Es besteht Einigkeit, dass die meisten Finanzmärkte in Extremsituationen einer Typ II – Verteilung mit „fat tails“ genügen.[267]

Zusammenfassend lässt sich formulieren, dass in ruhigen Marktphasen die Hypothese effizienter Märkte Anwendung finden kann. Im Modell soll das durch die Abbildung normalverteilter Asset-Renditen erreicht werden.

In stark volatilen Martkphasen ist hingegen die Hypothese effizienter Märkte zumindest teilweise zurückzuweisen, es kommt zu extremen Werten der Volatilitäten und Korrelationen. Im Modell soll dieser Effekt durch die Abbildung von Schockphasen mit extemen Volatilitätserhöhungen erreicht werden.

Nachdem das Inputsystem der Modellbank durch effiziente Märkte im stabilen Zustand bzw. extreme Marktereignisse im volatilen Zustand beschrieben ist, werden im Folgenden Grundlagen der wesentlichen Geschäftsarten der Modellbank (Kredit-, Handels- und Einlagenpositionen) sowie deren Modellierung behandelt.

## 3.3 Geschäftsarten

### *3.3.1 Quantitative Repräsentation der Modellbank*

Basis für die quantitative Modellierung der Banktätigkeit bilden die Ausführungen in Kapitel 2.1.2.3. Zunächst wird auf Basis der gewählten Geschäftsarten die Bilanz- und GuV-Struktur der Modellbank erstellt. Nachfolgend werden die einzelnen Geschäftsarten respektive ihre Ergebnis- und Risikobeiträge ausgestaltet.

#### *3.3.1.1 Bilanz und GuV der Modellbank*

Auf Grundlage der in Kapitel 3.1.4 konkretisierten Geschäftsarten soll im Folgenden die Bilanz der Modellbank abgeleitet werden.

Allgemein umfasst die Bankbilanz nach §330, 2 HGB RechKredV[268] Aktiva wie z.B. liquide Mittel, Forderungen an Kunden und Kreditinstitute, Wertpapiere, Sachanlagen und Passiva wie z.B. Verbindlichkeiten gegenüber Kunden und Kreditinstituten und Eigenkapital.

---

266 Vgl. Fisher, R.A./ Tippett, L.H.C., Frequency distribution, 1928.

267 Vgl. Broussard, J.P./ Booth, G.G., Extreme values, 1998.

268 Verordnung über die Rechnungslegung der Kreditinstitute und Finanzdienstleistungsinstitute im Rahmen des Handelsgesetzbuches (HGB). Vgl. dazu Büschgen, H.E., Bankbetriebslehre, 1998, S. 677ff.

Für die gewählten Geschäftsarten vereinfacht sich die allgemeine Bankbilanz.[269] Auf der Aktivseite befinden sich die Kredit- und die Handelspositionen. Auf der Passivseite werden hingegen die Einlagenpositionen sowie das Eigenkapital notiert.
Die Nettoposition aus Forderungen und Verbindlichkeiten gegenüber anderen Kreditinstituten (Interbanken-Markt) befindet sich ebenfalls auf der Passivseite. Die vereinfachte[270] Bilanz der Modellbank ist in Abbildung 18 ersichtlich.

| **Aktiva: $v_{Ges}$** | **Passiva: $v_{Ges}$** |
|---|---|
| Kredite an Firmen (fester Sollzins): $v_K$ | Einlagen (fester Habenzins): $v_D$ |
| Festverzinsliche Wertpapiere: $v_Z$ | Netto-Interbanken-Position: Gap |
| Aktien: $v_A$ | Eigenkapital: $K_{EK}$ |

Abbildung 18: Bilanz der Modellbank[271]

Die Bilanzsumme $v_{Ges}$ ist definiert als Nominalwert oder Gesamtvolumen der Aktiva, die Netto-Interbanken-Position als Gap (Refinanzierungslücke). Die Bilanzgleichung kann somit wie folgt angegeben werden:

$$v_{Ges} = v_K + v_Z + v_A = v_D + Gap + K_{EK}$$

*mit $v_{Ges}$...Bilanzsumme, $v_K$...Volumen bzw. Nennwert der Kreditpositionen, $v_Z$...Volumen bzw. Nennwert der festverzinslichen Positionen, $v_A$...Volumen bzw. Nennwert der Aktienpositionen, $v_D$...Volumen der Einlagen-/ Deposit-Positionen, Gap...Finanzierungslücke/ Interbankenposition, $K_{EK}$...Wert des Eigenkapitals*

*Gl. 3.3-1*

Definiert man weiter das Volumen der Handelspositionen $v_H$ (Volumen des Handelsbuches bzw. des Zentralgeschäftes) als Summe der Aktien- und festverzinslichem Wertpapiervolumina, so kann die Bilanzgleichung wie folgt ausgedrückt werden:

$$v_{Ges} = v_K + v_H = v_D + Gap + K_{EK}$$

*mit $v_H$...Volumen der Handelspositionen ($v_Z + v_A$)*

*Gl. 3.3-2*

Als Basis für die Struktur der Gewinn- und Verlustrechnung (GuV) der Modellbank soll das erweiterte ROI-Schema der kalkulatorischen Ergebnisspaltung nach Schierenbeck[272] gelten.

---

269 Zur vereinfachten Modellierung von Banken vgl. Dermine, J./ Bissada, Y.F., Asset and liability management, 2002, Dermine, J./ Lajeri, F., Deposit insurance, 2001, Bessler, W./ Booth, G.G., Risk management model, 1994.

270 Reserve-Positionen aufgrund Hinterlegungspflichten bei der EZB sollen unberücksichtigt bleiben. Vgl. Kapitel 3.3.4 für Grundlagen von Einlagen und Hinterlegungspflichten.

271 Eigene Darstellung. Das Handelsbuchvolumen vH ist die Summe aus $v_Z$ und $v_A$. Die Bilanz soll quasi-statisch sein, d.h. Neugeschäft oder Abschmelzen soll unberücksichtigt bleiben. Die Bilanz ist in dieser Form gültig vor jeder Simulationsperiode (Einperiodenmodell).

272 Vgl. Schierenbeck, H./ Moser, H., Bankcontrolling, 1994, S. 21ff.

Die gewählten Geschäftsarten lassen sich nach ihrer Zugehörigkeit zum Kundengeschäft bzw. zum Zentralgeschäft der Bank systematisieren.[273] Das Kredit- und Einlagengeschäft werden dem Kundengeschäft zugeordnet, während der Handel mit Aktien und festverzinslichen Wertpapieren dem Zentralgeschäft zugeordnet werden.
Die GuV der Modellbank nimmt somit vereinfacht folgende Gestalt an:

*Betriebsergebnis Gesamtbank =* *Erfolgsbeitrag Kundengeschäft*
*- Kostenbeitrag Kundengeschäft*
*+ Erfolgsbeitrag Zentralgeschäft*
*- Kostenbeitrag Zentralgeschäft*

*Gl. 3.3-3*

Die GuV der Modellbank aus Gl. 3.3-3 soll im Weiteren detailliert werden. Dazu werden quantitative Repräsentationen der gewählten Geschäftsarten abgeleitet sowie die Ergebnissystematik um eine risikoadjustierte Komponente erweitert.

### *3.3.1.2 Erweiterung um Risikoadjustierung*

Die Ergebnissystematik aus Gl. 3.3-3 stellt ein einfaches Performance-Maß mit Hinblick auf die beiden wesentlichen Ertragssäulen Kunden- und Zentralgeschäft dar. Zur Herleitung von Performance-Maßen zur Beurteilung der Effizienz und Effektivität von Banken ist es zweckmäßig, in einem ersten Schritt die Ertrags- und Kostentreiber zu betrachten und in einem zweiten Schritt die Risikoadjustierung vorzunehmen. Dem Kundengeschäft werden die Zinskonditionsbeiträge (aus Kredit- und Einlagengeschäft) sowie die Provisionsbeiträge zugeordnet. Das Kundengeschäftsergebnis entsteht durch Verminderung um direkt zurechenbare operative Kosten und zuordenbare Risikokosten.[274]

*Kundengeschäftsergebnis* *= Zinskonditionsbeiträge*
*+ Provisionsbeiträge*
*- zuordenbare operative Kosten*
*- Risikokosten*

*Gl. 3.3-4*

Die Standardrisikokosten entsprechen dabei den Kosten für den erwarteten Verlust eines Kreditgeschäftes. Die Kosten für den unerwarteten Verlust sind darin nicht enthalten.[275]

---

273 Diese Einordnung der Geschäfte findet spiegelbildlich auch oft organisatorisch statt. Während das Management des Bankbuches der Treasury-Abteilung unterliegt, wird das Risikomanagement, bzw. Management des Handelsbuches durch die Investmentbanking-nahe Handelsabteilung durchgeführt. Vgl. Kapitel 2.1.2.2, Kapitel 3.4.1, Hockmann, H.J./ Thießen, F., Investment banking, 2002, S. 452ff, sowie Schierenbeck, H., Band 2, 2003, S. 12ff.

274 Schierenbeck spricht im Sinne einer Deckungsbeitragsrechnung als Instrument zur Geschäftssteuerung von Standard-Betriebskosten und Standard-Risikokosten, die am Ende des Zeitraumes um Ist-Betriebs- und –Risikokosten ergänzt werden. Vgl. Schierenbeck, H., Band 1, 2001, S. 406ff.

275 Kosten für die Nutzung von regulatorischem bzw. ökonomischem Eigenkapital sind im Sinne einer risikoadjustierten Betrachtung zu ergänzen.

Das Zentralergebnis entsteht analog durch Summierung der Ergebnisbeiträge des Handels-, Treasury- und Anlagegeschäftes unter Abzug der jeweils zurechenbaren operativen Kosten:

| | |
|---|---|
| *Zentralergebnis* | *= Ergebnisbeitrag Handel* |
| | *+ Ergebnisbeitrag Treasury* |
| | *+ Ergebnisbeitrag Anlagen* |
| | *- zuordenbare operative Kosten.*[276] |

*Gl. 3.3-5*

Nach Abzug der Gemeinkosten entsteht in der nächsten Ebene das Betriebsergebnis und nach Abzug des sonstigen und außerordentliches Ergebnis der Reingewinn der Gesamtbank.

Schierenbeck definiert „zum Betriebs- und Konkurrenzvergleich sowie zum Zeit- und Soll-Ist-Vergleich" ein so genanntes ROI-Kennzahlenschema, in dessen Mittelpunkt die Eigenkapitalrentabilität steht.[277] Gleichsam erfolgt mit dem Übergang zu einer Kapital-basierten Kennzahlenwelt der Einbezug von Risiken (jenseits der Standardrisikokosten) in die Ergebnisbeurteilung. Die Eigenkapitalrendite (Return on Equity oder ROE) wird definiert als:

*ROE = Reingewinn/ Eigenkapital*

*Gl. 3.3-6*

wobei das Eigenkapital in dieser Darstellung als bilanzielles Eigenkapital betrachtet wird.[278]

Vom bankinternen Ertrags-/ Risikokalkül sind aufsichtsrechtliche Risikobegrenzungen und Unterlegungspflichten abzugrenzen. Aus aufsichtsrechtlicher Sicht wird der Zusammenhang zwischen Eigenmitteln und Risikopositionen über einen Mindestunterlegungssatz beschrieben:[279]

*Aggregierter Betrag der Erfolgsrisiko-behafteten Positionen * Mindestunterlegungssatz ≤ anrechenbare Eigenmittel*[280]

*Gl. 3.3-7*

Der Betrag der Erfolgsrisiko-behafteten Positionen wird als Summe der Risikoaktiva des Bankbuches und der Marktrisikopositionen des Handelsbuches bestimmt.

276 Auch hier sind Kapitalbindungskosten für den Einsatz von Eigenkapital zur Absicherung von Handelsgeschäften nicht enthalten.

277 Eigenkapital kann dabei im engsten Sinne als bilanzielles Kernkapital, im erweiterten Sinne als regulatorisches oder haftendes Eigenkaptial oder im weitesten Sinne als Marktwert des Eigenkapitals aufgefaßt werden. Vgl. Obst/ Hintner/ von Hagen, J./ Stein, J.H., Geld- Bank- und Börsenwesen, 2000, S. 1426f.

278 Vgl. Schierenbeck, H., Band 1, 2001, S. 414ff.

279 Vgl. Deutsche Bundesbank, KWG, 1998.

280 Vgl. Büschgen, H., Bankbetriebslehre, 1998.

Im Grundsatz I, der die Eigenkapitalhinterlegungspflichten aus aufsichtsrechtlicher Sicht regelt, werden die risikobehafteten Positionen genau abgegrenzt. In der ersten Bedingung des Grundsatzes I werden die Risikoaktiva des Bankbuches definiert. Die gewichteten Risikoaktiva sind mit *8%* Eigenkapital zu unterlegen:[281]

*Eigenkapital-Unterlegung = Kreditäquivalenzbetrag * Gewicht * 8%*

*Gl. 3.3-8*

In der zweiten Bedingung des Grundsatzes I werden die Hinterlegungspflichten für die Positionen des Handelsbuches bestimmt. Die Risikoposition wird dabei aus spezifischen Risiken der Titel (Aktien, Renten, etc.), dem Kontrahenten-Risiko und einem allgemeinen Marktrisiko zusammengesetzt. Allgemein gilt auch hier, dass *8%* der anrechenbaren Beträge mit Eigenkapital hinterlegt werden müssen. Der Bank steht es dabei frei, ob sie die Hinterlegung des allgemeinen Marktrisikos nach dem eben beschriebenen aufsichtsrechtlichen Modell oder nach einem internen, Value at Risk-basierten Modell berechnet.[282]

Die aufsichtsrechtliche Sicht beantwortet jedoch nicht die Frage, welche Risiken die Bank eingehen sollte. Damit sind auch Rendite-Risiko-Steuerungsverfahren über diese Sichtweise nicht darstellbar. Das Risiko-Chancen-Kalkül, das im Rahmen der wertbasierten Ansätze (vgl. Kapitel 2.1.2.3) mittels risikoadjustierter Eigenkapitalkosten dargestellt wird, nähert sich dieser Risikosteuerungsfrage.[283]

Der eigentliche Übergang von internen Ergebnisgrößen (z.B. Bezug auf bilanzielles Eigenkapital bei ROE) und aufsichtsrechtlichen Ergebnisgrößen (z.B. durch Berücksichtigung von Mindestunterlegungspflichten) zu risikoadjustierten Ergebnisgrößen erfolgt somit durch die Berücksichtigung des Risikokapitals bzw. ökonomischen Kapitals. Ökonomisches Kapital bezeichnet dabei ein nach internen Verfahren messbares Risiko der Kredit- und Marktpositionen.[284] Eine häufig verwendete Kennzahl für risikoadjustierte Bankperformance stellt der RORAC (Return on Risk-adjusted Capital) dar, also der Reingewinn im Verhältnis zum Risiko- oder ökonomischen Kapital:

*RORAC = Reingewinn/ Risikokapital*

*Gl. 3.3-9.*

Definiert man den Reingewinn anhand des Erfolgsbeitrages vermindert um den Kostenbeitrag (bestehend aus operativen Kosten und Standardrisikokosten) und das Risikokapital als Summe der Risikobeiträge aller Geschäfte, so kann der RORAC eines Geschäftes über drei Komponenten ausgedrückt werden:

---

281 Vgl. BaKred, Grundsatz I, 1997.

282 Einen guten Überblick über die Hinterlegungspflichten liefert auch Theiler, U., Risk-/Return-Steuerung, 2002.

283 Vgl. hierzu Schierenbeck, H., Band 2, 2003, S. 43ff.

284 Schierenbeck bezeichnet als ökonomisches Kapital die Gesamtheit der Risikodeckungspotenziale, die mindestens vorgehalten werden muss, um selbst dann, wenn die vorab definierte Maximalbelastungssituation eintreten sollte, solvent zu bleiben. Vgl. Schierenbeck, H., Band 2, 2003, S. 21.

*RORAC eines Geschäftes* = *(Erfolgsbeitrag des Geschäftes*
*- Kostenbeitrag des Geschäftes)*
*/ Risikobeitrag des Geschäftes*

*Gl. 3.3-10*

Auf Gesamtbankebene sind Portfolioeffekte der verschiedenen Risikoarten zu berücksichtigen. Die Korellationen von Bonitäts- und Marktrisiken werden dazu in einer Korrelationskoeffizientenmatrix zusammengefasst. Im Fall eines extremen Ereignisses (Schock) ist nimmt die Wahrscheinlichkeit risikomindernder Portfolioeffekte ab, es kann zu Korrelationseinbrüchen bis hin zu Vorzeichenwechseln kommen.[285]
Der Übergang zu einer vollständigen, risikoadjustierten Performance kann erst durch Berücksichtigung der Kosten für das ökonomische Kapital (Risikokapital oder Aggregation der Risikobeiträge aller Geschäfte) erfolgen. Die Kosten des Risikokapitals werden in der Kennziffer RAROC berücksichtigt (Risk-adjusted Return on Capital), die bisweilen auch als RARORAC (Risk-adjusted Return on Risk-adjusted Capital) bezeichnet wird.[286] Im RAROC wird die Idee der wertbasierten Ansätze[287] umgesetzt, indem eine Reduktion des Ergebnisbeitrages um die Kapitalkosten stattfindet:

*RAROC* = *(Reingewinn – Kapitalkosten)/ Risikokapital*
= *(Reingewinn / Kapitalkosten) – Risikokapitalkostensatz*
= *RORAC – Risikokapitalkostensatz,*

oder auf ein Geschäft/ Einheit bezogen:

*RAROC eines Geschäftes* = *((Erfolgsbeitrag des Geschäftes*
*- Kostenbeitrag des Geschäftes)*
*/ Risikobeitrag des Geschäftes)*
*- Risikokapitalkostensatz*

*Gl. 3.3-11*

Der RAROC respektive RARORAC gibt also durch die Berücksichtigung der Kosten des Risikokapitals eine echte risikoadjustierte Performance-Größe an.[288]
Nachdem die Bilanz und GuV der Bank aus den geforderten Geschäftsarten strukturell hergeleitet wurde und die Ergebnisgröße um eine risikoadjustierte Komponente erweitert wurde, geht es im Folgenden um die tatsächliche Modellierung der Geschäftsarten (Modellblock 2 in Abbildung 15). Dadurch erfolgt gleichzeitig die Bestimmung der Komponenten des Ergebnismaßes RAROC, namentlich der Erfolgs- und Risikobeitrag.

---

285 Vgl. Schierenbeck, H., Band 2, 2003, S. 21. Die Wahrscheinlichkeit risikoreduzierender Korrelationseffekte nimmt in Extremsituationen ab. Schierenbeck empfiehlt, die Risikopotenziale in diesen Fällen sicherheitshalber additiv zu verknüpfen, also vollständige Korrelationen zu unterstellen. Empirische Studien finden bei Marktschocks Korrelationseinbrüche bis hin zu Vorzeichenwechseln. Vgl. Gantenbein, P./ Spremann, K., Protection management, 2003 und Harper, R.B., Asset allocation, 2003.

286 Vgl. hierzu Theiler, U., Risk-/Return-Steuerung, 2002, S. 57.

287 Vgl. Kapitel 3.3.1.

288 In dieser Definition entspricht der RAROC dem Differential Return respektive dem Jensen-Maß, welches in der Kapitalmarkttheorie verwendet wird. Vgl. Steiner, M./ Bruns, C., Wertpapiermanagement, 1995, S. 478ff.

*3.3.1.3 Modellierung des Erfolgsbeitrages*

Der Erfolgsbeitrag soll im Weiteren als Nettoertrag der jeweiligen Position verstanden werden.[289] In einer Zeitbetrachtung kann dieser Nettoertrag auch allgemein als Verknüpfung von Ausgangswert und Rendite der Position interpretiert werden.

Eine diskrete[290] Rendite wird als relativer Wertzuwachs wie folgt definiert:[291]

*r = ((Einkünfte aus der Periode + Zinsertrag der Einkünfte + Wert des Portfolios am Periodenende) / Wert des Portfolios am Periodenanfang) – 1*

*mit r...diskrete Rendite der Position in der Periode*

*Gl. 3.3-12.*

Für eine Zwei-Zeitpunktbetrachtung ($t_0$ und $t_1$) fallen alle Einkünfte erst am Ende der Periode an und die Zinserträge entfallen entsprechend, so dass sich die Gleichung wie folgt vereinfacht:[292]

$$\begin{aligned} r &= (\text{Einkünfte aus der Periode} + W_{t1}) / W_{t0}) - 1 \\ &= (\text{Einkünfte aus der Periode} + W_{t1} - W_{t0}) / W_{t0} \\ &= (\text{Einkünfte aus der Periode} + \Delta W) / W_{t0} \end{aligned}$$

*mit* $W_{t0}$*...Wert der Position zum Zeitpunkt* $t_0$*;* $W_{t1}$*...Wert der Position zum Zeitpunkt* $t_1$*;* $\Delta W$*...Wertänderung in der Periode*

*Gl. 3.3-13*

Der Erfolgsbeitrag soll als absoluter Wertzuwachs der Position verstanden werden. Dies entspricht der Verknüpfung der Rendite mit dem Wert am Periodenanfang:

$$\begin{aligned} \text{Erfolgsbeitrag} &= W_{t0} * r \\ &= \text{Einkünfte aus der Periode} + \Delta W \end{aligned}$$

*Gl. 3.3-14*

Der Erfolgsbeitrag kann sowohl für Kundengeschäfts- als auch für Handelspositionen angegeben werden. Für Kundengeschäftspositionen lässt er sich spezifizieren zu:

---

289 Es existiert keine einheitliche Nomenklatur für den Nettoertrag einer Position. Synonym werden häufig auch Nettoergebnis, Nettobeitrag, Ergebnisbeitrag etc. verwendet. Explizit ist hier der monetäre Beitrag der Position zum Bankergebnis vor operativen Kosten und Risikokosten gemeint.

290 Von den hier gewählten diskreten Renditen (Verzinsung nur einmalig am Ende der Periode) sind die stetigen Renditen abzugrenzen. Eine stetige Rendite ist definiert als Rendite = ln (Wert $t_1$/ Wert $t_0$). Sie beschreibt eine laufende Verzinsung während der Zeitperiode. Im Weiteren werden durchgängig diskrete Renditen für das zu beschreibende Modell verwendet. Für einen ausführlichen Vergleich der Rendite-Formen bzgl. statistischer Verfahren siehe Schierenbeck, H., Band 2, 2003, S. 70ff.

291 Angeleht an Steiner, M./ Bruns, C., Wertpapiermanagement, 1995, S. 47. Ein möglicher Zinseffekt auf die Rückflüsse aus der Anlage soll in einem Einperiodenmodell vernachlässigt werden.

292 Vgl. hierzu Theiler, U., Risk-/Return-Steuerung, 2002, S. 49f.

$$
\begin{aligned}
Erfolgsbeitrag_{Kunde} &= Einkünfte\ aus\ der\ Periode + \Delta W \\
&= Ergebnisbeitrag\ Kundengeschäft \\
&+ \Delta W(Bonität) \\
&+ \Delta W(Zins)
\end{aligned}
$$
[293]

*Gl. 3.3-15*

Dabei wird unterstellt, dass eine Kreditposition über Bonitätsänderungen der unterliegenden Position modelliert wird[294] und der Rückfluss der Position aus Bankertragsgesichtspunkten als Nettokonditionsbeitrag[295] des Kreditgeschäftes interpretiert wird. Für Handelsgeschäfte kann der Erfolgsbeitrag angegeben werden zu:

$$
\begin{aligned}
Erfolgsbeitrag_{Handel} &= Einkünfte\ aus\ der\ Periode + \Delta W \\
&= \Delta W(Kurs\ bzw.\ Zins) \\
&= W_{t0} * r
\end{aligned}
$$

*Gl. 3.3-16*

### *3.3.1.4 Modellierung des Risikobeitrages*

Der Risikobeitrag wurde in Kapitel 3.3.1.2 als Beitrag des Geschäftes zum ökonomischen Kapital oder Risikokapital eingeführt.

Zur Modellierung des Risikokapitals respektive von Verlustmöglichkeiten aufgrund eingegangener Risiken werden in der Literatur verschiedene Methoden diskutiert.[296] Das traditionelle Risikomaß der Kapitalmarkttheorie, die Varianz, spezifiziert das Ausmaß der Schwankung um einen bestimmten Wert. Shortfall- oder Downside-Risikomaße beschreiben lediglich das Verlustpotenzial unterhalb eines spezifizierten Wertes.

Als besonders geeignet für die Anforderungen der Risikomessung in Banken haben sich Quantils-basierte Maße wie der Value at Risk (VaR) etabliert.[297] Der VaR liefert als Ergebnis einen monetären Wert, der direkt die Verlusthöhe oberhalb eines Konfidenzniveaus angibt, und mithin als Basis für eine Hinterlegung mit Eigenmitteln herangezogen werden kann.[298] Vor diesem Hintergrund wird das Risikokapital, meist über den VaR als maximale Verlustmöglichkeit aller Risikopositionen bei einem vorgegebenen Konfidenzniveau $0 < \alpha < 1$ interpretiert: „der VaR bezeichnet den maximalen Wert von Verlusten, der innerhalb einer bestimmten Periode mit einer be-

293 Die Wertveränderungen aufgrund von Bonitätsänderungen des „underlyings" sind dabei dem Kunden-Profit Center, Wertveränderungen aufgrund von Marktpreisen/ Zinsen hingegen der Treasury Einheit zuzurechnen. Vgl. Theiler, U., Risk-/Return-Steuerung, 2002, S. 51f.

294 Vgl. hierzu, Büschgen, H., Bankbetriebslehre, 1998. Kreditpositionen werden in Kapitel 3.3.3 näher ausgestaltet.

295 Vgl. Schierenbeck, H., Band 1, 2001.

296 Vgl. Theiler, U., Risk-/Return-Steuerung, 2002, S. 69ff.

297 Für einen ausführlichen Vergleich verschiedener Risikomaße sowie eine komplette Betrachtung der Eigenschaften der Maße wie Kohärenz und Subadditivität vgl. Theiler, U., Risk-/Return-Steuerung, 2002, S. 69ff. Vgl. auch Obst/ Hintner/ von Hagen, J./ Stein, J.H., Geld- Bank- und Börsenwesen, 2000, S. 1456ff; der VaR als „Mess-Standard".

298 Vgl. Albrecht, P., Risikomodellierung, 2000.

stimmten Wahrscheinlichkeit nicht überschritten wird".[299] Allgemein wird der VaR über einen Zeitraum der Länge *u* definiert durch:

$P(\Delta W_u >= VaR) = \alpha$

*mit* $\Delta W_u \ldots W_t - W_{t+u}$; *maximale Wertänderung bzw. Verlusthöhe der Position über den Zeitraum u*

*Gl. 3.3-17*

Der RAROC kann damit umformuliert werden zu:

*RAROC = ((Erfolgsbeitrag – Kostenbeitrag) / VaR)- Risikokapitalkostensatz*

*Gl. 3.3-18*

Der VaR kann grundsätzlich über drei Wege bestimmt werden:

- Varianz/ Kovarianz-Ansatz
- Monte Carlo Simulation
- Historische Simulation.[300]

*Varianz/ Kovarianz-Ansatz*: zentrale Annahme dieses Ansatzes ist, dass die Bewertungsfunktion der im Portfolio befindlichen Elemente eine lineare Funktion bildet. Die Risikofaktoren werden durch eine Normalverteilung mit einem Erwartungswert gleich Null und einer entsprechenden Varianz modelliert.
Für eine solche Finanzposition kann der VaR angegeben werden als:

$VaR = W_t \, N_{1-\alpha} \, \sigma - W_t \, \mu$

*mit* $N_{1-\alpha} \ldots (1-\alpha)$*-Quantil der Standard-Normalverteilung;*

$\sigma \ldots$*Standardabweichung und* $\mu = \mu(r) \ldots$ *Erwartungswert bzw. mittlere Rendite der Position.*

*Gl. 3.3-19*

Für Aktienkurse mit der Annahme einer konstanten mittleren Rendite $\mu=0$ vereinfacht sich die VaR-Formel wie folgt:[301]

$$VaR = W_{At0} * N_{1-\alpha} * \sigma_A$$

$$= P_{At0} * Stück * N_{1-\alpha} * \sigma_A$$

***mit*** $P_{At0}$***...Preis der Aktie zum Zeitpunkt*** $t_0$; $\sigma_A$***...Standardabweichung der Renditeverteilung. Bei*** $P_{At0} = 1$ ***wird*** $W_{At0} = v_{At0}$***...Stück zum Nennwert der Aktie*** $v_{At0}$. ***Im Weiteren soll deshalb vereinfacht mit:*** $VaR = v_{At0} * N_{1-\alpha} * \sigma_A$ ***gearbeitet werden.***

*Gl. 3.3-20*

*Monte Carlo Simulation*: auch hier müssen die Risikofaktoren einer Nomalverteilungs-Annahme genügen, die Bewertungsfunktion des Portfolios muss aber nicht linear sein. Es können sich potenziell auch komplexe Instrumente im Portfolio befinden.

---

299 Hockmann, H.J./ Thießen, F., Investment banking, 2002, S. 742.
300 Vgl. ebenda, S. 744ff und Dresel, T./ Kern, M./ Rudolph, B., Risikosteuerung, 2000. Hier wird darauf hingewiesen, dass Kreditrenditen nicht normalverteilt sind und der CaR (Credit at Risk; synonym zu VaR) daher über Simulationen bestimmt werden muss.
301 Vgl. Albrecht, P., Risikomodellierung, 2000, S. 5.

Auf Basis der vorgegebenen Verteilung werden Zustände (oder Szenarien) erzeugt und das Portfolio neu bewertet. Der VaR wird durch Sortieren und Abzählen der Verluste gefunden.[302]

*Historische Simulation*: bei diesem Verfahren müssen die Risikofaktoren weder normalverteilt sein, noch muss die Bewertungsfunktion linear sein. Aus vorhandenen historischen Portfolio-Daten werden zunächst die (realen) historischen Szenarien erzeugt. Nach Neubewertung des Portfolios („mark-to-model") für alle historischen Zeitpunkte wird der aktuelle Portfoliowert einbezogen und der VaR durch Sortieren und Abzählen bestimmt.[303]

Im vorliegenden Modell wird die Monte Carlo Simulation zur Bestimmung des VaR gewählt. Hintergrund ist vor allem das Vorhandensein nicht-normaler Verlustverteilungen im Bankportfolio (z.B. Kreditverluste) und eine flexible Gestaltung des Inputsystems respektive der Marktszenarien unabhängig von historisch realisierten Marktverläufen.

### *3.3.2 Handelspositionen*

#### *3.3.2.1 Grundlagen von Aktien- und Zinsmärkten*

Dem Handelsgeschäft einer Bank werden üblicherweise die Marktrisiko-abhängigen Refinanzierungs- und Eigenhandels-Positionen zugerechnet und im so genannten Handelsbuch konsolidiert. Refinanzierungspositionen dienen dabei der bilanzseitigen Deckung von Netto-Kundengeschäftspositionen (z.B. zwischen Einlagen und Krediten). Eigenhandelspositionen werden vor allem aus Gründen der Ertrags- und Risikokonsolidierung eingegangen (z.B. Rohstoff-Positionen).[304]

Wie eben grundsätzlich beschrieben, können Marktrisiken über den Varianz-/ Kovarianz-Ansatz, Monte Carlo Simulation oder historische Simulation gemessen werden.[305] Für Zinsrisiken besteht die Berechnungsmöglichkeit über Laufzeit- oder Durationsmodelle.[306] Im Folgenden sollen die Marktrisiko-behafteten Geschäftsarten der Modellbank (vgl. Abbildung 15) daher mit Hilfe dieser Ansätze modelliert werden.

#### *3.3.2.2 Abbildungsvarianten von Handelspositionen*

Wie in Kapitel 3.1.4 beschrieben, werden im Zentral- oder Handelsbereich der Modellbank Aktien und festverzinsliche Wertpapiere gehalten, die Kurs- und Zinsänderungsrisiken tragen (vgl. Abbildung 14). Der risikotragende Parameter für Aktienpositionen ist die stetige Aktienkursrendite, für festverzinsliche Papiere hingegen die stetigen Veränderungsraten des Marktzinses.[307]

---

302 Es entsteht eine Verlust- bzw. Renditeverteilung.

303 Vgl. Hockmann, H.J./ Thießen, F., Investment banking, 2002, S. 745f.

304 Vgl. Schierenbeck, Band 2, 2003, S. 432ff.

305 Vgl. Saunders, A./ Cornett, M.M., Financial institutions management, 2003, S. 161ff und 235ff.

306 Vgl. ebenda.

307 Im engeren Sinne bezeichnet der Marktzins die Veränderung der stetigen Zerobond-Renditen. Vgl. Schierenbeck, H., Band 2, 2003, S. 310.

Im Folgenden werden quantitative Repräsentationen für den Erfolgs- und Risikobeitrag von Aktien- und Zins-Positionen abgeleitet.[308]

*Aktienpositionen:* Der Erfolgsbeitrag einer Aktienposition hängt vom Wert der Position zum Zeitpunkt $t_0$ und dem Erwartungswert der Aktienkursrendite ab (vgl. Gl. 3.3-16):

$$\begin{aligned} Erfolgsbeitrag &= Einkünfte\ aus\ der\ Periode + \Delta W \\ &= \Delta W(Kurs) \\ &= W_{At0} * r_A \\ &= P_{At0} * Stück * E(r_A) \\ &= v_{At0} * \mu_A \end{aligned}$$

*$P_{At0}$...Preis der Aktie zum Zeitpunkt $t_0$; Bei $P_{At0}$ = 1 wird $W_{At0} = v_{At0}$...Stück zum Nennwert der Aktie $v_{At0}$; $\mu_A$...Erwartungswert der Aktienrendite; E()...Erwartungswertoperator; $r_A$...Aktien-Rendite*

*Gl. 3.3-21*

Der Risikobeitrag einer Aktienposition lässt sich über den VaR mittels Wert der Position zum Zeitpunkt $t_0$ und einer Verknüpfung mit Standardabweichung der diskreten Aktienkursrendite und dem entsprechenden Konfidenzniveau angeben.[309]

$$\begin{aligned} Risikobeitrag &= VaR \\ &= W_{At0} * N_{1-\alpha} * \sigma_A \\ &= v_{At0} * N_{1-\alpha} * \sigma_A \end{aligned}$$

*$\sigma_A$...Standardabweichung der Renditeverteilung; $N_{1-\alpha}$ oder z-Wert...Repräsentation des Konfidenzniveaus (z.B. für ein Konfidenzniveau von 99% gilt $N_{1-\alpha}$ = 2,33)*

*Gl. 3.3-22*

Im Modell wird der VaR jedoch Handelsbuch-übergreifend durch Abzählen der Verluste ermittelt (Monte Carlo Simulation).[310]

*Zinspositionen:* Der Erfolgsbeitrag einer festverzinslichen Position wird über die Differenz der Marktwerte der Zinsposition berechnet. Die Gegenwartswerte der Cash Flows werden mit dem gültigen Marktzins zum Zeitpunkt $t_0$ bzw. $t_1$ diskontiert.

$$\begin{aligned} Erfolgsbeitrag &= Einkünfte\ aus\ der\ Periode + \Delta W \\ &= \Delta W\ (Zins) \\ &= W_{t1} - W_{t0} \\ &= PV(z_{mt1}) - PV(z_{mt0}) \end{aligned}$$

*Mit PV...Present Value Operator; $z_{mt}$...Marktzinssatz zum Zeitpunkt t*

*Gl. 3.3-23*

308 Vgl. auch J.P.Morgan, RiskMetrics – Technical Document, 1994.

309 Vgl. Gl. 3.3-20 sowie für eine detaillierte Ausführung des VaR-Berechnungsverfahrens Schierenbeck, H., Band 2, 2003, S. 73ff und S. 442ff.

310 Für die konkrete Modellausgestaltung vgl. Kapitel 4.1.

Der Risikobeitrag einer Zinsposition kann indirekt über die Duration (gewichtete Restlaufzeit) oder direkt über die Preisvolatilität bzw. die Zinsvolatilität gemessen werden.[311]
Durations-Konzepte eignen sich nur eingeschränkt zur Messung von Marktwertänderungen aufgrund von Zinsänderungen. Zum einen gehen sie von horizontalen Renditestrukturen aus und bilden dann die Änderungen durch Parallelverschiebungen der Zinskurven ab, was zu einer mit höheren Zinsänderungen zunehmenden Ungenauigkeit der Approximation der Marktwertänderung führt.[312]
Die Preisvolatilität beschreibt die Volatilität der logarithmierten Änderungen der Diskontierungsfaktoren für die Zinstitel und kann durch die Standardabweichung der Diskontfaktoränderungen $\sigma_D$ beschrieben werden. Der über die Preisvolatilität berechenbare VaR kann angegeben werden zu:

$$\textit{Risikobeitrag} = VaR = PV(z_{mt0}) * N_{1-\alpha} * \sigma_D$$

*mit $PV(z_{mt0})$...Barwert der Zinsposition zum Zeitpunkt $t_0$*

*Gl. 3.3-24*

Die Zinsvolatilität beschreibt demgegenüber die Volatilität der absoluten Zinsänderungen der Zero Bonds im Markt und wird durch die Standardabweichung der Zinsänderung $\sigma_Z$ beschrieben.[313] Der über die Zinsvolatilität berechenbare VaR kann angegeben werden zu:

$$\textit{Risikobeitrag} = VaR = PVBP * N_{1-\alpha} * \sigma_Z$$

*mit PVBP...Price Value of Basis Point, also Wertänderung bei Veränderung des Zinses um 1bp*

*Gl. 3.3-25*

Diese analytische Bestimmung des VaR wird im Weiteren nicht mehr aufgegriffen, da der VaR im Modell durch Abzählen der Verluste ermittelt (Monte Carlo Simulation) wird.[314]

#### 3.3.2.3 *Ausgestaltung des Modells für Handelspositionen*

Das Handelsbuch der Modellbank besteht aus einer Aktien- und Zinsposition mit den Volumina/ Nennwerten $v_A$ bzw. $v_Z$.
Die Volumina sollen nicht durch Neugeschäft oder Geschäftsabwanderung beeinflusst werden.[315]
*Aktienpositionen*: Die Modellierung der diskreten Renditen der Aktienpositionen erfolgt unter Annahme einer Normalverteilung:[316]

---

311 Vgl. Schwaiger, W.S.A., Integration von Markt- und Kreditrisiken, 2001, S. 44ff und Gruber, W., Risikomessung, 2001, S. 89ff.

312 Für die Definition und Bewertung von Durationskonzepten vgl. Schierenbeck, H., Band 2, 2003, S. 298ff.

313 Die diskreten fristigkeitsabhängigen Marktzinssatzänderungen werden stochastisch durch eine Normalverteilung approximiert: $(z_{mt1} - z_{mt0}) / z_{mt0} \sim N(\mu_Z, \sigma^2_Z)$

314 Für die konkrete Modellausgestaltung vgl. Kapitel 4.1.

315 Vgl. Kapitel 3.1.2.

316 Vgl. Albrecht, P., Risikomodellierung, 2000.

$r_A = (P_{At1} - P_{At0}) / P_{At0} \sim N(\mu_A, \sigma^2_A)$

*mit* $P_{At}$*...Marktpreis der Aktienposition zum Zeitpunkt t,* $\sigma^2_A$*... Varianz der Renditeänderung*

*Gl. 3.3-26*

Der erwartete Erfolgsbeitrag kann mittels der Volumens- und Renditevektorelemente wie folgt für die Aktienposition dargestellt werden:

$Erfolgsbeitrag = v_A * \mu_A$

*mit* $\mu_A$*...Erwartungswert der Rendite der Aktienposition*

*Gl. 3.3-27*

Der Erwartungswert der Portfolioposition wird als Summe aus dem Wert zum Zeitpunkt $t_0$ und dem erwarteten Erfolgsbeitrag betrachtet:[317]

$$Erwartungswert = W_{t0} + Erfolgsbeitrag = v_A * (1+ \mu_A)$$

*Gl. 3.3-28*

Der erwartete Verlust der Portfolioposition wird als Differenz zwischen erwartetem und tatsächlich realisiertem Marktwert angegeben:

$$l_A = Erwartungswert - tatsächlich\ realisierter\ Wert = v_A * (1+ \mu_A) - v_A * \mu_A'$$

*mit* $\mu_A'$*...tatsächlich realisierte Rendite der Aktienposition*

*Gl. 3.3-29*

Die Verteilung der Verlustfunktion bestimmt sich daher aus der Verteilung der zufälligen Rendite $\mu_A'$.[318]

Der Risikobeitrag kann jetzt direkt aus der Verlustfunktion abgeleitet werden, ein Rückrechnen auf die Marktwerte der Portfoliopositionen ist nicht notwendig.[319] Der VaR kann wie folgt definiert werden:

$$VaR_A = P(l_A((v_A, \mu_A) <= N_{1-\alpha}) >= \alpha$$

*mit* $0 < \alpha < 1$

Unter Annahme einer Normalverteilung der Verlustfunktion kann die Höhe des Risikobeitrages angegeben werden zu:[320]

317 Für Aktienpositionen vgl. Gl. 3.3-21: $P_{At0}$ = Preis der Aktie zum Zeitpunkt $t_0$; bei $P_{At0} = 1$ wird $W_{At0} = v_{At0}$ = Stück zum Nennwert der Aktie $v_{At0}$.

318 Vgl. hierzu Theiler, U., Risk-/Return-Steuerung, 2002, S. 110. Im Folgenden werden Renditeverteilungen zur Ermittlung der VaR jeweils in Verlustverteilungen umgerechnet.

319 Theiler zeigt anschaulich, dass Wahrscheinlichkeitsdichtefunktionen der erwarteten Marktwerte und der erwarteten Verluste von Portfoliopositionen ineinander überführt werden können und nach Simulation die gleichen Ergebnisse liefern. Vgl. hierzu Theiler, U., Risk-/Return-Steuerung, 2002, S. 111ff.

320 An dieser Stelle soll eine anschauliche Repräsentation für den Risikobeitrag gefunden werden. In der rechentechnischen Umsetzung über eine Monte Carlo Simulation wird der VaR durch „Abzählen" der Verluste errechnet, eine Annahme über die Verlustverteilung wird also nicht unterstellt. Man beachte, dass es sich hier um die Standardabweichung der Verlustfunktion handelt und nicht um die Schwankung der Inputgrößen (d.h. Renditen, Zinsstrukturen).

$$VaR_A = N_{1-\alpha} * \sigma_A(l_A(v_A, \mu_A))$$

*Gl. 3.3-30.*

*Zinspositionen*: Die Modellierung der Zinsposition erfolgt unter Verwendung der Zinsvolatilität. Der Preis der Zinsposition wird mittels des Barwertkonzeptes ermittelt. Dabei wird der diskrete fristigkeitsabhängige Zinssatz stochastisch ebenfalls durch eine Normalverteilung approximiert:

$$r_Z = (z_{mt1} - z_{mt0}) / z_{mt0} \sim N(\mu_Z, \sigma^2_Z)$$

*mit $z_{mt}$...Zinssatz zum Zeitpunkt t*

*Gl. 3.3-31*

Der Wert $W_Z$ der Zinspositionen wird als monetäre Repräsentation der Position zum Zeitpunkt t als Gegenwartswert der zukünftigen Cash Flows formuliert:[321]

$$W_Z = PV(v_Z, z_Z, t_{Rest}, z_{mt})$$
$$= (v_Z * z_Z) / (1 + z_{mt0}) + (v_Z * z_Z) / (1 + z_{mt0})^2 + ... + (v_Z * (1 + z_Z)) / (1 + z_{mt0})^{t}{}_{rest}$$

*mit $v_Z$... Volumen/ Nominalwert Zinsposition, $z_Z$...fester Zinssatz der Zinsposition, $t_{Rest}$...Restlaufzeit der Zinsposition, $z_{mt0}$...laufzeitabhängiger Marktzins (Zerobond) zum Zeitpunkt $t_0$*

*Gl. 3.3-32*

Der Erwartungswert der Zinsposition wird als Summe aus erwartetem Gegenwartswert der zukünftigen Cash Flows zum Zeitpunkt $t_1$ und dem zum Zeitpunkt $t_1$ ausgezahlten Coupon betrachtet:[322]

$$Erwartungswert = PV(v_Z, z_Z, t_{Rest} - 1, E(z_{mt1})) + v_Z * z_Z$$

*mit $z_{mt1}$...laufzeitabhängiger Marktzins (Zerobond) zum Zeitpunkt $t_1$, E()...Erwartungswertoperator*

*Gl. 3.3-33*

Der erwartete Verlust der Zinsposition wird als Differenz zwischen erwartetem und tatsächlich realisiertem Marktwert angegeben:

$$l_Z = Erwartungswert - tatsächlich\ realisierter\ Wert$$
$$= PV(v_Z, z_Z, t_{Rest} - 1, E(z_{mt1})) + v_Z * z_Z - PV(v_Z, z_Z, t_{Rest} - 1, z_{mt1}) + v_Z * z_Z$$
$$= PV(v_Z, z_Z, t_{Rest} - 1, E(z_{mt1})) - PV(v_Z, z_Z, t_{Rest} - 1, z_{mt1})$$

*Gl. 3.3-34*

Für Zinspositionen ist der Verlust eine Funktion der erwarteten und tatsächlichen Zinsstrukturkurve.[323]

---

321 Vgl. Brealy, R.A./ Myers, S.C., Corporate finance, 2000, S. 669ff sowie Hockmann, H.J./ Thießen, F., Investment banking, 2002, S. 74f.

322 Vgl. ebenda, S. 75, der Erwartungswert eines Wertpapiers mit unsicheren Zahlungen.

323 Strukturell kann die Verlustfunktion analog zu Aktienpositionen auch hier als Komposition aus (Ausgangs-)Volumen und Rendite dargestellt werden. Analytisch ist diese Darstellung aber komplex und nicht zielführend für die weitere Analyse.

Analog zum Risikobeitrag der Aktienpositionen kann unter der Annahme einer Normalverteilung der Verlustfunktion die Höhe des Risikobeitrages angegeben werden zu:

$$VaR = N_{1-\alpha}\ \sigma(l_Z(v_Z,\ z_Z,\ t_{Rest},\ E(z_{mt1}),\ z_{mt1}))$$

*Gl. 3.3-35*

Nachdem die Erfolgs- und Risikobeiträge der Handelsbuchpositionen ausgestaltet wurden, erfolgt nun die Definition der Beiträge des Bankbuches.

### *3.3.3 Kreditpositionen*

#### *3.3.3.1 Grundlagen von Kreditmärkten*

Kreditpositionen zeichnen sich dadurch aus, dass ihre Wertänderungen auf Änderungen der Qualität der Position beruhen. Wie in Kapitel 3.1.4 beschrieben, tragen Kreditpositionen aus Banksicht Ausfall- bzw. Bonitätsrisiken in Bezug auf den Kreditnehmer, Zinsänderungsrisiken (bei barwertiger Betrachtung der Position) sowie Zinsspannenrisiken (über die Refinanzierung durch die Passiv-Positionen).

Kreditausfälle werden stochastisch beschrieben und vorausgesagt. Diejenigen Verluste, die sich im statistischen Erwartungsbereich befinden, bezeichnet man auch als „erwartete Verluste". Diese sind bei der Kreditkalkulation zu berücksichtigen und über die Risikokosten in die Kalkulation des Betriebsergebnisses der Bank einzurechnen.[324] Der Verlust, der über die (Standard-)Risikokosten hinausgeht, wird als „unerwarteter Verlust" bezeichnet und häufig als Kreditrisiko formuliert.

Für die Modellierung von Kreditrisiken sind zum einen die Abweichung von der Normalverteilung (Rechtsschiefe der Wahrscheinlichkeitsdichtefunktion) und zum anderen das Vorhandensein von systematischen und unsystematischen Risikokomponenten von zentraler Bedeutung.[325]

Die Wahrscheinlichkeiten von Kreditverlusten sind rechtsschief verteilt; man spricht auch von einer Linkssteilheit der Wahrscheinlichkeitsverteilung (vgl. Abbildung 19). Dieser Effekt ist umso stärker ausgeprägt, je besser die Bonitäten der Kreditnehmer sind. Damit kann der Varianz-Kovarianz-Ansatz zur Bestimmung des VaR zur Kreditrisikomessung kaum Anwendung finden. Simulationsverfahren wie Monte Carlo Simulation oder Historische Simulation sind aber unter bestimmten Voraussetzungen anwendbar (vgl. Kapitel 3.3.1.4).

Das Kreditrisiko verfügt über eine systematische, makroökonomisch-induzierte, Komponente und über eine unsystematische, Unternehmens-induzierte Komponente. Es ist zu beachten, dass der unsystematische Teil eines Kreditportfolios durch Diversifikation (mit anderen Krediten) verringert werden kann, der systematische Teil jedoch nur durch Diversifikation mit anderen Risikoarten beeinflusst werden kann.[326]

---

324 Vgl. Schierenbeck, H., Band 2, 2003, S. 153.
325 Vgl. ebenda, S. 155f.
326 Vgl. ebenda, S. 156.

*3.3.3.2 Abbildungsvarianten für Kreditpositionen*

Kreditrisiken können wie Marktrisiken durch Wahrscheinlichkeitsverteilungen möglicher Verluste beschrieben werden. Bei Kreditverlusten wird meist zwischen dem erwarteten Verlust („expected loss“) und dem unerwarteten Verlust („unexpected loss“) unterschieden.[327] Der Erwartungswert (expected loss) entspricht dabei dem statistischen Mittelwert der Verluste und wird üblicherweise in die Kalkulation der Standard-Risikokosten einbezogen. Über den Erwartungswert hinausgehende Verluste (unexpected loss) müssen durch einen Eigenkapitalpuffer abgedeckt werden.
Man spricht dabei von „ökonomischem Kapital“, um die Anforderung von aufsichtsrechtlichen Eigenkapitalanforderungen abzugrenzen.[328]

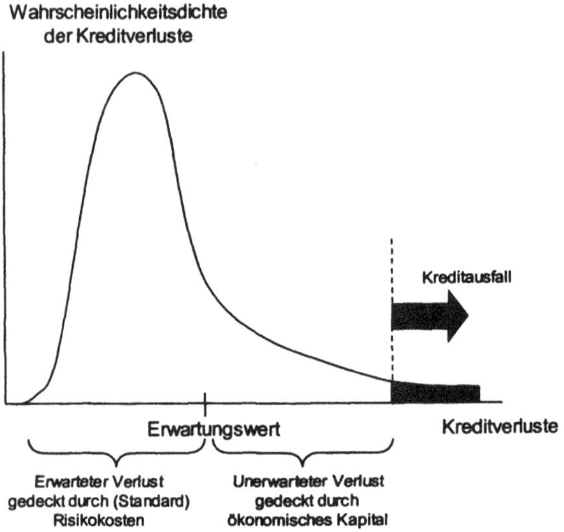


Abbildung 19: Erwartete und unerwartete Kreditverluste[329]

Wie aus Abbildung 19 ersichtlich wird, weist die Verteilung der Kreditverluste eine charakteristische Linkssteilheit auf. Diese lässt sich damit erklären, dass Kreditverluste relativ seltene, aber mit hoher Intensität eintretende Ereignisse sind. Wie Schierenbeck zeigt, sind die Abweichungen zu einer Normalverteilung der Verluste erheblich. Eine Normalverteilung kann den möglichen Wertverlust (VaR) wesentlich unterschätzen.[330]

327 Vgl. Schierenbeck, H., Band 2, 2003, S. 155.
328 Vgl. Rau-Bredow, H., Kreditrisikomodelle, 2002, S. 3.
329 Eigene Darstellung.
330 Vgl. Schierenbeck, H., Band 2, 2003, S. 179.

Zur Modellierung des Kreditrisikos wird zwischen zwei Kategorien, den Default- und Mark-to-Market-Modellen, unterschieden.[331]

Default-Modelle stellen auf den Buchwert des Kredites ab. Ein Kreditausfall (oder Kreditereignis bzw. „Default“) ist zu verzeichnen, wenn keine Zahlung erfolgt und eine Wertberichtigung vorgenommen werden muss. Insofern können Default-Modelle nur zwischen zwei Zuständen unterscheiden: tritt ein mit einem Verlust verbundenes Kreditereignis ein oder nicht. Bonitätsänderungen des Kreditnehmers werden in diesem Modell nicht betrachtet.

Default-Modelle repräsentieren eher das traditionelle, bilanzorientierte Risikoverständnis, in dem Risiken als Kreditausfälle modelliert werden.[332]

Mark-to-Market-Modelle erweitern das Risikoverständnis um mögliche Wertänderungen, ohne dass Kreditausfälle eintreten. Sie zielen auf den Marktwert des Kredites ab, in dem sie den Kredit am Ende jeder Periode unter Berücksichtigung der Bonität des Kreditnehmers neu bewerten „Mark-to-Market“. Im Extremfall kann diese Neubewertung auch zu einem Kreditereignis führen. Demnach können Default-Modelle durchaus als Spezialfall der Mark-to-Market-Modelle angesehen werden.[333]

Beiden Modellen ist gemeinsam, dass das Kreditrisiko als unerwarteter Verlust (unexpected loss) interpretiert wird.

In den letzten Jahren wurde eine Vielzahl von Modellausgestaltungen (sowohl Default- als auch Mark-to-Market-Modelle) vorgestellt.[334] Als prominente Vertreter der Default-Modelle sind CreditRisk+ und CreditPortfolioView zu nennen, Mark-to-Market-Modelle werden durch CreditMetrics™ und Portfolio Manager (auch als KMV-Modell bekannt) repräsentiert.

331 In der Literatur werden verschiedene Bezeichnungen für die Modellkategorien verwendet. So verwenden Wahrenburg/ Niethen die Notation der Ausfallraten- und Asset Value Modelle, wobei letztere auf die Interpretation eines Kredites als Put Option auf die Assets des kreditnehmenden Unternehmens verweisen sollen (vgl. dazu Merton, R.C., Pricing of corporate debt, 1974). Vgl. Rau-Bredow, H., Kreditrisikomodelle, 2002, S. 2, Grimmer, J.U., Gesamtbanksteuerung, 2003, S. 51, Wahrenburg, M./ Niethen, S., Alternative Kreditrisikomodelle, 2000, S. 1.

332 Zusätzlich zum traditionellen Risikoverständnis liegt Default-Modellen die Hypothese illiquider Kreditmärkte zu Grunde („buy and hold“), in denen Kredite bis zum Ablauf gehalten werden. Neue Entwicklungen liquider Kreditmärkte („buy sell hedge“), die ein Verkaufen und ein aktives Kreditportfoliomanagement ermöglichen können nur mit Mark-to-Market-Modellen abgebildet werden. Vgl. hierzu Kuritzes, A., Active credit portfolio management, 1998.

333 Vgl. Grimmer, J.U., Gesamtbanksteuerung, 2003, S. 52.

334 Für vergleichende Analysen von Kreditrisikomodellen siehe Crouhy, M./ Galai, D./ Mark, R., Credit risk models, 2000, Wahrenburg, M./ Niethen, S., Alternative Kreditrisikomodelle, 2000, Gordy, M.B., Credit risk models, 2000, Jarrow R.A./ Turnbull S.M., Intersection of risk, 2000, Rau-Bredow, H., Kreditrisikomodelle, 2002, sowie Schierenbeck, H., Band 2, 2003, S. 157ff.

| | Default-Modelle (z.B. CreditRisk+™) | Mark-to-Market-Modelle (z.B. CreditMetrics™) |
|---|---|---|
| **Kreditereignis** | Kreditausfall (singuläres Ereignis) | Ratingänderungen (mehrere Ereignisse) |
| **Risikoverständnis** | Unerwartete Verluste durch Kreditausfälle | Unerwartete Marktwert-Verluste durch Ratingänderungen |
| **Marktauffassung** | Illiquide Märkte („buy and hold") | Liquide Märkte ("buy, sell, hedge") |
| **Bezugsgröße** | Vertragskonforme Rückzahlung | Orientierung an Marktwerten |
| **Abbildung von korrelierten Kreditpositionen** | Abbildung über gemeinsame Stochastik der erwarteten Ausfallrate der Kreditnehmer | Abbildung über Renditekorrelationen der Aktiva |

Abbildung 20: Vergleich der Kreditrisikomodelle[335]

Zur Auswahl eines geeigneten Kreditrisikomodells werden die Modellanforderungen aus Kapitel 3.1.5 herangezogen.

Für eine detaillierte Darstellung von Stärken-/ Schwächenprofilen vor dem Hintergrund des Einsatzes in der Banksteuerung sei auf die umfangreiche Literatur verwiesen.[336]

Aus Kapitel 3.1.5 können folgende Anforderungen auf die Modellierung der Kreditpositionen bezogen werden:

- Geschäftsarten: Abbildung von Kreditgeschäften mit Firmen
- Inputsystem: Verwendung von praxisnahen Parametern und Daten
- Bankprozesse: Risiko- und Portfoliomanagement
- Darstellungsmöglichkeit des Risikobeitrages jeder Position zu jedem Zeitpunkt
- Liquide Märkte, d.h. Positionen des Bankportfolios können jederzeit ge- und verkauft werden

*Abbildung von Kreditgeschäften mit Firmen*: beide Kreditrisikomodelle (CreditRisk+ als Vertreter der Default-Modelle sowie CreditMetrics™ als Vertreter der Mark-to-Market-Modelle) erlauben die Abbildung von Kreditnehmern mit unterschiedlichen Charakteristika wie z.B. Länder- oder Branchenzugehörigkeit verbunden mit individuellen Risikoprofilen.[337]

*Verwendung von praxisnahen Parametern und Daten*: für beide Kreditrisikomodelle lassen sich historische Daten zur Simulation finden. CreditRisk+ verwendet jedoch eine gemeinsame Statistik der Ausfallraten der Kreditpositionen (Erwartungswert und Volatilität der Ausfallrate), die in einer Portfolio-Sicht mit „Hintergrund"-Variablen zur Modellierung von Ländern oder Sektoren angereichert wird. Die Korrelation der Positionen ergibt sich implizit durch die Wahl der Hintergrund-Faktoren. Diese Faktoren können aus historischen Daten wie Aktienkursrenditen und -korrelationen abgeleitet werden.

---

335 Darstellung angelehnt an Bröker, F., Quantifizierung von Kreditrisiken, 2000, S. 265.

336 Vgl. z.B. Crouhy, M./ Galai, D./ Mark, R., Credit risk models, 2000, Wahrenburg, M./ Niethen, S., Alternative Kreditrisikomodelle, 2000, Gordy, M.B., Credit risk models, 2000, Rau-Bredow, H., Kreditrisikomodelle, 2002, sowie Schierenbeck, H., Band 2, 2003, S. 157ff.

337 Vgl. Rau-Bredow, H., Kreditrisikomodelle, 2002, S. 9.

Die Granularität des Modells ist allerdings dadurch beschränkt, dass Kreditnehmer einem Hintergrundfaktor „zugeteilt“ werden, d.h. mit den anderen Kreditnehmern im gleichen Hintergrund-Bereich eine Korrelation von *1* aufweisen.[338]
CreditMetrics modelliert hingegen einen Asset-Value-Prozess, d.h. Wertänderungen der Unternehmensaktiva des Kreditnehmers, und leitet daraus mit Hilfe von empirisch gefundenen Migrationswahrscheinlichkeiten[339] die Qualität der Kreditposition ab. Häufig wird dabei anstatt der Unternehmensaktiva der Marktwert des Eigenkapitals modelliert, was Zufallsgröße (Aktienkursrendite) und Korrelationen (Korrelationen der jeweiligen Aktienkurse der Kreditnehmer) einfach beobachtbar machen.[340]
*Darstellung des Risikobeitrages jeder Position zu jedem Zeitpunkt*: beide Modelle erlauben die Darstellung der Wahrscheinlichkeitsdichtefunktion und damit auch die Quantifizierung des Risikobeitrages (z.B. VaR).
Während die Wahrscheinlichkeitsdichtefunktion bei CreditRisk+ analytisch mit Hilfe einer Poisson- oder Gammaverteilung angegeben werden kann, wird die Funktion bei CreditMetrics™ durch eine Monte Carlo Simulation gefunden. Obwohl es inzwischen Modellerweiterungen zu CreditRisk+ erlauben, neben dem Ausfallereignis auch Bonitätsänderungen zu modellieren, ist CreditMetrics für die Modellierung von Bonitätsrisiken und damit für die Darstellung eines granularen (bezogen auf Ausfall- und Bonitätsrisiken) Risikobeitrages konzipiert.[341]
*Liquide Märkte*: CreditRisk+ ist grundsätzlich für illiquide Märkte mit traditioneller, vertragskonformer Rückzahlung konzipiert.[342] Obwohl inzwischen Modellerweiterungen zu CreditRisk+ existieren, wird das Kriterium liquider Märkte von Modellen wie CreditMetrics™ erfüllt.
Aufgrund der hohen Datenverfügbarkeit, der granularen Darstellungsmöglichkeit des Risikobeitrages und der Unterstützung liquider Märkte für Kreditpositionen wird CreditMetrics™ als Kreditrisikomodell für die Modellbank gewählt.[343] Dieses Modell soll im Weiteren detaillierter betrachtet und auf die Modellbank zugeschnitten werden.

#### *3.3.3.3 Der CreditMetrics-Ansatz zur Modellierung von Kreditportfolios*

Wie oben erwähnt, handelt es sich beim CreditMetrics-Ansatz um ein Asset-Value-Modell. Dabei werden korrelierte Renditen der Aktiva aller Kreditnehmer im Portfolio

---

338 Vgl. Schierenbeck, H., Band 2, 2003, S. 174.
339 Die Migrations-Matrizen, die den Zusammenhang zwischen Unternehmenswert und Rating herstellen, werden regelmäßig durch Rating-Agenturen wie Moody's erstellt und publiziert. Siehe auch Moody's Investor Service, Measuring private firm default risk, 1999.
340 Vgl. Wahrenburg, M./ Niethen, S., Alternative Kreditrisikomodelle, 2000, S. 12ff.
341 Vgl. Schierenbeck, H., Band 2, 2003, S. 173ff.
342 Vgl. Grimmer, J.U., Gesamtbanksteuerung, 2003, S. 130.
343 Neuere Studien wie z.B. Kiesel, R./ Schmid, B., Stochastische Modellierung, 2000 und Gordy, M.B., Credit risk models, 2000 weisen darauf hin, dass die Modelle CreditRisk+ und CreditMetrics™ nach Parameterharmonisierung keine signifikant unterschiedlichen Risikokenngrößen liefern. Das Hauptproblem besteht jedoch weiterhin in der Datenverfügbarkeit und damit Datenqualität bei CreditRisk+. Insofern ist die Entscheidung für CreditMetrics™ im vorliegenden Fall im Einklang mit der derzeitigen wissenschaftlichen Diskussion.

simuliert, die zu einer Neubewertung des Kreditportfolios am Zeithorizont führen. Im Einzelnen werden folgende Schritte durchlaufen:[344]

- Simulation der zufälligen Asset-Renditen aus einer multivariaten Normalverteilung mit gegebenen Korrelationen
- Übersetzung der Renditeergebnisse in Rating-Szenarien
- Neubewertung der Kredite
- Erstellung der Häufigkeitsverteilung für den zukünftigen Wert des Kreditportfolios.

Diese Schritte sollen im Folgenden detailliert werden.

*Simulation der zufälligen Asset-Renditen*: Die Modellierung der diskreten Asset-Renditen erfolgt unter Annahme einer Normalverteilung:[345]

$$r_A \quad = (P_{A\,t1} - P_{A\,t0}) / P_{A\,t0} \sim N(\mu_A, \sigma^2_A)$$

*mit $P_A$...Marktpreis des Assets, $\sigma^2_A$...Historische Varianz der Renditeänderung,*

*$\mu_A$...Erwartungswert der Asset-Rendite*

*Gl. 3.3-36*

Die Varianzen und Korrelationen der Vermögenswerte werden aus den Varianzen und Korrelationen der jeweiligen Aktienkursrenditen abgeleitet. Es wird unterstellt, dass die Asset-Renditen positiv korrelieren.[346]

*Übersetzung der Renditeergebnisse in Rating-Szenarien*: die so erhaltenen Renditen werden im nächsten Schritt entsprechend vorab definierter Intervall-Schranken in Rating-Urteile übersetzt. Dazu dient die so genannte Migrationsmatrix, die empirisch gefundene Migrationswahrscheinlichkeiten enthält.[347] Die Verteilungsfunktion (Normalverteilung) der Renditen wird nun in Abschnitte aufgeteilt, so dass die Flächen (die Integrale der Dichtefunktionsabschnitte) den Migrationswahrscheinlichkeiten entsprechen. Jetzt kann ausgehend vom Initial-Rating und der simulierten Rendite abgelesen werden, ob der Kreditnehmer in eine neue Rating-Klasse fällt oder im Initial-Rating verbleibt. Es sei *Ü* die Migrationsmatrix, so kann die Ratingklasse zum Zeitpunkt $t_1$ beschrieben werden durch:

$$Rating\ (t_1) = Ü\ (Rating(t_0),\ r_A)$$

*mit $r_A$...Asset-Rendite des Kreditnehmers*

*Gl. 3.3-37.*

*Neubewertung der Kredite*: der Wert des Kredites zum Zeitpunkt $t_0$ (Initialzustand) lässt sich über den Ratingklassen-abhängigen Forward-Zins $z_{t0}(Rating)$ wie folgt formulieren:

---

344 Für eine detaillierte Beschreibung des CreditMetrics™-Prozesses siehe: J.P.Morgan, CreditMetrics – Technical Document, 1997, Schierenbeck, H., Band 2, 2003, S. 174ff, Wahrenburg, M./ Niethen, S., Alternative Kreditrisikomodelle, 2000, S. 8ff, Rau-Bredow, H., Kreditrisikomodelle, 2002, S. 8ff.

345 Vgl. Albrecht, P., Risikomodellierung, 2000. Die Modellierung der Korrelationen wird übergreifend in der Modellbank simuliert. Vgl. hierzu Kapitel 3.3.5.

346 Vgl. Rau-Bredow, H., Kreditrisikomodelle, 2002, S. 12.

347 Migrationsmatrizen werden von großen Rating-Agenturen wie z.B. Moody's oder Standard&Poor's veröffentlicht und enthalten langjährige Mittelwerte bzgl. Migrations- und Ausfallwahrscheinlichkeiten.

$W_t \quad = PV\,(CF(t_0),\, z_{t0}(Rating(t_0)))$

*mit* $z_{t0}(Rating)$*...Laufzeit- und Rating-abhängiger Zins (Zerobond) zum Zeitpunkt* $t_0$,

$CF(t_0)$*...ausstehende Cash Flows zum Zeitpunkt* $t_0$, $PV()$*...Barwertoperator*

*Gl. 3.3-38*

wobei die ausstehenden Cash Flows zum Zeitpunkt $t_0$ als Funktion der Restlaufzeit $t_{Rest}$, des Sollzinses des Kundengeschäftes $z_K$ und dem Volumen des Kredites $v_K$ angegeben werden können:

$CF(t_0) \quad = PV\, f(t_{Rest},\, z_K,\, v_K)$

*mit* $t_{Rest}$*...Restlaufzeit des Kredites,* $z_K$*...Sollzins des Kundengeschäftes,* $v_K$*...Volumen/ Nennwert des Kredites*

*Gl. 3.3-39*

Die Neubewertung des Kredites zum Zeitpunkt $t_1$ erfolgt unter Berücksichtigung der Rating-Migration zu $Rating(t_1)$:[348]

$W_{t1} \quad = PV\,(CF(t_1),\, z_{t1}(Rating(t_1)))$

*mit* $z_{t1}(Rating(t_1))$*...Laufzeit- und Rating-abhängiger Zins zum Zeitpunkt* $t_1$,

$CF(t_1)$*...ausstehende Cash Flows zum Zeitpunkt* $t_1$

*Gl. 3.3-40*

Die ausstehenden Cash Flows zum Zeitpunkt $t_1$ lassen sich wieder als Funktion der Restlaufzeit $t_{Rest}-1$, des Sollzinses des Kundengeschäftes $z_K$ und dem Volumen des Kredites $v_k$ angeben. Zusätzlich sind potenzielle Kreditausfälle zum Zeitpunkt $t_1$ zu beachten:

| | |
|---|---|
| *Wenn* $Rating(t_1)$ *<> Default:* | $CF(t_1) \quad = PV\, f(t_{Rest} - 1,\, z_K,\, v_k)$ |
| *sonst (Default):* | $CF(t_1) \quad = LGD$ |

*mit LGD...loss given default, Wiedergewinnungsrate*

*Gl. 3.3-41*

Der Verlust der Kreditposition ergibt sich schließlich zu:

$$
\begin{aligned}
l \quad &= W_t - W_{t1} \\
&= PV(CF(t_0),\, z_{t0}(Rating(t_0))) - PV\,(CF(t_1),\, z_{t1}(Rating(t_1)))
\end{aligned}
$$

*Gl. 3.3-42*

348 In der wissenschaftlichen Diskussion wird häufig kritisiert, dass Modelle wie z.B. CreditMetrics™ die Credit Spreads und Marktzinsen als deterministisch annehmen, d.h. keine stochastischen Zinsänderungen zulassen. Vgl. dazu etwa Kiesel, R./ Schmid, B., Stochastische Modellierung, 2000, Jarrow, R.A./ Turnbull, S.M., Intersection risk, 2000 und Jobst, N.J./ Zenios, S.A., Simulation of securities, 2003. Alle drei Autoren schlagen alternative Modelle vor, die stochastische Änderungen der Spreads und/ oder der Marktzinsen in die Berechnung der Risikokenngröße einbeziehen und zeigen dabei, dass dies signifikante Auswirkungen auf die Risikokenngrößen des Portfolios (meist Portfolios von Firmen-Anleihen und/ oder Krediten) haben kann (insbes. bei Portfolios mit hoher Kreditqualität). Eine stochastische Veränderung der Zinsstrukturkurve kann durch zufällige Renditeänderungen der Zinssätze einbezogen werden. Der neue Wert der Kreditposition ist dann sowohl abhängig von einem Zinsrisiko ($z_t \sim N(\mu_z,\sigma^2_z)$) als auch von einem Bonitätsrisiko (bei Asset-Value-Modellen vom Unternehmens- oder Aktienrisiko ($u_t \sim N(\mu_A,\sigma^2_A)$)).

*Erstellung der Häufigkeitsverteilung*: die Erzeugung der Stichproben erfolgt mit Hilfe einer Monte Carlo Simulation. Es werden hinreichend viele zufällige Szenarien und Ratingänderungen generiert und jeweils ein neuer Portfoliowert respektive ein Verlustwert berechnet. Der VaR der Verlustverteilung kann jedoch wie in Kapitel 3.3.1.4 erwähnt wegen der nicht-normalverteilten Kreditverluste nicht wie im Handelsbuch analytisch gefunden werden, sondern muss durch Abzählen der Simulations-Verluste bestimmt werden.

#### *3.3.3.4 Ausgestaltung des Modells für Kreditpositionen*

Wie in Kapitel 3.3.1.3 beschrieben, kann der Erfolgsbeitrag als Summe der Einkünfte aus der Periode und der Wertänderung beschrieben werden. Der Erfolgsbeitrag einer Kreditposition lässt sich damit formulieren als:

$$\begin{aligned} \textit{Erfolgsbeitrag} &= \textit{Einkünfte aus der Periode} + \Delta W \\ &= \textit{Ergebnisbeitrag Kundengeschäft} + \Delta W \end{aligned}$$

Die Wertänderung $\Delta W$ kann bereits zu

$$\Delta W = -l$$

*Gl. 3.3-43*

ausformuliert werden.

Der Ergebnisbeitrag des Kundengeschäftes kann als Konditionsbeitrag des Kreditgeschäftes[349] interpretiert werden:

*KB = (Sollzins des Kundengeschäftes – fristengleicher GKM-Zins) * Volumen.*

$$KB = (z_K - z_{mto}(t_{Rest})) * v_K$$

*mit* $z_K$*...Sollzins des Kundengeschäftes;* $z_{mto}(t_{Rest})$*...fristengleicher GKM-Zins zum Zeitpunkt* $t_0$*,* $v_K$*...Volumen der Kreditposition*

*Gl. 3.3-44*

Der Konditionsbeitrag des Kreditgeschäftes wird in der Modellbank zentral über den Gesamtkonditionsbeitrag (vgl. Kapitel 3.3.4.3) abgebildet. Damit erfolgt der Einbezug des Zinsspannenrisikos zwischen Aktiv- und Passiv-Positionen.

Wie oben erwähnt, wird der Risikobeitrag (bzgl. Bonitäts- und Zinsänderungsrisiko) für das Bankbuch mit Hilfe einer Monte Carlo Simulation (vgl. Kapitel 3.3.1.4) ermittelt. Der Risikobeitrag des Zinsspannenrisikos wird über die Schwankung des Gesamtkonditionsbeitrages modelliert (vgl. Kapitel 3.3.4). Dieses Risiko wird jedoch nicht dem eigentlichen Risikobeitrag (VaR), der zur Risikosteuerung verwendet wird, zugeschlagen, da die Einlagenpositionen in der Modellbank konstant bleiben sollen und sich mithin einer Beeinflussung durch die Banksteuerung entziehen (vgl. Kapitel 3.3.4). Nachdem Markt- und Kreditpositionen modelliert sind, soll im Folgenden auf die Einlagenpositionen der Modellbank eingegangen werden.

---

349 Vgl. Schierenbeck, H., Band 1, 2001.

### 3.3.4 Einlagenpositionen

#### 3.3.4.1 Grundlagen von Einlagenmärkten

Einlagen oder Depositen stellen geliehene Gelder aus dem Nicht-Bankenbereich dar.[350] Sie werden auch häufig als „Bring-Gelder" bezeichnet (in Abgrenzung zu „Hol-Geldern", also Mitteln aus Interbanken-Beziehungen), da die Initiative zum Einlagengeschäft meist vom Bankkunden ausgeht. Einlagen sind für viele Banken auch heute noch ein wichtiges Mittel zur Re-Finanzierung.[351] Man spricht bei überwiegender Re-Finanzierung aus Einlagen auch von „innenfinanzierten" Banken, bei überwiegender Re-Finanzierung durch Interbanken-Gelder hingegen von „aussenfinanzierten" Banken.[352]

Es lassen sich Sicht-, Termin- und Spareinlagen unterscheiden. Einlagen auf privaten oder geschäftlichen Girokonten erfüllen meist eine Zahlungsverkehrsfunktion, sind damit täglich fällige Gelder und werden als Sichteinlagen bezeichnet. Termingelder erfüllen keine Zahlungsverkehrsfunktion. Sie sind kurz- oder mittelfristig zinsbringend angelegte Mittel. Spareinlagen sind besondere Einlagen mit unbefristeter Laufzeit und einer bis zu dreimonatigen Kündigungsfrist.[353]

Wie in Kapitel 3.1.4 ausgeführt, tragen Einlagenpositionen ein Liquiditätsrisiko und in Kombination mit Aktivpositionen ein Zinsspannenrisiko. Ein Liquiditätsrisiko kann sich ergeben, wenn Einlagen unerwartet und/ oder großvolumig von Kunden abgerufen werden. In Zusammenhang mit extremen Marktsituationen (z.B. Unsicherheit über die wirtschaftliche Entwicklung der Bank) spricht man auch von „bank runs".[354] Im Extremfall ist die Bank gezwungen, sämtliche Aktiva zu verkaufen, was mit erheblichen Transaktionskosten (liquidation cost) verbunden ist.[355]

Zur Minderung respektive zur weitgehenden Beseitigung des Einlagen-Liquiditätsrisikos für Banken wurden bereits 1975 durch die Deutsche Bundesbank Sicherungsmechanismen in Form der Anweisungen über Mindestreserven (AMR) installiert,[356] die 1999 aufgehoben und durch die entsprechenden Mindestreserveregelungen der Europäischen Zentralbank ersetzt wurden.[357] Ein Vergleich des deutschen

350 Dadurch grenzen sie sich von geliehenen Geldern aus Interbanken-Beziehungen ab. Vgl. Obst/ Hintner/ von Hagen, J./ Stein, J.H., Geld- Bank- und Börsenwesen, 2000, S. 558.

351 Vgl. ebenda.

352 Vgl. ebenda, S. 560, Sparkassen und Landesbanken refinanzierten sich 1999 zu 50,6% aus dem Einlagengeschäft.

353 Vgl. Obst/ Hintner/ von Hagen, J./ Stein, J.H., Geld- Bank- und Börsenwesen, 2000, S. 566. Spareinlagen sind außerdem an die Ausfertigung einer Urkunde gebunden, dienen der Vermögensanlage und nicht dem Zahlungsverkehr und stammen von natürlichen oder juristischen Personen (außer Kapitalgesellschaften).

354 Vgl. Bauer, W./ Ryser, M., Risk management strategies, 2004.

355 Vgl. ebenda. Bauer/ Ryser erweitern das Modell von Froot/ Stein um eine nicht besicherte Einlagenkomponente. Vgl. Froot, K.A./ Stein, J.C., Risk management, 1998.

356 Vgl. Deutsche Bundesbank, Geschäftsbericht 1997, S. 156f.

357 Vgl. Obst/ Hintner/ von Hagen, J./ Stein, J.H., Geld- Bank- und Börsenwesen, 2000, S. 567.

Einlagensicherungssystems mit dem europäischen System und der US-Einlagen-Versicherung findet sich bei Beck.[358]

Das in Kombination mit Aktivpositionen auftretende Zinsspannenrisiko besteht in der Möglichkeit, dass sich durch Zinsänderungen am Markt die Bruttozinsspanne der Bank verändert.[359] Das Risiko kann durch eine so genannte Zinsbindungsbilanz respektive eine Zinselastizitätsbilanz quantifiziert werden.[360]

Nachdem die Grundlagen von Einlagenpositionen erarbeitet sind, wird im Folgenden auf die quantitative Repräsentation von Einlagengeschäften eingegangen. Dabei soll auf das Zinsspannenrisiko fokussiert werden. Das Liquiditätsrisiko soll im Rahmen der Einlagensicherungssysteme als weitgehend an übergeordnete Instanzen abgegeben betrachtet werden.

### *3.3.4.2 Quantitative Abbildung der Einlagenpositionen*

Die quantitative Repräsentation von Einlagenpositionen soll wie bei Markt- und Kreditpositionen über einen Erfolgs- und einen Risikobeitrag erfolgen.

Gemäß Kapitel 3.3.1.3 lässt sich der Erfolgsbeitrag einer Einlagenposition zunächst als Konditionsbeitrag formulieren:

*Erfolgsbeitrag = Kundenseitiger Ergebnisbeitrag*

*= Volumen * (Fristengleicher GKM-Zins – Habenzins des Kundengeschäftes)*

*Gl. 3.3-45*

Betrachtet man nun die übergreifende Auswirkung der Einlagenposition auf die gesamte Aktiv-Passiv-Position, so entsteht zusätzlich ein Zinsstrukturbeitrag, der den oben definierten Erfolgsbeitrag positiv oder negativ beeinflussen kann.

Der Zinsstrukturbeitrag kann als Differenz der gewichteten Strukturbeiträge von Aktiv- und Passivseite der Bankbilanz berechnet werden.[361]

*Strukturbeitrag = Gewichteter Zinsbeitrag Aktiv - Gewichteter Zinsbeitrag Passiv*

*Gl. 3.3-46*

Für die Modellbank mit der in Gleichung Gl. 3.3-2 beschriebenen Bankbilanz ergibt sich der Strukturbeitrag zu:

358 Vgl. Beck, T., Deposit insurance Germany, 2002. Implikationen der Einlagensicherung auf das Risikomanagement von Banken diskutieren Dermine/ Lajeri und Gjerde/ Semmen. Vgl. Dermine, J./ Lajeri, F., Deposit insurance, 2001 und Gjerde, O./ Semmen, C., Capital requirements, 1995.

359 Vgl. Obst/ Hintner/ von Hagen, J./ Stein, J.H., Geld- Bank- und Börsenwesen, 2000, S. 1461.

360 Vgl. ebenda und Schierenbeck, H., Band 1, 2001, S. 102f.

361 Detaillierte Berechnungen finden sich in Schierenbeck, H., Band 1, 2001, S. 71ff.

*Strukturbeitrag* $= (v_K * GKM + v_H * LKM$

$- Gap * GKM - v_D * GKM - K_{EK} * LKM) / v_{Ges}$

*mit* $v_K$*...Volumen des Kreditgeschäftes,* $v_D$*...Volumen des Einlagengeschäftes,* $v_{Ges}$*...Bilanzvolumen,* $K_{EK}$*...Eigenkapital, Gap...Re-Finanzierungslücke, Netto-Interbankenposition, GKM...fristengleicher Geld- und Kapitalmarktzins zur Refinanzierung (Annahme hier: gleicher GKM für Aktiv- und Passivgeschäft, d.h. ein Interbanken-Zins), LKM...langfristiger Kapitalmarktzins*

*Gl. 3.3-47*

Setzt man die Bilanzgleichung (Gl. 3.3-2)

$$v_K + v_H = Gap + v_D + K_{EK} = v_{Ges}$$

in Gl. 3.3-47 ein, so erhält man durch Umformung:

$$Strukturbeitrag = (v_H - K_{EK})*(GKM - LKM) / v_{Ges}$$

$$= (v_{Ges} - v_K - K_{EK})*(GKM - LKM) / v_{Ges}$$

*Gl. 3.3-48*

Bei den gewählten Annahmen der Fristengleichheit aller Aktiv- und Passivpositionen sowie der Zinsgleichheit der GKM-Sätze auf Aktiv- und Passivseite verbleibt noch ein Strukturbeitrag, der sich aus dem Verzinsungsunterschied von Krediten und Einlagen einerseits und Handelsgeschäften und Eigenkapital andererseits ergibt.

Durch das Begeben von (festverzinsten) Einlagen geht die Bank eine Risikoposition ein (vgl. Kapitel 3.1.3). Neben dem bereits erwähnten Liquiditätsrisiko bei „bank runs" entsteht ein Zinsspannenrisiko in Verbindung mit dem Kreditgeschäft. Dieses Risiko kann mit dem Gesamtkonditionsbeitrag der Modellbank ausgedrückt werden:

| | |
|---|---|
| *Konditionsbeitrag Aktiv* | $= v_K * (SollZins - GKM)$ |
| | $= v_K * (z_K - GKM)$ |
| *Konditionsbeitrag Passiv* | $= v_D * (GKM - HabenZins)$ |
| | $= v_D * (GKM - z_D)$ |
| *Gesamtkonditionsbeitrag* | $= v_K * (z_K - GKM) + v_D * (GKM - z_D)$ |

*Gl. 3.3-49*

Setzt man die Bilanzgleichung der Modellbank (vgl. Kapitel 3.1.4) in obige Gleichung ein, so erhält man durch Umformen:

| | |
|---|---|
| *Gesamtkonditionsbeitrag* | $= v_K * (z_K - z_D)$ |
| | $- Gap * (GKM - z_D)$ |
| | $+ (v_H - K_{EK}) * (GKM - z_D)$ |

*Gl. 3.3-50*

Das heißt, der Gesamtkonditionsbeitrag schwankt mit einer Veränderung des Kapitalmarktzinses GKM abhängig von der Refinanzierungslücke (Überhang festverzinslicher Aktiv-/ Passivpositionen) und dem Überhang der Handelspositionen gegenüber dem bilanziellen Eigenkapital.

#### 3.3.4.3 Ausgestaltung des Modells für Einlagenpositionen

In der Modellbank wird ein konstantes Einlagenvolumen $v_D$ angenommen, etwaige Neugeschäfts- oder Abschmelzeffekte sollen unberücksichtigt bleiben (vgl. Kapitel 3.1.2 und die darin behandelte Konstanz der Bilanzpositionen).
Die Passivseite der Bankbilanz kann durch das Einlagenvolumen sowie das Eigenkapital vollständig formuliert werden (vgl. Kapitel 3.1.4):

$$v_{Ges} = v_D + K_{EK} + Gap,$$

oder

$$Gap = v_{Ges} - v_D - K_{EK}.$$

Die Aktivseite der Bilanz ist gegeben durch (vgl. Kapitel 3.1.4):

$$v_{Ges} = v_K + v_H.$$

Gl. 3.3-50 für den Gesamtkonditionsbeitrag vereinfacht sich somit zu:

$$\begin{aligned} Gesamtkonditionsbeitrag &= v_K * (z_K - z_K) \\ &- (v_{Ges} - v_D - v_H) * (GKM - z_K) \end{aligned}$$

Gl. 3.3-51

Nachdem die Geschäftsarten (vgl. Modellblock 2 in Abbildung 15) nun einzeln ausgestaltet wurden, kann im Folgenden die Zusammenführung der Positionen zum Gesamtbankportfolio erfolgen.

### 3.3.5 Modellierung der Korrelation und Haltedauer der Positionen

#### 3.3.5.1 Korrelation der Risikofaktoren

Wurden bisher einzelne Finanzpositionen wie Handels-, Einlagen- und Kreditgeschäft betrachtet, so soll jetzt die Betrachtung um eine Portfoliosicht erweitert werden. Das Gesamtbankportfolio setzt sich aus Marktpositionen im Sinne von Zins- und Aktientiteln sowie aus Kreditpositionen zusammen, die nicht unabhängig voneinander, sondern korreliert sind.[362]
Die Korrelation der Instrumente kann über Konzepte der vollständigen oder marginalen Zurechnung von Risikoverbundeffekten in die Risikomessung einfließen.[363] Bei einer vollständigen Zurechnung werden Diversifikationseffekte auf das Gesamtportfolio betrachtet, d.h. das Portfoliorisiko wird unter Berücksichtigung der Korrelationen neu bewertet. Diese Methode erlaubt es nach der Berechnung des Gesamtrisikos nicht, eine Risikoattribution auf die Portfolioelemente vorzunehmen.[364]

---

362 Vgl. Schierenbeck, H., Band 2, 2003, S. 10 und Theiler, U., Risk-/Return-Steuerung, 2002, S. 210. Korrelationen können zwischen Assets, den spezifischen Laufzeiten oder zwischen den Ergebnisbeiträgen der Geschäftsbereiche der Bank angegeben werden. Vgl. hierzu Schierenbeck, H., Band 2, 2003, S. 546f und S. 604. Im Folgenden sollen jedoch nur Korrelationen zwischen marktgängigen Assets betrachtet werden.

363 Vgl. etwa Mausser, H./ Rosen, D., Beyond VaR, 1998.

364 Vgl. Grimmer, J.U., Gesamtbanksteuerung, 2003, S. 108.

Deshalb wurde in den letzten Jahren das Konzept der marginalen oder teilweisen Berücksichtigung von Korrelationsbeziehungen entwickelt.[365] Die Risiken der Portfolioelemente werden durch Unterstellung einer Additivität aggregierbar gemacht. Jedes Risiko wird anhand seiner Hedgewirkung[366] eingeteilt, berechnet und normalisiert. Dabei wird oft darauf hingewiesen, dass die Verwendung von marginalen Risikokomponenten in der Praxis zu Problemen in der Risikosteuerung führen kann. Dieser Effekt tritt besonders dann ein, wenn eine zentrale Top-Down-Risikosteuerung erfolgt, gleichzeitig jedoch dezentral Limite und Risikomanagement-Kompetenzen in den Marksegmenten angesiedelt sind.[367]
Für den gewählten Risiko-Return-Optimierungsansatz[368] ist es nicht erforderlich, ex post die Risikobeiträge der Portfolioelemente zu ermitteln, da in der Simulation eine ständige Aktualisierung des Gesamtrisikos erfolgt. Im Weiteren wird daher von einer vollständigen Zuordnung der Risikoverbundeffekte ausgegangen.
Die Anforderung der Abbildung von extremen Marktzuständen (Schocks)[369] macht weiterhin eine Stabilitäts-Betrachtung der Risiko-Verbundeffekte notwendig.
Die klassische Portfoliotheorie nach Markowitz[370] geht von symmetrisch verteilten Renditen bei konstanten Korrelationen aus. Empirische Untersuchungen haben jedoch gezeigt, dass nicht von einer Zeit-Stabilität der Korrelationen ausgegangen werden kann.[371] In extremen Marktsituationen kann es zu Korrelations-Einbrüchen bis hin zu Vorzeichen-Wechseln kommen.[372]

Nachdem grundsätzliche Überlegungen zur Einbeziehung der Korrelationen der Portfolioelemente angestellt wurden, soll im Folgenden die konkrete Modellausgestaltung beschrieben werden.
Ein Portfolio an Positionen mit normalverteilten Renditen kann beschrieben werden über den Vektor der Erwartungswerte $\mu$ und die Kovarianzmatrix $\sigma$:

---

365 Vgl. etwa Hallerbach, W.G., Portfolio Value at Risk, 1999 und Rolfes, B./ Henn, E.T., Teil-Value at Risk, 1998.

366 Die Hedgewirkung reicht dabei von „Null Risikoreduktion" bei beispielsweise identischen Portfolioelementen zu „perfect hedge" bei nicht-korrelierten Elementen.

367 Vgl. Grimmer, J.U., Gesamtbanksteuerung, 2003, S. 109f.

368 Vgl. Kapitel 3.4.1.3.

369 Vgl. die Ausführungen zu den allgemeinen Modell-Anforderungen in Kapitel 3.1.5.

370 Vgl. Markowitz, H.M., Portfolio selection, 1952.

371 Vgl. Kapitel 3.2.2.4 und Sinclair, C.D./ Power, D.M./ Lonie, A.A./ Helliar, C.V., Return stability of equity markets, 1997 und Makridakis, S.G./ Wheelwright, S.C., Interrelationships among stock exchanges, 1974 sowie Gantenbein, P./ Spremann, K., Protection management, 2003. Die Ergebnisse der empirischen Studien stimmen dahingehend überein, dass Korrelationen sowohl innerhalb von Märkten (z.B. zwischen Anleihen und Aktien) als auch zwischen Märkten (wichtig für internationale Diversifikation von Portfolios) über längere Zeiträume nicht als konstant angesehen werden können.

372 Vgl. hierzu Gantenbein, P./ Spremann, K., Protection management, 2003 und Harper, R.B., Asset allocation, 2003. Einbrüche und Vorzeichenwechsel von Korrelationen zwischen Anleihen und Aktien während Marktschocks können dabei positiv auf die Portfolio-Performance wirken, da gerade in extremen Phasen geringe Korrelationen zwischen den Portfolioelementen zur Diversifikation benötigt werden.

$\mu = \{\mu_1, ..., \mu_n\}$ *mittlere historische Renditen der Portfoliopositionen*

$\sigma = \{\sigma_{11} ... \sigma_{nn}\}$ *historische Kovarianzmatrix*

*mit* $\sigma_{ii} = \sigma_i^2$ *Varianzen der Portfoliopositionen,*

$\sigma_{ij} = \rho_{ij} * \sigma_i * \sigma_j$ *Kovarianzen der Portfoliopositionen,* $\rho_{ij}$ *Korrelationen*

*Gl. 3.3-52*

D.h., die Diagonal-Werte der Kovarianzmatrix beschreiben die Standardabweichungen der Portfoliopositionen, während die Matrixelemente, die nicht auf der Diagonale liegen, mit Hilfe der Korrelation $\rho_{ij}$ beschrieben werden können.

Ausgangspunkt für die Modellierung der Renditen für Zins-, Aktien- und Vermögenswerte sind zunächst unkorrelierte, normalverteilte Zufallsgrößen mit einem Erwartungswert 0 und einer Standardabweichung $\sigma_i$.[373] Es entsteht ein Vektor **X** mit dem Erwartungswertvektor **0** und einer Kovarianzmatrix $\sigma$ mit $\sigma_{ij} = \sigma_i$ für alle $i = j$ und $\sigma_{ij} = 0$ für alle $i \neq j$.

Um die Zufallsgrößen entsprechend mit einer Korrelation zu versehen, muss der Vektor **X** transformiert werden, so dass $\sigma_{ij} = \rho_{ij} * \sigma_i * \sigma_j$ für alle $i \neq j$. Die Transformation des Vektors **X** kann mittels einer Cholesky-Zerlegung[374] oder durch so genannte Perturbationen der vorliegenden Korrelationen erfolgen.[375]

Da die Berechnung von Perturbationen rechentechnisch sehr aufwendig[376] ist, soll im Folgenden die Cholesky-Zerlegung betrachtet werden. Für jede positiv definite Matrix **C** der Gestalt (n x n)

$$C = \begin{pmatrix} c_{11} & c_{12} & c_{13} & c_{1n} \\ c_{21} & c_{22} & c_{23} & c_{2n} \\ c_{31} & c_{32} & c_{33} & c_{3n} \\ c_{n1} & c_{n2} & c_{n3} & c_{nn} \end{pmatrix}$$

existiert genau eine untere Dreiecksmatrix **A** mit positiven Diagonalelementen, so dass:[377]

373 Vgl. Kapitel 3.3.2 und Kapitel 3.3.3.

374 Vgl. hierzu Theiler, U., Risk-/Return-Steuerung, 2002, S. 264ff, Dresel, T./ Johanning, L./ Kern, M., VaR-Limitsteuerung, 2000, S. 5ff, J.P. Morgan, Risk Metrics – Technical Document, 1994.

375 Vgl. Eller, R., Gesamtbanksteuerung, 2001, S. 537ff. Unter einer Perturbation versteht man die Veränderung einer bestehenden Korrelationsmatrix in eine gewünschte Form.

376 Es bestehen Vereinfachungsmöglichkeiten durch die Verwendung von Iwasawa-Zerlegungen, eine hohe Koplexität bleibt jedoch erhalten. Vgl. ebenda, S. 539f.

377 Vgl. Ciarlet, P.G., Numerical Linear Algebra, 1993, S. 147ff. Für die Cholesky-Transformation entspricht die Korrelationsmatrix $\mathbf{C}(\mathbf{x}_T)$ des transformierten Zufallsvektors $\mathbf{x}_T$ der Ursprungskorrelationsmatrix. Schritt 1: Multiplikation der unteren Dreiecksmatrix mit dem Zufallsvektor **x**: $\mathbf{x}_T = \mathbf{A}^T \mathbf{x}$; Schritt 2: Bestimmung der Korrelationsmatrix des transformierten Zufallsvektors $\mathbf{x}_T$: $\mathbf{C}(\mathbf{x}_T) = \mathbf{A}^T \mathbf{C}(\mathbf{x}) \mathbf{A} = \mathbf{A}^T \mathbf{I} \mathbf{A} = \mathbf{A}^T \mathbf{A} = \mathbf{C}$.

$$C = AA^T = \begin{pmatrix} a_{11} & & & \\ a_{21} & a_{22} & & \\ a_{31} & a_{32} & a_{33} & \\ a_{n1} & a_{n2} & a_{n3} & a_{nn} \end{pmatrix} \cdot \begin{pmatrix} a_{11} & a_{21} & a_{31} & a_{n1} \\ & a_{22} & a_{32} & a_{n2} \\ & & a_{33} & a_{n3} \\ & & & a_{nn} \end{pmatrix}$$

*Gl. 3.3-53.*

Das daraus entstehende, nichtlineare Gleichungssystem ist sukzessiv über folgende, allgemeine Bestimmungsvorschrift lösbar:

$$a_{ij} = (c_{ij} - \sum_{k=1}^{j-1} a_{ik} * a_{jk}) / a_{jj}; 1 \leq j \leq i-1$$

$$a_{ii} = (c_{ii} - \sum_{k=1}^{i-1} a_{ik}{}^2)^{1/2}$$

*Gl. 3.3-54.*

Die untere Dreiecksmatrix **A** muss jedoch sukzessiv über ihre Zeilen und Spalten mittels folgender Berechnungsreihenfolge bestimmt werden:[378]

$a_{11}$ ->

$a_{21}$ -> $a_{22}$ ->

$a_{31}$ -> $a_{32}$ -> $a_{33}$ ->

$a_{n1}$ -> $a_{n2}$ -> $a_{n3}$ -> $a_{nn}$.

Eine Verknüpfung dieser gefundenen Matrix **A** mit dem Zufallsvektor **X** ergibt den transformierten Zufallsvektor $\mathbf{X_T}$, dessen Vektorelemente Korrelationen gemäß Matrix **C** aufweisen:

$$\mathbf{X_T} = \mathbf{A} . \mathbf{X}$$

*Gl. 3.3-55.*

### 3.3.5.2 *Haltedauer der Portfolioelemente*

Die Anforderung einer integrierten Risiko-Renditesteuerung über Markt- und Kreditrisiken verbunden mit liquiden Märkten[379] macht es notwendig, unterschiedliche Risikostrukturen, insbesondere unterschiedliche Haltedauern von Geschäften, in eine gemeinsame Stichprobe zu modellieren.[380]

Unter der Haltedauer versteht man die Zeitspanne, in der Positionen risikolos liquidiert werden können.[381] Marktpreise für das Handelsbuch können täglich bzw. intraday ermittelt werden.

378 Vgl. Gentle, J.E., Linear Algebra, 1993, S. 93ff.

379 Vgl. die Ausführungen zu den allgemeinen Modell-Anforderungen in Kapitel 3.1.5.

380 Vgl. auch James, C., RAROC-based capital allocation, 1996.

381 Vgl. Klein, W./ Goebel, R., Gesamtbanksteuerung, 1999, Grimmer, J.U., Gesamtbanksteuerung, 2003, S. 106.

Dementsprechend kann man davon ausgehen, dass Handelspositionen innerhalb von wenigen Tagen[382] liquidiert werden können. Der Gesetzgeber sieht für Marktpreisrisiken deshalb auch eine Haltedauer von *10* Handelstagen vor.[383]

Im Gegensatz dazu werden Kreditpositionen oft mit Haltedauern von einem oder mehreren Jahren versehen.[384] Grund dafür ist eine mangelnde historische Datenbasis zur laufenden Quantifizierung von Adressausfall- bzw. Bonitätsrisiken. Banken führen im Allgemeinen lediglich einmal pro Jahr eine Neubewertung der Kredite durch. Selbst in diesem Zeitraum lassen sich Kreditpositionen klassisch nicht ohne weiteres anpassen bzw. auflösen.

Die Skalierbarkeit der Risikomassen verbunden mit einheitlichen Bewertungsintervallen für verschiedene Risikoarten stellt jedoch eine Grundvoraussetzung für eine integrierte Risikosteuerung und damit für eine Gesamtbanksteuerung dar.

Unter der Annahme einer Normalverteilung wäre die Haltedauer beliebig skalierbar.[385] Da bei Kreditrisiken diese Annahme nicht gilt,[386] müssen alternative Ansätze zur Integration der Risikoarten gefunden werden.

Im Folgenden sollen zwei Wege zur zeitlichen Integration der Risikoarten betrachtet werden: ein dynamischer Optimierungsalgorithmus und die Skalierung der Haltedauern.

*Dynamischer Optimierungsalgorithmus*: Ausgangspunkt des Ansatzes bildet die korrekte Abbildung der Haltedauern der Portfolioelemente. Dazu wird das zunächst einperiodige Optimierungsproblem[387] in ein Mehrperioden-Optimierungsproblem umgewandelt, in dem die kürzeste Haltedauer die Periode angibt und die längeren Haltedauern lediglich an den entsprechenden Zeitpunkten einbezogen werden. Für Handelspositionen könnte man beispielsweise die im Grundsatz I geforderte 2-wöchige Haltedauer[388] annehmen, für Kredite hingegen eine Haltedauer von einem Jahr. Es entstehen *26* unterjährige Perioden der Länge von *2* Wochen, in denen das Marktrisikopotenzial der Handelspositionen zu begrenzen ist. Das Kreditrisikopotenzial ist hingegen lediglich am Ende des Jahreszeitraumes zu begrenzen. Für die Risiko-Returnoptimierung entsteht damit ein dynamisches Optimierungsproblem mit *27* zusätzlichen internen Nebenbedingungen, das eine extrem hohe Komplexität inhärent hat.[389]

---

382 Unter der Annahme von entsprechend liquiden Märkten.

383 Vgl. BaKred, Grundsatz I, 1997, § 34: „Bei Ermittlung der potentiellen Risikobeträge ist anzunehmen, daß die zum Geschäftsschluß im Bestand befindlichen Finanzinstrumente oder Finanzinstrumentsgruppen weitere zehn Arbeitstage im Bestand gehalten werden (Haltedauer)".

384 Vgl. dazu Basler Ausschuss für Bankenaufsicht, Eigenkapitalrichtlinie, 2001.

385 Vgl. Schierenbeck, H./ Lister, M., Risikoadjustierte Ergebnismessung, 1998.

386 Vgl. dazu Kapitel 3.3.3.2.

387 Einperiodig bedeutet hier die Optimierung des Portfolios zu einem bestimmten Zeitpunkt ohne Berücksichtigung der Effekte auf nachfolgende Perioden. Vgl. dazu Kapitel 3.1.2.

388 Das entspricht der Haltedauer von 10 Handelstagen. Vgl. BaKred, Grundsatz I, 1997, § 34.

389 Vgl. hierzu Theiler, U., Risk-/Return-Steuerung, 2002, S. 243. Einen alternativen Ansatz stellen Burmester/ Siegl vor. Sie führen eine bedingte Simulation von Pfaden auf Basis von bestimmten Szenarien durch. Die Ergebnisse können auf Szenario-Ebene für verschiedene Risikoarten aggregiert werden. Das Optimierungsproblem steigt in der Komplexität durch die Anzahl der zu simulierenden Pfade und Strategien. Vgl. Burmester, C./ Siegl, T., Strategieorientierte Simulation, 2001.

*Skalierung der Haltedauern*: dieses Konzept skaliert die Renditen und Risikoparameter der Portfolioelemente von der tatsächlichen (z.B. ein Jahr) auf eine gewünschte Haltedauer (z.B. eine Woche). Die Reduktion der durchschnittlichen Haltedauer von Kreditrisiken wurde in den letzten Jahren durch zwei Trends wesentlich beeinflusst. Zum einen lässt sich beobachten, dass Banken vom „Originate and Hold"-Paradigma zu einem aktiven Kreditrisiko-Management übergehen.[390] Diese Tendenz ist gleichzusetzen mit einem Übergang von einem bankorientierten zu einem marktorientierten System bei Krediten.[391]

Zum zweiten stehen heute dafür entsprechende Instrumente und Liquidität in den korrespondierenden Märkten zur Verfügung. Kreditsyndizierung, Kreditverkäufe und Kreditderivate bilden heute zentrale Instrumente für ein aktives und zeitnahes Management des Kreditportfolios.[392] Perdegnana und Schacht sprechen in diesem Zusammenhang von einer neuartigen Funktion von Banken: der Risikointermediationsfunktion.[393] Es wird dabei argumentiert, dass das Risiko durch Instrumente wie Kreditderivate zu einem eigenständig handelbaren Objekt wird und es mithin Institutionen geben muss, die anderen Marktteilnehmern Zugang zum Handelsobjekt Risiko verschaffen müssen. Diese Institutionen werden Risikointermediäre genannt.

Kreditderivate wie CDSs (credit default swaps) oder CLOs (collateralized loan obligations) sind dabei die wichtigsten Instrumente für einen Risikotransfer.[394] Sie bilden damit auch die Preise für Kreditrisiken nach und werden zunehmend wöchentlich zur Verfügung gestellt.[395]

Die Qualität der Preisinformation von Kreditderivaten zur Quantifizierung von Kreditrisiken ist derzeit Gegenstand der wissenschaftlichen Diskussion.[396] Insbesondere die Abgrenzung zu Kreditqualitätsaussagen der Rating-Agenturen wie S&P oder Moody's wird untersucht.[397]

---

390 Vgl. Hammes, W./ Shapiro, M., Credit asset portfolios, 2001. Vielfach wird heute ein actives Kreditportfolio-Management bereits bei Ausgabe des Kredites betrieben (ACPM – active credit portfolio management). Die Deutsche Bank hat am 30.10.2004 offiziell bekanntgegeben, dass sie zukünftig ihre Firmenkredite über die Marktpreise von CDSs bewertet und bepreist. Vgl. dazu o.V., Kreditzinsen zu Marktpreisen, 2004.

391 Vgl. Obst/ Hintner/ von Hagen, J./ Stein, J.H., Geld- Bank- und Börsenwesen, 2000, S. 261f.

392 Vgl. hierzu z.B. Kuritzes, A., Active credit portfolio management, 1998.

393 Vgl. Perdegnana, M./ Schacht, C., Risikointermediation, 2003.

394 Vgl. Ebenda. Das Volumen des weltweiten Kreditderivatemarktes steigt von 350 Mrd. US$ in 1998 auf prognostizierte 4.799 Mrd. US$ in 2004. Marktteilnehmer sind vor allem Banken, Versicherungen und Rückversicherungen, die mit diesen Instrumenten ihr Risikoportfolio optimieren.

395 Vgl. Hatgioannides, J., Modelling credit spreads, 2002. Preise für CDSs können u.a. bei Brokern wie CreditTrade (www.credittrade.com), GFI, Creditex, oder CreditGrades (www.riskmetrics.com) abgerufen werden. Vgl. auch Humphries, N., The power of the CDS, 2002.

396 Vgl. für eine gute Zusammenfassung der Chancen und Risiken von Kreditderivaten z.B. Obst/ Hintner/ von Hagen, J./ Stein, J.H., Geld- Bank- und Börsenwesen, 2000, S. 267ff.

397 Vgl. Hull, J./ Predescu, M./ White, A., Credit default swap spreads, 2004. Der theoretische Zusammenhang zwischen credit default swap (CDS) spreads und bond yield spreads wird hier weitgehend empirisch bestätigt. Der Zusammenhang von Kreditderivat-Preisen zu Ankündigungen der Rating-Agenturen wird ebenfalls bestätigt, der Zusammenhang zu Rating-Downgrades oder Upgrades wird als statistisch nicht signifikant beschrieben.

Blanco et al. weisen empirisch nach, dass der CDS-Markt heute vielfach die Preisbildung für Kreditrisiken anführt. CDS-Preise sind dabei signifikant abhängig von firmenspezifischen Aktienrenditen, und deren implizierten Volatilitäten.[398]

Zusammenfassend kann formuliert werden, dass eine Skalierung der Haltedauern von Krediten auf der Basis von normalverteilten Asset-Renditen wie in Kapitel 3.3.3.2 beschrieben aus Marktsicht durchaus rechtfertigbar ist. Die Übersetzung der Zeitskalierten Asset-Renditen in Rating-Szenarien und die nachfolgende Neubewertung der Kredite wird allerdings einen noch zu spezifizierenden Fehler durch die Nicht-Normalität der Kreditrenditen verursachen.[399]

*Auswahl des Ansatzes:* die Modell-Anforderungen bzgl. der Abbildbarkeit von extremen Marktzuständen und der jederzeit möglichen risikoadäquaten Bepreisung von Positionen[400] sind nicht mit dem Ansatz eines dynamischen Optimierungsalgorithmus realisierbar, da der Bewertungshorizont von Kreditrisiken (meist einmal pro Jahr) im Widerspruch zu den Zeitdauern von Marktschocks (meist wenige Wochen bzw. Monate)[401] stehen. Auch ist eine sinnvolle rechentechnische Abbildbarkeit dieses mehrstufigen Algorithmus nicht gegeben.[402]

Zudem spricht der zunehmende Trend zur Handelbarkeit von Kreditrisiken mit einer damit verbundenen Preisbildung über derivative Kontrakte für eine Skalierung der Haltedauern. Im Folgenden soll der Ansatz zur Modellierung von Kreditrisiken aus Kapitel 3.3.3 um eine Skalierung der Haltedauer erweitert werden.

#### *3.3.5.3 Modifikation des Modellansatzes für Kredite*

Während die Skalierung von Marktrisiken hinreichend gut analysiert und bewertet wurde,[403] waren Ansätze und Auswirkungen der Skalierung von Kreditrisiken in der Vergangenheit nur wenig im Fokus der wissenschaftlichen Diskussion. Die in Kapitel 3.3.5.2 erwähnte Handelbarkeit von Kreditrisiken mittels Kreditderivaten hat das Problem der Skalierbarkeit von Kreditrisiken in den Fokus der Diskussion gebracht. Batten et al. untersucht etwa die Skalierbarkeit der Credit Spreads australischer Unternehmensanleihen und kommt zu dem Schluss, dass eine Skalierung mit der Quadratwurzel der Zeit die Kreditrisiken unterschätzt.[404] Eine Reihe von Autoren nähert sich dem Problem der Skalierbarkeit über neue, komplexe Modellansätze.

398 Vgl. Blanco, R./ Brennan, S./ Marsh, I.W., Credit default swaps, 2004.

399 Vgl. dazu Kapitel 3.3.3.2.

400 Vgl. Kapitel 3.1.5.: extreme Marktzustände wie Schocks umspannen meist eine Zeitdauer von Wochen bis wenigen Monaten.

401 Vgl. Kapitel 3.2.2.4.

402 Es ist noch zu belegen, ob eine Optimierung derartiger Komplexität überhaupt lösbar ist.

403 Vgl. etwa Weron, R. et al, Decay approach to scaling, 1999. de Matteo stellt einen Zusammenhang zwischen der Qualität der Skalierbarkeit und der Entwicklung des Marktes her. Vgl. de Matteo, T./ Aste, T./ Dacorogna, M.M., Long term memories of markets, 2004.

404 Vgl. Batten, J.A./ Ellis, C./ Hogan, W.P., Volatility scaling, 1999.

So schlagen etwa Calvet/ Fisher ein „multifraktales" Modell zur Abbildung von Asset Renditen vor, das eine Zeitskalierung erlaubt.[405] McNeil/ Frey zeigen, dass eine Kombination aus einem GARCH- und EVT- (extreme value theory) Modell bessere Skalierungseigenschaften als ein Standard $(\mu, \sigma)$-Modell besitzt.[406]
Aus Gründen der einfachen, modellhaften Abbildbarkeit des Ansatzes wird eine modifizierte Skalierung mit der Quadratwurzel der Zeit vorgeschlagen.
Die simulierten Wochen-Renditen werden nicht direkt auf das Jahr skaliert, sondern mit der „historischen" Wochen-Volatilität der letzten *8* Wochen geglättet. Dadurch können extreme Marktschwankungen auf Wochenebene adäquat berücksichtigt werden, ohne jedoch das Kreditrisiko künstlich zu überhöhen.[407] Extreme Volatilitäten auf Wochenebene sowie damit verbundene Nachlaufeffekte werden über den 8-Wochen-Filter jedoch verringert.
Der 4-stufige Ansatz zur Modellierung von Kreditrisiken aus Kapitel 3.3.3.3 wird also um die eben beschriebene Skalierung der Haltedauern der Kredite erweitert:

a. Simulation der zufälligen Asset-Renditen aus einer multivariaten Normalverteilung mit gegebenen Korrelationen

b. Simulation der Wochen-Assetrendite

$$r_{A\,Woche} = (P_{At1} - P_{At0}) / P_{At0} \sim N(\mu_{A\,Woche}, \sigma^2_{A\,Woche})$$

*mit $P_A$...Marktpreis des Assets, $\sigma^2_{A\,Woche}$...historische Varianz der wöchentlichen Renditeänderung, $\mu_{A\,Woche}$...Erwartungswert der Wochen-Rendite des Assets*

*Gl. 3.3-56*

c. Glättung der Wochenrendite über die letzten 8 Wochen

$$r_{A\,Woche\,glatt} = (P_{At1} - P_{At0}) / P_{At0} \sim N(0, \sigma^2_{A\,Woche\,über\,8\,Wochen})$$

mit $\sigma^2_{A\,Woche\,über\,8\,Wochen}$...Varianz der simulierten Renditeänderungen der letzten 8 Wochen

*Gl. 3.3-57*

d. Skalierung auf Jahresrendite[408]

$$r_{A\,Jahr} = r_{A\,Woche\,glatt} * \sqrt{52}$$

*Gl. 3.3-58*

e. Übersetzung der Renditeergebnisse in Rating-Szenarien: keine Änderung in diesem Berechnungsschritt notwendig.[409]

f. Neubewertung der Kredite: die Höhe der zur realisierenden Wertänderung ist abhängig vom neuen Rating-Zustand:

- Kein Kreditausfall: *Rating $(t_1)$ ≠Default*
  Die Wertänderung des Kredites wird auf eine Woche skaliert

405 Vgl. Calvet, L.E./ Fisher, A.J., Multifractal model, 2002.
406 Vgl. McNeil, A.J./ Frey, R., Estimation of tail-related risk measures, 2000.
407 Vgl. die Modellanforderungen in Kapitel 3.1.1.
408 Zur Skalierung von Renditen vgl. Obst/ Hintner/ von Hagen, J./ Stein, J.H., Geld- Bank- und Börsenwesen, 2000, S. 302.
409 Vgl. Kapitel 3.3.3.3.

$\Delta W_{Woche} = \Delta W / 52$

mit $\Delta W_{Woche}$...auf die Woche zurechenbare Wertänderung des Kredites

*Gl. 3.3-59*

- Kreditausfall: *Rating ($t_1$) = Default*
  Die Wertänderung des Kredites wird in der aktuellen Woche voll realisiert (vgl. Gleichung Gl. 3.3-41):
  $\Delta W_{Woche} = \Delta W = LGD - W_{t0}$

g. Erstellung der Häufigkeitsverteilung für den zukünftigen Wert des Kreditportfolios: keine Änderung in diesem Berechnungsschritt notwendig.[410]

Kritische Würdigung des Skalierungs-Ansatzes: die Skalierung der Volatilität von nicht-normalverteilten Zufallsgrößen führt zu einer Unterschätzung des Risikos.[411] Der 8-Wochen-Filter kann das resultierende Risiko weiter absenken. Gleichzeitig wird die wochengenaue Realisierung von Kreditverlusten bei Ausfällen das resultierende Kreditrisiko verstärken. Die genaue Auswirkung des Effektes des vorgeschlagenen Skalierungsansatzes bleibt einer weiterführenden Betrachtung vorbehalten.[412]

Es ist jedoch festzuhalten, dass eine Skalierung des Kreditrisikos eine wesentliche Voraussetzung für eine realistische Analyse von extremen Marktszenarien (Schocks) unter Berücksichtigung einer Gesamtbanksteuerung und dem zunehmenden Trend zur Handelbarkeit aller bankrelevanten Risiken darstellt.

---

410 Vgl. Kapitel 3.3.3.3.

411 Vgl. Batten, J.A./ Ellis, C./ Hogan, W.P., Volatility scaling, 1999.

412 Vgl. auch die Auswertungen zu Skewness und Kurtosis der simulierten Kreditrenditen in Kapitel 4.4.2.1.

## 3.4 Bankprozesse

### 3.4.1 *Transformationsbereich*

Wie in Kapitel 2.1.2.1 ausgeführt, obliegt Banken auf gesamtwirtschaftlicher Ebene die Funktion der Risiko-, Fristen- und Losgrößentransformation. Die aktive Steuerung der Transformationsleistungen nimmt dabei eine zentrale Bedeutung ein.[413] Dieser Steuerungsprozess wird als Transformation bezeichnet (vgl. Kapitel 2.1.2.2). Hierbei bildet eine zentrale Aufgabe der Transformation, geschäfts- und geschäftsstrukturbezogene Risiken „zu erkennen, zu quantifizieren und sie im Verhältnis zu den vorhandenen Tragfähigkeitspotenzialen [sowie den erwarteten Erträgen] zu begrenzen."[414] In diesem Kontext muss eine Begrenzung des Verlustrisikos aus internen[415] und aus aufsichtsrechtlichen Erwägungen[416] heraus erfolgen.
Während historisch die Zins- und Kursrisiken durch den Treasury-Bereich, Bonitätsrisiken durch den Kreditrisikomanagement-Bereich gesteuert wurden, konzentrieren sich viele Banken heute auf die Entwicklung und Umsetzung von integrierten Risikomanagementansätzen, die sich auch in entsprechender organisatorischer Zentralisierung niederschlagen.[417] Insofern soll die Transformationsfunktion im Folgenden auch synonym für eine Gesamtbanksteuerungs-Funktion verwendet werden.

#### *3.4.1.1 Aufgaben einer Gesamtbanksteuerung/ Transformationsfunktion*

Die Integration von Rendite-/ Ergebnis- und Risikosteuerung in ein Managementkonzept der Gesamtbanksteuerung ist derzeit Gegenstand breiter Diskussion und Umsetzung in Wissenschaft und Praxis.[418]
Schierenbeck definiert Gesamtbanksteuerung als „Höhe- und Schlusspunkt eines Gesamtkonzepts Ertragsorientierter Banksteuerung, (...) bestehend aus einer integrierten Gesamtschau von Rentabilitäts- und Risikosteuerung."[419] Er entwirft eine dreistufige Managementkonzeption zur Gesamtbanksteuerung:

413 Vgl. Börner, C.J., Bankmanagement, 2000, S. 169.
414 Schierenbeck, H., Band 2, 2003, S. 12.
415 Zur Definition des Risikotragfähigkeitsprinzips vgl. Schierenbeck, H., Band 2, 2003, S. 14.
416 Vgl. Deutsche Bundesbank, KWG, 1998, S. 11ff.
417 Zu integrierten Risikomanagement-Ansätzen vgl. Theiler, U., Risk-/Return-Steuerung, 2002, S. 1f, sowie Schierenbeck, H., Band 2, 2003, S. 12ff.
418 Vgl. etwa Theiler, U., Risk-/Return-Steuerung, 2002, S. 1f, Schierenbeck, H., Band 2, 2003, S. 1ff, Froot, K.A./ Stein, J.C., Risk management, 1998, Crecelius, J./ Sievi, C., Gesamtbankrisiko-/ Ertragsstatus, 2004, Schorner, H./ Liebscher, D., Integrierte Steuerung eines Instituts, 1999 und Schumacher, M./ Goebel, R., Gesamtbanksteuerung, 2002.
419 Schierenbeck, H., Band 2, 2003, S. 1.

1. Rentabilitäts- und Ergebnissteuerung (Messung und Steuerung von Rentabilität durch geschäftspolitische Entscheidungen)
2. Risikosteuerung (Risikomessung und Risikobegrenzung im Kontext des Tragfähigkeitsprinzips)[420]
3. Integrierte Rendite-/ Risikosteuerung (Messung und Steuerung aller Rentabilitäten und Risiken und integrierte Verknüpfung in einen Zielwert).

Rolfes[421] definiert Gesamtbanksteuerung analog als eine systematische Verknüpfung von Ertrags- und Risikomessung mit den Komponenten:

1. risikoadjustierte Ertragsbewertung aller Geschäfte
2. vollständige Erfassung und Steuerung des Risikos vor dem Hintergrund des Tragfähigkeitsprinzips
3. Aussteuerung der geforderten Verzinsung auf das eingesetzte ökonomische Kapital.

Theiler[422] definiert Gesamtbanksteuerung als Verzahnung von Risiko- und Rentabilitätsmanagement im Kontext eines Portfoliomanagements bzgl. des Gesamtbankportfolios. Im Gegensatz zum klassischen Portfoliomanagement weist die Steuerungsaufgabe für das Gesamtbankportfolio jedoch einige Besonderheiten auf:

- Es sind zu jedem Zeitpunkt mehrere Risiken zu berücksichtigen (vor allem Markt- und Kreditrisiken).
- Bei einigen Portofolioelementen kann begrenzte Marktliquidität vorliegen (z.B. Kredite an Firmenkunden).
- Zusätzlich sind verschiedenartige Ergebniskomponenten zu berücksichtigen (z.B. Wertänderungen, Deckungsbeiträge).
- Aufsichtsrechtliche Anforderungen sind bei der Portfoliooptimierung zu beachten (z.B. Grundsatz I zur Begrenzung der Erfolgsrisiken).

Zusammenfassend[423] kann die Aufgabe der Gesamtbanksteuerung wie folgt formuliert werden:[424]

---

420 Das Tragfähigkeitsprinzip besteht nach Schierenbeck aus zwei Ebenen. In der ersten Ebene wird sichergestellt, dass das Risikopotenzial (der aggregierte VaR zuzüglich einem Risikobeitrag für das Liquiditätsrisiko) die Risikotragfähigkeitskapazität (das allokierte ökonomische Kapital) nicht übersteigt. In der zweiten Ebene wird sichergestellt, dass auftretende Verluste in einzelnen Bereichen der Bank begrenzt werden (Limit-Verfahren). Vgl. Schierenbeck, H., Band 2, 2003, S. 14ff.

421 Vgl. Rolfes, B., Gesamtbanksteuerung, 1999, S. 3.

422 Vgl. Theiler, U., Risk-/Return-Steuerung, 2002, S. 2f.

423 Gesamtbanksteuerung ist vielfach allgemein als Aggregation der Risikopositionen auf Gesamtbankebene mittels Risiko-, Prozess- und Zielintegration definiert. Vgl. Obst/ Hintner/ von Hagen, J./ Stein, J.H., Geld- Bank- und Börsenwesen, 2000, S. 1451ff.

424 Vgl. Theiler, U., Risk-/Return-Steuerung, 2002, S. 9 und Schierenbeck, H., Band 2, 2003. Schierenbeck definiert das interne Verlustpotenzial als „Totalverlustpotenzial"- eine Kennzahl inkl. aggregierter Risiken und Portfolioeffekten. Als Begrenzungsmaßstäbe beschreibt er zum einen das Risikotragfähigkeitspotenzial der Bank, aber auch die Wahrscheinlichkeit der Verlustrealisierung und das Sicherheitsbedürfnis des Managements.

*Maximierung des erwarteten, risikoadjustierten Bankergebnisses unter den Nebenbedingungen:*

*NB1: internes Verlustpotenzial ≤verfügbares ökonomisches Kapital*

*NB2: aufsichtsrechtliches Verlustpotenzial ≥verfügbares Eigenkapital*

*Gl. 3.4-1*

Das verfügbare ökonomische Kapital wird dabei auch als Risikodeckungspotenzial oder Risikodeckungsmasse bezeichnet.[425] Schierenbeck systematisiert die Risikodeckungsmassen in drei aufeinander aufbauenden Gruppen:

1. Buchwert des Eigenkapitals/ bilanzielles Eigenkapital (inkl. Reingewinn, Gewinnrücklage, Kapitalrücklage und gezeichnetes Kapital)
2. Substanzwert des Eigenkapitals (inkl. Buchwert des Eigenkapitals und stiller Reserven)
3. Regulatorisches Eigenkapital/ Haftungskapital (inkl. Buchwert des Eigenkapitals/ Kernkapital Tier 1, Ergänzungskapital Tier 2 und Nachrangkapital Tier 3)

Die tatsächliche Verlustobergrenze (und damit der Ausschöpfungsgrad der Risikodeckungsmassen) bemisst sich in Abhängigkeit von der Verlusthöhe und der (gewünschten) resultierenden Öffentlichkeitswirksamkeit.[426]

Zur Operationalisierung der Gesamtbanksteuerung bzw. der Transformation bedarf es einer prozessualen Umsetzung der oben beschriebenen Anforderungen. Die Steuerung und das Management der Ergebnisse und Risiken auf Gesamtbankebene sind in einem zyklischen Planungs- und Steuerungsprozess zu verankern.[427] Ausgangspunkt für den Planungsprozess sollten Unternehmensziele respektive Soll-Größen vor dem Hintergrund der ertragsorientierten Unternehmensphilosopie bilden, die in einem zweiten Schritt auf Profit Center und Kundengeschäfte heruntergebrochen werden. Die Planung selbst ist im Gegenstromverfahren durchzuführen, d.h. nach der erwähnten Top-Down-Vorgabe erfolgt ein Abgleich mit entsprechenden Bottom-Up-Schätzungen.

Der Steuerungsprozess kann durch die drei Komponenten Analyse, Steuerung und Kontrolle auf der Grundlage eines Gesamtkonzeptes beschrieben werden.[428]

Im Rahmen der *Analyse* erfolgt eine Definition und Abgrenzung der relevanten Ergebnis- und Risikokomponenten und deren gegenseitige Beeinflussung auf Portfolioebene. Der Messung relevanter Ergebnis- und Risikoparameter kommt eine entscheidende Bedeutung zu, da Messverfahren und Messzeitpunkte die Ergebnisse wesentlich beeinflussen können.[429]

---

425 Vgl. Schierenbeck, H., Band 2, 2003, S. 14ff.

426 Hammes/ Shapiro argumentieren hinsichtlich einer verstärkten Konvergenz zwischen ökonomischem und aufsichtsrechtlichem Kapital durch neue Unterlegungsrichtlinien (Basel II). Vgl. Hammes, W./ Shapiro, M., Credit asset portfolios, 2001.

427 Vgl. hierzu und für die folgenden Ausführungen Schierenbeck, H., Band 1, 2001, S. 11f.

428 Vgl. Schierenbeck, H., Band 2, 2003, S. 11.

429 Besondere Bedeutung kommt dabei Portfolio-Effekten zu, die nur durch eine Aggregation der Einzelrisiken auf Gesamtbankebene sichtbar gemacht werden können. Vgl. dazu Hockmann, H.J./ Thießen, F., Investment banking, 2002, S. 736f, vgl. auch Definition und Messung des Risikobeitrages in Kapitel 3.3.1.4.

Auch im Rahmen der Analyse ist die Definition und Quantifizierung der Risikodeckungsmassen aus interner und aufsichtsrechtlicher Sicht durchzuführen.
Im Bereich der *Steuerung* werden zunächst portfoliobezogene und einzelgeschäftsbezogene Maßnahmen unterschieden.[430] Weiterhin lassen sich Steuerungsaktivitäten in ursachen- und wirkungsbezogene Maßnahmen unterteilen.[431] Ursachenbezogene Maßnahmen können die Kreditpolitik, die Allokation der Risikodeckungsmassen oder die Begrenzung durch Limite umfassen. Wirkungsbezogene Maßnahmen versuchen die Verluste bei Eintritt eines Ereignisses zu begrenzen und können Besicherungsstrategien oder die Anlage von Liquiditätsreserven umfassen.[432]
Die ursachenbezogene Steuerung der Einheiten/ Profit Center erfolgt primär über die Allokation der Risikodeckungsmassen und die Rentabilität der Einheiten – man spricht in diesem Zusammenhang vom „dualen Steuerungsmodell".[433] Die Steuerung und Begrenzung von Risiken erfolgt über Limite, nicht zuletzt deswegen, da die Installation eines Limitsystems für die Gesamtbank in den MaH (Mindestanforderungen für Handelsgeschäfte)[434] zwingend vorgeschrieben ist.[435] Risikolimite können auf die Volumina/ Werte der Positionen, auf die Anteile der Positionen am Gesamtportfolio, auf die maximal erwarteten Verluste der Positionen oder auf sonstige Faktoren bezogen werden, die die Risiken angemessen repräsentieren.[436] Die Vergabe von Risikolimiten an Einheiten/ Profit Center ist konsistent mit der Aufspaltung der Unternehmensziele und Allokation der Risikodeckungsmassen im Rahmen des dualen Steuerungsmodells. Limite werden meist im Planungszeitraum, also zu Beginn eines Geschäftsjahres festgelegt und bilden eine relativ starre Begrenzung der Risiken und vor allem der Chancen im Sinne von potenziellen Ergebnisbeiträgen.[437]

---

430 Vgl. Obst/ Hintner/ von Hagen, J./ Stein, J.H., Geld- Bank- und Börsenwesen, 2000, S. 1472ff.

431 Vgl. Dresel, T./ Kern, M./ Rudolph, B., Risikosteuerung, 2000.

432 Als primäre Ziele der Portfolio-/ Risikosteuerung werden häufig die Reduktion von maximalen Verlusten (tail losses), die Reduktion von Verlust-Häufungen durch Diversifikation und die damit verbundene Reduktion der Deckungsmassen genannt, vgl. Hammes, W./ Shapiro, M., Credit asset portfolios, 2001.

433 Schierenbeck, H., Band 1, 2001, S. 12.

434 Vgl. Bundesaufsichtsamt für das Kreditwesen, MaH, 1995.

435 Vgl. Hockmann, H.J./ Thießen, F., Investment banking, 2002, S. 750f und Bundesaufsichtsamt für das Kreditwesen, MaH, 1995. Das MaH fordert die Planung und die Kontrolle von handelsrechtlichen, betriebswirtschaftlichen und „worst case" Verlustobergrenzen für Marktpreis- und Adressausfallrisiken. Es ist jedoch keine Portfoliosicht über beide Risikoarten gefordert. Vgl. auch Eller, R., Gesamtbanksteuerung, 2001, S. 665ff.

436 Man unterscheidet weiter in Volumens-/ oder Positionslimite (max. Volumen/ Marktwert der Position), VaR-Limite (für normale Marktbewegungen), Stresstest-Limite (für extreme Marktbewegungen), Sensitivitätslimite (für Optionen) und Stop-Loss-Limite (max. unrealisierter Verlust in der Vergangenheit). Vgl. Hockmann, H.J./ Thießen, F., Investment banking, 2002, S. 752.

437 Die Limitvergabe/ Limitsteuerung kann einerseits starr bis zur Ebene der Händler erfolgen, einen Treasurer einbeziehen, der nicht ausgeschöpfte Limite nutzt oder es kann eine zusätzliche Instanz einbezogen werden, die die Limite dynamisch verteilt. Vgl. Dresel, T./ Kern, M./ Rudolph, B., Risikosteuerung, 2000, S. 15f.

Die geforderte Integration von Ergebnis- und Risikosteuerung in eine konsistente Gesamtbanksteuerung bezeichnet Schierenbeck als „Triade des ertragsorientierten Bankmanagements".[438] Kernstück dieses Steuerungskonzeptes bildet die Allokation von Risikodeckungsmassen auf Basis von risikoadjustierten Performance-Kennzahlen.

Die *Kontrollfunktion* im Rahmen des Steuerungsprozesses fokussiert vor allem auf die Risikoüberwachung, sollte aber im Rahmen der Konzeption Gesamtbanksteuerung analog auf Ergebnis- und Risikosicht ausgedehnt werden. Sie kann mittels Soll-/ Ist-Vergleichen, Audits und entsprechenden Reports umgesetzt werden. Kern der Risikoüberwachung ist die Kontrolle der Einhaltung der Verlustobergrenzen respektive Limite. Die MaH schreiben auf Gesamtbankebene vor: „Es ist sicherzustellen, daß alle Handelsgeschäfte unverzüglich auf die einschlägigen Limite angerechnet werden. (...) Sämtliche in den einzelnen Geschäftsbereichen und Risikoarten bestehenden Einzelpositionen sind mindestens einmal täglich zum Geschäftsschluß zu Gesamtrisikopositionen zusammenzufassen".[439]

Nachdem die Anforderungen an die Gesamtbanksteuerung/ Transformation betrachtet wurden, soll im Folgenden eine quantitative Ausgestaltung der Transformationsfunktion und letztlich eine modellhafte Umsetzung dieser erfolgen.

### *3.4.1.2 Ausgestaltung der Transformationsfunktion*

Die Aufgabe der Gesamtbanksteuerung besteht in der Maximierung der erwarteten risikoadjustierten Gesamtbankperformance unter den Nebenbedingungen der Risikotragfähigkeit der Bank (vgl. Kapitel 3.4.1.1).

Das erwartete, risikoadjustierte Bankergebnis (RAROC; vgl. Kapitel 3.3.1.1) enthält alle Erfolgs-, (operativen) Kosten- und Risikobeiträge inkl. der Portfolioeffekte der einzelnen Geschäftsfelder/ Geschäftsarten. Das Gesamtbankportfolio kann wie folgt dargestellt werden:

| | |
|---|---|
| $V = \{v_1,..., v_n\}$ | *Vektor der Portfolioelemente/ Volumina bzw. Nennwerte* |
| $E = \{e_1,..., e_n\}$ | *Vektor der Erfolgsbeiträge der Portfolioelemente* |
| $K = \{k_1,..., k_n\}$ | *Vektor der Kostenbeiträge der Portfolioelemente* |
| $Y = \{y_1,..., y_n\}$ | *Vektor der Risikobeiträge der Portfolioelemente* |

Der Gesamtbank-RAROC lässt sich bei Unterstellung der Additivität der Risikobeiträge darstellen als:

$$RAROC = (\Sigma (e_i - k_i) / \Sigma y_i) - k_{ök}$$

*mit $k_{ök}$... Risikokapitalkostensatz; Kosten des ökonomischen Kapitals*

*Gl. 3.4-2*

Definiert man $K_{ÖK}$ als verfügbares ökonomisches Kapital (interne Risikodeckungsmassen) und $K_{EK}$ als verfügbares aufsichtsrechtliches Eigenkapital[440], so nimmt die Optimierungsaufgabe der Gesamtbanksteuerung folgende Gestalt an:

---

438 Schierenbeck, H., Band 2, 2003, S. 13.
439 Bundesaufsichtsamt für das Kreditwesen, MaH, 1995, §3.2 Risikolimitierung.
440 Vgl. Kapitel 3.3.1.1.

*max (RAROC: V) = max* $(\Sigma (e_i - k_i) / \Sigma y_i) - k_{\ddot{o}k} : V)$

*NB1: Aggregation über alle* $(y_i) \leq K_{\ddot{O}K}$

*NB2:* $\Sigma v_i * u_i \leq K_{EK}$

*mit* $u_i$*...geschäftsspezifischer, aufsichtsrechtlicher Unterlegungssatz*

*Gl. 3.4-3*

Die Zielgröße RAROC ist also durch die Veränderung des Vektors **V** unter Beachtung der beiden Nebenbedingungen zu maximieren. Interpretiert man weiter den Vektor **V** der Portfolioelemente im Sinne der Bilanzgleichung aus Kapitel 3.1.4 durch:

$V = \{v_A, v_Z, v_K, v_D\}$

*mit* $v_A$*...Volumen/ Nennwert der Aktienpositionen,* $v_Z$*...Volumen/ Nennwert der festverzinslichen Wertpapierpositionen,* $v_K$*...Volumen der Kreditpositionen,* $v_D$*...Volumen der Einlagenpositionen},*

wird deutlich, dass es sich bei der Optimierungsaufgabe um ein verallgemeinertes Problem der Portfolio Selection handelt.[441]

In der klassischen Portfolio Selection Theorie[442] geht es um die Bestimmung eines effizienten Portfolios aus einer Mischung von Wertpapieren. Dabei bedeutet Effizienz, dass bei gleicher Rendite kein Portfolio mit geringerem Risiko oder bei gleichem Risiko kein Portfolio mit höherer Rendite existiert.

Drei unterschiedliche Entscheidungsansätze wurden in der Vergangenheit entwickelt, um effizienten Portfolios zu ermitteln und das individuell effiziente Portfolio auszuwählen: das klassische Entscheidungsprinzip, das Prinzip der stochastischen Dominanz und das Bernoulli-Prinzip.[443]

Das *klassische Entscheidungsprinzip* basiert auf Parametern der Verteilungsfunktion (z.B. der Erwartungswert der Rendite $\mu$ und die Standardabweichung $\sigma$). Zusätzlich muss eine individuelle Präferenzfunktion, in der die Parameter der Verteilung als Variablen auftauchen, definiert werden. Diese Präferenzfunktion wirkt als Entscheidungsrichtlinie für die Auswahl des individuell effizienten Portfolios. Zu beachten ist, dass die Funktionsweise dieses Prinzips stark von der Annahme der Renditeverteilung abhängt, d.h. sind die Renditen nicht normalverteilt, können ineffiziente Portfolios ausgewählt werden.[444]

Das Prinzip der *stochastischen Dominanz* geht direkt von den Verteilungsfunktionen der Renditen aus und führt Dominanzgrade für diese Verteilungen ein. So dominiert eine Verteilung die andere im nullten Dominanzgrad, wenn ihr Renditewert an mindestens einem Zeitpunkt größer (nicht größergleich) der Rendite der anderen Verteilung ist.

441 Vgl. Theiler, U., Risk-/Return-Steuerung, 2002, S. 58ff.

442 Vgl. Markowitz, H.M., Portfolio selection, 1952.

443 Vgl. hierzu Schubert, L., Lineare Portfoliooptimierung, 1999. Schubert diskutiert auch weitere Entscheidungskriterien wie Lower Partial Moments und Target Shortfall Probabilities.

444 Vgl. hierzu Theiler, U., Risk-/Return-Steuerung, 2002, S. 60.

Im Vergleich zum klassischen Entscheidungsprinzip ist die stochastische Dominanz genauer, da sie nicht die Verteilungsparameter sondern die Verteilung selbst berücksichtigt. Da die Verteilungsfunktionen jedoch selten genau bekannt sind, ist dieses Prinzip in der Praxis nur limitiert einsetzbar.[445]

Das *Bernoulli-Prinzip* berücksichtigt den Erwartungswert des Nutzens[446]

*Erwartungswert des Nutzens = E(u(r))*

*mit E()...Erwartungswertoperator, u()...Nutzenfunktion*[447] *des Investors, r...Rendite*

des Investors. Dabei wird das Risikoverhalten (risikoscheu, rational oder risikofreudig) durch die Krümmung der Nutzenfunktion *u(r)* des Investors ausgedrückt.[448] Risikoneutrale Investoren weisen eine lineare, risikoscheue eine konkave und risikofreudige eine konvexe Nutzenfunktion auf.[449] Durch die Berücksichtigung der Nutzenfunktion können rationale Entscheidungen im Sinne des Investors getroffen werden. Oft sind diese Nutzenfunktionen jedoch nicht bekannt oder kompliziert in ihrer Bestimmung, was die praktische Anwendbarkeit des Bernoulli-Prinzips einschränkt.

Das Bernoulli-Prinzip ist mit dem klassischen Entscheidungsprinzip vereinbar, wenn man die individuelle Präferenzfunktion mit der Nutzenfunktion in Übereinstimmung bringt.[450]

Vor dem Hintergrund der Optimierungsaufgabe und der beschriebenen Limitationen der Entscheidungsprinzipien gilt es folgende Fragestellungen zu beantworten:

- Welche Nutzenfunktion ist der Bank im Sinne der Gesamtbanksteuerung zuzuschreiben?
- Welches Entscheidungskriterium bezogen auf welches Risikomaß ist unter Beachtung des komplexen Gesamtbankportfolios (vgl. Kapitel 3.4.1.1) mit nicht-normalverteilten Portfoliopositionen wie Krediten (vgl. Kapitel 3.3.3.1) zu wählen?

Zur Frage der *Nutzenfunktion* argumentieren Froot/ Stein[451], dass den Banken Kosten im Zusammenhang mit dem (Neu-)Aufbau von externem Kapital entstehen und diese durch die Anteilseigner in die Optimierungsentscheidung einbezogen werden. Nach einem Verlust ist es für Banken also kostspielig, neues (nicht Einlagen-)Kapital zu beschaffen, um den Bilanzzustand vor dem Verlust wieder herzustellen.

445 Vgl. hierzu Hadar, J./ Russel, W.R., Uncertain prospects, 1969.

446 Auch als Erwartungsnutzenwert des Ergebnisses E(u(x)) bekannt. Vgl. Bamberg, G./ Coenenberg, A.G., Entscheidungslehre, 2004, S. 85. Das Bernoulli-Prinzip lautet: "Für den Entscheidungsträger existiert eine (bis auf eine wachsende lineare Transformation eindeutige) Nutzenfunktion *u()* mit der Eigenschaft, daß die verschiedenen Aktionen aufgrund des Nutzenerwartungswertes beurteilt warden.", ebenda.

447 Synonym verwendete Begriffe für die Nutzenfunktion sind Risikonutzenfunktion oder Risikopräferenzfunktion. Vgl. Bamberg, G./ Coenenberg, A.G., Entscheidungslehre, 2004, S. 86.

448 Vgl. Pratt, J., Risk aversion, 1964 und Theiler, U., Risk-/Return-Steuerung, 2002, S. 59 und Hockmann, H.J./ Thießen, F., Investment banking, 2002, S. 82f.

449 Vgl. Bamberg, G./ Coenenberg, A.G., Entscheidungslehre, 2004, S. 92ff.

450 Vgl. Laux, H., Entscheidungstheorie, 1998, S. 134 und Schubert, L., Lineare Portfoliooptimierung, 1999.

451 Vgl. Froot, K.A./ Stein, J.C., Risk management, 1998.

Die Anteilseigner der Bank (und damit die Bank selbst) werden diese Kosten in alle Entscheidungen einbeziehen und somit risikoavers handeln.[452] Dieses Argument steht auch im Einklang mit den Prinzipien der Gesamtbanksteuerung (vgl. Kapitel 3.3.3.1) und der darin formulierten Risikobegrenzung.

Die Frage des *Entscheidungskriteriums* kann in Zusammenhang mit der Auswahl eines Risikomaßes gesehen werden, welches die Anforderungen bzgl. Wahrscheinlichkeitsverteilung und Kohärenz erfüllt.[453] Verschiedenste Risikomaße, vor allem aber Downside-Risikomaße (vgl. auch Kapitel 3.3.1.4) werden in der Literatur auf ihre theoretische und praktische Eignung hin untersucht.[454] Campbell/ Huisman[455] stellen die Vorteile eines *($\mu$, VaR)*-Ansatzes heraus, weisen aber gleichzeitig darauf hin, das selbst bei ausschließlicher Optimierung von Marktrisiken die Normalverteilungsannahme in einem solchen Framework problematisch ist und besonders bei hohen Konfidenzniveaus zur Selektion von sub-optimalen Portfolios führen kann.

Grootveld/ Hallerbach[456] führen vergleichende Analysen zwischen dem *($\mu$, $\sigma$)*-Ansatz und einem anderen Downside-Risikomaß, dem LPM,[457] durch. Bei empirischer Betrachtung von Marktrisiken finden sie geringe Abweichungen zum *($\mu$, $\sigma$)*-Ansatz. Es wird jedoch die schwierige rechentechnische Umsetzbarkeit von LPM bemängelt, vor allem die fehlende Aggregationsmöglichkeit von LPM-Werten auf Portfolioebene. Außerdem werden die zu starke Abhängigkeit der Optimierungsergebnisse vom gewählten Zielwert bemängelt und in diesem Zusammenhang weiterführende Analysen gefordert.

Crecelius/ Sievi[458] umgehen die Normalverteilungsannahme für die analytische Bestimmung des VaR durch Verwendung eines relativen Risikomaßes in einem *($\mu$, $\sigma$)*-Ansatz.

Allen diesen Ansätzen ist jedoch gemein, dass sie sich auf das Management von Marktrisiken beziehen. Der Einbezug von Kreditrisiken, die starke Abweichungen von der Normalverteilung aufweisen (vgl. Kapitel 3.3.3.2) erfolgt bei Brodt[459] bzw. Theiler.[460]

Brodt nutzt im Grunde das *($\mu$, $\sigma$)*-Entscheidungsprinzip mit zwei wesentlichen Abänderungen. Zum ersten verwendet er abweichend von Markowitz keine Einperioden-Sichtweise sondern entwickelt ein Optimierungsmodell über mehrere Perioden (Mehrperioden-Modell).

---

452 Vgl. ebenda, S. 58.

453 Vgl. Theiler, U., Risk-/Return-Steuerung, 2002, S. 104f.

454 Vgl. etwa Campell, R./ Huisman, R./ Koedijk, K., Optimal portfolio selection, 2001 und Gaivoronski, A.A./ Krylov, S./ van der Wijst, N.: Optimal portfolio selection, 2004 und Crecelius, J./ Sievi, C., Gesamtbankrisiko-/ Ertragsstatus, 2004.

455 Vgl. Campell, R./ Huisman, R./ Koedijk, K., Optimal portfolio selection, 2001.

456 Vgl. Grootveld, H./ Hallerbach, W., Variance vs. downside risk, 1999

457 LPM bedeutet „lower partial moments", Wahrscheinlichkeits-gewichtete Funktionen der Abweichung von einem Target. Setzt man als Target den VaR ein, so entspricht das LPM (0.Grades) dem Konfidenzniveau des VaR. Vgl. Theiler, U., Risk-/Return-Steuerung, 2002, S. 79f.

458 Vgl. Crecelius, J./ Sievi, C., Gesamtbankrisiko-/ Ertragsstatus, 2004.

459 Vgl. Brodt, A.I., Balance sheet management model, 1978.

460 Vgl. Theiler, U., Risk-/Return-Steuerung, 2002, S. 69ff.

Zweitens wird anstatt der Varianz $\sigma^2$ des Portfolios die mittlere absolute Abweichung (mean absolute deviation, MAD) für die Optimierung eingesetzt. Diese Risikokennzahl hat die Eigenschaft, dass sie anders als die Varianz auch für stark nicht-normalverteilte Dichtefunktionen definiert ist.

Theiler kombiniert das Bernoulli-Prinzip für risikoaverse Investoren wie oben beschrieben mit dem klassischen *($\mu$, $\sigma$)*-Entscheidungsprinzip zu einem verallgemeinerten *($\mu$, $\rho$)*-Entscheidungsprinzip[461] und wählt in einem zweiten Schritt das Risikomaß aus, dass die geforderten Eigenschaften erfüllt.[462]

Es wird gezeigt, dass der CVaR, der Conditional Value at Risk,[463] die geforderten Eigenschaften erfüllt und in Kombination mit der Nutzenmaximierung für risikoaverse Investoren für die Optimierungsaufgabe der Gesamtbanksteuerung geeignet ist. Dabei ist insbesondere zu berücksichtigen, dass mittels des CVaR die gesamten Risikopotenziale ex ante geschätzt werden können, da der CVaR die erwarteten Verluste auch jenseits des gewählten Konfidenzintervalls berücksichtigt. Insofern kann gefolgert werden, dass der CVaR im Einklang mit der Nutzenoptimierung risikoaverser Investoren steht.[464]

Zusammenfassend lässt sich feststellen, dass die Vorteile von Quantils-basierten respektive Downside-Risikomaßen in der Portfoliooptimierung wie z.B. Parametrisierung nach Konfidenzniveau und mögliche Vorgaben monetärer Limite weitgehend anerkannt werden. Für Marktrisiken (insbes. Aktien und Renten) wurde die Portfoliooptimierung auf Basis des VaR vielfach untersucht und in ruhigen Marktphasen als weitgehend komplementär zum klassischen Mean-Variance-Ansatz gesehen. In Märkten mit höheren Volatilitäten respektive bei höherem Konfidenzlevel wird die Verletzung der Normalverteilungsannahme tragend und *($\mu$, VaR)*-Ansätze liefern nicht unbedingt optimale Portfolio Selections. Des Weiteren wird darauf hingewiesen, dass der VaR in diesen Fällen die Kohärenzeigenschaft bzgl. der Subadditivität verlieren kann und das Entscheidungsproblem nicht eindeutig lösbar ist.[465] Der CVaR hingegen erfüllt die geforderten Eigenschaften, weitere Forschungsanstrengungen zur empirischen Validierung scheinen jedoch angebracht.

---

461 Wobei $\rho$ eine allgemeine Risiko-Meßgröße bezeichnet.

462 Folgende Eigenschaften werden gefordert: Messung des ökonomischen Risikos, Eignung für Bankportfolios mit unterschiedlichen Risikoarten, Möglichkeit zu Erwartungsnutzen-Maximierung sowie Praktikabilität. Dazu wird vom Risikomaß Kohärenz gefordert, die sich wiederum in positiver Homogenität, Subadditivität, Monotonie und Translationsinvarianz ausdrückt.

463 Der CVaR ist wie der VaR ein quantilsabhängiges Downside-Risikomaß. Er wird häufig auch als Expected Shortfall, Shortfall, Mean Shortfall Risk, Tail Value at Risk oder Mean Excess Loss bezeichnet. Während der VaR dem Wert entspricht, der mit einer bestimmten Wahrscheinlichkeit nicht überschritten wird, bezeichnet der CVaR den Verlust, der bei Überschreitung des VaR-Quantils erwartet wird. Man spricht auch vom bedingten Erwartungswert jenseits des gewählten Konfidenzniveaus. Vgl. Theiler, U., Risk-/Return-Steuerung, 2002, S. 79.

464 Vgl. Theiler, U., Risk-/Return-Steuerung, 2002, S. 83 und Bertsimas, D. et al, Shortfall, 2000, S. 7ff.

465 Vgl. Theiler, U., Risk-/Return-Steuerung, 2002, S. 81. Die Eigenschaft der Subadditivität erfüllt der VaR nur bei normalverteilten Renditen. Sind die Renditen nicht normalverteilt, kann diese Eigenschaft verloren gehen.

Die Downside-Maße (wie VaR, CVaR und LPM) lassen sich im Unterschied zum *($\mu$, $\sigma$)*- Kriterium nicht auf Portfolioebene aggregieren, was die Optimierungsaufgabe wesentlich komplexer als unter Verwendung des *($\mu$, $\sigma$)*- Kriteriums gestaltet. Es wird abzuwägen sein, welcher Optimierungsfehler (durch Abweichungen von normalen Verteilungen) bei Verwendung des *($\mu$, $\sigma$)*-Kriteriums in Kauf genommen werden kann gegenüber den rechentechnischen Schwierigkeiten bei der Umsetzung eines *($\mu$, CVaR)*-Kriteriums (vgl. Kapitel 3.4.1.1).

Unter Verwendung des *($\mu$, $\sigma$)*-Kriteriums und unter Beachtung einer rein internen Risikobegrenzung auf Basis des ökonomischen Kapitals[466] kann damit die Optimierungsaufgabe wie folgt formuliert werden:

$$\max(RAROC: V) = \max\left(\Sigma(e_i - k_i) / \Sigma y_i\right) - k_{\ddot{o}k} : V)$$

$$= \max\left(\Sigma(e_i - k_i) / \Sigma\Sigma x_i x_j \sigma_{ij}\right) - k_{\ddot{o}k})$$

*NB1:* $VaR_{Ges} \leq K_{\ddot{O}K}$

*mit* $VaR_{Ges}$*...Aggregierter VaR des Portfolios*

*Gl. 3.4-4*

Die Maximierung der Zielgröße RAROC nach dem Volumensvektor der Portfoliopositionen **V** lässt sich im Hinblick auf die Gesamtbanksteuerung verschieden vornehmen.[467]

Ein Ansatz zur Maximierung des RAROC unter Verwendung der klassischen Portfoliooptimierung kann wie folgt lauten:[468]

$$\min \sigma_{Ges}^2 = \min \Sigma\Sigma v_i v_j \sigma_{ij}^2$$

*NB1:* $\Sigma v_i \mu_i >= \mu_{Ges}$

*NB2:* $\Sigma v_i = v_{Ges}$; *und*

*NB3:* $VaR_{Ges} \leq K_{\ddot{O}K}$

*mit* $\sigma_{ij}^2$*...Kovarianzen der Portfoliopositionen;* $\mu_i$*...erwartete Renditen der Portfoliopositionen;* $VaR_{Ges}$*...aggregierter VaR des Gesamtportfolios;* $V=\{v_1...v_n\}$*...Volumensvektor der Portfoliopositionen*

*Gl. 3.4-5*

Die Maximierungsaufgabe wird durchgeführt über eine Risikominimierung (hier ausgedrückt durch eine minimale Varianz des Portfolios $\sigma_{Ges}^2$) unter der Nebenbedingung, dass mindestens eine Rendite $\mu_{Ges}$ erzielt wird. Durch Variieren der Rendite $\mu_{Ges}$ erhält man die Menge aller effizienten Portfolios.

466 Vor dem Hintergrund einer zunehmenden Konvergenz zwischen aufsichtsrechtlichem und ökonomischem Kapital sowie einer teilweisen Deckungsgleichheit der Risikodeckungsmassen stellt dies eine zulässige Vereinfachung dar. Vgl. Kapitel 3.6.1 und Hammes, W./ Shapiro, M., Credit asset portfolios, 2001.

467 Es handelt sich hierbei um eine Quotienten-Optimierung. Die Aggregation über Bank- und Handelsbuch wird daher durch Summation für Erträge und Kosten und durch Berechnung eines Portfolio-VaR für das ökonomische Kapital durchgeführt.

468 Vgl. hierzu Markowitz, H.M., Portfolio selection, 1952, Sharpe, W.F., Portfolio Theory, 1976 sowie Schubert, L., Lineare Portfoliooptimierung, 1999.

Risikoaverses Verhalten bedingt dabei die Existenz einer konkaven Nutzenfunktion, d.h. bei gleichem Erwartungswert liefert die Alternative mit dem geringeren Risiko den höheren Nutzen.[469] Stark risikoaverse Investoren selektieren den Minimum-Varianzpunkt (MVP), in dem $\sigma_{Ges}^2$ minimal ist (jedoch auch die Rendite $\mu_{Ges}$).[470] Die dritte Nebenbedingung, in der die interne Risikobegrenzung beschrieben ist, lässt sich durch die (monetäre) Risikomessgröße $VaR_{Ges}$, also den aggregierten Value at Risk auf Portfolioebene, formulieren. Der VaR ist dabei durch Simulation zu bestimmen, da die VaR-Werte der Einzelpositionen nicht analytisch zum Portfolio-Value at Risk aggregiert werden können. Der Vorteil dieses Ansatzes liegt in der echten Risikominimierung im Sinne des klassischen Portfoliooptimierungsansatzes, die durch die Aggregationsmöglichkeit der Risikokenngrößen $\mu$ und $\sigma$ auf Portfolioebene ermöglicht wird. Der Nachteil liegt in der diskutierten Ungenauigkeit bezüglich der Verteilungen und in der simulativen Bestimmung des Risikopotenzials auf Portfolioebene.

Eine alternative Interpretation im Sinne einer Renditemaximierung findet sich bei Theiler:[471]

$$max\ \Sigma v_i \mu_i$$

$$NB: \quad CVaR_{Ges} \leq K_{ÖK}.$$

Es erfolgt also keine Portfoliooptimierung im klassischen Sinne sondern eher eine Renditeoptimierung im Rahmen des ertragsorientierten Bankmanagements unter Einhaltung des Risikotragfähigkeitsprinzips.[472] Damit sind in diesem Ansatz auch keine Risikokennzahlen für die Portfolioelemente in Abhängigkeit von den Volumina der Positionen anzugeben. Das Gesamtrisikopotenzial des Portfolios kann durch „Abtasten" der simulierten Verteilung der Gesamtverluste mit Hilfe einer Schätzer-Funktion ermittelt werden.[473]

Der Vorteil dieses Vorgehens liegt in der Vermeidung der Ungenauigkeiten eines $(\mu, \sigma)$-Ansatzes unter Ausnutzung der gezeigten Vorteile des CVaR-Risikomaßes. Außerdem ist dieser Ansatz als praxisnah im Sinne der heute vielfach vorherrschenden Banksteuerungssystematik anzusehen.[474]

---

469 Vgl. Bamberg, G./ Coenenberg, A.G., Entscheidungslehre, 2004, S. 104. Eine alternative Beschreibung von risikoaversem Verhalten besteht darin, dass hohe Gewinne unterproportional bewertet werden, während hohe Verluste überproportional (negativ) bewertet werden. Vgl. ebenda, S. 94.

470 Vgl. Hockmann, H.J./ Thießen, F., Investment banking, 2002, S. 82f und Theiler, U., Risk-/Return-Steuerung, 2002, S. 58f.

471 Vgl. Theiler, U., Risk-/Return-Steuerung, 2002, S. 107.

472 Vgl. dazu Schierenbeck, H., Band 2, 2003, S. 1. Vorteil einer Renditeoptimierung ist die einfache Aggregationsmöglichkeit über Addition (z.B. über mehrere Geschäftsbereiche).

473 Vgl. Theiler, U., Risk-/Return-Steuerung, 2002, S. 116ff.

474 Vor allem die Renditemaximierung bei Beschränkung des einzugehenden Risikos durch Limite entspricht einem häufig angewandten Vorgehen in der Budgetierung/ Steuerung von Bankrisiken. Vgl. dazu Kapitel 3.4.1.1.

Nachteilig zeigt sich die primäre Fokussierung auf die Portfoliorendite und die damit verbundene ausschließliche Betrachtung des Risikos als Begrenzungsfunktion.[475] Die Nutzenfunktion des Investors in diesem Ansatz ist durch die Maximierung der Rendite als primär linear (d.h. ein risikoneutrales Verhalten wird unterstellt) anzusehen. Die Risiko-Schranke bewirkt lediglich eine Begrenzung der linearen Nutzenfunktion rechts der Schranke. Die Wahl einer derartigen Nutzenfunktion[476] entspricht somit nicht der Anforderung nach einem risikoaversen Verhalten von Investoren.

#### *3.4.1.3 Auswahl des Optimierungsansatzes*

Zur Ausgestaltung der Transformationsfunktion im Modell sind folgende Anforderungen einzubeziehen (vgl. Kapitel 3.1.5 und Kapitel 3.4.1.2):

- Die Portfoliooptimierung ist auf das Gesamtbankportfolio zu beziehen (Markt- und Kreditpositionen).
- Die Repräsentation der Transformationsfunktion erfolgt im Rahmen einer Gesamtbanksteuerung. Eine integrierte Risiko-Renditesteuerung ist zu modellieren (im Kontext eines Portfoliomanagements). Neben der Verwendung des Prinzips der ertragsorientierten Steuerung ist die Bank als Optimierer/ Investor als risikoavers anzunehmen.
- Das zur Deckung der unerwarteten Verluste benötigte ökonomische Kapital ist ex ante zu berechnen.
- Die Umsetzungskomplexität soll minimiert werden.
- Die Ausgestaltung der Prozesse soll unter besonderer Berücksichtigung der Möglichkeit zur Abbildung von Industrialisierungsfaktoren erfolgen.
- Die Abbildung eines Maßes zur Beurteilung der Zyklusverstärkerwirkung der Bank ist vorzusehen.

Die Auswahl des Optimierungsansatzes soll mittels Erfüllungsgrad der gestellten Anforderungen vor dem Hintergrund der Diskussion der Verfahren in Kapitel 3.4.1.2 erfolgen.

---

475 Speziell bei Downside-Risikomaßen wie dem VaR kann eine Nicht-Ausschöpfung bereits als risikoaverses Verhalten interpretiert werden. Vgl. Hockmann, H.J./ Thießen, F., Investment banking, 2002, S. 82.

476 Wählt man die Risikoschranke sehr gering, so erfolgt eine sehr starke Risikobegrenzung und man erhält ein quasi-risikoaverses Verhalten.

| Kriterium | *(μ, σ)*-Ansatz | *(μ, CVaR)*-Ansatz |
|---|---|---|
| Eignung für Gesamtbankportfolio-Management | Geeignet mit der Einschränkung verminderter Genauigkeit bei nicht-normalverteilten Größen | Geeignet mit der Einschränkung verminderter Genauigkeit durch notwendige Auflösung der Umsetzungskomplexität |
| Ex ante Bestimmung des ökonomischen Kapitals | Nicht möglich. Es kann ex ante ein VaR-Wert bezogen auf ein Konfidenzniveau des Portfolios bestimmt werden, der ggf. ex post zu korregieren ist (bei Überschreitung des Konfidenzniveaus) | Schätzung möglich über den CVaR, der den bedingten Erwartungswert jenseits des Konfidenzniveaus einbezieht |
| Erfüllung risikoaverses Verhalten der Bank | Kann durch Vorgabe einer konkaven Nutzenfunktion teilweise erfüllt werden. Mögliche Überschreitungen des ökonomischen Kapitals laufen jedoch Risikoaversität entgegen | Risikoaversität durch ex ante Berechnung des ökonomischen Kapitals. Der beschriebene Ansatz impliziert jedoch risikoneutrales Verhalten und führt keine echte Portfoliooptimierung durch |
| Komplexität der rechentechnischen Umsetzung | Geringe Komplexität durch lineares Optimierungsproblem | Hohe Komplexität, da CVaR-Funktion nicht auf Portfolioebene aggregierbar. Schätzer-Funktionen und Zerlegung in lineares Optimierungsproblem notwendig |
| Möglichkeit zur Abbildung von Industrialisierungsfaktoren im Verfahren | Möglich durch Optimierungstiefe (Anzahl untersuchte Portfolios), Datenverfügbarkeit (historische Daten), Automatisierung (menschlicher Einfluss auf Portfolio-Entscheid), Veränderung der Nutzenfunktion und Limite | Eingeschränkt möglich durch Optimierungstiefe (Anzahl untersuchter Portfolios), Automatisierung (menschlicher Einfluss auf Portfolio-Entscheid) und Limite |
| Möglichkeit zur Abbildung eines Maßes zur Zyklusverstärkerwirkung der Bank | Möglich, da Rendite- und Risiko-Größen optimiert werden | Verzerrung durch Risiko-Schranke (Bank operiert potenziell permanent an der Risiko-Schranke) |

Abbildung 21: Auswahl des Optimierungs-Verfahrens[477]

Aus Abbildung 21 lässt sich erkennen, dass die geringere Umsetzungskomplexität, die bessere Abbildungsmöglichkeit von Industrialisierungsfaktoren und die bessere Abbildbarkeit der geforderten Ergebnisgrößen den *(μ, σ)*-Ansatz für die vorliegende Zielstellung vorteilhaft erscheinen lassen. Zudem erscheint die mögliche Verzerrung der Ergebnisse durch ein potenziell ständiges Operieren an der Risikoschranke im *(μ, CVaR)*-Ansatz nachteilig. Die Auswirkungen der geringeren Genauigkeit und der nachträglichen Berücksichtigung von Überschreitungen der Risikodeckungsmassen im *(μ, σ)*-Ansatz, insbesondere vor dem Hintergrund von Schock-Szenarien ist jedoch noch zu untersuchen.[478] Deshalb soll im Weiteren die Transformationsfunktion auf Basis eines *(μ, σ)*-Ansatzes ausgestaltet werden.

477 Eigene Darstellung. Vgl. Pyle, D.H., Financial intermediation, 1971 und Bertsimas, D. et al, Shortfall, 2000, S. 7ff. für eine formale Gegenüberstellung der Optimierungsansätze.

478 Vgl. Szczesny, A., Kreditrisikomessung, 2001.

*3.4.1.4 Ausgestaltung der Transformationsfunktion im Modell*

Der Optimierungsalgorithmus wurde auf Basis des in Kapitel 3.4.1.3 beschriebenen $(\mu, \sigma)$-Ansatzes gestaltet:

$$\min \sigma_{Ges}^2 = \min \Sigma\Sigma\, v_i v_j \sigma_{ij}^2$$

NB1: $\Sigma v_i \mu_i > \mu_{Ges}$

NB2: $\Sigma v_i = v_{Ges}$

NB3: $VaR_{Ges} \leq K_{ÖK}$

*Gl. 3.4-6*

Der Algorithmus umfasst folgende Schritte:

- Berechnung der „gelernten" Kovarianzen $\sigma_{ij}^2$ und mittleren Renditen aus den simulierten Renditeverteilungen der Portfolioelemente sowie Berechnung der mittleren Renditen der Portfolioelemente $\mu_i$
- Minimierung der Portfoliovarianz unter der Bedingung, dass $\Sigma x_i \mu_i > \mu$ durch Variieren des Volumensvektors **V**. Auswahl des individuell effizienten Portfolios unter Verwendung einer konkaven Nutzenfunktion $u(\mu, \sigma)$
- Re-Allokation des Bankportfolios
- Berechnung des Portfolio-Value at Risk sowie Überprüfung der Risikonebenbedingung $VaR_{Ges} \leq K_{ÖK}$

*Berechnung der „gelernten" Kovarianzen* und mittleren Renditen der Portfoliopositionen; es sei:

V = $\{v_1,..., v_n\}$ *Vektor der Volumina der Portfolioelemente*

L = $\{l_{11},.., l_{1n},.., l_{sn}\}$ *Matrix der realisierten Verluste der Portfolioelemente*

*mit n...Anzahl der Portfolioelemente, s...Anzahl der bisher durchgeführten Simulationen/ Stichproben*

Der Erwartungswertvektor μ der Rendite der Portfoliopositionen kann über den mittleren Verlust der Positionen errechnet werden:

$\mu = \{\mu_1,..., \mu_n\}$ *Rendite-Erwartungswertvektor*

mit $\mu_i = 1/s * \Sigma - l_{ji} / v_i$ $\quad i = 1...n; j = 1...s$

*Gl. 3.4-7*

Der Erwartungswert der Bankportfoliorendite ergibt sich damit zu:

$$\mu_{Ges} = (\Sigma \mu_i) / v_{Ges}$$

*Gl. 3.4-8*

Der Vektor der Standardabweichungen σ der Renditen der Portfoliopositionen wird wie folgt definiert:

$\sigma = \{\sigma_1,..., \sigma_n\}$ *Vektor der Rendite-Standardabweichungen*

mit $\sigma_i^2 = 1/s * \Sigma(- l_{ji} / v_i - \mu_i)^2$ $\quad i = 1...n; j = 1...s$

*Gl. 3.4-9*

Die Kovarianzmatrix wird aus den Standardabweichungen der Renditen wie folgt ermittelt:

$$\sigma = \begin{Bmatrix} \sigma_{11} \ldots \sigma_{1n} \\ \sigma_{n1} \ldots \sigma_{nn} \end{Bmatrix}$$

$$\sigma_{kk} = \sigma_i^2 \qquad k = 1 \ldots n;\ l = 1 \ldots n;\ j = 1 \ldots s$$

$$\sigma_{lk} = \frac{1}{s} \sum \left(\frac{-I_{jk}}{V_k} - \mu_k\right)\left(\frac{-I_{jl}}{V_l} - \mu_l\right)$$

*Gl. 3.4-10*

Die Matrixelemente $\sigma_{kk}$ entsprechen also den Varianzen der Portfoliopositionen, während die Elemente $\sigma_{lk}$ den Kovarianzen der Portfoliopositionen entsprechen.
Die Aggregation der Kovarianzen auf Portfolioebene erfolgt über die Berechnung der Gesamtvarianz des Portfolios $\sigma_{Ges}^2$.

$$\sigma_{Ges}^2 = \Sigma\Sigma\, v_i v_j \sigma_{ij}^2$$

*Gl. 3.4-11*

*Minimierung der Portfoliovarianz* unter der Bedingung, dass $\Sigma x_i \mu_i > \mu$ durch Variieren des Volumensvektors **V**. Auswahl des individuell effizienten Portfolios unter Verwendung einer konkaven Nutzenfunktion $u(\mu, \sigma)$:
Ziel ist es, die Optimierungsaufgabe mit Hilfe eines parametrisierbaren Algorithmus im Sinne der Anforderungen aus Kapitel 3.1.5 respektive aus Kapitel 3.4.1.4 zu lösen. Insbesondere sind Minimum- und Maximumlimite bzgl. der Volumina und ein Parameter für die Genauigkeit/ Optimierungstiefe vorzusehen.
Um diese Anforderung zu erfüllen, sollen folgende Nebenbedingungen bzgl. der Optimierung gelten:

$$\Sigma v_i = v_{Ges} = const.$$

*Gl. 3.4-12.*

D.h., das Gesamtvolumen $v_{Ges}$ der Bankaktiva soll konstant bleiben, eventuelles Abschmelzen bzw. Neugeschäft soll unberücksichtigt bleiben.[479]

$$v_i \geq V_{Min}$$

*Gl. 3.4-13*

D.h., es existiert jeweils eine Residualkomponente $V_{Min}$ in den Bankaktiva-Positionen, die nicht auf liquiden Märkten veräußert werden kann (Minimumlimit).[480] Daraus folgt, dass auch ein faktisches Maximalvolumen $V_{Max}$ für jede Position existiert[481] mit

---

479 Vgl. hierzu Kapitel 3.1.4. Diese Bedingung wird häufig auch als Budget-Constraint bezeichnet. Vgl. Crama, Y./ Schyns, M., Simulated annealing, 2003.

480 Minimum-Bedingungen werden auch als Floor-Constraint bezeichnet. Sie können aus regulatorischen Begrenzungen entstehen, vernachlässigbare Positionen vermeiden oder Handels-Restriktionen beinhalten. Vgl. Crama, Y./ Schyns, M., Simulated annealing, 2003.

481 Maximum-Bedingungen oder Ceiling Constraints können auch dadurch bedingt sein, dass nur ein bestimmter Teil der Position zu einem Zeitpunkt verändert werden darf. Man spricht dann von Turnover Constraints. Vgl. ebenda.

$V_{Max} = v_{Ges} - (n-1) * V_{Min}$

*mit n...Anzahl der Positionen*

*Gl. 3.4-14.*

Zur Parametrisierung der Optimierungsgenauigkeit wird eine Optimierungstiefe $T_{Opt}$ durch das Verhältnis von maximalem Volumen $V_{Max}$ und der inkrementellen Volumenseinheit $V_{inkrem}$, die auch als Optimierungs-Schrittweite bezeichnet werden kann, definiert:

$$T_{Opt} = V_{Max} / V_{inkrem}$$

*Gl. 3.4-15*

d.h. bei einem maximalen Volumen von $V_{Max} = 340$ und einer Schrittweite von $V_{inkrem} = 17$ würde sich eine Optimierungstiefe von $T_{Opt} = 20$ ergeben.
Der modifizierte Volumensvektor **V'** wird als Linearkombinationen der Optimierungs-Schrittweite $V_{inkrem}$ und einem Vektor **c** definiert:

$$V'_i = c_i * V_{inkrem}; \text{ mit } c_i \in \aleph$$

$$\Sigma V'_i = v_{Ges},$$

*Gl. 3.4-16*

d.h. es werden alle Linearkombinationen auf Basis der Optimierungs-Schrittweite $V_{inkrem}$ zugelassen, die in Summe das Gesamtvolumen ergeben.[482]
Ferner sei $u(\mu, \sigma)$ eine konkave Nutzenfunktion der Gestalt:[483]

$$u(\mu, \sigma) = a * \mu - b * \sigma^2$$

*Gl. 3.4-17*

wobei $a > 0$ (höherer Nutzen bei steigender Rendite) und $b > 0$ (steigender Nutzen bei sinkendem Risiko) zu wählen ist.
Der modifizierte Gesamterwartungswert $\mu'_{Ges}$ und die modifizierte Portfoliovarianz $\sigma'_{Ges}$ seien analog zu Gleichungen Gl. 3.4-8 und Gl. 3.4-11 definiert als:

$$\mu'_{Ges} = (\Sigma v'_i * \mu_i) / v_{Ges} \qquad i = 1...n; j = 1...s$$

*Gl. 3.4-18*

respektive

$$\sigma'^2_{Ges} = \Sigma\Sigma\, v'_i v'_j \sigma^2_{ij}.$$

*Gl. 3.4-19*

Die Minimum-Bedingung aus Gl. 3.4-6 kann jetzt mit Hilfe der Nutzenfunktion aus Gl. 3.4-17 umformuliert werden zu:

---

482 Dieses Vorgehen ist verwandt mit dem „Simulated Annealing", mit dem Unterschied, dass der Suchradius um das derzeitige Portfolio dort stochastisch und hier deterministisch ist. Vgl. ebenda.

483 Für eine Diskussion der Nutzenfunktion sowie ihrer Eigenschaften siehe Pyle, D.H., Financial intermediation, 1971. Die Nutzenfunktion u() ist konkav, wenn u' > 0 und u" < 0. Vgl. ebenda, S. 738. Weiterhin wird gezeigt, dass $\delta U/\delta\mu > 0$ und $\delta U/\delta\sigma^2 < 0$. Vgl. ebenda, S. 743. Daraus lässt sich für o.g. Nutzenfunktion unmittelbar a > 0 und b > 0 ableiten. Vgl. dazu auch Theiler, U., Risk-/Return-Steuerung, 2002, S. 59.

$$\max u(\mu'_{Ges}, \sigma'^2_{Ges}) = a^* \mu'_{Ges} - b^* \sigma'^2_{Ges}$$
$$= a^* ((\Sigma v'_i * \mu_i) / v_{Ges}) - b^* \Sigma\Sigma v'_i v'_j \sigma_{ij}^2$$
$$\forall v'_i = c_i * V_{Inkrem}, v'_j = c_j * V_{Inkrem} \text{ mit } \Sigma v'_k = v_{Ges}.$$

*Gl. 3.4-20*

Der Optimierungs-Algorithmus beschrieben in Gl. 3.4-20 kann also durch folgende Parameter beeinflusst werden:

| | |
|---|---|
| *a, b* | *Beschreiben die Nutzenfunktion der Bank; mit steigendem b erfolgt eine verstärkte Fokussierung auf das Risiko* |
| $T_{Opt}$, $V_{Inkrem}$ | *Steuern die Genauigkeit der Optimierung; mit steigendem $T_{Opt}$ erfolgt eine Erhöhung der Granularität und damit der Genauigkeit der Optimierung* |
| $V_{Min}$, $V_{Max}$ | *Volumensunter- bzw. Obergrenzen; stellen Limite im Sinne einer Risikosteuerung dar*[484] |
| *s* | *Anzahl der bisher durchgeführten Simulationen/ Stichproben; fließt ein in die Berechnung der $\mu_i$ und $\sigma_{ij}^2$. Durch Variieren von s kann beispielsweise die historische Analysetiefe der Optimierung verändert werden.* |

*Re-Allokation des Bankportfolios*: nachdem die Optimierungsaufgabe aus Gl. 3.4-20 gelöst ist, liegt ein Lösungsvektor **V'$_{Opt}$** vor, der den Wert der Nutzenfunktion unter den Nebenbedingungen maximiert und das Bankportfolio hinsichtlich Risiko-Rendite im Sinne der Nutzenfunktion optimiert. Die Re-Allokation erfolgt nun durch Zuweisen der optimalen Volumina auf den Volumensvektor, der den Ausgangspunkt für die nächste Simulation bildet:

$$V(t_1) = V'_{Opt}(t_0),$$

d.h. die Volumina für die *t+1*. Simulation werden den optimalen Volumina der *t*. Simulation gleichgesetzt.[485]

Hierbei wird unterstellt, dass die aufnehmenden Märkte vollkommen liquide sind und damit die bankintern angenommenen Marktpreise der Portfolioelemente bei Kauf/ Verkauf durchgesetzt werden können bzw. sich durch die Transaktion nicht verändern.

*Berechnung des Portfolio-Value at Risk* sowie Überprüfung der Risikonebenbedingung $VaR_{Ges} \leq K_{ÖK}$. Die gewählte Optimierungsmethode (vgl. Kapitel 3.4.1.3) erlaubt zwar die Bestimmung der Risikokenngröße $\sigma^2$ auf Portfolioebene, jedoch keine direkte Berechnung des gesamten (monetären) Risikopotenzials des Portfolios.[486] Das Risikopotenzial bzw. das notwendige ökonomische Kapital lässt sich erst aus den Ergebnissen der *t+1*. Simulationsperiode über den VaR gesamthaft bestimmen.

---

484 Vgl. Kapitel 3.4.1.1.

485 Es soll hier aus Komplexitätsgründen keine Überprüfung auf Turnover Constraints erfolgen, d.h. maximal austauschbare Anteile einer Position. Vgl. Crama, Y./ Schyns, M., Simulated annealing, 2003.

486 Die Schätzung des Risikopotenzials wäre über einen CVaR-Ansatz möglich, der aber in Kapitel 3.4.1.3 verworfen wurde.

Diese Problemstellung wird, wie in Kapitel 2.1.2.3 bereits erwähnt, besonders vor dem Hintergrund des Bankportfoliomanagements (Asset Liability Management: ALM) in zahlreichen wissenschaftlichen Beiträgen diskutiert.[487]

Es lassen sich grundsätzlich vier Lösungsmöglichkeiten zur risikoadäquaten Kapitalallokation im *t*. Simulationslauf finden:[488]

a) Verwendung des VaR des *t*. Simulationslaufes (vor Re-Allokation des Portfolios)[489]

b) Schätzen des VaR nach erfolgter Re-Allokation aus dem VaR des *t*. Simulationslaufes und aus Risikokenngröße $\sigma^2$ [490]

c) Einführung einer „Penalty Cost" bei Überschreitung der Risikonebenbedingungen in der *t+1*. Simulationsperiode[491]

d) Einführung eines weiteren Simulationszustandes zwischen der *t*. und *t+1*. Simulationsperiode[492] bzw. Verwendung einer rekursiven Berechnungsmethode[493]

Während a) zu hohe Fehler speziell bei hohen Volatilitäten erlaubt und d) die Komplexität des Modells wesentlich erhöhen würde, erscheinen b) und c) gangbare Lösungen in diesem Simulationskontext. Da der VaR bereits durch Simulation ermittelt wird (vgl. Kapitel 3.4.1.2) und die Risikokenngröße $\sigma^2$ bereits mit einem systematischen Fehler behaftet ist (vgl. Kapitel 3.4.1.3), scheint die Einführung einer „Penalty Cost" für Überschreitung gewisser Kapitalgrenzen als vorteilhaft in diesem Kontext. Dieses Vorgehen steht auch im Einklang mit der Definition der Gesamtbanksteuerungsfunktion (vgl. Kapitel 3.4.1.1), in der drei Bestandteile der Risikodeckungsmasse definiert wurden, deren Ausschöpfung eine Funktion des Risikoverhaltens des Bankmanagements verbunden mit der gewünschten Öffentlichkeitswirkung sind.

---

487 Vgl. etwa Pyle, D.H., Financial Intermediation, 1971 und Kusy, M.I./ Ziemba, W.T., Asset and liability management Model, 1986 und Oguzsoy, C.B./ Güven, S., Asset and liability management, 1997 und Froot, K.A./ Stein, J.C., Risk management, 1998.

488 Unter der Voraussetzung dass die Risikokenngröße zur Bestimmung des Risikokapitals nicht analytisch ermittelbar ist.

489 Der Fehler in diesem Ansatz nimmt mit der Höhe der re-allokierten Positionen und der derzeitigen Volatilität zu.

490 Denkbar wäre beispielsweise eine Schätzer-Funktion zur Umrechnung der beiden Risiko-Kenngrößen.

491 Froot/ Stein schlagen eine konvexe Kostenfunktion für zusätzliches Kapital vor. Vgl. Froot, K.A./ Stein, J.C., Risk management, 1998, auch Oguzsoy/ Güven beschreiben eine „Penalty Cost" bei Überschreitung interner Restriktionen. Vgl. Oguzsoy, C.B./ Güven, S., Asset and liability management, 1997.

492 Froot/ Stein verwenden ein Drei-Periodenmodell, in dem in der zweiten Periode die Re-Allokation erfolgt (auch nicht-stochastische Positionen) bevor in der dritten Periode die stochastischen und deterministischen Ergebnisse erzielt werden. Vgl. Froot, K.A./ Stein, J.C., Risk management, 1998.

493 Oguzsoy/ Güven sowie Kusy/ Ziemba schlagen eine lineare Optimierung mit „simple recourse" vor (SLPSR- bzw. LPUU-Modelle). Die Re-Allokation wird nach Ermittlung der Simulationsergebnisse nachträglich korrigiert. Vgl. Oguzsoy, C.B./ Güven, S., Asset and liability management, 1997 und Kusy, M.I./ Ziemba, W.T., Asset and liability management Model, 1986.

Oguzsoy/ Güven führen in diesem Zusammenhang eine stückweise lineare konvexe „Penalty Cost"-Funktion ein, deren Anstieg sich an den Threshold-Punkten erhöht.[494] Basierend auf dieser Überlegung und den in Kapitel 3.4.1.1 definierten Bestandteilen der Deckungsmasse, soll im Folgenden eine „Penalty Cost"-Funktion entworfen werden, die die drei Bestandteile der Deckungsmasse mit verschiedenen Kosten versieht.

Zunächst sollen die drei Bestandteile der Deckungsmasse abweichend von Kapitel 3.4.1.1 wie folgt definiert werden:

- Bestandteil 1: Substanzwert des Eigenkapitals (gezeichnetes Kapital, Reingewinn, Gewinnrücklage und stille Reserven)
- Bestandteil 2: Über den Substanzwert hinausgehendes regulatorisches Haftungskapital (Ergänzungskapital Tier 2 und Tier 3, das über den Substanzwert des Eigenkapitals hinausgeht)
- Bestandteil 3: Über Bestandteil 2 hinausgehendes Kapital (beschaffbar aus dem Verkauf von Assets, Kapitalerhöhung, usw.).

Während Bestandteil 1 mit den für die Bank ermittelbaren Kosten des Eigenkapitals $k_{EK}$ zu bepreisen ist, soll Bestandteil 2 bereits einen „Penalty Cost"-Aufschlag enthalten. Das ist insbesondere vor dem Hintergrund der Transaktionskosten und der notwendigen Portfolio-Umschichtungen bei Ausschöpfen von Nachrangkapital einsichtig.[495] Es ist davon auszugehen, dass die Gesamtkosten für die Bank im Bereich von *1,5* bis $2{,}0 * k_{EK}$ liegen werden.[496]

Wird Bestandteil 3 ausgeschöpft, so erhöht sich die Öffentlichkeitswirksamkeit der Transaktion durch die Ankündigung einer M&A-Transaktion oder einer Kapitalerhöhung. Die Effekte derartiger Events auf Banken sind hinreichend beschrieben.[497] Hier soll angenommen werden, dass die Gesamtkosten für die Bank im Bereich von *4,0* bis $5{,}0 * k_{EK}$ liegen werden.[498]

Nachdem die Transformationsfunktion der Modellbank ausgestaltet ist, soll nun der zweite Hauptprozess der Modellbank, die Abwicklungsfunktion betrachtet werden.

---

494 Vgl. Oguzsoy, C.B./ Güven, S., Asset and liability management, 1997. Es ist direkt einsichtig, dass die Kosten für die Bereitstellung von zusätzlichen Bestandteilen der Deckungsmassen ansteigen (von Gewinnanteilen über stille Reserven, Nachrangkapital bis hin zu einer Kapitalerhöhung).

495 Für einen weitreichende Systematisierung und Literaturüberblick zu Nachrangkapital vgl. Bank for International Settlements (BIS), Working Paper 12, 2003.

496 Vgl. Jagtiani, J./ Lemieux, C., Market discipline and bank failure, 2001. Gering kapitalisierte Banken werden noch stärker durch steigende Finanzierungskosten belastet als Kapital-starke Banken. Weiterhin existieren zahlreiche Studien zum Zusammenhang zwischen dem Begeben von Nachrangkapital und potenziellen Downgrades durch Rating-Agenturen. *Vgl. Evanoff, D.D./* Wall, L.D., Measures of bank riskiness, 2002.

497 Vgl. Cornett, M.M./ Mehran, H./ Tehranian, H., Financial markets, 1998.

498 Petway et al. sowie Gropp et al. bringen Banken in Kapitalnot mit Beobachtungen am Kapitalmarkt zusammen. Vgl. Pettway, R.H./ Sinkey, J.F., On-site bank examination priorities, 1980 und Gropp, R./ Vesala, J./ Vulpes, G., Bank fragility, 2004.

### 3.4.2 Abwicklungsbereich

#### 3.4.2.1 Präzisierung der Abwicklungsfunktion

Wie in Kapitel 2.1.2.2 ausgeführt, ist der Abwicklungsbereich bei Banken durch Strukturen und Prozesse gekennzeichnet, die eine Bankleistung bewirken. Die Abwicklungsfunktion ersetzt bei Dienstleistungsunternehmen wie Banken den Fertigungsbereich von Sachleistungsunternehmen.[499] Die Abwicklung bezieht sich nicht nur auf Kontraktbeziehungen mit den Kunden der Bank (Einlagen-, Kredit- und Kommissions-Handel), sondern auch auf Transaktionen, bei denen die Bank selbst als Vertragspartner auftritt (Eigengeschäft oder Zentralgeschäft).[500]

Die zur Leistungserstellung im Abwicklungsbereich benötigten Ressourcen lassen sich in immaterielle und materielle Ressourcen unterscheiden. Immaterielle Ressourcen beinhalten die Software, die dem Vollzug der Leistungserstellung dient, und personengebundene Ressourcen wie Fähigkeiten und Fertigkeiten. Materielle Ressourcen beinhalten Gebäude und EDV-Hardware.[501] Eine Systematisierung der benötigten Ressourcen kann auf Basis der durchgeführten Transaktionen respektive basierend auf den Geschäftsarten (Kunden-/ Eigengeschäfte) erfolgen. Dabei werden standardisierbare Transaktionen wie Zahlungsverkehr oder der Handel mit Wertpapieren im Abwicklungsbereich zunehmend automatisiert erbracht (vgl. Kapitel 2.2.1.3). Komplexe Transaktionen wie Projektfinanzierung erfordern einen „höheren Einsatz von dynamischen Routinen und tacit knowledge".[502]

Zusätzlich zu den bankintern benötigten Ressourcen ist die externe Leistungserbringung in den Prozessen von Transaktionen abzugrenzen, die nicht vollständig intern erbracht werden können oder sollen.[503] So erfolgt die Ausführung von Wertpapier-Transaktionen meist nicht innerhalb des Abwicklungsbereiches der Bank, sondern wird durch einen externen Dienstleister wie z.B. die Deutsche Börse AG durchgeführt.

#### 3.4.2.2 Grundlagen der bankbetrieblichen Kostenrechnung

Der Übergang von der Ressourcen-basierten Sichtweise[504] zur quantitativen Repräsentation des Abwicklungsbereiches kann über die bankbetriebliche Kostenrechnung erfolgen.

---

499 Vgl. Börner, C.J., Bankmanagement, 2000, S. 167f.

500 Vgl. ebenda.

501 Vgl. Börner, C.J., Bankmanagement, 2000, S. 167f.

502 Ebenda.

503 In Abhängigkeit von der Leistungstiefe der Bank bzgl. der Transaktionsprozesse können extern erbrachte Leistungen einen erheblichen Anteil der Wertschöpfung ausmachen. Vgl. Börner, C.J., Bankmanagement, 2000, S. 336, „virtuelle Bank" und Dibbern, J./ Güttler, W./ Heinzl, A., Outsourcing Erklärungsansatz, 2001.

504 Vgl. Börner, C.J., Bankmanagement, 2000, S. 265, Börner konkretisiert die Kernkompetenzen Modularisierung und Standardisierung mit dem Ziel höchstmöglicher Kosteneffzienz im Abwicklungsbereich.

Dabei werden die verbrauchten (internen und externen) Ressourcen mit Hilfe der Prozesskostenrechnung den Geschäften weitestmöglich zugeordnet.[505] Nicht zuordenbare Gemeinkosten werden nachfolgend auf Basis einer Schlüsselung verrechnet.

Unter Verwendung dieses Vorgehens ist es möglich, die Aufwände mit Hilfe der Prozesse nach Geschäftsarten zu differenzieren und in den Leistungs- bzw. Prozessbereichen der Bank wiederum zu aggregieren. Für ein Kreditgeschäft kann beispielsweise folgende Aufspaltung und Aggregation der Kostenbeiträge vorgenommen werden:[506]

| | |
|---|---|
| Kosten des Kreditgeschäftes = | Vertriebskosten Kredit |
| | + *Abwicklungskosten Kredit* |
| | + *Transformationskosten (anteilig)* |
| | + *Overhead (anteilig)* |
| *Kosten der Abwicklung =* | *Abwicklungskosten Kredit* |
| | + *Abwicklungskosten Wertpapier* |
| | + *sonstige Abwicklungskosten* |
| *Kosten der Transformation =* | *Kosten Risikomanagement* |
| | + *Kosten Bilanzstrukturmanagement* |
| | + *sonstige Transformationskosten* |

Mit Hilfe dieser Kostenaufspaltung wird eine einzelgeschäftsbezogene Steuerung ermöglicht, indem Kosten- und Ertragsbeiträge zu Ergebniskomponenten zusammengefasst werden.[507]

Nachdem die Grundlagen des Abwicklungsbereiches einer Bank diskutiert wurden, wird im Folgenden eine quantitative Repräsentation des Abwicklungsbereiches erarbeitet. Der Fokus liegt dabei auf der Abwicklung der gewählten Geschäftsarten gemäß Kapitel 3.1.4.[508]

---

505 Die Zurechnung erfolgt entweder auf Einzelprodukt-, Produktarten- oder Produktsparten-Ebene ohne Verwendung einer Schlüsselung. Vgl. Schierenbeck, H./ Moser, H., Bankcontrolling, 1994, S. 23.

506 Vgl. Schierenbeck, H./ Moser, H., Bankcontrolling, 1994, S. 21ff.

507 Die Ergebniskomponenten werden nachfolgend ins Verhältnis zu den Geschäftsvolumina gesetzt. Man erhält Ergebnisspannen, die sich auch für Vergleiche auf Geschäftsbereichs- oder Unternehmensebene eignen. Vgl. Schierenbeck, H./ Moser, H., Bankcontrolling, 1994, S. 21ff, sowie Kapitel 2.1.2.3.

508 Namentlich Kreditgeschäft mit Firmenkunden, Einlagengeschäft und der (Eigen-)Handel mit Aktien und festverzinslichen Wertpapieren.

### 3.4.3 Die Abwicklungsfunktion der Modellbank

Die gewählten Geschäftsarten wurden in Kapitel 3.3.1.1 den Bereichen Kundengeschäft bzw. Zentralgeschäft zugeordnet.[509] Vor dem Hintergrund der einzelgeschäftsbezogenen Steuerung ist es zweckmäßig, diesen beiden Bereichen jeweils eine eigene Abwicklungsfunktion zuzuordnen. Dabei ist die Abwicklungsfunktion des Kundengeschäftes durch große Transaktionsmengen, der Möglichkeit zur Standardisierung und Automatisierung, aber auch durch einen hohen Personalaufwand gekennzeichnet.

Die Abwicklungsfunktion des Zentralgeschäftes kann durch hohe Losgrößen und durch einen heute hohen manuellen Prozessanteil charakterisiert werden.

Die Auswirkungen dieser Eigenschaften der Abwicklungsbereiche respektive die Auswirkung der Veränderung beispielsweise des Standardisierungsgrades sind noch zu analysieren.

Zur Ausgestaltung beider Abwicklungsbereiche ist es zweckmäßig, diese weiter zu untergliedern. Dabei wirkt die Reagibilität der Kostenposition auf Volumens-/ Auslastungsänderungen als Kriterium.[510] Kostenblöcke, deren Reagibilitätsgrad[511] Null ist, werden dabei als Fixkosten bezeichnet, während Kostenblöcke mit einem Reagibilitätsgrad von Eins als variable Kosten bezeichnet werden. Es ist einsichtig, dass variable Kosten sofort vermieden werden können, wenn die Volumina/ Auslastung wieder zurückgeht. Bei Fixkosten hingegen muss dieser temporale Zusammenhang nicht zwangsläufig gegeben sein. In der Praxis ist häufig zu beobachten, dass Kosten mit einem geringen Reagibilitätsgrad (bezogen auf die Volumina) auch einen geringen Reagibilitätsgrad bezogen auf den Zeitraum bis zu ihrer vollständigen Vermeidung aufweisen.[512] D.h., der Reagibilitätsgrad bezogen auf die Volumina/ Auslastung ist stark positiv mit dem zeitlichen Reagibilitätsgrad korreliert.

In Banken weisen die Kostenblöcke Gebäude, Software, zu Teilen Computer-Hardware und zu großen Teilen auch die Personalkosten[513] einen geringen (Auslastungs- und zeitlichen) Reagibilitätsgrad auf und können den Fixkosten *FK* zugeordnet werden.

Die Kosten für externe Dienstleister (z.B. Börsen), für Computer-Hardware, die sich auf Rechenzeit und Speichervolumen beziehen lässt, weisen hingegen einen hohen Reagibilitätsgrad auf und können somit den variablen Kosten *VK* zugeordnet werden.

---

509 Diese Einordnung der Geschäfte findet spiegelbildlich auch oft organisatorisch statt. Während das Management des Bankbuches der Treasury-Abteilung unterliegt, wird das Risikomanagement, bzw. Management des Handelsbuches durch die Investmentbanking-nahe Handelsabteilung durchgeführt. Vgl. Kapitel 2.1.2.2, Kapitel 3.4.1 und Hockmann, H.J./ Thießen, F., Investment banking, 2002, S. 452ff und Schierenbeck, H., Band 2, 2003, S. 12ff.

510 Vgl. Bestmann, U., Kompendium, 1997, S. 611. Der Reagibilitätsgrad ist definiert durch das Verhältnis aus prozentualer Kostenänderung zu prozentualer Auslastungsänderung.

511 Vgl. ebenda.

512 Einen zeitlichen Reagibilitätsgrad kann man definieren als maximal möglicher Anteil der Kosten, der über einen Zeitraum bei entsprechender Absenkung der Auslastung vermieden (verringert) werden kann.

513 Vor allem bedingt durch Arbeits- und Tarifrecht.

Der Auslastungs-Reagibilitätsgrad ist durch die Verknüpfung zwischen Auslastung (abgewickelte Stück oder Mengen $M$[514]) und variablem Stückkostensatz beschrieben:

$$GK = FK + VK$$
$$= FK + f_{Var} * M$$

*Mit GK...Gesamtkosten, FK...Fixkosten, VK...variable Kosten, $f_{Var}$...variabler Stückkostensatz, M...Abwicklungsmenge*

Der zeitliche Reagibilitätsgrad wird dadurch ausgedrückt, dass die Fixkosten über die Zeiträume (Simulationsperioden) hinweg konstant bleiben, während sich die variablen Kosten mit den abgewickelten Mengen ändern:

$$GK_i = FK + VK_i$$
$$= FK + f_{Var} * M_i$$

*mit i...zeitliche Variable bzw. i-ter Simulationslauf*

*Gl. 3.4-21*

Die Heterogenität der ausgewählten Geschäftsarten[515] (vgl. Kapitel 3.1.4) lässt es schwierig erscheinen, abgewickelte Mengen im Sinne von Stück zu messen und abzubilden. Für beide Abwicklungsfunktionen (Kunden- und Zentralgeschäft) soll das abgewickelte Volumen interpretiert als Marktwert der Positionen zum Abwicklungstag als Mengen-Maßzahl verwendet werden.[516] Dieses Vorgehen ist kongruent mit der Bankpraxis, in der externe Dienstleister und bankinterne Leistungen auf Basis abgewickelter Volumina verrechnet werden.[517]

Setzt man $v_{Gi}$ als Gesamtvolumen der Positionen (des Kunden- bzw. Zentralgeschäftes) in der *i-ten* Simulationsperiode, so ergibt sich für die Gesamtkosten folgender Zusammenhang:[518]

$$GK_i = FK + VK_i$$
$$= FK + f_{Var} * v_{Gi}$$

*mit $v_{Gi}$...Volumen der Positionen der i-ten Periode*

*Gl. 3.4-22*

Das Gesamtvolumen $v_{Gi}$ der Positionen repräsentiert in einer Zeitpunktbetrachtung (am Anfang der *i-ten* Periode) auch die Aktiva des Kunden- bzw. Zentralgeschäftes.[519] Die Summe der Aktiva des Kunden- und des Zentralgeschäftes ergibt die Bilanzsumme der Modellbank.

514 Abwicklung soll in diesem Kontext sowohl die Bearbeitung von Neugeschäften als auch die Bestandsverwaltung umfassen.

515 Insbesondere die Vermischung von Kundengeschäft und Zentralgeschäft mit vollkommen heterogenen Stück- und Volumens-Größenordnungen.

516 Das abgewickelte Volumen vor Re-Allokation entspricht dem Volumen aus der Bilanzgleichung (Gl. 3.3-2; vor der i-ten Periode). Die Marktwerte entsprechen den mark-to-market bewerteten Volumina nach stochastischer Änderung der Marktparameter (nach der i-ten Periode).

517 Vgl. Lamberti, H.-J./ Pöhler, A., Industrialisierung des Backoffice, 2003.

518 Dieser Zusammenhang gilt für Kunden- und Zentralgeschäft.

519 Vgl. die Bilanzgleichung der Modellbank (Gl. 3.3-2). Die Volumina bezeichnen die Marktwerte vor stochastischer Änderung der Parameter.

Die Aktiva in Kunden- und Zentralgeschäft schwanken mit den getroffenen Re-Allokationsentscheidungen bzgl. des Gesamtbankportfolios (vgl. Kapitel 3.4.1). Teilt man beide Seiten der Gleichung Gl. 3.4-22 durch das Gesamtvolumen $v_{Gi}$, so erhält man:

$$GK_i / v_{Gi} = FK / v_{Gi} + f_{Var},$$

also ein Verhältnis zwischen Kosten und aktuellem Wert der Aktiva. Definiert man dieses Verhältnis als Cost Asset Ratio (CAR)[520], so erhält man:

$$CAR_i = FK / v_{Gi} + f_{Var}$$

Durch Mittelwertbildung erhält man die mittlere CAR, welche eine für den Bereich (Kunden- bzw. Zentralgeschäft) charakteristische Kennzahl bzgl. der Kostenstruktur darstellt:

$$CAR = FK / v_G + f_{Var}$$

*mit $v_G$...mittleres Gesamtvolumen im Bereich*

*Gl. 3.4-23*

Für das Kundengeschäft lässt sich dabei eine charakteristische $CAR_{KG}$ und für das Zentralgeschäft eine charakteristische $CAR_{ZG}$ angeben:

$$CAR_{KG} = FK_{KG} / v_{G\,KG} + f_{Var\,KG}$$

$$CAR_{ZG} = FK_{ZG} / v_{G\,ZG} + f_{Var\,ZG}$$

*mit $FK_{KG}$ bzw. $FK_{ZG}$...Fixkosten des Kunden-/ Zentralgeschäftes,*

*$v_{G\,KG}$ bzw. $v_{G\,ZG}$...mittleres Gesamtvolumen des Kunden-/ Zentralgeschäftes,*

*$f_{Var\,KG}$ bzw. $f_{Var\,ZG}$...variabler Stückkostensatz des Kunden-/ Zentralgeschäftes*

*Gl. 3.4-24*

Mit der Kennzahl CAR lassen sich die Abwicklungsbereiche hinsichtlich ihrer Gesamtkosten in Abhängigkeit vom mittleren abgewickelten Volumen charakterisieren. Die Relation zwischen fixen und variablen Kostenkomponenten im jeweiligen Abwicklungsbereich wird durch den Variabilisierungsfaktor $F_v$ angegeben, der wie folgt angegeben werden kann:

$$FK = GK * (1 - F_v)$$

*mit GK...mittlere Gesamtkosten über alle Perioden*

*Gl. 3.4-25*

Dabei lassen sich die mittleren Gesamtkosten *GK* aus Gleichung Gl. 3.4-22 durch Mittelwertbildung zu

$$GK = FK + f_{Var} * V_G$$

*Gl. 3.4-26*

ermitteln. Verknüpft man nun die Gleichungen Gl. 3.4-23, Gl. 3.4-25 und Gl. 3.4-26, so erhält man durch Umformen:

---

520 In Abgrenzung zur CAR wird im Bankenbereich häufig das Verhältnis aus operativem Aufwand zu operativen Erträgen (Cost Income Ratio oder CIR) verwendet. Vgl. Kapitel 2.1.2.3 und Obst/ Hintner/ von Hagen, J./ Stein, J.H., Geld- Bank- und Börsenwesen, 2000, S. 1428.

$f_{Var} = CAR * F_v$

Gl. 3.4-27

D.h., der variable Stückkostensatz lässt sich durch den CAR-Wert und den Variabilisierungsfaktor $F_v$ angegeben.
Setzt man Gl. 3.4-27 in Gleichungen Gl. 3.4-23 und Gl. 3.4-25 ein, so erhält man für die Fixkosten *FK*:

$FK = v_G * CAR * (1 - F_v)$

Gl. 3.4-28.

Für die variablen Kosten $VK_i$ erhält man analog:

$VK_i = CAR * F_v * v_{Gi}$

Gl. 3.4-29.

Die Gesamtkosten ergeben sich damit zu:

$GK_i = CAR * ((1 - F_v) * V_G + F_v * v_{Gi})$

Gl. 3.4-30.

Lässt man weiter Degressionseffekte auf den variablen Stückkostensatz $f_{Var}$ zu, so muss dieser mit einem Degressions-Faktor $F_d$ verknüpft werden. Dabei bedeutet $F_d = 0\%$ keinerlei Kostendegressionseffekte (Ausgangspunkt) und $F_d = 100\%$ eine vollständige Kostendegression, also $VK = 0$. An dieser Stelle muss jedoch die Annahme eines konstanten CAR-Wertes aufgegeben werden, da aus Sicht der analysierten Bank die Gesamtkosten real sinken, wenn Kostendegressionseffekte eintreten. Die Gesamtkosten ergeben sich deshalb jetzt zu:

$GK_i = CAR * ((1 - F_v) * v_G + F_v * (1 - F_d) * v_{Gi})$

Gl. 3.4-31.

Im Fall des ausschließlichen Vorhandenseins fixer Kosten ($F_v = 0\%$) ergeben sich die Gesamtkosten zu:

$GK = V_G * CAR$

Gl. 3.4-32

Sind nur variable Kosten vorhanden ($F_v = 100\%$), ergeben sich die Gesamtkosten zu:

$GK_i = CAR * (1 - F_d) * v_{Gi}$

Gl. 3.4-33

Die Standardabweichung der Gesamtkosten lässt sich somit angeben zu:

$\sigma_{GK} = CAR * F_v * (1 - F_d) * \sigma_{VG}$

Gl. 3.4-34.

Demzufolge wird die Schwankungsbreite der Gesamtkosten durch die Volatilität des Volumensvektors, den CAR-Wert, und die Variabilisierungs- bzw. Degressions-Parameter beeinflusst.
Die Kostenfunktion der Modellbank kann also durch folgende Parameter beeinflusst werden:

| | |
|---|---|
| $F_v$ | *beschreibt den Anteil variabler Kosten an den mittleren Gesamtkosten. $F_v$=20% würde einem geringen Anteil an variablen Kosten und einem hohen Fixkostenanteil bezeichnen.* |
| $F_d$ | *beschreibt die mögliche Kostendegression der variablen Stückkosten. $F_d$=20% würde einer 20%-igen Verringerung des Stückkostensatzes (durch z.B. Volumensbündelung mit anderen Abwicklern) entsprechen* |
| CAR | *beschreibt die für den Bereich typische Cost Asset Ratio. CAR=5% würde mittlere Gesamtkosten in Höhe von 5% der mittleren Volumina des Bereiches bedeuten.* |

Nachdem jetzt das Inputsystem, die Geschäftsarten und die wichtigsten Bankprozesse modelliert sind, wird im Folgenden die Modellierung der Industrialisierungsfaktoren vorgenommen. Es erfolgt die quantitative Darstellung der Wirkzusammenhänge zwischen den Bankprozessen und Industrialisierungstendenzen wie Standardisierung, Automatisierung und Spezialisierung.

## 3.5 Industrialisierungsparameter

### *3.5.1 Präzisierung der Industrialisierungswirkungen*

Die wesentlichen Industrialisierungswirkungen, die in Kapitel 2.1.1 analysiert und in Kapitel 2.2 einer ersten Wirkungsanalyse unterzogen wurden, sollen im Weiteren modellhaft ausgestaltet werden. Dabei sind insbesondere auch die Anforderungen an die Modellausgestaltung aus Kapitel 3.1.5 zu berücksichtigen.
Die Industrialisierungsfaktoren werden im Folgenden getrennt nach Transformations- (Kapitel 3.5.2) und Abwicklungsbereich (Kapitel 3.5.3) betrachtet.

### *3.5.2 Modellierung der Industrialisierung der Transformationsfunktion*

In Kapitel 2.2.1.4 wurden zwei wesentliche Industrialisierungstendenzen in der Transformationsfunktion bei Banken erarbeitet: die Automatisierung der Bankdisposition sowie die Standardisierung und Automatisierung der Banksteuerung.
Dabei spannt sich die Automatisierung der Bankdisposition von einer Unterstützung des Menschen durch geeignete Instrumente (z.B. Analyseverfahren und Werkzeuge) bis hin zur vollständigen Eliminierung von manuellen Prozessschritten durch eine vollautomatisierte Disposition. Diese Industrialisierungstendenz soll modellhaft durch drei wesentliche Faktoren modelliert werden:

- Menschliche Einflüsse und Biases[521] werden durch stochastische Störgrößen im Optimierungsalgorithmus abgebildet. Im industrialisierten Fall werden diese eliminiert.
- Notwendige Kontrollmechanismen bei manueller Disposition werden über Limite modelliert, die im industrialisierten Fall ausgeschaltet werden.

521 Vgl. dazu auch die Ausführungen zu verhaltenswissenschaftlichen Ansätzen in Kapitel 3.2.2.3.

- Die automatische Unterstützung des Prozesses wird über Datenverfügbarkeit und zur Verfügung stehende Rechenleistung modelliert. Beide sind im industrialisierten Fall hoch ausgeprägt.

Die zweite Tendenz, die Standardisierung und Automatisierung der Banksteuerung wurde mit dem beschriebenen Übergang zu einer Gesamtbanksteuerung und der damit verbundenen Aggregation aller Ertrags- und Risikoquellen in der Bank ausführlich in Kapitel 3.4.1 dargestellt. Die Gesamtbanksteuerung stellt somit einen wesentlichen Bestandteil des Modells dar, der nicht getrennt zu modellieren ist.

Eine Gegenüberstellung eines Zustandes ohne Verwendung einer Gesamtbanksteuerung und eines Zustandes unter Verwendung dieser Steuerung ist mithin im vorliegenden Modell nicht möglich. Stattdessen sollen im Weiteren die drei Faktoren, die die automatische Disposition modellieren, anhand der Hauptprozessschritte[522] der Transformation weiter präzisiert werden.

Die Transformationsfunktion der Bank, wie sie in Kapitel 3.4.1 abgeleitet und spezifiziert wurde, besteht aus den Komponenten Analyse, Steuerung und Kontrolle.

Die Analyse beinhaltet die Schritte Datensammlung, Messung sowie Auswertung von Marktdaten. Die Steuerung umfasst die zielorientierte Re-Allokation des Portfolios, während die Kontrollfunktion die Überwachung der Steuerung bewirken soll.[523]

Betrachtet man die notwendigen Kompetenzen zur Durchführung der drei Hauptaufgaben, so ist die *Analyse* vor allem mit technischen Kenngrößen wie Datenspeicherungs- und Auswertekapazitäten bzw. der verfügbaren Rechenleistung verknüpft. Industrialisierung bedeutet in diesem Bereich vor allem bessere Analyseverfahren, höhere Rechenkapazität und bessere Datenverfügbarkeit. Der Industrialisierungsgrad der Bankfunktionen wird im Modell durch Industrialisierungsfaktoren erreicht. Aus diesen Überlegungen lassen sich die Industrialisierungsfaktoren in der Analyse-Funktion wie folgt präzisieren:

*Lerntiefe / „Lernende Bank":* Die Kompetenz der Datenverfügbarkeit bzw. Rechenkapazität soll mit dem Parameter Lerntiefe beschrieben werden. Ist die Lerntiefe gering, so können nur wenige historische Daten verarbeitet werden und in die Analyse respektive die Entscheidung einfließen. Ist die Lerntiefe hingegen hoch, können beliebig viele historische Daten verarbeitet und in die Entscheidung einbezogen werden. Dazu wird die historische Kovarianzmatrix der Bank (vgl. Kapitel 3.4.1.4, insbesondere Gl. 3.4-9) mit unterschiedlicher Tiefe über die vergangenen Perioden berechnet. Bei einer Tiefe von *10%* wird die Kovarianzmatrix lediglich aus Daten der letzten *10%* der Perioden berechnet und deutet darauf hin, dass die untersuchte Bank nicht über die notwendigen Speicher- und Rechenkapazitäten verfügt, um die gesamte Historie auszuwerten. Eine Tiefe von *100%* hingegen bezieht alle bisherigen Perioden der Bank in die Berechnung ein und deutet auf nahezu unlimitierte technische Ressourcen hin.

*Optimierungsinput:* Zur Modellierung der Verarbeitungskapazität wird der Parameter Optimierungsinput eingeführt. Ist die Rechenkapazität gering, so können zwar exter-

522 Vgl. Kapitel 3.4.1.
523 Vgl. Kapitel 3.4.1.1.

ne Marktdaten in die Analyse einbezogen werden, eine komplette Historie aller intern realisierten Verluste[524] kann aber nicht damit verknüpft werden. Bei hoher Rechenkapazität werden die internen Verluste taggleich mit den Marktdaten verknüpft.
Dazu wird die Kovarianzmatrix (vgl. Gl. 3.4-9) entweder über den Marktinput, also die tatsächlich am Markt messbaren Volatilitäten der Positionen oder über die realisierten Verluste, also die Volatilität des transformierten Marktinputs berechnet.[525] Eine Optimierung über Marktinputs deutet darauf hin, dass die Bank nicht die Speicherkapazität für z.B. taggleiche, realisierte Verlustpositionen hat, und sich über am Markt verfügbare Marktvolatilitäten behilft. Eine Optimierung auf Verlustpositionen deutet hingegen auf ausgeprägte technische Möglichkeiten hin.
Die *Steuerung* ist primär mit der Entscheidungsfindung im Rahmen eines Gesamtbank-Portfoliomanagements verbunden. Diese Entscheidungsfindung kann mehr oder weniger automatisch unterstützt erfolgen.[526] Die Disposition durch den Menschen, bei der verhaltenspsychologische Momente[527] eine starke Rolle spielen, kann dabei durch starre Limite (vgl. Kapitel 3.4.1) oder automatische Verfahren unterstützt, begrenzt oder ganz eliminiert werden.[528] Industrialisierung bedeutet in diesem Bereich vor allem die Reduktion von menschlichem Einfluss durch eine Automatisierung der Entscheidungsfindung. Traditionelle Steuerungssysteme wie Volumens- oder Risikolimite werden durch automatisierte Entscheidungsfindungsprozesse abgelöst. Die Industrialisierungsfaktoren in der Steuerungs-Funktion können jetzt wie folgt präzisiert werden:
*Verbleibende Einflüsse des Menschen als stochastische Variable:* „Treasury und Risikomanagementkonzepte können noch so ausgefeilt sein – deren Umsetzung steht und fällt mit den beteiligten Mitarbeitern".[529] Das Verhalten der handelnden Personen bei der Investitionsentscheidung wird über einen stochastischen „Bias" eingesteuert. Dieser „Bias" ist zunächst im Einklang mit der Hypothese effizienter Märkte, da er einen langfristigen Mittelwert von Null aufweist.[530] Im Modell wird dieser menschliche Einfluss über eine stochastische Komponente mit $v_{i\ stochast} = v_i * a;\ a \sim N(\mu=0;\ \sigma)$ simuliert, wobei $a$ auf etwa *10%* von $v_{Ges}$ begrenzt wird.
*Minimumlimit:* Mit diesem Parameter wird die Hypothese effizienter Märkte aufgegeben und ein verhaltenswissenschaftlicher Effekt simuliert. Menschliche Einflüsse wie z.B. ein „Home Bias"[531] werden im Modell durch ein Minimumlimit für alle Positionen definiert; es erfolgt eine restriktive Optimierung mit $v_i \geq V_{Min}$. Ein hohes Minimumlimit

524 Im Folgenden werden Renditeverteilungen zur Bestimmung der VaR jeweils in Verlustverteilungen umgerechnet.
525 Die Messpunkte werden in Abbildung 23 (Kapitel 3.6.2) verdeutlicht: Marktdaten werden vor Transformation 1 gemessen, während interne Verluste nach Transformation 1 gemessen und historisiert werden.
526 Vgl. hierzu Kapitel 2.2.1.4.
527 Die Aufarbeitung verhaltenswissenschaftlicher Ansätze zur Erklärung des Investor-Verhaltens wurde in Kapitel 3.2.2.3 vorgenommen. Der Dispositeur des Gesamtbankportfolios kann in dieser Hinsicht mit einem klassischen Anleger gleichgesetzt werden.
528 Vgl. hierzu Kapitel 2.1.1.
529 Eller, R., Gesamtbanksteuerung, 2001, S. 625.
530 Vgl. Kapitel 3.2.1.
531 Vgl. Kapitel 3.2.2.3.

deutet wieder auf manuelle Entscheidungskomponenten hin. Ist das Minimumlimit gering, so kann von einer industrialisierten Investitionsentscheidung ausgegangen werden.[532]

*(Maximal-)Limitsystem:* Die Risikobegrenzung in der Transformationsfunktion erfolgt heute vielfach über klassische Limitsysteme (Volumens-, Risiko- oder Eigenkapitallimite).[533] Im Modell kann ein Volumenlimit gesetzt werden, d.h. es erfolgt eine restriktive Optimierung mit $v_i \leq V_{Max}$. $V_{Max} = 0$ deutet auf ein vollständiges „Vertrauen" in die Entscheidungsfindung hin, wie es beispielsweise bei einer vollständigen Automatisierung der Steuerung herrschen würde. $V_{Max} > 0$ deutet auf bewusst eingegangene Restriktionen der Entscheidungsfindung hin, wie es häufig bei manuellen Prozessschritten angewandt wird.[534]

*Optimierungstiefe:* Die Qualität der Risiko-Returnsteuerung soll mit dem Parameter Optimierungstiefe ($T_{Opt}$, vgl. Kapitel 3.4.1.4) simuliert werden. Im Modell kann der Algorithmus unterschiedliche „Gütestufen" der Optimierung darstellen. Eine Optimierungstiefe von *4* wählt lediglich zwischen vier möglichen Volumenswerten für jede Position. Eine Optimierungstiefe von *20* betrachtet hingegen bis zu zwanzig mögliche Volumenswerte für jede Position.[535] Ist die Optimierungstiefe gering, so überwiegt der manuelle Anteil an der Allokations-Entscheidung. Eine hohe Optimierungstiefe deutet dagegen auf eine automatische Investitions-Entscheidung hin. Die notwendige Rechenkapazität nimmt bei hoher Optimierungstiefe ebenfalls zu.

Die *Überwachung* ist mit technischen Kompetenzen wie Auswerte-Verfahren und Tools verbunden. Die menschliche Interaktion bei Bewertung und Eskalation der Situation spielt aber gleichfalls eine gewichtige Rolle. Industrialisierung bedeutet hier vor allem eine verstärkte Integration von Ertrags- und Risikosteuerung im Rahmen einer Gesamtbanksteuerung und das Ablösen von manuellen durch automatische Entscheidungsprozesse. Die Industrialisierung der Überwachungsfunktion wird durch die Parametrisierung menschlicher Einflüsse, und durch das Minimumlimit bereits zu Teilen adressiert. Zugleich wirkt die integrierte Risiko-Returnsteuerung auf Gesamtbankebene sowie das einheitliche, risikoadjustierte Ergebnismaß auf die Qualität der Überwachungsfunktion. Diese Prozesse können im Modell jedoch nicht parametrisiert werden.

Nachdem die Industrialisierungsfaktoren für die Transformationsfunktion modelliert wurden, sollen nun entsprechende Faktoren für die Abwicklungsfunktion abgeleitet werden.

---

532 Industrialisiert bedeutet hier ohne verhaltenswissenschaftliche Anomalien, streng genommen eine Einhaltung der Hypothese effizienter Märkte.

533 Vgl. Kapitel 3.4.1.1. Hohe Verluste (tail losses) werden durch Limite begrenzt.

534 Durch die Begrenzung des Bilanzvolumens $v_{Ges}$ ergeben sich implizierte Maximumlimits für die Positionen, die sich aus $v_{Ges}$ und den jeweils gültigen Minimumlimiten errechnen.

535 Die Schrittweite ist wiederum abhängig von den gewählten Minimum- und Maximumlimits. Vgl. Kapitel 3.4.1.4.

### 3.5.3 *Industrialisierung der Abwicklungsfunktion*

In Kapitel 2.2.1.3 wurden mit der Automatisierung der Bankprozesse und der Spezialisierung/ Reduktion der Wertschöpfungstiefe zwei wesentliche Industrialisierungstendenzen in der Abwicklungsfunktion bei Banken erarbeitet.

Dabei steht bei der Prozessautomatisierung aufgrund des überwiegend digitalen Charakters von Bankprodukten eine durchgängige automatisierte Unterstützung der Prozesse bis hin zur Eliminierung manueller Eingriffe respektive einer Vollautomatisierung und STP im Vordergrund. Wirkungen dieser Industrialisierungstendenz wurden mit geringeren Kosten und höherer Qualität beschrieben.[536] Modellhaft soll diese Tendenz durch eine Kostendegression der variablen Kosten der Leistungserstellung abgebildet werden.

Die Wirkung der Spezialisierung respektive Reduktion der Wertschöpfungstiefe wurde mit einer Kostendegression durch Bündelung bzw. durch Erreichung von Größenvorteilen und einem Anstieg des Anteils variabler Kosten an den Gesamtkosten beschrieben.[537] Die Spezialisierung kann sich dabei entweder auf Kernfunktionen der Bank (z.B. Abwicklung von Zahlungsverkehr) oder unterstützende (Querschnitts-) Funktionen beziehen.

Die Bündelung von Abwicklungsvolumina erfolgt mit dem Ziel der Erreichung von Skalenvorteilen in den Abwicklungs-Stückkosten. Diese kann aus Sicht der Bank entweder durch Vergabe (Outsourcing-Fall) oder Akquise (Insourcing-Fall) von Abwicklungsvolumina erfolgen. Eine Vergabe erfolgt meist an Transaktionsbanken[538] über eine selektive Auslagerung der entsprechenden Geschäftsfunktionen.[539] Die Transaktionsbank reicht hierbei einen Teil der erreichten Kostendegressionen an die Bank weiter. Aus Sicht der Bank sinken also die Abwicklungs-Stückkosten. Eine Variabilisierung der Abwicklungskosten wird durch entsprechende Stückkosten- und Mengen-Vereinbarungen mit der Transaktionsbank erreicht. Die Bank tätigt dabei (bis auf Rückbau- und Verhandlungskosten) keine zusätzlichen Investitionen.

Eine Akquise von Abwicklungsvolumina kann aus Sicht der Bank durch den Aufbau einer eigenen Transaktionsbank oder über Partnerschaftsmodelle erfolgen. Eine Transaktionsbank erreicht die Bündelung durch aktives Sourcing von Volumina aus dem Markt, während Partnerschaftsmodelle die Volumina ihrer Gründer und Eigentümer bündeln und nur sekundär am Markt akquirieren. In beiden Modellen werden Skalenvorteile in den Stückkosten erzielt, die wesentlich höher sind, als im Outsourcing-Fall. Die Kostenstruktur kann jedoch nicht variabilisiert werden, da zusätzliche fixe Kosten für das Drittgeschäft aufgebaut werden müssen.

Die Kosteneffekte aus Sicht der Bank für den Outsourcing- und Insourcing-Fall sind in Abbildung 22 ersichtlich.[540]

---

536 Vgl. Kapitel 2.2.1.3.

537 Vgl. ebenda.

538 Vgl. Bösch, M., Outsourcing im Transaction Banking, 2004.

539 Die selektive Auslagerung von Geschäftsprozessen wird umfassend mit der Theorie der Unternehmung untermauert. Vgl. Dibbern, J./ Güttler, W./ Heinzl, A., Outsourcing Erklärungsansatz, 2001.

540 Für konkrete Einsparpotenziale vgl. Bösch, M., Outsourcing im Transaction Banking, 2004.

| | **Outsourcing-Fall** | **Insourcing-Fall** |
|---|---|---|
| **Variabilisierung der Kostenstruktur** | Variabilisierung der Kostenstruktur (Verringerung der Fixkosten) | Keine Variabilisierung, da Fixkosten verbleiben |
| **Stückkostendegression durch Skalenvorteile** | Hoch (bis zu 15% Degression) | Sehr hoch (bis zu 40% Degression) |
| **Erhöhung der Fixkosten durch zusätzliche Investitionen** | Keine zusätzlichen Investitionen (außer kurzfristig Kosten für Rückbau und Auslagerung) | Zusätzliche Investitionen in Drittmarktgeschäft notwendig (Erhöhung der Fixkosten) |

Abbildung 22: Effekte auf die Kostenstruktur bei Insourcer und Outsourcer[541]

Die Industrialisierungstendenz Spezialisierung/ Verringerung der Wertschöpfungstiefe soll modellhaft durch zwei wesentliche Faktoren ausgestaltet werden:
*Kostenvariabilisierung* durch eine Verringerung der Wertschöpfungstiefe (z.B. Auslagerung von Geschäftsfunktionen): Dieser Effekt wird im Modell durch die Variation des Variabilisierungsfaktors $F_v$ (vgl. Kapitel 3.4.3, Gl. 3.4-25) realisiert. Ist $F_v = 0\%$, so sind aus Sicht der betrachteten Bank alle Kosten fix; bei $F_v = 100\%$ sind dagegen alle Kosten variabel und somit nur vom derzeitigen (Abwicklungs-)Volumen der Positionen abhängig.
*Kostendegression* durch Bündelung von Abwicklungsleistungen (auch über mehrere Banken hinweg) in so genannten Abwicklungsfabriken: Dieser Effekt wird im Modell über den Degressions-Faktor $F_d$ (vgl. Kapitel 3.4.3, Gl. 3.4-31.) abgebildet. Bei $F_d = 0\%$ liegt keine Kostendegression vor, bei $F_d = 50\%$ wird der variable Stückkostensatz hingegen um *50%* verringert.
Nachdem das Inputsystem, die Geschäftsarten, die Bankprozesse und die Industrialisierungsfaktoren ausgestaltet sind, soll im Folgenden noch das Outputsystem modelliert werden, bevor die konkrete Parametrisierung des Modells erfolgt.

## 3.6 Outputsystem

In Kapitel 3.1.4 wurden zwei Anforderungen an das Outputsystem gestellt: die Abbildung einer wertorientierten, risikoadjustierten Bankperformance-Größe und die Abbildung eines Maßes zur Beurteilung der Zyklusverstärkerwirkung der Bank. Im Folgenden werden diese beiden Anforderungen modelliert.

541 Eigene Darstellung. Vgl. auch Vining, A./ Globerman, S., Outsourcing decision, 1999 sowie Ang, S., IS outsourcing, 1998. Es wird auf empirische Studien verwiesen, die belegen, dass allein ein Outsourcing der Infrastruktur (IT) Kostenreduktionen von 20-30% erreicht.

### *3.6.1 Risikoadjustierte Bankperformance*

Wie in Kapitel 2.1.2.3 grundlegend dargelegt und in Kapitel 3.3.1.2 auf die Gegebenheiten der Modellbank spezifisch ausgeführt, erfüllen Kennzahlen wie der Economic Value Add (EVA) grundsätzlich die Anforderung einer wertorientierten Performance-Messung. Die Risikoadjustierung wird aber erst durch den Einbezug des tatsächlich benötigten ökonomischen Kapitals, also der „verbrauchten" Risikodeckungsmassen, erreicht. Die Kennzahl RAROC erfüllt wie bereits beschrieben die Anforderungen einer wertorientierten und risikoadjustierten Messung der Bankperformance (vgl. Kapitel 2.1.2.3 und 3.3.1.2).

Definiert man den RORAC als Quotient aus Reingewinn und Risikobeitrag[542], sowie den Reingewinn als Differenz zwischen Erfolgs- und Kostenbeitrag, so ergibt sich folgende Notation:[543]

*RORAC = (Erfolgsbeitrag – Kostenbeitrag) / Risikobeitrag*

*Gl. 3.6-1*

Der RAROC vermindert den RORAC um die Kosten des Risikokapitals und wird somit der Anforderung der wertbasierten Ansätze (vgl. Kapitel 3.3.1.2) gerecht:[544]

*RAROC = RORAC - Risikokapitalkostensatz*

*= ((Erfolgsbeitrag – Kostenbeitrag) / Risikobeitrag)*

*- Risikokapitalkostensatz*

*Gl. 3.6-2*

Die Elemente der Messgröße sind bereits vollständig bestimmt: der Erfolgs- bzw. Risikobeitrag der Positionen wurde in Kapitel 3.3.2, 3.3.3 bzw. 3.3.4 definiert, der Kostenbeitrag in Kapitel 3.4.2 und der Risikokapitalkostensatz in Kapitel 3.4.1.4.

Es bleibt noch anzumerken, dass mit diesem Ergebnismaß eine ausschließliche Fokussierung auf das ökonomische, also das interne Risiko erfolgt. Die aufsichtsrechtliche Sicht ist hiervon zunächst unberührt.[545] Geht man jedoch von einer zunehmenden Konvergenz von ökonomischer und aufsichtsrechtlicher Sicht auf das Bankrisiko aus, so kann diese Einschränkung speziell vor dem Hintergrund der neuen Eigenkapitalrichtlinien (Basel II) vorgenommen werden.[546]

---

542 Vgl. Kapitel 3.3.1.4.

543 Vgl. Kapitel 3.3.1.2 sowie Hockmann, H.J./ Thießen, F., Investment banking, 2002, S. 762. Der Kostenbeitrag soll die operativen Kosten und die Standardrisikokosten enthalten.

544 Es handelt sich um eine vereinfachte Darstellung im Sinne von Kapitel 3.3.1.2. Positionen wie Standardrisikokosten und Anlagenutzen des gebundenen Eigenkapitals sind vernachlässigt. Vgl. Hockmann, H.J./ Thießen, F., Investment banking, 2002, S. 758ff.

545 Vgl. Hockmann, H.J./ Thießen, F., Investment banking, 2002, S. 762 zu einer Ausführung bzgl. Grenzen des RAPM-Ansatzes (RAROC).

546 Vgl. Hammes, W./ Shapiro, M., Credit asset portfolios, 2001.

### *3.6.2 Maß zur Beurteilung der Zyklusverstärkerwirkung der Bank*

Eine wesentliche Funktion der Bank besteht in der Transformation von Risiken (vgl. Kapitel 2.1.2.1). Aus Sicht der Bank wird ein Inputrisiko $\zeta_{Markt}$ in ein Portfolio-Risiko $\zeta_{Portfolio}$ transformiert. Die Transformation geschieht durch die Risikospezifika der selektierten Geschäftsarten (vgl. Kapitel 3.3.1.4) und die Ausgestaltung (z.B. die Nutzenfunktion der Portfoliooptimierung) der Bankprozesse (vgl. Kapitel 3.4.1.2). Das bedeutet aber auch, dass die Spezifika der bankeigenen Risikotransformationsfunktion $F_{RT1}(\zeta_{Markt} \rightarrow \zeta_{Portfolio})$ durch die konkrete Wahl der Geschäftsarten und der Wahl der Parameter des Transformationsprozesses beeinflusst werden können.
Der Abwicklungsprozess mit seiner charakteristischen Kostenfunktion und die Übersetzung in eine wertorientierte Betrachtung der risikoadjustierten Bankperformance mittels RAROC kann als eine zweite Transformation interpretiert werden. Das Risiko des Gesamtbankportfolios $\zeta_{Portfolio}$ wird durch die Verknüpfung mit den Kosten- und Ergebniskomponenten sowie dem Risikokapitalkostensatz in ein Risiko der Veränderung des Unternehmenswertes der Bank $\zeta_{Wert}$ transformiert. Eine zweite Risikotransformationsfunktion $F_{RT2}(\zeta_{Portfolio} \rightarrow \zeta_{Wert})$ kann aus der Definition des RAROC abgeleitet werden und mittels der Parameter der Abwicklungsfunktion sowie der VaR-Bestimmung und der Eigenkapitalspezifika beeinflusst werden:

$$RAROC = (Erträge - Kosten) / VaR_{Portfolio} - k_{ök}$$

*mit $VaR_{Portfolio}$...Risikokenngröße des Gesamtbankportfolio-Risikos,*

*$k_{ök}$...Risikokapitalkostensatz*

*Gl. 3.6-3*

Der Zusammenhang zwischen der risikoadjustierten Performancegröße RAROC und der Wertänderung der Bank kann über das EVA/ MVA-Konzept hergestellt werden. Der MVA (Market Value Add) kann allgemein als Abdiskontierung[547] der EVA-Werte der Betrachtungsperioden aufgefasst werden:[548]

$$MVA = \Sigma\, EVA / (1 + k_{EK})^t$$

*Gl. 3.6-4,*

wobei der EVA den Residualgewinn nach Abzug von Kosten für das gebundene Kapital angibt.
Das EVA-Konzept wurde auf die speziellen Anforderungen von Finanzdienstleistern angepasst. Insbesondere der Austausch des gebundenen Kapitals gegen Risikokapital sowie weitere Modifikationen wurden durchgeführt.[549] Demnach kann der EVA als um die Kosten des Risikokapitals verminderter Nettoertrag eines Finanzdienstleisters interpretiert werden:

$$EVA = Nettoertrag - (Risikokapital * Kapitalkostensatz)$$

*Gl. 3.6-5,*

---

547 Abdiskontierung mit dem Kapitalkostensatz.
548 Vgl. Fischer, T.M., EVA, S. 2f.
549 Vgl. Seidenspinner, S., Anreizsysteme, 2000, S. 21f.

Diese Darstellung ähnelt der Definition des RAROC aus Gl. 3.6-2:

$$RAROC = ((Ertrag - Kosten) / Risikokapital) - Risikokapitalkostensatz$$
$$= (Nettoertrag - (Risikokapital * Kapitalkostensatz)) / Risikokapital$$

*Gl. 3.6-6,*

Insofern stellt der RAROC einen relativen Residualgewinn oder Überrendite im Sinne des EVA bezogen auf das Risikokapital dar. Bezogen auf den Zweiperiodenfall kann der MVA bzw. die Wertänderung der Bank somit über das Ergebnismaß RAROC wie folgt approximiert werden:

$$\Delta W = (W_{t1} - W_{t0})$$
$$= ((1+RAROC) * W_{t0} - W_{t0})$$

*Gl. 3.6-7*

Die relative Wertänderung oder wertmäßige Rendite ergibt sich damit zu:

$$\Delta W / W_{t0} = (1 + RAROC) - 1$$
$$= RAROC$$

*Gl. 3.6-8*

Das Risiko einer Veränderung des Wertes der Bank $\zeta_{Wert}$ kann somit als Schwankung des RAROC interpretiert werden:

$$\zeta_{Wert}: \quad Schwankungsbreite\ (RAROC)$$
$$= Schwankungsbreite\ ((Erträge-Kosten) / VaR_{Portfolio} - k_{ok})$$

Ist die Wahrscheinlichkeitsdichtefunktion der Wertänderung normalverteilt[550], so kann $\zeta_{Wert}$ über die Standardabweichung des RAROC beschrieben werden:

$$\zeta_{Wert}: \quad \sigma_{Wert} = \sigma_{RAROC}$$

*Gl. 3.6-9*

Der Zusammenhang zwischen den Risiken $\zeta_{Markt}$, $\zeta_{Portfolio}$ und $\zeta_{Wert}$ sowie die beiden Transformationsfunktionen $F_{RT1}$ und $F_{RT2}$ sind in Abbildung 23 veranschaulicht.

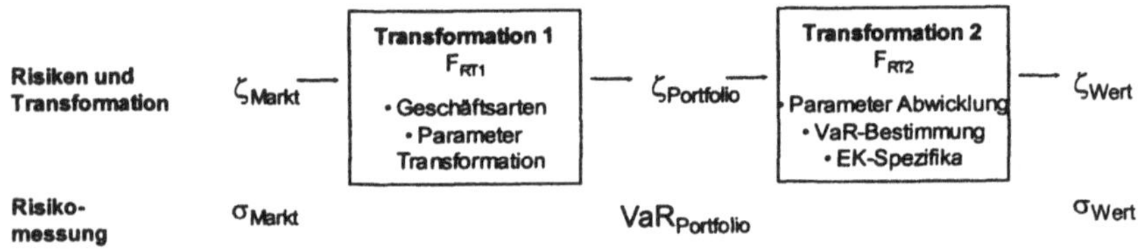


Abbildung 23: Risikotransformationen und Messung[551]

550 Die Wertänderung der Bank kann allgemein als stetige Asset-Rendite aufgefasst werden.
551 Eigene Darstellung.

Aus den Risikokenngrößen $\sigma_{Markt}$, $VaR_{Portfolio}$ und $\sigma_{Wert}$ können nun Maßzahlen für die Zyklusverstärkerwirkung der Bank angegeben werden.[552] Die Verstärkerwirkung der ersten Transformation ist die parzielle Ableitung von $F_{RT1}$ nach $\zeta_{Markt}$:

$$v_1 = \delta F_{RT1} / \delta \zeta_{Markt}$$
$$= VaR_{Portfolio} / \sigma_{Markt}$$

Die Verstärkerwirkung der zweiten Transformationsstufe ist die parzielle Ableitung von $F_{RT2}$ nach $\zeta_{Portfolio}$:

$$v_2 = \delta F_{RT2} / \delta \zeta_{Portfolio}$$
$$= \sigma_{Wert} / VaR_{Portfolio}$$

Damit kann die Gesamtverstärkerwirkung der Bank durch Multiplikation von $v_1$ und $v_2$ angegeben werden zu:

$$v = \sigma_{Wert} / \sigma_{Markt}$$
$$= \sigma_{RAROC} / \sigma_{Markt}$$

*Gl. 3.6-10*

Die Verstärkerwirkung der Bank kann durch den Quotienten aus Outputvolatilität zu Inputvolatilität beschrieben werden.

Im Outputsystem wird die Verstärkerwirkung $v$ für zwei Vergleichsmessungen herangezogen. Zum einen sollen verschiedene Parametrisierungen der Bank hinsichtlich ihrer Verstärkung der konstanten Marktvolatilität getestet werden. Bei konstantem $\sigma_{Markt}$ nimmt in diesem Fall die Verstärkerwirkung folgende Gestalt an:

$$v = \sigma_{RAROC} / \sigma_{Markt}; \ \sigma_{Markt} = 100\%$$
$$= \sigma_{RAROC}$$

*Gl. 3.6-11.*

Die Verstärkung kann als Schwankungsbreite des Bankergebnisses bei konstanter Marktvolatilität aufgefasst werden.

Zum anderen wird die Verstärkerwirkung der Parametrisierungen der Bank bezogen auf Änderungen der Input-/ Marktvolatilität gemessen. Definiert man die Marktvolatilität im stabilen Markt zu $\sigma_{s\,Markt}$ und die Marktvolatilität im volatilen Markt zu $\sigma_{v\,Markt}$, so kann die Verstärkerwirkung für stabiles und volatiles Marktumfeld zunächst wie folgt definiert werden:

$$v_s = \sigma_{sRAROC} / \sigma_{s\,Markt}$$
$$v_v = \sigma_{vRAROC} / \sigma_{v\,Markt}.$$

552 Die Zyklusverstärkerwirkung soll hier auf Unternehmensebene definiert werden und angeben, mit welcher Intensität der Wert der Bank in Abhängigkeit von den Inputmärkten schwankt.

Die Verknüpfung der beiden Marktumfelder erfolgt durch eine auf den stabilen Markt bezogene Berechnung der relativen Verstärkung:

$$
\begin{aligned}
v &= (v_v - v_s) / v_s \\
&= (\sigma_{vRAROC} / \sigma_{v\ Markt} / \sigma_{sRAROC} / \sigma_{s\ Markt}) - 1 \\
&= \sigma_{vRAROC} / \sigma_{sRAROC} * \sigma_{v\ Markt} / \sigma_{s\ Markt} - 1
\end{aligned}
$$

*Gl. 3.6-12.*

Bei $\sigma_{s\ Markt}$ = *100%* und $\sigma_{v\ Markt}$ = *400%* berechnet sich die Verstärkerwirkung beispielsweise zu:[553]

$$
v = 4 * \sigma_{vRAROC} / \sigma_{sRAROC} - 1
$$

*Gl. 3.6-13.*

Zur besseren Ergebnisinterpretation werden noch folgende Ergebnismaße durch das Outputsystem zur Verfügung gestellt:

- Gesamtbankportfolio-Rendite und –Varianz...über einen Simulations-Zyklus simulierte Portfolioeigenschaften[554]
- Nutzenwert des Portfolios...Wert der Nutzenfunktion $u(\mu, \sigma)$ nach erfolgter Optimierung des Portfolios[555]
- $VaR_{Max}$...Maximaler VaR während eines Simulations-Zyklus[556]
- Mittleres Volumen im Bankbuch...durchschnittliches Kreditvolumen während eines Simulations-Zyklus
- $l_{Max}$...Während eines Simulations-Zyklus in einer Periode erreichter maximaler Verlustwert[557]

Die Struktur des Modells ist damit vollständig beschrieben. Im nächsten Schritt wird die Parametrisierung des Modells durchgeführt und dessen Funktionsweise initial getestet.

553 Treten wie in der vorliegenden Modellierung lediglich kurze Perioden mit hohen Volatilitäten auf, so ist die Marktvolatilität mit der Anzahl der simulierten Perioden zu gewichten.

554 Vgl. Kapitel 3.4.1.2.

555 Vgl. Kapitel 3.4.1.4.

556 Ein Simulationszyklus besteht aus 3000 Wochen-Perioden. Vgl. Kapitel 4.3.1.

557 Summe aus dem Verlust des Handelsbuches (vgl. Kapitel 3.3.2.3) und des Bankbuches (vgl. Kapitel 3.3.3.4)

# IV. Konkrete Modell-Umsetzung und Ergebnisse

## 4.1 Modellierungsansatz

Den grundsätzlichen Modellierungsansatz stellt die Monte Carlo Simulation dar.[558] Wie bereits ausgeführt, müssen die Risikofaktoren der Nomalverteilungs-Annahme genügen, die Bewertungsfunktion des Portfolios muss aber nicht linear sein, es können sich potenziell also auch komplexe Instrumente im Portfolio befinden. Dies wird besonders bei der Simulation von Kreditrisiken durch das Asset-Value-Modell ausgenutzt, da das unterliegende Asset normalverteilte Renditen aufweist, die Rendite des Kredites jedoch letztendlich nicht normalverteilt ist.[559]
Das Marktmodell bestehend aus dem Inputsystem und den Geschäftsarten stellt ein stochastisches Ein-Periodenmodell ohne Gedächtnis dar.[560] D.h., es wird unter Verwendung der historischen Volatilitäten genau eine Periode pro Stichprobe simuliert. Effekte auf nachfolgende Perioden bleiben unberücksichtigt. In den Geschäftsarten besteht auch kein „Gedächtnis" über den Erfolg oder das Risiko vergangener Perioden, jede Stichprobe findet unter gleichen Voraussetzungen statt.
Eine Ausnahme dazu bildet die Simulation des stark volatilen Marktumfeldes.[561] Dort wird vor bestimmten Stichproben die historische Volatilität entsprechend erhöht.[562]
Die Gewinne bzw. Verluste aus jeder Simulationsperiode werden sofort in der GuV der Periode realisiert, es entstehen keine bilanziellen Auswirkungen für die nächste Periode. Insofern wird die Bilanz der Modellbank vor jeder Stichprobe wieder in den Start-Zustand versetzt und die GuV- respektive RAROC-Berechnung startet bei Null-Kosten und Null-Erträgen. Pfadabhängigkeiten der Geschäftsarten werden nicht berücksichtigt.
Die Bankprozesse bestehend aus Transformations- und Abwicklungsfunktion sind im Gegensatz zu Inputsystem und Geschäftsarten mit einem „Gedächtnis" ausgestattet. Wie in Kapitel 3.4.1.4 ausgeführt, lernt die Transformationsfunktion der Modellbank die historischen Volatilitäten und Korrelationen der Portfoliopositionen. Auf Basis der gelernten Kennzahlen wird die Re-Allokation des Bankportfolios durchgeführt. Auch in der Abwicklungsfunktion besteht eine Abhängigkeit zur Anzahl der simulierten Perioden, in dem die Fixkosten eine Funktion der bisher durchgeführten Abwicklungsvolumina ist.

558 Vgl. dazu Kapitel 3.3.1.4, sowie speziell zur Modellierung von Kreditpositionen die Kapitel 3.3.3.1, 3.3.3.2 und 3.3.3.4.
559 Vgl. dazu insbesondere Kapitel 3.3.3.4.
560 Vgl. hierzu Kapitel 2.1.2.3 und Oguzsoy, C.B./ Güven, S., Asset and liability management, 1997 für eine weitreichende Kategorisierung von Bankmodellen.
561 Vgl. dazu Kapitel 3.2.2 für die Grundlagen und Kapitel 4.3.1.2 für die Ausgestaltung des stark volatilen Marktumfeldes.
562 Insofern ist diese Vorgehensweise eine Kombination aus Monte Carlo Simulation und historischer Simulation. Die historischen Werte bzgl. Volatilität und Zeitraum der Volatilitätserhöhung werden auf die tatsächlichen Risikowerte appliziert.

Aufgrund der gewählten Haltedauer der Portfolioelemente von einer Woche,[563] ist der Simulationszeitraum auch jeweils eine Woche. Die historischen Volatilitäten werden auf Wochenbasis in Kapitel 4.3.1.1 konkretisiert.
Es werden jeweils *3000* Stichproben mit je *10* Wiederholungen für jede Kombination aus Strategie und Szenario generiert.

## 4.2 Zusammenfassung der Modellbeschreibung

Zur weiteren Ausgestaltung des Modells auf Basis der eben gemachten Annahmen ist es zweckmäßig, die Modellblöcke aus Kapitel 3.1.5 als strukturellen Rahmen zu verwenden. Diese sind in Abbildung 24 noch einmal wiederholt.

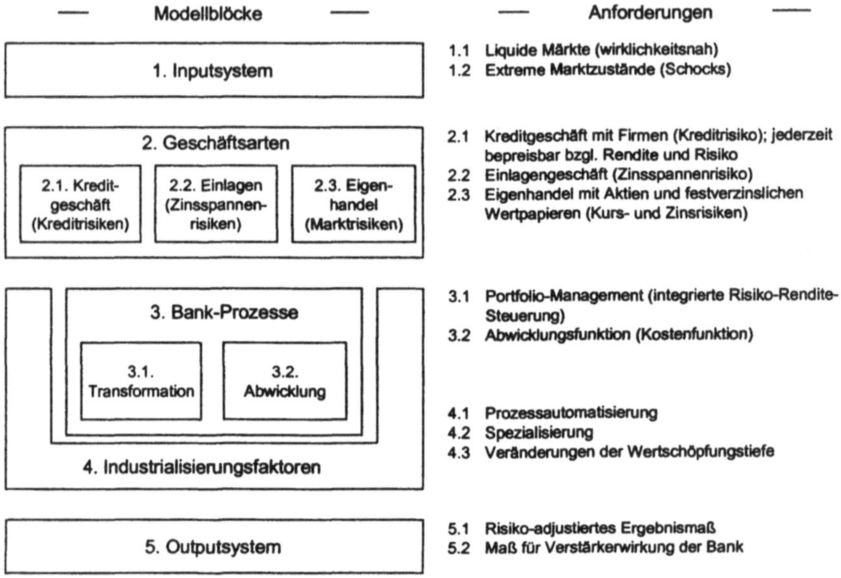


Abbildung 24: Modellblöcke und Anforderungen[564]

Die Modellbildung erfolgt in fünf Schritten anhand der dargestellten Modellblöcke. Ein zusätzlicher Initialisierungsschritt ist notwendig, um die Ausgangsbilanz der Bank festzuschreiben.

*Schritt 0: Bilanz der Modellbank*
Ausgangspunkt für die Simulation bildet mit der Anfangsbilanz der Modellbank ein zusätzlicher Modellblock. Dieser Basisschritt der Simulation liefert den Volumensvektor **V** der Portfolioelemente:[565]

563 Vgl. Kapitel 3.3.5.
564 Vgl. Kapitel 3.1.1 und 3.1.5.
565 Zur Bilanz der Modellbank vgl. Kapitel 3.3.1.1. Die Summe der Volumina (Nennwerte) der vier Portfoliopositionen ergibt die Bilanzsumme der Modellbank $v_{Ges}$.

$$V = \begin{pmatrix} v_{K1} \\ v_{K2} \\ v_A \\ v_Z \end{pmatrix} = \begin{pmatrix} V(Kredit1) \\ V(Kredit2) \\ V(Aktie) \\ V(Festverz.WP) \end{pmatrix}$$

*Gl. 4.2-1*

*Schritt 1: Inputsystem*

Schritt 1.1. Standardnormalverteilter Zufallsvektor $\mathbf{x_{SN}}$: Schritt 1 im Inputsystem beinhaltet die Erzeugung eines standardnormalverteilten Zufallsvektors mit dem Nullvektor als Erwartungswert und der Einheitsmatrix als Korrelationsmatrix:[566]

$$x_{SN} = \begin{pmatrix} x_{1SN} \\ x_{2SN} \\ x_{3SN} \\ x_{4SN} \end{pmatrix}$$

*Gl. 4.2-2*

Schritt 1.2. Normalverteilter Zufallsvektor mit gewünschter Korrelation $\mathbf{x_C}$: der standardnormalverteilte Zufallsvektor $\mathbf{x_{SN}}$ aus Schritt 1 wird mittels Cholesky-Transformation[567] in den Vektor mit der gewünschten Korrelation[568] transformiert:

$$x_C = \begin{pmatrix} x_{1SN} \\ x_{2SN} \\ x_{3SN} \\ x_{4SN} \end{pmatrix} \rightarrow A \rightarrow \begin{pmatrix} x_{1C} \\ x_{2C} \\ x_{3C} \\ x_{4C} \end{pmatrix}$$

Gl. 4.2-3

Schritt 1.3. Rendite-Vektor $\mathbf{r}$: der in Schritt 2 gewonnene Vektor $\mathbf{x_C}$ wird mittels Verknüpfung mit den historischen Parametern $\mu$ und $\sigma$ in für die Geschäftsarten spezifische Asset-Renditen bzw. Zinsänderungsraten transformiert. Der „Störfaktor" $F_s$ zur Abbildung stark volatiler Märkte wird in die Transformation mit einbezogen:[569]

$$r = \begin{pmatrix} x_{1C} * \sigma_{K1} * F_s + \mu_{K1} \\ x_{2C} * \sigma_{K2} * F_s + \mu_{K2} \\ x_{3C} * \sigma_A * F_s + \mu_A \\ x_{4C} * \sigma_Z * F_s \end{pmatrix} = \begin{pmatrix} r_{K1} = Assetrendite\_für\_Kredit1 \\ r_{K2} = Assetrendite\_für\_Kredit2 \\ r_A = Aktienrendite \\ r_Z = Zufällige\_Zinsänderung \end{pmatrix}$$

Gl. 4.2-4

566 Vgl. Theiler, U., Risk-/Return-Steuerung, 2002, S. 264f.
567 Vgl. Kapitel 3.3.5.1.
568 Die tatsächlich verwendeten Korrelationen werden in Kapitel 4.3.1.1 abgeleitet.
569 Vgl. Kapitel 3.2.2.4 bzw. 4.3.1.2 zur Abbildung extremer Marktzustände.

*Schritt 2: Geschäftsarten*

Schritt 2.1. und 2.2. Abbildung der Kreditpositionen: zunächst werden die Rendite-Vektorelemente $r_{K1}$ und $r_{K2}$ nach dem in Kapitel 3.3.5.2 beschriebenen Vorgehen auf eine Haltedauer von einer Woche skaliert. Die Transformation des skalierten Renditevektors in Rating-Änderungen des Kreditnehmers, Neubewertung der Kreditpositionen und nachfolgend in die Ergebnisbeiträge $e_{K1}$ und $e_{K2}$ sowie die Verlustbeiträge $l_{K1}$ und $l_{K2}$ erfolgt nach dem in Kapitel 3.3.3.3 dargestellten Vorgehen.

Schritt 2.3. Abbildung der Aktienposition: die Transformation des erhaltenen Renditevektorelements $r_A$ in den Erfolgsbeitrag $e_A$ und den Verlustbeitrag $l_A$ erfolgt wie in Kapitel 3.3.2.3 beschrieben. Der Verlust oder negative Erfolgsbeitrag einer Aktienposition ist dort wie folgt definiert worden:[570]

$$l_A = \text{Erwartungswert} - \text{tatsächlich realisierter Wert}$$
$$= v_A * (1+ \mu_A) - v_A * r_A$$

Gl. 4.2-5

Schritt 2.4. Abbildung der Zinsposition: auch die Transformation des erhaltenen Renditevektorelements $r_Z$ in den Erfolgsbeitrag $e_Z$ und den Verlustbeitrag $l_Z$ erfolgt wie in Kapitel 3.3.2.3 beschrieben. Der Verlust oder negative Erfolgsbeitrag einer Zinsposition ist wie folgt definiert worden:[571]

$$l_Z = \text{Erwartungswert} - \text{tatsächlich realisierter Wert}$$
$$= PV(v_Z, z_Z, t_{Rest}-1, E(z_{t1})) - PV(v_Z, z_Z, t_{Rest}-1, z_{t1})$$

*mit $v_Z$...Volumen/ Nominalwert; $z_Z$...fester Zinssatz; $t_{Rest}$...Restlaufzeit; $z_{t0}$...laufzeitabhängiger Zins (Zerobond) zum Zeitpunkt $t_0$; E()...Erwartungswertoperator; $z_{t1} = z_{t0} * (1 + r_Z)$...simulierter laufzeitabhängiger Zins zum Zeitpunkt $t_1$*

Schritt 2.5. Aggregation des Erfolgsvektors **E** und des Verlustvektors **L**:[572]

$$E = \begin{pmatrix} e_{K1} \\ e_{K2} \\ e_A \\ e_Z \end{pmatrix} = \begin{pmatrix} Anteil\_Strukturbeitrag \\ Anteil\_Strukturbeitrag \\ 0 \\ 0 \end{pmatrix}; L = \begin{pmatrix} l_{K1} \\ l_{K2} \\ l_A \\ l_Z \end{pmatrix}$$

Gl. 4.2-6

570 Vgl. Gl. 3.3-29. Renditen werden zur späteren VaR-Bestimmung jeweils in Verluste überführt.

571 Vgl. Gl. 3.3-34.

572 Der Erfolgsbeitrag der Kreditpositionen wird gemeinsam mit dem der Einlagenposition als Strukturbeitrag berechnet. Vgl. hierzu Kapitel 3.3.4.3. Der Erfolgsbeitrag der Zinsposition ist der Coupon, dieser wird jedoch über den Verlust $l_4$ bereits mit ausgewiesen. Der Erfolgsbeitrag der Aktienposition ist der mittlere negative Verlust über alle Stichproben, deshalb ist er nicht bei jeder Stichprobe auszuweisen.

*Schritt 3: Bankprozesse*

Schritt 3.1. Transformationsfunktion

Schritt 3.1.1. Risiko-Rendite-Optimierung des Portfolios anhand „gelernter" Risikovektoren $\sigma$ und $\mu$ der Portfolioelemente: die Portfoliooptimierung erfolgt nach dem in Kapitel 3.4.1.4 dargestellten Vorgehen. Ergebnis der Optimierung ist der $(\mu,\sigma)$-optimierte Volumensvektor **V'**:

$$V' = \begin{pmatrix} v_{K1}' \\ v_{K2}' \\ v_A' \\ v_Z' \end{pmatrix}$$

Gl. 4.2-7

Schritt 3.1.2. VaR-Berechnung: die Ermittlung des VaR erfolgt getrennt für Bankbuch ($v_{K1}$, $v_{K2}$), Handelsbuch ($v_A$, $v_Z$) sowie für die Gesamtbank ($v_{K1}$, $v_{K2}$, $v_A$, $v_Z$) durch Abzählen und ordnen der Verlustbeiträge $l_i$.[573]

Schritt 3.1.3. Berechnung der „Penalty Cost": übersteigt der aktuelle VaR die verfügbaren Risikodeckungsmassen auf Bank-/ Handelsbuchebene und/ oder auf Gesamtbankebene, so wird eine „Penalty Cost" auf den Differenzbetrag verrechnet.[574] Es entsteht der „Penalty Cost"-Vektor **KP** (vgl. auch Kapitel 4.3.2):

$$KP = \begin{pmatrix} kp_B \\ kp_H \\ kp_{Ges} \end{pmatrix} = \begin{pmatrix} 2 * k_{EK} \\ 2 * k_{EK} \\ 4 * k_{EK} \end{pmatrix} \begin{pmatrix} wenn\_VaR_B > 8\% * v_B \\ wenn\_VaR_H > 8\% * v_H \\ wenn\_VaR_{Ges} > 8\% * v_{Ges} \end{pmatrix}$$

Gl. 4.2-8

Schritt 3.2. Abwicklungsfunktion: die Berechnung der fixen und variablen Kostenkomponenten erfolgt getrennt für Bank- und Handelsbuch nach dem in Kapitel 3.4.3 beschriebenen Vorgehen. Es entsteht der Kostenvektor **K**:

$$K = \begin{pmatrix} k_B \\ k_H \end{pmatrix}$$

Gl. 4.2-9.

*Schritt 4: Industrialisierungsfaktoren*

Schritt 4.1. Veränderung der Eigenschaften der Transformationsfunktion: Automatisierungs- und Standardisierungs-Parameter werden wie in Kapitel 3.5.2 beschrieben mit dem Optimierungsalgorithmus verknüpft.

573 Vgl. hierzu Schierenbeck, H., Band 2, 2003, S. 73ff und S. 442ff. Der Index i bedeutet hier die Anzahl der Stichproben.

574 Vgl. Kapitel 3.4.1.4 für die grundsätzliche Ableitung der „Penalty Cost"-Funktion sowie Kapitel 4.3.3.2 für die Konkretisierung der Parameter der „Penalty Cost"-Funktion.

Schritt 4.2. Veränderung der Eigenschaften der Abwicklungsfunktion: Automatisierungs- und Spezialisierungs-Parameter werden über eine Veränderung der Variabilität und Degression der Kostenfunktion wie in Kapitel 3.5.3 beschrieben abgebildet.

*Schritt 5: Outputsystem*

Schritt 5.1. Aggregation des Erfolgsvektors **E**, des Kostenvektors **K**, des „Penalty Cost"-Vektors **KP**, sowie des $VaR_{Ges}$ in das risikoadjustierte Ergebnismaß RAROC:[575]

$$RaRoC = \frac{(e_{K1} + e_{K2} - I_{K1} - I_{K2} - k_B - kp_B) + (-I_A - I_Z - k_H - kp_H) - kp_{Ges}}{VaR_{Ges}} - k_{EK}$$

Gl. 4.2-10

Schritt 5.2. Maß zur Zyklusverstärkerwirkung der Bank: $v$ wird zur Beurteilung der Verstärkerwirkung wie in Kapitel 3.6.2 beschrieben modelliert.

Schritt 5.3. Abbildung weiterer Ergebnismaße wie Gesamtbankportfolio-Rendite $\mu_{Ges}$ und –Varianz $\sigma_{Ges}$, Wert der Nutzenfunktion $u(\mu, \sigma)$ (erreichter Nutzenwert), $VaR_{Max}$, $I_{Max}$ sowie mittleres Volumen im Bankbuch.[576]

Damit sind die Modellblöcke aus Abbildung 24 entsprechend ausgestaltet. In Abbildung 25 wird die Modellbildung noch einmal übersichtlich zusammengefasst.

---

575 Vgl. dazu die Ausführungen in Kapitel 3.6.1.

576 Vgl. Kapitel 3.6.2.

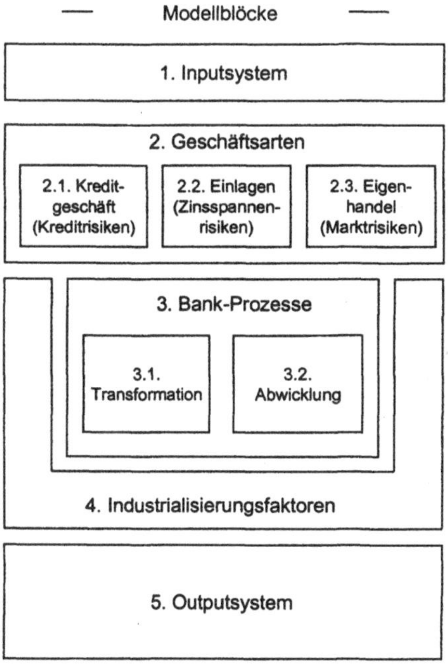


Modellierungs-Schritte

1.1. Standardnormalverteilter Zufallsvektor $x_{SN}$
1.2. Normalverteilter Zufallsvektor mit gewünschter Korrelation $x_C$
1.3. Rendite-Vektor $r$

2.1./2.2. Kreditpositionen: Ergebnisbeiträge $e_{K1}/e_{K2}$ und Verlustbeiträge $l_{K1}/l_{K2}$
2.3. Aktienposition: Erfolgsbeitrag $e_A$, Verlustbeitrag $l_A$
2.4. Zinsposition: Erfolgsbeitrag $e_Z$, Verlustbeitrag $l_Z$
2.5. Aggregation des Erfolgsvektors $\boldsymbol{E}$ und des Verlustvektors $\boldsymbol{L}$

3.1. Transformationsfunktion
3.1.1. Risiko-Rendite-Optimierung: $(\mu,\sigma)$-optimierter Volumensvektor $\boldsymbol{V'}$
3.1.2. VaR-Berechnung
3.1.3. Penalty-Cost-Vektor $\boldsymbol{KP}$
3.2. Abwicklungsfunktion: Kostenvektor $\boldsymbol{K}$

4.1. Verknüpfung des Optimierungsalgorithmus mit Automatisierungs- und Standardisierungs-Parametern
4.2. Variabilität und Degression der Kostenfunktion durch Automatisierungs- und Spezialisierungs-Parameter

5.1. Aggregation des Erfolgsvektors $\boldsymbol{E}$, des Kostenvektors $\boldsymbol{K}$, des Penalty-Kostenvektors $\boldsymbol{KP}$, sowie $VaR_{Ges}$ in das risikoadjustierte Ergebnismaß RAROC
5.2. Maß zur Zyklusverstärkerwirkung der Bank: $\sigma_{RaRoC}$ weiterer Ergebnismaße wie $VaR_{Max}$; $l_{Max}$

Abbildung 25: Zusammenfassung der Modellausgestaltung[577]

## 4.3 Konkrete Ausgestaltung und Parameterwahl

Wesentliche Voraussetzung für die Validität der Modellergebnisse ist neben einer realistischen Ausgestaltung des Modells und der abgebildeten Industrialisierungsfaktoren auch eine weitgehend wirklichkeitsnahe Parameterwahl (vgl. Kapitel 3.1.1). Deshalb werden im Folgenden die gewählten Parametrisierungen sofern möglich aus konkreten Markt- und Branchendaten deutscher Märkte gewonnen. Daten über extreme Marktsituationen werden jedoch zur Sicherstellung einer breiteren Datenbasis aus internationalen Märkten gewonnen.

577 Eigene Darstellung. Vgl. auch Abbildung 15.

### 4.3.1 *Konkrete Ausgestaltung des Inputsystems*

#### *4.3.1.1 Stabiles Marktumfeld*

Wie in Kapitel 3.2 ausgeführt, können Kapitalmärkte durch ihre Volatilität, ihre Rendite und ihre Korrelation zu anderen Märkten charakterisiert werden. Die Annahme einer Normalverteilung der Kapitalmarktrenditen kann getroffen werden, wenn es sich um wöchentliche Stichproben handelt. In diesem Fall kann der Kapitalmarkt über die normalverteilte Rendite $\mu$, die Standardabweichung $\sigma$ und die Korrelation $\rho$ im Vergleich zu anderen Kapitalmärkten angegeben werden.
Zur Parametergewinnung wurden Renditedaten für den Zeitraum August 1997 bis August 2004, d.h. über 7 Jahre für ausgewählte Märkte ausgewertet.
Die Daten wurden für den deutschen Aktienindex DAX, den Rentenindex REX, sowie für die HypoVereinsbank AG, die Citibank AG, die ComDirekt Bank AG, die Siemens AG und für die Deutz AG erhoben.[578] Die Resultate der Auswertung der Daten hinsichtlich mittlerer Rendite und Standardabweichung sind in Abbildung 26, die Korrelationen sind in Abbildung 27 dargestellt.

| Mittlere wöchentliche Rendite August 1997-August 2004 | Dax | Rex | Hypo-Vereinsbank AG | Citibank AG | Siemens AG | ComDirect AG | Deutz AG |
|---|---|---|---|---|---|---|---|
| | 0,05% | 0,11% | -0,06% | 0,12% | 0,15% | -0,21% | -0,21% |

| Standardabweichung der wöchentlichen Renditen August 1997-August 2004 | Dax | Rex | Hypo-Vereinsbank AG | Citibank AG | Siemens AG | ComDirect AG | Deutz AG |
|---|---|---|---|---|---|---|---|
| | 4,01% | 0,46% | 7,01% | 5,37% | 6,82% | 11,16% | 7,24% |
| *Implizierte jährliche Standardabweichung* | *29,0%* | *3,3%* | *50,5%* | *38,7%* | *49,1%* | *80,5%* | *52,2%* |

Abbildung 26: Historische Marktparameter: Rendite und Standardabweichung[579]

578 Datenquelle: finance.yahoo.de. Aus 1.765 Tageskursen im Zeitraum August 1997 bis August 2004 wurden die wöchentlichen Renditen, Standardabweichungen sowie Korrelationen der Märkte respektive der Aktien berechnet. Für alternative Datenquellen siehe z.B. Campell, R./ Huisman, R./ Koedijk, K., Optimal portfolio selection, 2001 und Eftekhari, B./ Pedersen, C.S./ Satchell, S.E., Volatility of risk measures, 2000 und Kearney, C., International transmission, 2000 sowie Reilly, F.K./ Wright, D.J., Risk-adjusted performance, 2004. Hier wird für den Dax für den Zeitraum von Februar 1976 bis Dezember 1994 eine mittlere monatliche Rendite von 0,9% und eine Standardabweichung der monatlichen Renditen von 5,1% angegeben.

579 Eigene Berechnungen und finance.yahoo.de. Es lässt sich erkennen, dass die ausgewählten Banktitel in diesem Zeitraum die Marktvolatilität (DAX) teils erheblich verstärken.

| Korrelation der wöchentlichen Renditen August 1997- August 2004 | Dax | Rex | Hypo-Vereinsbank AG | Citibank AG | Siemens AG | ComDirect AG | Deutz AG |
|---|---|---|---|---|---|---|---|
| Dax | 1,00 | -0,28 | 0,67 | 0,75 | 0,69 | 0,63 | 0,26 |
| Rex | -0,28 | 1,00 | -0,26 | -0,35 | -0,28 | -0,29 | -0,07 |
| Hypo-Vereinsbank AG | 0,67 | -0,26 | 1,00 | 0,56 | 0,47 | 0,53 | 0,23 |
| Citibank AG | 0,45 | -0,21 | 0,33 | 1,00 | 0,36 | 0,54 | 0,14 |
| Siemens AG | 0,69 | -0,28 | 0,47 | 0,61 | 1,00 | 0,59 | 0,38 |
| ComDirect AG | 0,38 | -0,17 | 0,31 | 0,54 | 0,35 | 1,00 | 0,13 |
| Deutz AG | 0,26 | -0,07 | 0,23 | 0,24 | 0,38 | 0,22 | 1,00 |

Abbildung 27: Historische Marktparameter: Korrelationen[580]

Auf Basis der vorliegenden Daten können die in Kapitel 3.2 erwähnten empirischen Resultate zur Normalität der Tages- bzw. Wochenrenditen nur teilweise bestätigt werden.[581] In Abbildung 28 sind Kurtosis und Skewness der verwendeten Tages- und Wochenrenditen ersichtlich.

| | Dax | Rex | Hypo-Vereinsbank AG | Citibank AG | Siemens AG | ComDirect AG | Deutz AG |
|---|---|---|---|---|---|---|---|
| Kurtosis (Tag) | -2,82* | -2,71* | **-2,80*** | -2,65* | **-1,48*** | **-2,81** | **-1,48*** |
| Kurtosis (Woche) | **2,58*** | **0,66*** | 3,75* | **2,48*** | 7,59* | 5,47 | 10,03* |
| | | | | | | | |
| Skewness (Tag) | **0,00** | **-0,18*** | **0,02** | **0,05** | **-0,18*** | **0,07*** | **-0,03** |
| Skewness (Woche) | 0,03 | -0,49* | 0,42* | 0,43* | -0,83* | 1,19* | 0,23* |

Abbildung 28: Untersuchung zur Normalität der Marktrenditen[582]

Während geringere absolute Kurtosis-Werte bei den Marktindizes DAX und REX auf eine höhere Übereinstimmung mit einer Normalverteilung hinweisen, deuten die Skewness-Werte eindeutig auf höhere Normalität der Tagesrenditen hin.[583]
Aus der Analyse der historischen Daten werden für das Inputsystem folgende Parameter extrahiert (vgl. Abbildung 29).[584]

580 Ebenda.

581 Bezogen auf die hier verwendeten diskreten Wochenrenditen.

582 Berechnet aus 1.765 Observationen für Tagesrenditen und 352 Observationen für Wochenrenditen. * deutet darauf hin, dass die Statistik erheblich von Null unter Berücksichtigung eines 5%-Levels abweicht.

583 Im Weiteren werden Wochenrenditen betrachtet. Die Stabilität der Statistiken lässt keine eindeutige Bewertung der Normalitäts-Level von Tages- und Wochenrenditen zu.

584 Für die Zuordnung von Markt- zu Modellparametern vgl. Crecelius, J./ Sievi, C., Gesamtbankrisiko-/ Ertragsstatus, 2004.

| Parameter | Wert | Quelle/ Erklärung |
|---|---|---|
| $\sigma_{Aktie}$ | 4,01% | $\sigma_{Dax}$ 1997-2004 (wöchentliche Renditen) |
| $\sigma_{Zins}$ | 0,46% | $\sigma_{Rex}$ 1997-2004 (wöchentliche Renditen) |
| $\mu_{Aktie}$ | 0,04% | $\mu_{Dax}$ 1997-2004 (wöchentliche Renditen) |
| $\mu_{Zins}$ | 0,11% | $\mu_{Rex}$ 1997-2004 (wöchentliche Renditen) |
| $\rho_{Aktie, Zins}$ | -0,28 | $\rho_{Dax, Rex}$ 1997-2004 (wöchentliche Renditen) |

Abbildung 29: Parameter des Inputsystems[585]

Nachdem die Parameter für das Inputsystem in stabilem Marktumfeld aus historischen Daten extrahiert wurden, werden im Folgenden die Parameter für ein stark volatiles Marktumfeld beschrieben.

#### *4.3.1.2 Stark volatiles Marktumfeld*

Ursachen und Wirkungen von extremen Marktzuständen wurden in Kapitel 3.2.2 beschrieben. Aus empirischen Studien über historische Marktschocks konnten Erhöhungen der Standardabweichung für Aktien- und Zinsmärkte von mehr als *300%* über Zeiträume von einer Woche bis zu *12* Wochen ermittelt werden. Gleichzeitig kommt es innerhalb eines geographischen Marktes zu Einbrüchen der Korrelation zwischen Marktsegmenten.[586] Aus Komplexitätsgründen werden die Korrelationen im Modell jedoch auch während der Schockphasen konstant gehalten.

Für die Simulation von extremen Marktzuständen soll ein Zeitraum von *10* Wochen herangezogen werden, in denen die Volatilität der Märkte stark ansteigt.[587] Konkret sollen folgende Szenarien konzipiert werden:[588]

| | 1. Phase (z.B. 160 Wochen) | 2. Phase (10 Wochen) | 3. Phase (z.B. 160 Wochen) | 4. Phase (10 Wochen) | 5. Phase (z.B. 160 Wochen) |
|---|---|---|---|---|---|
| Szenario 1 – stabiles Marktumfeld | 100% | 100% | 100% | 100% | 100% |
| Szenario 2 – volatiles Marktumfeld | 100% | 400% | 100% | 100% | 100% |
| Szenario 3 – wiederholt volatiles Marktumfeld | 100% | 400% | 100% | 400% | 100% |

Abbildung 30: Simulationsszenarien[589]

Nachdem das Inputsystem hinreichend parametrisiert ist, wird im Folgenden die Parameterwahl für die Geschäftsarten der Modellbank vorgenommen.

585 Eigene Berechnungen und finance.yahoo.de.
586 Vgl. Kapitel 3.2.2.4.
587 Die Korrelationen der Marktsegmente sollen vorerst nicht verändert werden, da empirische Untersuchungen hierzu noch heterogen in ihren Schlussfolgerungen sind.
588 Beispiel für eine Simulation mit 500 Wiederholungen.
589 Eigene Darstellung. Angabe der Marktvolatilität in % der normalen Marktvolatilität.

### 4.3.2 *Konkrete Ausgestaltung der Geschäftsarten*

Die Modellbank soll vier Geschäftsarten berücksichtigen: das Kreditgeschäft mit Firmen, das Einlagengeschäft, das Handelsgeschäft mit festverzinslichen Papieren sowie das Handelsgeschäft mit Aktien.[590]

Im Bankbuch werden zwei Kredite[591] betrachtet, wobei ein Kredit ein sehr gutes Rating bei geringerer Marge und ein Kredit ein mittleres Rating bei höherer Marge aufweisen soll.[592] Die Differenzierung der Margen auf Basis der Rating-Informationen ist als gering einzustufen.

| | σ des unterliegenden Assets (Woche) | Rating des unterliegenden Assets | Bank-Marge p.a. | Volumen | Loss Given Default (LGD) | Rest-Laufzeit |
|---|---|---|---|---|---|---|
| Kredit (-portfolio) 1 | 5,0% | AA | 1,0% | 100 | 50% | 3 Jahre |
| Kredit (-portfolio) 2 | 9,0% | BB | 1,2% | 100 | 50% | 3 Jahre |

Abbildung 31: Wahl der Modellparameter für die Firmenkredite[593]

Die Geschäftsart Einlagen ist ebenfalls dem Bankbuch zuzuordnen, sie wird jedoch auf der Passivseite als Mittel zur Refinanzierung bilanziert.[594] Die Einlagen weisen eine unbestimmte Laufzeit bei einem festen kundenseitigen Habenzins auf.

| | Volumen | Habenzins p.a. | Rest-Laufzeit |
|---|---|---|---|
| Einlagen-position | 200 | 2,5% | Unbegrenzt |

Abbildung 32: Wahl der Modellparameter für Einlagen[595]

Auf die Abbildung einer Einlagensicherung in der GuV der Modellbank wurde aus Gründen der Einfachheit verzichtet.

Die Handelspositionen in festverzinslichen Wertpapieren und Aktien sind dem Handelsbuch zuzurechnen. Im Modell werden eine festverzinsliche Position mit sehr guter Bonität und eine Aktienposition berücksichtigt (vgl. Abbildung 33).

590 Vgl. Kapitel 3.1.4. Die Geschäftsarten wurden vor dem Hintergrund einer breiten Abdeckung bankbetrieblicher Risiken ausgewählt.

591 Die Kredite können gleichsam stellvertretend für ein Kreditportfolio mit den entsprechenden Eigenschaften stehen.

592 Dieses Vorgehen ist konsistent mit dem CreditMetrics-Ansatz. Vgl. Kapitel 3.3.3.3 sowie Wahrenburg, M./ Niethen, S., Alternative Kreditrisikomodelle, 2000.

593 Eigene Darstellung. Die Unternehmenskredite wurden in Anlehnung an die Unternehmen Siemens und Deutz aus Abbildung 26 gestaltet. Margen und LGD Erfahrungswerte aus der Bankpraxis.

594 Vgl. Kapitel 3.3.1.1 (Bilanz der Modellbank) sowie Kapitel 3.3.4.1 (Abbildung von Einlagenpositionen).

595 Der Habenzins entspricht im vorliegenden Fall einer Marge von 0,9% unter Annahme eines GKM von 3,4%. Vgl. Gl. 3.3-45.

Die Volatilitäten und Renditen sind in Anlehnung an die berechneten historischen Werte aus Abbildung 26 übernommen.

| | σ (Woche) | Rating des Wertpapiers | Erwartungswert der Rendite (Woche) | Volumen | Rest-Laufzeit |
|---|---|---|---|---|---|
| Aktien (-portfolio) | 6,82% | n/a | 0,2% | 100 | n/a |
| Zins (-portfolio) REX | 0,46% | AAA | 0,067% (3,5% p.a.) | 100 | 3 Jahre |

Abbildung 33: Wahl der Modellparameter für das Handelsbuch[596]

Die Korrelationen zwischen den Positionen des Bank- und Handelsbuches werden aus Abbildung 27 übernommen. Somit weist das Gesamtportfolio auf der Aktivseite der Bankbilanz folgende Korrelationen auf (vgl. Abbildung 34):[597]

| | Kredit 1 | Kredit 2 | Aktie | Zins |
|---|---|---|---|---|
| Kredit 1 | 1,00 | 0,38 | 0,80 | -0,28 |
| Kredit 2 | 0,38 | 1,00 | 0,38 | -0,07 |
| Aktie | 0,80 | 0,38 | 1,00 | -0,28 |
| Zins | -0,28 | -0,07 | -0,28 | 1,00 |

Abbildung 34: Korrelation der Positionen[598]

Die Cholesky-transformierte Korrelationsmatrix (vgl. Kapitel 3.3.5) nimmt damit die in Abbildung 35 gezeigte Gestalt an.

| | Kredit 1 | Kredit 2 | Aktie | Zins |
|---|---|---|---|---|
| Kredit 1 | 1,00 | | | |
| Kredit 2 | 0,38 | 0,92 | | |
| Aktie | 0,80 | 0,08 | 0,59 | |
| Zins | -0,28 | 0,04 | -0,10 | 0,95 |

Abbildung 35: Cholesky-transformierte Korrelationsmatrix[599]

Eng verbunden mit der Modellierung der Positionen des Bankbuches sind die historische Übergangsmatrix der Rating-Migrationen sowie die Rating-abhängigen Zuschlagssätze auf den laufzeitabhängigen Zins.[600]
Im Modell wird die in Abbildung 36 dargestellte Übergangsmatrix ***Ü*** verwendet. Die Matrizen werden regelmäßig durch Rating-Agenturen wie Standard&Poor's und Moody's aktualisiert.[601]

596 Die Aktienposition wurde in Anlehnung an die historischen Werte für Siemens gestaltet. Das festverzinsliche Wertpapier soll quasi ausfallsicher sein (z.B. Staatsanleihe), soll jedoch eine Preisvolatilität vergleichbar mit der des REX aufweisen. Der Coupon des Papiers soll mit 3,5% etwas oberhalb des GKM von 3,4% angesiedelt sein.

597 Für weitere Auswertungen zu historischen Volatilitäten und Korrelationen vgl. Eller, R., Gesamtbanksteuerung, 2001, S. 27ff und S. 83ff.

598 Eigene Berechnungen.

599 Eigene Darstellung.

600 Vgl. Kapitel 3.3.3.3.

601 Vgl. auch J.P.Morgan, CreditMetrics – Technical Document, 1997, S. 76, sowie Schierenbeck, H., Band 2, 2003, S. 176f.

| | Rating (t+1) | | | | | | | |
|---|---|---|---|---|---|---|---|---|
| **Rating (t)** | AAA | AA | A | BBB | BB | B | CCC | D |
| AAA | 90,82% | 8,26% | 0,74% | 0,06% | 0,11% | 0,00% | 0,00% | 0,00% |
| AA | 0,65% | 90,88% | 7,69% | 0,58% | 0,05% | 0,13% | 0,02% | 0,00% |
| A | 0,08% | 2,42% | 91,30% | 5,23% | 0,68% | 0,23% | 0,01% | 0,05% |
| BBB | 0,03% | 0,31% | 5,87% | 87,46% | 4,96% | 1,08% | 0,12% | 0,17% |
| BB | 0,02% | 0,12% | 0,64% | 7,71% | 81,16% | 8,40% | 0,98% | 0,98% |
| B | 0,00% | 0,10% | 0,24% | 0,45% | 6,86% | 83,50% | 3,92% | 4,92% |
| CCC | 0,21% | 0,00% | 0,41% | 1,24% | 2,67% | 11,70% | 64,48% | 19,29% |

Abbildung 36: Matrix der Rating-Übergänge[602]

Die Rating-abhängigen Zuschlagssätze auf die Forward-Zerobondrendite für das Rating AAA werden in der Matrix in Abbildung 37 beschrieben.[603]

| **Rating (t+1)** | Zuschlag |
|---|---|
| AAA | 0,00% |
| AA | 0,05% |
| A | 0,15% |
| BBB | 0,50% |
| BB | 1,85% |
| B | 2,85% |
| CCC | 10,87% |

Abbildung 37: Überblick der Rating-abhängigen Zuschlagssätze[604]

Damit sind sowohl das Inputsystem als auch die Geschäftsarten mit praxisnahen Parametern versehen. Die Beschreibung der Bilanzposition Eigenkapital erfolgt im Rahmen der Detailausgestaltung der Transformationsfunktion in Kapitel 4.3.3.
Im Weiteren werden die Bankprozesse und die Industrialisierungsfaktoren ausgestaltet.

### *4.3.3 Ausgestaltung des Transformationsbereiches*

#### *4.3.3.1 Konkretisierung des Optimierungsalgorithmus*

Initial sind die Volumina bzw. Nennwerte der Positionen im Bankportfolio $v_{it0} = 100$ Einheiten eingestellt. Danach maximiert der in Kapitel 3.4.1.4 beschriebene Optimierungsalgorithmus die Nutzenfunktion *u()* der Bank durch Variieren der Volumina bzw. Nennwerte $v_i$ der Portfoliopositionen:

$$\max u(\mu'_{Ges}, \sigma'^{2}_{Ges}) = a * ((\Sigma v'_i * \mu_i) / v_{Ges}) - b * \Sigma\Sigma v'_i v'_j \sigma_{ij}^2$$

$$\forall v'_i = c_i * V_{inkrem}, v'_j = c_j * V_{inkrem}$$

$$\text{mit } \Sigma v'_i = v_{Ges}.$$

*Gl. 4.3-1*

602 Gruber, W., Risikomessung, 2001, S. 95.
603 Eller, R., Gesamtbanksteuerung, 2001, S. 96.
604 Gruber, W., Risikomessung, 2001, S. 95.

Dabei wird der erwartete VaR des Gesamtbankportfolios nicht in die Optimierung einbezogen, sondern nach erfolgter Optimierung bei Überschreitung der vorhandenen Risikodeckungsmassen mit einer „Penalty Cost" versehen.[605]
Folgende Parameter sind demnach auszugestalten:

| | |
|---|---|
| *a, b* | *Parameter der Nutzenfunktion der Bank* |
| $T_{Opt}$, $V_{inkrem}$ | *Parameter zur Steuerung der Genauigkeit der Optimierung; mit steigendem $T_{Opt}$ erfolgt eine Erhöhung der Granularität* |
| $V_{Min}$, $V_{Max}$ | *Volumensunter- bzw. Obergrenzen; stellen Limite im Sinne einer Risikosteuerung dar*[606] |
| *s* | *Anzahl der bisher durchgeführten Simulationen/ Stichproben; fließt ein in die Berechnung der $\mu_i$ und $\sigma_{ij}^2$. Durch Variieren von s kann beispielsweise die historische Analysetiefe der Optimierung verändert werden* |

### *4.3.3.2 Parameterwahl*

Die Parameter der Nutzenfunktion der Bank werden mit $a = 0{,}1$ und $b = 500{,}0$ eingestellt. Dadurch wird ein risikoaverses Verhalten der Bank gewährleistet.[607]
Die Optimierungstiefe $T_{Opt}$ respektive das Volumensinkrement $V_{inkrem}$ werden durch die jeweilige Strategie parametrisiert. Die Optimierung im vorliegenden Modell erfolgt durch eine systematische Suche des optimalen Portfolios über alle möglichen Kombinationen der Volumina der Portfolioelemente unter Berücksichtigung des Volumensinkrementes $V_{inkrem}$.[608] D.h., bei einer Optimierungstiefe von *10*, einem Gesamtvolumen $v_{Ges}$ von 400, einem Maximalvolumen $V_{Max}$ pro Position von *150*, einem Minimalvolumen $V_{Min}$ pro Position von *20*, sowie *4* Portfolioelementen ergeben sich theoretisch $(((150 - 20) / 10)!)^4 = (13!)^4$ Kombinationen, von denen nur die betrachtet werden, die der Volumensnebenbedingung $\Sigma V_i = v_{Ges}$ genügen. Im Modell kann die Optimierungstiefe im Intervall von $T_{Opt} = 4 \ldots 20$ gewählt werden.
Das Minimum-Volumenlimit $V_{Min}$ kann als Instrument der Risikosteuerung im Sinne einer Limitvergabe an Profit Center[609] und als „Bodensatz" einer Portfolioposition, die nicht vollständig im entsprechenden Zeitraum liquidiert werden kann, angesehen werden. Im Modell kann das Minimumlimit im Intervall von $V_{Min} = 1\% * v_{Ges} \ldots 10\% * v_{Ges}$ gewählt werden.

605 Vgl. Kapitel 3.4.1.4.
606 Vgl. Kapitel 3.4.1.1.
607 Vgl. Kapitel 3.4.1.3.
608 Dieses Vorgehen weicht ab von den klassischen Portfoliooptimierungsmodellen bei Theiler, Brodt u.a., die die Optimierung mittels linearer Programmierung respektive eines Simplex-Algorithmus durchführen. Vgl. Theiler, U., Risk-/Return-Steuerung, 2002, S. 123f. Mit dem vorliegenden Verfahren kann aber gerade die Optimierungskomplexität und damit die notwendige rechentechnische Leistungsfähigkeit skaliert werden, was einen zu simulierenden Industrialisierungsfaktor im Transformationsbereich darstellt (vgl. Kapitel 4.3.5).
609 Vgl. Kapitel 3.4.1.

Das Maximum-Volumenlimit $V_{Max}$ stellt ein Instrument der Risikosteuerung im Sinne einer Limitvergabe an Profit Center[610] dar. Das Maximumlimit ist über die Volumens-Nebenbedingung eine Funktion des Minimumlimits und kann zu:

$$V_{Max} = (v_{Ges} - 3 * V_{Min}) / 2$$

*Gl. 4.3-2*

angegeben werden. Im Modell kann es aktiviert bzw. deaktiviert werden.
Ein weiterer Parameter, der die Qualität der Optimierung beeinflusst, ist die Anzahl *s* der bisher durchgeführten Stichproben, die in die Ermittlung der gelernten Kovarianzen $\sigma_{ij}$ einfließen.[611] Der Wert kann im Modell zwischen *10%* und *100%* angegeben werden, wobei *s* = *100%* bedeutet, dass *100%* aller bisher durchgeführten Stichproben in die Ermittlung der Kovarianzmatrix des Portfolios einfließen.
Die „Penalty Cost"-Funktion für eine Überschreitung der Risikokapitaldeckungsmassen wird analog der Bestandteile der Deckungsmasse aus Kapitel 3.4.1.4 ausgestaltet (siehe Abbildung 38).

| | Max. Höhe (in % der Bilanzsumme) | Kostenfaktor | „Penalty Cost"-Funktion |
|---|---|---|---|
| Bestandteil 1: Substanzwert des Eigenkapitals | 8% | $1{,}0 * k_{EK}$ | Keine „Penalty Cost". Normale Verrechnung der Kapitalkosten für mindestens 4% ($K_{EKmin}$) und maximal 8% der Bilanzsumme auf Gesamtbankebene |
| Bestandteil 2: Ergänzungskapital | 4% | $2{,}0 * k_{EK}$ | Auf Ebene des Bank- bzw. Handelsbuches. Überschreitet $VaR_H$ bzw. $VaR_B$ die Grenze von 8% des Bank- bzw. Handelsbuchvolumens $v_B$ bzw. $v_H$, so wird die Differenz zu $2{,}0 * k_{EK}$ auf Buch-Ebene finanziert. Keine „Penalty Cost" auf Gesamtbankebene. |
| Bestandteil 3: Ergänzungskapital | unbegrenzt | $4{,}0 * k_{EK}$ | In voller Höhe auf Gesamtbankebene; d.h. falls $VaR_{Ges}$ > 8% der Bilanzsumme, wird der Differenzbetrag zu einem Satz von $4{,}0 * k_{EK}$ finanziert |

Abbildung 38: Ausgestaltung der „Penalty Cost"-Funktion[612]

Es erfolgt eine risikounabhängige Verrechnung der Kapitalkosten für einen Mindestwert des Eigenkapitals $K_{EKmin}$, der bei *4%* der Bilanzsumme der Bank liegt. Bis zu einem Grenzwert von *8%* der Bilanzsumme erfolgt die Verrechnung der Eigenkapitalkosten mit dem normalen Satz $k_{EK}$. Die erste „Penalty Cost" wird verrechnet, wenn auf Ebene des Bank- und/ oder Handelsbuches der Grenzwert von *8%* überschritten wird, auf Bankebene jedoch noch nicht.[613]

$$VaR_B;\ VaR_H > 8\% * v_B;\ v_H$$
$$VaR_{Ges} < 8\% * v_{Ges}$$

*Gl. 4.3-3*

610 Vgl. Kapitel 3.4.1.
611 Der Optimierungsalgorithmus ist in Kapitel 3.4.1.4 ausführlich dargestellt.
612 Eigene Darstellung.
613 Dieses Vorgehen entspricht einer groben Zuweisung von Risikodeckungsmassen respektive Limiten auf die Profitcenter-Ebene. Vgl. dazu Kapitel 3.4.1.1.

Es erfolgt eine Finanzierung der Kapitaldifferenz *(8% * $v_B$ - $VaR_B$ bzw. 8% * $v_H$ – $VaR_H$)* mit dem 2-fachen Eigenkapitalkostensatz auf Ebene der Einzelbücher.[614]
Die zweite „Penalty Cost" fällt an, wenn die Grenze von *8%* der Bilanzsumme auf Gesamtbankebene überschritten wird.

$$VaR_{Ges} > 8\% * v_{Ges} \qquad \text{Gl. 4.3-4}$$

In diesem Fall wird die Kapitaldifferenz *(8% * $v_{Ges}$ – $VaR_{Ges}$)* mit dem 4-fachen Eigenkapitalkostensatz finanziert.[615] Die Eigenkapitalkosten werden zu $k_{EK} = 11\%$ p.a. angenommen.[616]

### *4.3.4 Ausgestaltung des Abwicklungsbereiches*

Die Abwicklungsfunktion der Modellbank kann mittels folgender Parameter charakterisiert werden.[617] Der Anteil variabler Kosten $F_v$ an den mittleren Gesamtkosten beschreibt das Verhältnis von variablen zu fixen Kosten der Abwicklungsfunktion. Der Kostendegressionsfaktor $F_d$ charakterisiert inwieweit die Bank an konzern- oder branchenweiten Skaleneffekten (z.B. durch In-/ Outsourcing) partizipiert. Die Cost Asset Ratio (CAR) stellt das Verhältnis der Kosten im Abwicklungsbereich zu den mittleren Assets oder Volumina dar.
Die Modellbank besteht aus zwei „Profit Centern", dem Kunden- und Zentralgeschäft respektive dem Bankbuch und dem Handelsbuch. In beiden Bereichen sind eigenständige Abwicklungsfunktionen implementiert, um den unterschiedlichen Kostenstrukturen in Bank- und Handelsbereich Rechnung zu tragen. Darüber hinaus werden keine Gemein- oder Overheadkosten auf Gesamtbankebene verrechnet.
Der Anteil variabler Kosten $F_v$ kann im Modell zwischen *20%* und *80%* eingestellt werden. Der Kostendegressionsfaktor $F_d$ kann zwischen *0%* und *50%* gewählt werden. Diese Einstellungen wirken jeweils parallel auf beide „Profit Center" der Modellbank.
Die Cost Asset Ratio modelliert die Spezifität der Kostenstruktur im Bank- und Handelsbereich. Während dem Bankbereich die Kosten der Kredit-, Einlagen- und Zahlungsverkehrsabwicklung zugerechnet werden, fallen im Handelsbereich Kosten für Handelssysteme, -abwicklung und die Handelseinheiten an.

---

614 Vgl. Kapitel 3.4.1.4, für das Ausschöpfen von Nachrangkapital werden meist 1,5 bis 2,0 * $k_{EK}$ angesetzt. Für „Penalty Cost"-Funktionen vgl. auch Brodt, A.I., Balance sheet management model, 1978 sowie Oguzsoy, C.B./ Güven, S., Asset and liability management, 1997.

615 Dieses Vorgehen ist konsistent mit den empirisch gefundenen Kapitalkosten von 4,0 bis 5,0 * $k_{EK}$ aus Kapitel 3.4.1.4. Zusätzlich wird im Modell bei Eintreten dieser Situation die Nutzenfunktion auf extrem risikoavers umgestellt.

616 Grundlage ist hier eine Auswertung der Eigenkapitalkosten deutscher Banken im Zeitraum von 1998-2001: HypoVereinsbank: 11,3%; Dresdner Bank: 8,6%; Deutsche Bank: 11,8%; Commerzbank: 11,3%. Mittelwert: 11,0%. Datenquelle: Bankscope Branchendatenbank 2002.

617 Vgl. Kapitel 3.4.3.

Die CAR für Bank- und Handelsbereich wird sowohl im Marktdurchschnitt über Retail-Banken (als Unternehmen mit einer eher Bankbereichs-zentrierten Kostenstruktur) und Investmentbanken (als Unternehmen einer eher Handelsbereichs-zentrierten Kostenstruktur) als auch exemplarisch anhand einer deutschen Universalbank bestimmt (siehe Abbildung 39).[618]

| | Bankbereich | Handelsbereich | Kommentar |
|---|---|---|---|
| **Mittelwert im Markt** | Retail-Banken[619] | Investment-Banken[620] | Verhältnis Gesamtkosten zu Bilanzsumme |
| | 1,73% | 1,04% | |
| **Exemplarische Beispiel-Bank** | | | |
| Assets (Stand: Juni 2004 in Mio €) | 200.000 | 150.000 | Bankbereich: Forderungen an Kunden, Kreditinstitute<br>Handelsbereich: Handelsaktiva, Cash, Finanzanlagen |
| Direkt zurechenbare Kosten (Abschätzung und Hochrechnung auf Basis 1. Halbjahr 2004 in Mio. €) | 700 | 200 | Bankbereich: Kredit-, Einlagen-, Zahlungsverkehrsabwicklung<br>Handelsbereich: Handelssysteme, -abwicklung und –einheiten |
| CAR p.a. | 0,35% | 0,13% | D.h., im Bankbereich werden etwa 0,35% der Assets ausgegeben, im Handelsbereich etwa 0,13% |

Abbildung 39: Ableitung der Cost Asset Ratio CAR[621]

Während die Marktbetrachtung durch die in den operativen Kosten enthaltenen Vertriebskosten verfälscht wird und die CAR erhöht, wird die Differenzierung der CAR in der Betrachtung der einzelnen Universalbank deutlicher. Aufgrund der hohen Abweichungen und geringen Datenbasis wurde im Modell für den Bank- und Handelsbereich abweichend von der Hypothese differenzierter Kostenfunktionen in Bank- und Handelsbuch eine einheitliche CAR von jeweils *1,0%* gewählt.

Die Entscheidung für eine einheitliche CAR in Bank- und Handelsbuch hat jedoch Konsequenzen für die Beurteilbarkeit der Kostenvariabilisierung im Modell. Erfolgt eine Re-Allokation zwischen Bank- und Handelsbuch bei konstantem Variabilisierungsgrad der Bücher, so erfolgt dadurch eine Überleitung von variablen Kosten des Handelsbuches in variable Kosten des Bankbuches. Bei gleich gewählter CAR sind die variablen Stückkosten in Bank- und Handelsbuch gleich. Mithin bleiben die mittleren Gesamtkosten konstant; eine Re-Allokation hat keinen Einfluss auf die Kostenposition.

618 Die Kostendaten wurden mit der Bitte um Anonymität zur Verfügung gestellt.

619 Gewählte Banken: Volkswagen Bank, Citibank AG, Daimler Chrysler Bank, Norisbank, HypoVereinsbank, Zahlenbasis: Geschäftsberichte 2003.

620 Gewählte Banken: Morgan Stanley, Merril Lynch, Goldman Sachs, Bayerische Landesbank, Nord/LB, WGZ Bank, Zahlenbasis: Geschäftsberichte 2003.

621 Eigene Darstellung. Datenquelle: eigene Berechnungen und Geschäftsberichte.

Verändert man den Anteil variabler Kosten $F_V$, so verändert sich lediglich das Verhältnis zwischen fixen und variablen Kosten, die mittleren Gesamtkosten bleiben konstant. Bei gleich gewählter CAR sind analog auch die variablen Stückkosten in Bank- und Handelsbuch gleich; Re-Allokationen haben auch jetzt keinen Einfluss auf die Kostenposition.
Dem Autor ist bewusst, dass durch diese Parameterwahl eine Beurteilung der Wirkung variabilisierter Kostenfunktionen im Modell stark eingeschränkt wird. Eine Differenzierung der CAR-Werte zwischen Bank- und Handelsbuch würde andererseits die Ertrags- und Risikoauswirkung der Re-Allokation mit der entsprechenden Kostenauswirkung überlagern und die Ergebnisinterpretation für alle anderen Parameteränderungen wesentlich erschweren.

### *4.3.5 Konkrete Ausgestaltung der Industrialisierungsfaktoren*

#### *4.3.5.1 Industrialisierungsfaktoren im Transformationsbereich*

Die Industrialisierungsfaktoren im Transformationsbereich wurden in Kapitel 3.5.2 eingeführt. Hier erfolgt die Parametrisierung unter Zuordnung der gering industrialisierten und industrialisierten Ausprägung (vgl. Abbildung 40).

| Industrialisierungsfaktor | Gering industrialisierte Ausprägung | industrialisierte Ausprägung | Kommentar |
|---|---|---|---|
| Stochastische Variable/ Einfluss des Menschen | Vorhanden | Nicht vorhanden | Im gering industrialisierten Fall erfolgt eine bedingte Optimierung unter Einbezug einer zufälligen Störgröße |
| Maximales Volumenlimit $V_{Max}$ | Vorhanden | Nicht vorhanden | Es wird eine Volumensobergrenze für alle Portfolioelemente gesetzt |
| Lerntiefe durch Einbezug historischer Werte $S$ | 10% | 100% | Im gering industrialisierten Fall werden lediglich die letzten 10% der Stichproben in die Berechnung der Kovarianz-Matrix einbezogen |
| Optimierungstiefe durch granularere Optimierung $T_{Opt}$ | 4 | 20 | Im gering industrialisierten Fall werden lediglich 4 Volumensinkremente pro Portfolioposition untersucht |
| Optimierungsinput über Marktrendite (Assets) oder Bankrendite (Portfolioelemente)[622] | Marktrendite $\mathbf{x}_C$ | Realisierte Verluste $\mathbf{L}$ (Bankrendite) | Im industrialisierten Fall werden die tatsächlich erwirtschafteten Renditen als Input für die Optimierung gewählt |
| Minimales Volumenlimit $V_{Min}$ | 10% | 5% | Im gering industrialisierten Fall wird ein Volumenlimit von 5% der Bilanzsumme pro Portfolioelement gesetzt, im industrialisierten Fall lediglich 2% |

Abbildung 40: Industrialisierungsfaktoren im Transformationsbereich[623]

#### *4.3.5.2 Industrialisierungsfaktoren im Abwicklungsbereich*

Die Industrialisierungsfaktoren im Abwicklungsbereich sind in Kapitel 3.5.3 beschrieben. Hier erfolgt die Parametrisierung unter Zuordnung der gering industrialisierten und industrialisierten Ausprägung (vgl. Abbildung 41).

622 Für die Berechnung von $\mathbf{x}_C$ und $\mathbf{L}$ siehe Kapitel 4.2.
623 Eigene Darstellung.

| Industrialisierungsfaktor | Gering industrialisierte Ausprägung | industrialisierte Ausprägung | Kommentar |
|---|---|---|---|
| Kostenvariabilisierung durch Verringerung der Wertschöpfungstiefe $F_V$ | 20% | 80% | Im gering industrialisierten Fall sind 20% der mittleren Gesamtkosten variabel |
| Kostendegression durch Bündelung $F_d$ | 0% | 50% | Im industrialisierten Fall erfolgt eine Kostendegression von 50% der Gesamtkosten |

Abbildung 41: Industrialisierungsfaktoren im Abwicklungsbereich[624]

### 4.3.5.3 *Strategien und Pfad der Industrialisierung*

Zur Vorbereitung der Simulation wird ein so genannter „Industrialisierungspfad" definiert. Dieser bringt unterschiedliche Parameterkonstellationen der Industrialisierung in eine logische Reihenfolge zunehmender Industrialisierung, wobei je Konstellation genau ein Parameter geändert wird (Methode der komparativen Statik).
Die Parameterkonstellationen sollen im weiteren als „Strategien" bezeichnet werden, da die Herstellung der verschiedenen Parameterausprägungen als Managementgegenstand und somit mittel- bis langfristig als „im Prinzip erreichbar" verstanden werden kann. Die Strategien sind in Abbildung 42 dargestellt. Die Strategien 2-7 stellen dabei den Industrialisierungspfad der Transformation dar, wogegen die Strategien 8 und 9 den auf Strategie 7 basierenden Industrialisierungspfad der Abwicklung nachzeichnen sollen.

| Strategie | Optimierungs-Input | Maximum-limit | Minimum-limit | Stochastische Variable/ Einfluss des Menschen | Optimierungstiefe | Lerntiefe | Kosten-variabilisierung | Kosten-degression |
|---|---|---|---|---|---|---|---|---|
| 1 – gering industrialisierte Bank | Markt-rendite | Vorhanden | Vorhanden (10%) | Vorhanden | 4 | 10% | 20% | 0% |
| 2 - Beginnende Verlustauswertung | Verlust | Vorhanden | Vorhanden (10%) | Vorhanden | 4 | 10% | 20% | 0% |
| 3 – Wegfall Maximumlimit | Verlust | Nicht vorhanden | Vorhanden (10%) | Vorhanden | 4 | 10% | 20% | 0% |
| 4 – Wegfall Minimumlimit | Verlust | Nicht vorhanden | Nicht vorhanden (5%) | Vorhanden | 4 | 10% | 20% | 0% |
| 5 – Wegfall Einfluss des Menschen | Verlust | Nicht vorhanden | Nicht vorhanden (5%) | Nicht vorhanden | 4 | 10% | 20% | 0% |
| 6 – Erhöhung Optimierungstiefe | Verlust | Nicht vorhanden | Nicht vorhanden (5%) | Nicht vorhanden | 20 | 10% | 20% | 0% |
| 7 – Erhöhung Lerntiefe | Verlust | Nicht vorhanden | Nicht vorhanden (5%) | Nicht vorhanden | 20 | 100% | 20% | 0% |
| 8 – Variabilisierung Kosten | Verlust | Nicht vorhanden | Nicht vorhanden (5%) | Nicht vorhanden | 20 | 100% | 80% | 0% |
| 9 – Degression Kosten (Voll-Industrialisierung) | Verlust | Nicht vorhanden | Nicht vorhanden (5%) | Nicht vorhanden | 20 | 100% | 80% | 50% |

Abbildung 42: Strategien zur Simulation[625]

624 Eigene Darstellung.
625 Eigene Darstellung. Schattierte Felder bezeichnen industrialisierte Faktoren.

Den Ausgangspunkt für den Industrialisierungspfad der Transformation bildet die gering industrialisierte Bank (*Strategie 1*). Zwar optimiert sie ihr Portfolio im Handels- und Kreditgeschäft im Sinne des Optimierungsalgorithmus (vgl. Kapitel 3.4.1.4) und wendet somit eine Gesamtbanksteuerung an; jedoch ist diese noch wenig sophistiziert und automatisiert. Zum einen wirkt der Mensch im Sinne einer stochastischen Komponente noch stark auf den Optimierungsprozess ein. Auf der anderen Seite werden zur Risikobegrenzung noch umfassende Limitsysteme benutzt, welche eine Optimierung lediglich innerhalb eines Intervalls von Minimum- bis Maximumlimit pro Position zulassen. Darüber hinaus greift das System nur auf eine begrenzte, historische Datenbasis zu (geringe Lerntiefe) und besitzt eine eingeschränkte Datenverarbeitungskapazität (Inputparameter sind die Eigenschaften der marktseitig gemessenen Asset-Renditen, geringe Optimierungstiefe). Zusätzlich weist Strategie 1 auch einen geringen Industrialisierungsgrad der Bank im Abwicklungsbereich auf; d.h. ein geringer variabler Kostenanteil und die Nicht-Existenz von Kostendegressionseffekten.

Insofern ist dies als eine Konstellation von Industrialisierungsparametern zu interpretieren, die ein geringes Maß an Industrialisierung der Bank repräsentiert.

Die *Strategien 2-7* bilden die schrittweise Industrialisierung des Transformationsbereichs von Banken ab. Im ersten Schritt (Strategie 2) wird die Datenauswertbarkeit bezüglich tatsächlich bankintern realisierter Verluste hergestellt. Der Optimierungsinput wird somit von einer Marktrendite auf intern realisierte Verlustverteilungen umgestellt.

In *Strategien 3 und 4* werden sukzessive die Limitsysteme der Bank „abgeschaltet", da ein starkes Vertrauen in das Transformationssystem erreicht ist.

In Strategie 5 wird der Einfluss des Faktors Mensch auf die Portfoliooptimierung minimiert. Dies bedeutet, dass in der Bank menschliche Entscheidungen mit Wirkung auf die Gesamtbanksteuerung verringert werden.

In *Strategie 6* wird die Datenverarbeitungskapazität der Bank erhöht und eine hohe Optimierungstiefe erreicht.

In *Strategie 7* wird ein vollständig lernendes System implementiert, d.h. sämtliche Verluste der Vergangenheit werden bei der Berechnung der historischen Portfolioeigenschaften und damit der Optimierung in der spezifischen Periode berücksichtigt.

Der Pfad der Industrialisierung in der Abwicklung umfasst zwei Stufen, die auf Strategie 7 aufbauen. Der Leistungserstellungsprozess der Bank ist hier noch sehr stark durch Eigenerstellung geprägt; dies spiegelt sich in einem hohen Fixkostenblock wider; die Fixkosten machen 80% der Gesamtkosten aus, was beispielsweise für den deutschen Bankensektor ein branchenüblicher Wert ist.

Den ersten Industrialisierungsschritt der Abwicklung stellt die Variabilisierung dieses Fixkostenblocks dar. Dies bedeutet im Outsourcing-Fall die Vergabe von Teilen des Leistungserstellungsprozesses an externe Anbieter (z.B. Abwicklung des Zahlungsverkehrs, Management der IT-Infrastruktur) oder die Verlagerung von personalintensiven Prozessen in Länder mit flexiblerem Arbeitsrecht.

Als Zielwert für das Modell wird ein Anteil von *80%* variablen Kosten an den Gesamtkosten identifiziert, der in einigen industriellen Branchen, z.B. der Automobilindustrie, schon zum Teil erreicht wird. Diese Parameterkonstellation wird in *Strategie 8* umgesetzt.

In einer zweiten Industrialisierungsstufe der Abwicklung werden durch Bündelung von Abwicklungsvolumina Kostendegressionseffekte erzielt, welche teilweise an die Bank als Kunden weitergegeben werden. Die Bündelung kann dabei bei einem externen Anbieter (Outsourcing-Fall) oder durch Akquisition von Abwicklungsvolumina (Insourcing-Fall) vorgenommen werden.

Diese Kostenreduktion auf den variablen Kostensatz wird im Modell mit *50%* angenommen, welches ein Einsparpotenzial durch Volumensbündelung im Abwicklungsbereich deutscher Banken darstellt.[626] Dieser Schritt wird in Strategie 9 dargestellt. *Strategie 9* stellt die letzte Ausbaustufe und damit den voll-industrialisierten Zustand der Bank dar.

## 4.4 Bewertung der Modell-Wirkungsweise

### *4.4.1 Wirkungsweise des Inputsystems und der Geschäftsarten*

Wie in Kapitel 4.3.1 ausgeführt, kann das Inputsystem ein stabiles und ein stark volatiles Marktumfeld abbilden. Zur Illustration der Funktionsweise des Inputsystems sollen die Volumina der Portfolioelemente konstant gehalten werden, d.h. es findet keine Portfoliooptimierung bzw. Re-Allokation der Volumina statt. Gemessen wird der Verlust sowie dessen Verteilung für das Bank- und Handelsbuch über jeweils 500 Stichproben differenziert nach stabilem (Abbildung 43 und Abbildung 44) und volatilem Marktumfeld (Abbildung 45 und Abbildung 46).

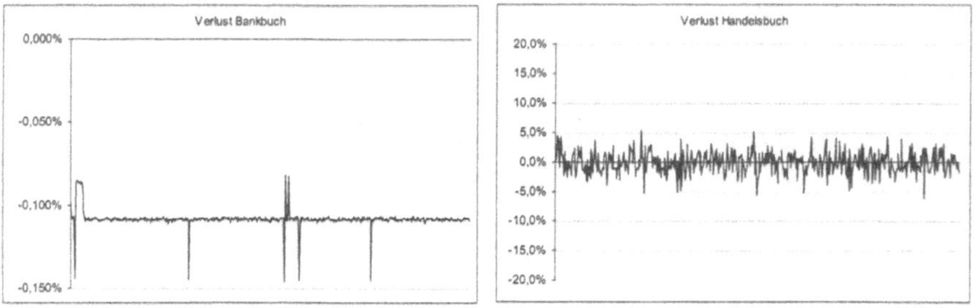


Abbildung 43: Simulierte Verluste - Stabiles Marktumfeld[627]

626 Vgl. Linn, N./ Krotsch, S./ Riese, C., Banken, 2002, S. 72ff.
627 Modellausgabe/ eigene Darstellung.

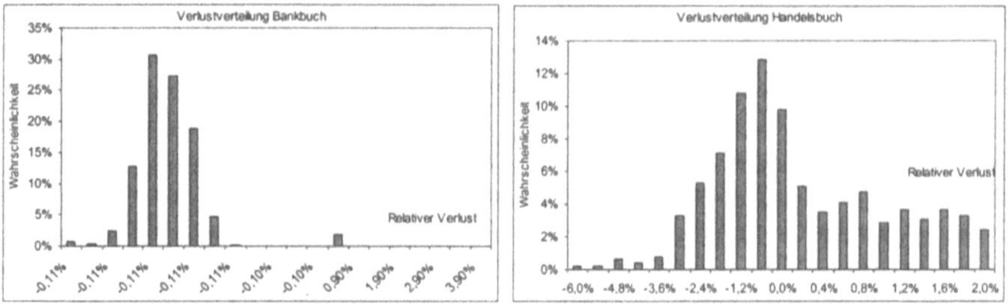


| | Bankbuch | Handelsbuch |
|---|---|---|
| Kurtosis | 42,52 | 0,03 |
| Skewness | -1,92 | -0,07 |

Abbildung 44: Simulierte Verlustverteilung - Stabiles Marktumfeld[628]

Im stabilen Marktumfeld zeigen Bank- und Handelsbuch ihre typischen Verlustverteilungen. Während die Verlustverteilung des Handelsbuches mit Kurtosis- und Skewness-Werten von *≤10%* einer Normalverteilung sehr nahe kommt, zeigt die Verlustverteilung des Bankbuches die typische Rechtsschiefe.

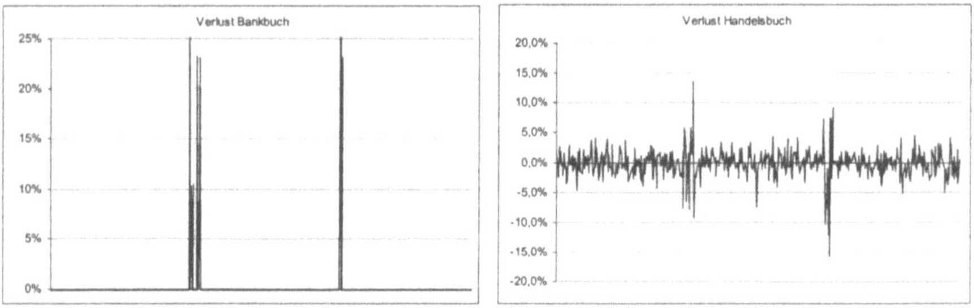


Abbildung 45: Simulierte Verluste - Volatiles Marktumfeld[629]

628 Modellausgabe/ eigene Darstellung.
629 Modellausgabe/ eigene Darstellung.

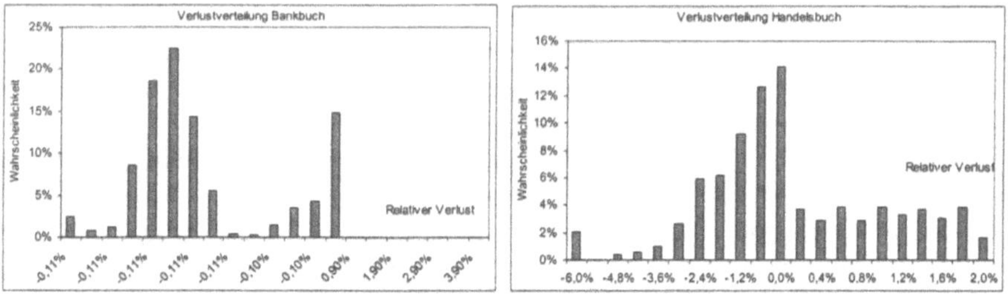


| | Bankbuch | Handelsbuch |
|---|---|---|
| Kurtosis | 113,60 | 7,61 |
| Skewness | 10,31 | -0,55 |

Abbildung 46: Simulierte Verlustverteilung - Volatiles Marktumfeld[630]

Im volatilen Marktumfeld werden sowohl in Bank- und Handelsbuch Verluste von bis zu *15%* des Buchvolumens erreicht. Die Verlustverteilung des Handelsbuches entfernt sich von einer Normalverteilung.

## *4.4.2 Wirkungsweise der Bankprozesse*

### *4.4.2.1 Transformationsfunktion*

Wie in Kapitel 3.4.1.4 beschrieben, bewirkt die Transformationsfunktion ein integriertes, bankweites Portfoliomanagement. Die Portfolioelemente des Bank- und Handelsbuches werden dabei anhand der beschriebenen Nutzenfunktion Risiko-Rendite-optimiert.[631] Re-Allokationen der Volumina werden vorgenommen, wenn aufgrund der „gelernten" Risiko-Rendite-Werte ein bzgl. der Nutzenfunktion vorteilhaftigeres Portfolio vorhanden ist.

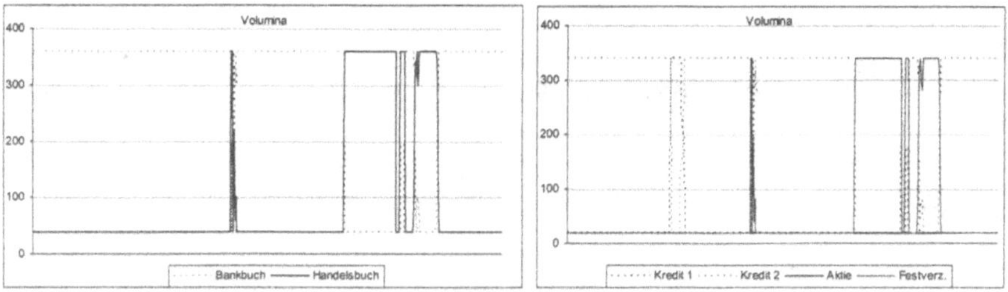


Abbildung 47: Wirkungsweise der Transformationsfunktion[632]

In Abbildung 47 ist die Wirkungsweise der Transformationsfunktion bzgl. der Entwicklung der Volumina in Bank- und Handelsbuch dargestellt. Es ist kein Maxi-

630 Modellausgabe/ eigene Darstellung.
631 Es wird eine risikoaverse Nutzenfunktion gewählt (a = 0,1; b = 500); vgl. Kapitel 3.4.1.4.
632 Modellausgabe/ eigene Darstellung.

mumlimit und nur ein geringes Minimumlimit (*5%* des Gesamtvolumens) eingestellt. Damit können bis zu *340* von *400* Volumenseinheiten in einzelne Portfoliopositionen allokiert werden.[633] Man erkennt die risikoaverse Allokation des Bankportfolios in Kredite und festverzinsliche Wertpapiere.

Die Sensitivität der Transformationsfunktion auf Änderungen der Nutzenfunktion ist in Abbildung 48 und Abbildung 49 dargestellt. Eine schwach risikoaverse Bank (Abbildung 48) allokiert das Bankportfolio erwartungsgemäß in risikoreiche Kredite und Wertpapiere. Eine stark risikoaverse Bank (Abbildung 49) allokiert hingegen das Bankportfolio selbst im stabilen Marktumfeld zu einem großen Teil in festverzinsliche Wertpapiere.

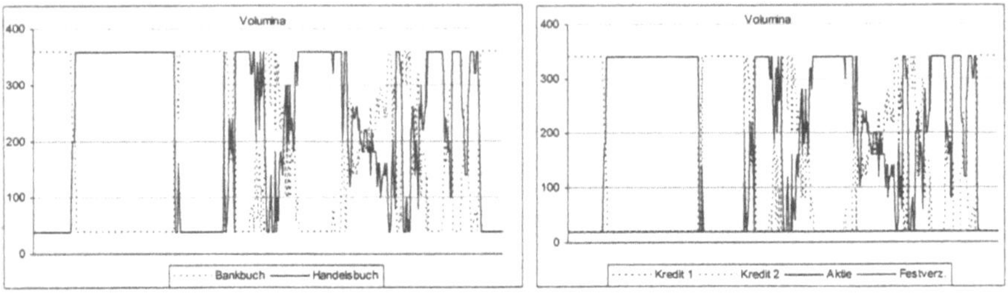


Abbildung 48: Schwach risikoaverse Bank[634]

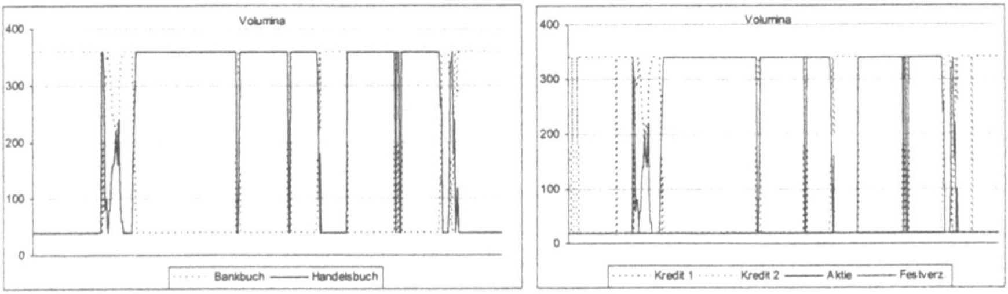


Abbildung 49: Stark risikoaverse Bank[635]

Die Wirkungsweise des Maximumlimits ist in Abbildung 50 sichtbar: einzelne Portfoliopositionen können nur noch bis zu *170* von *400* Volumenseinheiten allokiert werden. Dementsprechend müssen die restlichen Positionen entsprechend höhere Volumina tragen, um das Gesamtbankvolumen konstant zu halten.[636]

633 Zur Ausgestaltung der Volumenslimite im Modell vgl. Kapitel 3.4.1.4 und 3.5.2, zur Parameterwahl Kapitel 4.3.5.1. Bei $v_{Ges} = 400$ und $V_{Min} = 5\% = 20$ ergibt sich implizit bei vier Portfolioelementen $V_{Max} = 400 - 3*20 = 340$.

634 Modellausgabe/ eigene Darstellung. a = 0,1; b = 0,1.

635 Modellausgabe/ eigene Darstellung. a = 0,1; b = 10.000.

636 Das Maximumlimit wurde abweichend vom Minimumlimit nicht in den Optimierungsalgorithmus implementiert. Die Limitierung wird nach der eigentlichen Optimierung durch Verteilung auf die anderen Positionen durchgeführt. Dadurch wird auch quasi ein zusätzliches Minimumlimit geschaffen.

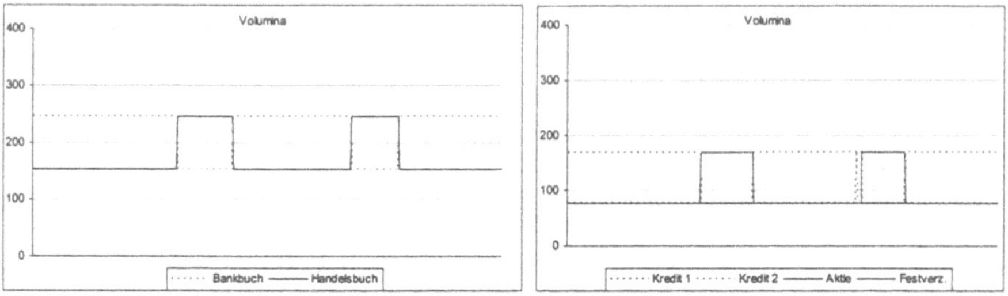


Abbildung 50: Wirkungsweise des Maximumlimits[637]

Erhöht man das Minimumlimit auf *10%* des Gesamtvolumens, so müssen zu jedem Zeitpunkt mindestens *40* Volumenseinheiten in jeder Portfolioposition allokiert sein (siehe Abbildung 51).

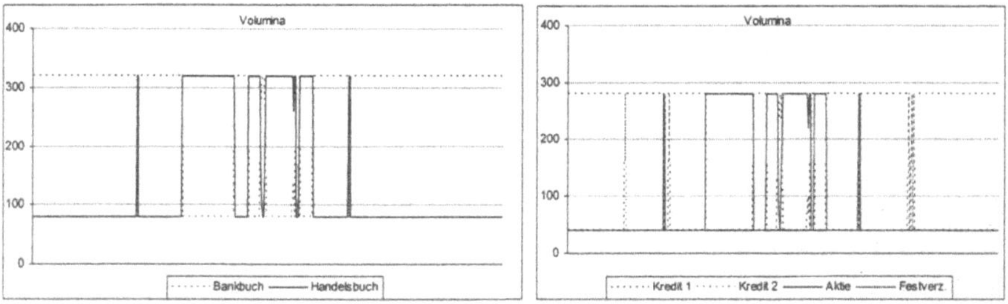


Abbildung 51: Wirkungsweise des Minimumlimits[638]

Die stochastische Variable soll den verbleibenden Einfluss des Menschen auf die Portfolioallokation repräsentieren.[639] Die Wirkung dieser „Störgröße" bezüglich der Allokation der Volumina auf die Portfoliopositionen ist in Abbildung 52 ersichtlich. Man erkennt, dass die Portfolioallokation zu einem gewissen Grade durch die Störgröße verfälscht wird und dass die stochastische Komponente wie ein „ungesteuertes" Minimumlimit wirkt.[640]

637 Modellausgabe/ eigene Darstellung.
638 Modellausgabe/ eigene Darstellung.
639 Vgl. Kapitel 3.5.2.
640 Im Modell wird eine Zufallszahl $0 < z < 50$ zu den optimierten Volumina addiert (Kredit 1 und Aktienposition) bzw. subtrahiert (Kredit 2).

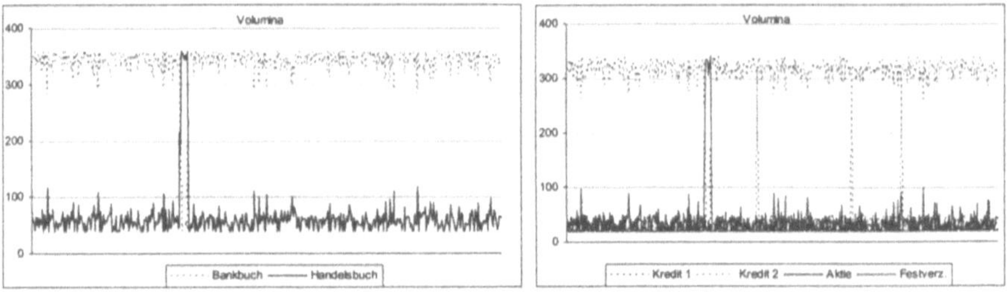


Abbildung 52: Wirkungsweise des stochastischen Einflusses[641]

Der Optimierungsalgorithmus (vgl. Kapitel 3.4.1.4) erlaubt die Festlegung einer Optimierungstiefe, mit der nach optimalen Portfolios gesucht wird. Erhöht man die Optimierungstiefe, so werden auch Zwischenwerte bzgl. der Volumina berücksichtigt. Die stufenartig ansteigenden und abfallenden Linien in Abbildung 53 zeigen mit der Mehrteiligkeit des Portfolios die Wirkung einer erhöhten Optimierungstiefe. Offensichtlich werden durch die höhere Optimierungstiefe Portfoliokombinationen zwischen beiden Kreditarten möglich, die von ihrer Risiko-Rendite-Position vorteilhafter als eine Allokation in festverzinsliche Wertpapiere sind.

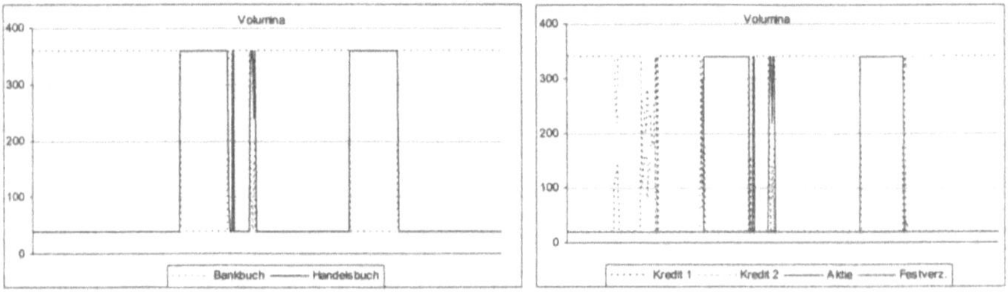


Abbildung 53: Wirkungsweise der Optimierungstiefe[642]

Die Portfolio-Optimierung (vgl. Kapitel 3.4.1.4) erfolgt auf Basis „gelernter" Statistiken der Verlustfunktionen. Eine zunehmende Fähigkeit zur Datenspeicherung und Datenauswertung macht sich in steigender „Lernfähigkeit" bemerkbar, d.h. Daten können über einen längeren Zeitraum vorgehalten und analysiert werden. Erhöht man die Lernfähigkeit der Bank im Modell, so werden nach einer Einschwingphase bei gleich bleibender Marktvolatilität kaum Re-Allokationen vorgenommen. Aktuelle Verluste verändern die Verteilungsfunktion nicht mehr so stark, da sich diese auf eine wesentlich größere Datenbasis stützt.

### *4.4.2.2 Abwicklungsfunktion*

Die Ausgestaltung der Abwicklungsfunktion in Kapitel 3.4.3 erfolgte unter Berücksichtigung des Reagibilitätsgrades (Variabilität) sowie des Degressionsfaktors der Kostenfunktion.

641 Modellausgabe/ eigene Darstellung.
642 Modellausgabe/ eigene Darstellung.

Eine geringe Variabilität deutet auf hohe Fixkosten hin, die bei Mengenänderungen (Re-Allokationen) nicht abgebaut werden können.

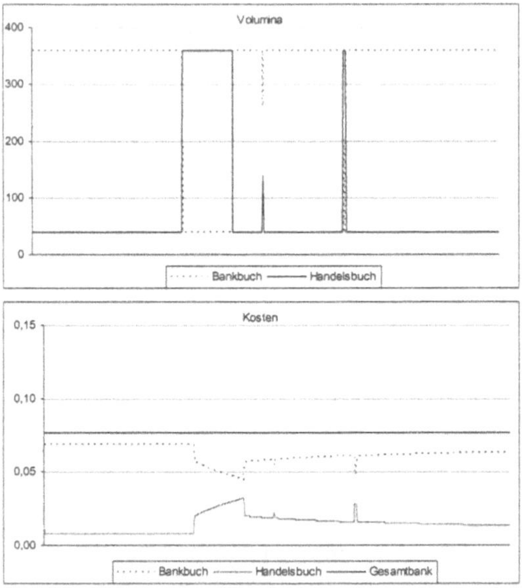


Abbildung 54: Kostenfunktion bei geringer Variabilität und fehlender Degression[643]

In Abbildung 54 ist die Wirkung der Kostenfunktion bei geringer Variabilität dargestellt. Selbst radikale Volumensumschichtungen führen nur in geringem Maße zu Änderungen der Kostenblöcke von Bank- bzw. Handelsbuch. Durch die gleich gewählten CAR-Werte in Bank- und Handelsbuch bleiben die Gesamtkosten konstant.

Auswirkungen einer höheren Reagibilität der Kostenfunktion sind in Abbildung 55 dargestellt. Volumensumschichtungen führen zu größeren Kostenschwankungen zwischen Bank- und Handelsbuch. Der verbleibende Fixkostenblock ist wesentlich geringer. Die Gesamtbank-Kosten bleiben hingegen wieder konstant.

643 Modellausgabe/ eigene Darstellung.

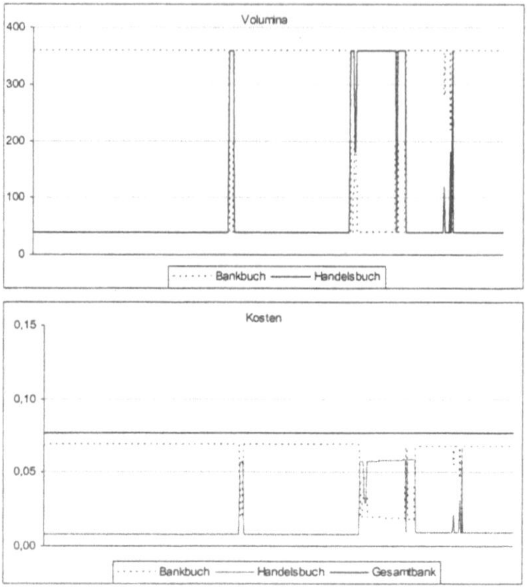


**Abbildung 55: Kostenfunktion bei hoher Variabilität und fehlender Degression**[644]

Kommt es zusätzlich zur Variabilisierung der Kostenfunktion auch zu einer Kostendegression (z.B. durch Outsourcing von Abwicklungsfunktionen), so verringern sich die absoluten Werte der Kostenfunktion. Mithin verringern sich die mittleren Gesamtbank-Kosten (vgl. Abbildung 56).

644 Modellausgabe/ eigene Darstellung.

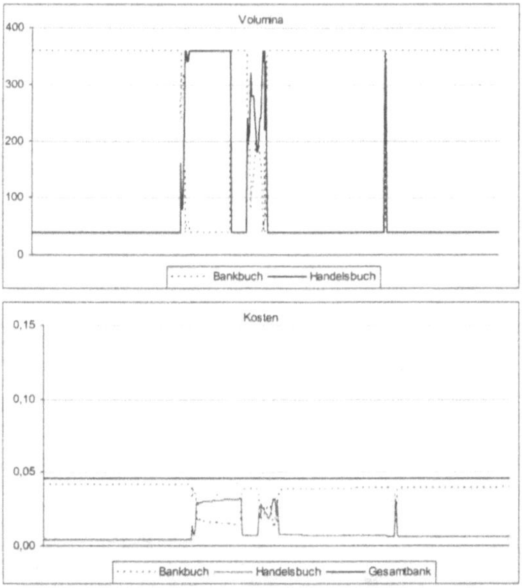


Abbildung 56: Kostenfunktion bei hoher Variabilität und Degression[645]

Im Folgenden werden Inputsystem, Transformations- und Abwicklungsfunktion zusammengeführt werden und mittels des Outputsystems bewertet.

### *4.4.2.3 Outputsystem und Bankperformance*

Wie in Kapitel 3.6.1 beschrieben, werden zur Beurteilung der Bank das risikoadjustierte Ergebnismaß RAROC sowie ein Maß für die Schwankungsbreite des Bankergebnisses herangezogen. Über die Simulationsperioden wird der RAROC gemittelt und $\sigma_{RAROC}$ als Standardabweichung der jeweils erzielten Bank-RAROC-Werte berechnet. Weiterhin wird der VaR des Bankportfolios relativ zum Portfoliovolumen dargestellt. Im vorliegenden Ansatz wird dieser Wert zur Berechnung der „Penalty Cost" bei Überschreitung der vorhandenen Risikodeckungsmassen verwendet.[646]

645 Modellausgabe/ eigene Darstellung. Variabilität 80%; Degression 50%.
646 Vgl. Kapitel 3.4.1.4 und 4.3.3.2 zur Ausgestaltung der „Penalty Cost"-Funktion.

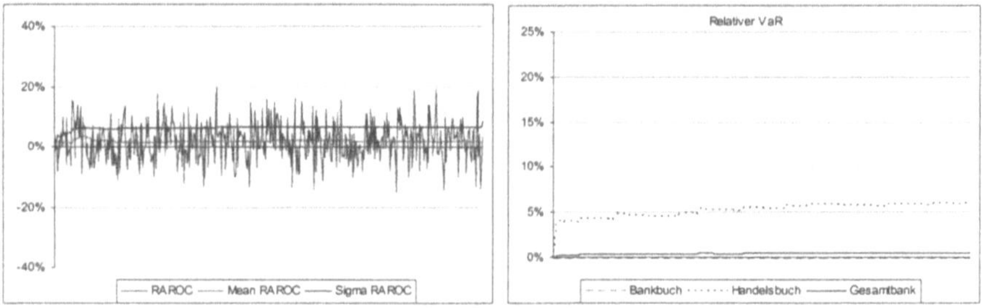


| Mean RAROC | Sigma RAROC | Mean VOLBB | VaRMax | VaRMax Perioden |
|---|---|---|---|---|
| 2,4% | 6,8% | 360 | 0,6% | 0 |
| Nutzen-Funktion | Mean Portfolio | Sigma Portfolio | | |
| -0,424% | 0,12% | 0,27% | | |

Abbildung 57: RAROC und VaR in stabilem Marktumfeld[647]

In Abbildung 57 sind die Outputgrößen in einem stabilen Marktumfeld dargestellt. Der Bank-RAROC bewegt sich zwischen etwa *-20%* und *+20%*, sein Mittelwert beträgt über alle Perioden hinweg etwa *2,4%*. Die Schwankungsbreite bewegt sich in der Region von *5-10%*. Im Bankbuch ist nahezu kein VaR zu verzeichnen, der Gesamtbank-VaR (maximal *0,6%* des Portfoliovolumens) speist sich aus dem Handelsbuch.

In Abbildung 58 befindet sich die Modellbank in einem volatilen Marktumfeld mit zwei modellierten Schocks.[648] Der Bank-RAROC verzeichnet Ausschläge von *<-40%* und *>+40%*. Der mittlere RAROC beträgt über alle Perioden hinweg etwa *-0,2%*. Die Schwankungsbreite zeigt nach dem ersten Marktschock einen Sprung auf *>40%*, der sich auch nach dargestellten *500* Perioden nicht wesentlich verringert. Die beiden Marktschocks verursachen einen Anstieg des VaR im Handelsbuch und VaR-Spitzen im Bankbuch. Der Gesamtbank-VaR steigt im vorliegenden Fall auf maximal *2,1%*, bleibt also unterhalb der Grenze von *8%* des Portfoliovolumens.

---

647 Modellausgabe/ eigene Darstellung.
648 Vgl. Kapitel 4.3.1.2.

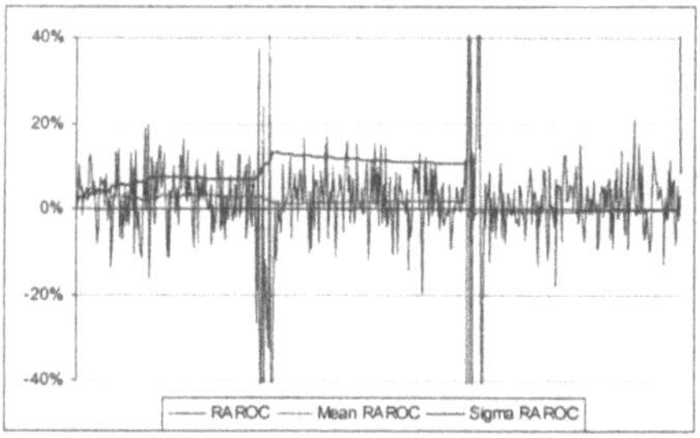


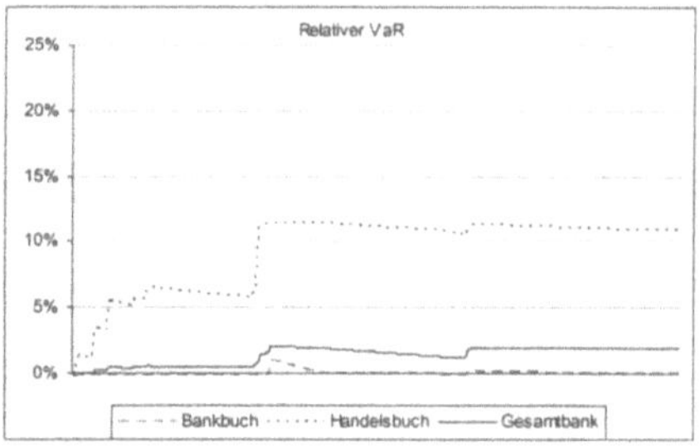


| Mean RAROC | Sigma RAROC | Mean VOLBB | VaRMax | VaRMax Perioden |
|---|---|---|---|---|
| -0,2% | 47,1% | 323 | 2,1% | 0 |
| Nutzen-Funktion | Mean Portfolio | Sigma Portfolio | | |
| -1,382% | 0,10% | 0,40% | | |

Abbildung 58: RAROC und VaR in volatilem Marktumfeld[649]

Nachdem die Funktionsweise des Inputsystems, der Bankfunktionen inkl. Industrialisierungsfaktoren und des Outputsystems erläutert wurde, wird im Folgenden die Funktion der Gesamtbank im stabilen und im volatilen Marktumfeld untersucht.

### *4.4.3 Wirkungsweise der Gesamtbank*

Im Folgenden wird der in Kapitel 4.3.5.3 definierte „Pfad der Industrialisierung" des Modells anhand von zwei Extremausprägungen am Modell gezeigt. Gleichzeitig soll die Wirkung eines normalen und eines volatilen Marktumfeldes auf die Modellanordnung funktionsgetestet werden.

Aus den Funktionstests können aufgrund der geringen Anzahl von simulierten Perioden (500) keine echten Rückschlüsse auf die Wirkung der verschiedenen Parameterkonstellationen abgeleitet werden. Erste Anhaltspunkte über Treiber der Ergebnisgrößen sollen dennoch dargestellt werden.

#### *4.4.3.1 Die Modellbank im stabilen Marktumfeld*

Ausgangspunkt soll die in Kapitel 4.3.5.3 beschriebene Strategie 2 (gering industrialisierte Bank mit beginnender Verlustauswertung) bilden. Die Parameterkonstellation enthält Minimum- und Maximumlimit und den stochastischen Einfluss auf die Allokationsentscheidung. Optimierungstiefe, Lerntiefe und Variabilisierung der Kosten sind gering.

Die Funktionsweise dieser Konstellation im stabilen Marktumfeld ist in Abbildung 59 ersichtlich. Abgebildet sind dabei die Verläufe der Volumina, der Kosten und der VaR-Werte (relativ zum Volumen).

649 Modellausgabe/ eigene Darstellung.

Außerdem sind der mittlere RAROC, $\sigma_{RAROC}$, das mittlere Volumen im Bankbuch, der maximale VaR $VaR_{Max}$, die Anzahl der Perioden, in denen der VaR das Limit von *8%* des Volumens überschritt, sowie die Kennwerte des Gesamtbankportfolios (Mittelwert, Standardabweichung und realisierte Werte der Nutzenfunktion) verzeichnet. Deutlich erkennbar ist die Wirkungsweise der Limite und der stochastischen Variable. Die Volumina des Bank- und des Handelsbuches sind etwa ausgeglichen, wodurch eine Verlustbegrenzung erfolgt. Durch die erhöhte Allokation in risikoreiche Wertpapiere durch die stochastische Variable weist das Bankportfolio eine relativ hohe Volatilität auf und auch der maximale VaR ist dadurch relativ hoch.

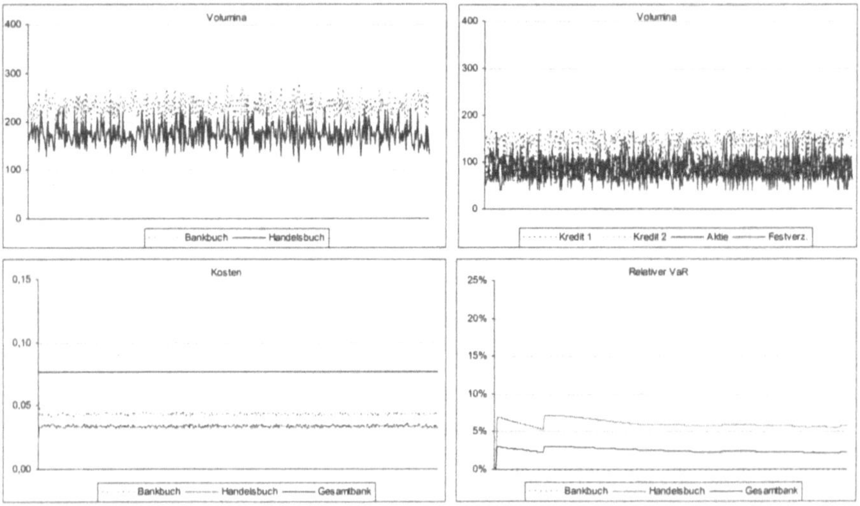


| Mean RAROC | Sigma RAROC | Mean VOLBB | VaRMax | VaRMax Perioden |
|---|---|---|---|---|
| 2,4% | 29,2% | 225 | 3,0% | 0 |

| Nutzen-Funktion | Mean Portfolio | Sigma Portfolio |
|---|---|---|
| -6,899% | 0,11% | 1,15% |

Abbildung 59: Die gering industrialisierte Bank im stabilen Marktumfeld[650]

Gegenpol zur gering industrialisierten Bank (Strategie 2) soll die ebenfalls in Kapitel 4.3.5.3 beschriebene Strategie 9 (voll-industrialisierte Bank) bilden. In dieser Parameter-Konstellation sind alle Limite und stochastischen Einflüsse ausgeschaltet und Lern- sowie Optimierungstiefe maximal ausgeprägt. In Abbildung 60 ist ersichtlich, dass die hohe Lerntiefe wieder zu einer relativ konstanten Allokation des Bankportfolios führt. Das Bankportfolio ist stark in jeweils einer Kreditart allokiert. Dadurch sinkt die Volatilität des Portfolios und der VaR im Vergleich zu Strategie 2, das Portfolio wird jedoch anfällig für hohe Verluste.

650 Modellausgabe/ eigene Darstellung. MeanVolBB...Mittleres allokiertes Volumen im Bankbuch.

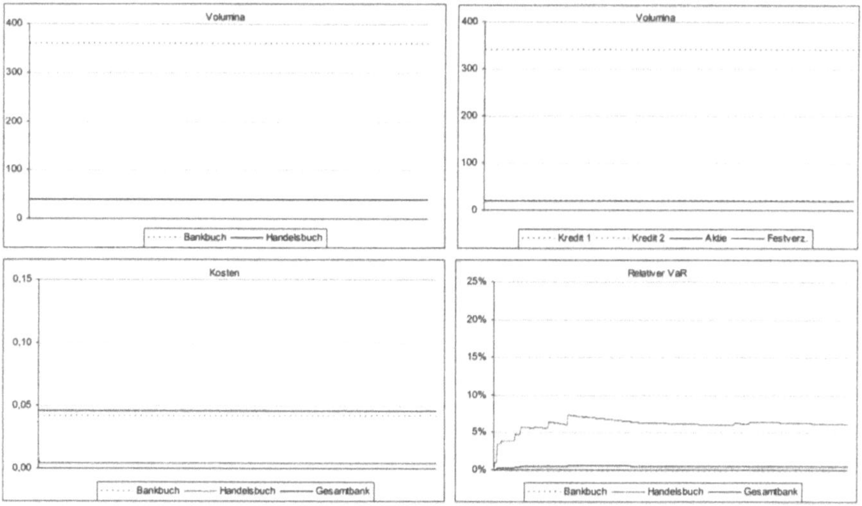


| Mean RAROC | Sigma RAROC | Mean VOLBB | VaRMax | VaRMax Perioden |
|---|---|---|---|---|
| 2,3% | 7,2% | 360 | 0,6% | 0 |

| Nutzen-Funktion | Mean Portfolio | Sigma Portfolio |
|---|---|---|
| -0,550% | 0,09% | 0,30% |

Abbildung 60: Die industrialisierte Bank im stabilen Marktumfeld[651]

Nachdem zwei Parameterkonstellationen im stabilen Marktumfeld getestet wurden, sollen im Folgenden die gleichen Konstellationen in einem volatilen Markt getestet werden.[652]

### *4.4.3.2 Die Modellbank im volatilen Marktumfeld*

Das volatile Marktumfeld zeichnet sich durch zwei Zeiträume mit extrem hoher Volatilität des Inputsystems aus.[653] Die gering industrialisierte Bank (Abbildung 61) reagiert darauf mit einer kurzzeitigen Re-Allokation in festverzinsliche Wertpapiere des Handelsbuches. Die geringe Lerntiefe lässt jedoch die Allokation nach einem Zeitraum wieder in die ursprüngliche Allokation im Bankbuch zurückgehen. Das Maximumlimit verbunden mit der stochastischen Komponente verursacht eine konstante Allokation in risikoreichen Wertpapieren, selbst während der hochvolatilen Phasen.

651 Modellausgabe/ eigene Darstellung. MeanVolBB...Mittleres allokiertes Volumen im Bankbuch.

652 Zur Definition des stark volatilen Marktumfeldes vgl. Kapitel 4.3.1.2.

653 In den beiden Zeiträumen (Schocks) wird eine Volatilitäts-Steigerung von 400% im Vergleich zum normalen Markt appliziert. Vgl. Kapitel 4.3.1.2.

Dadurch zeigt der VaR im Handelsbuch auch hohe Ausschläge während und zwischen den Schocks. Durch Kreditausfälle im Bankbuch steigt der VaR hier während der hochvolatilen Phasen sprungartig an.

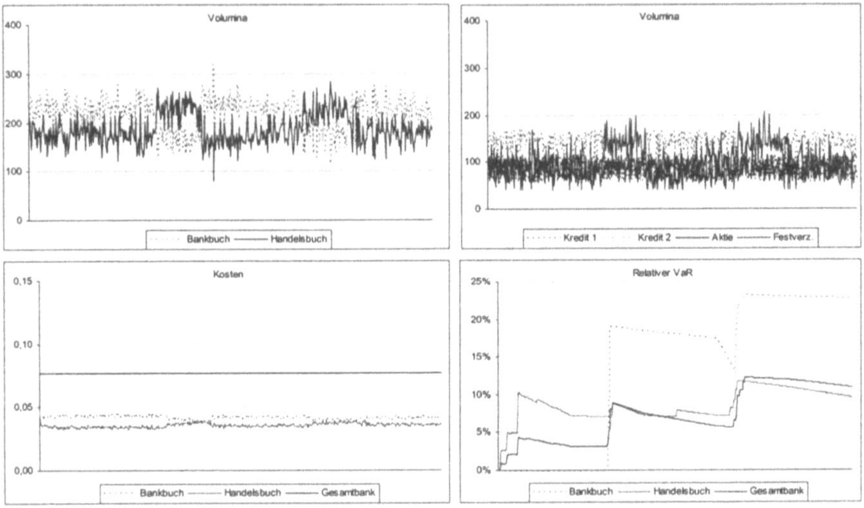


| Mean RAROC | Sigma RAROC | Mean VOLBB | VaRMax | VaRMax Perioden |
|---|---|---|---|---|
| -1,6% | 35,1% | 213 | 12,3% | 193 |

| Nutzen-Funktion | Mean Portfolio | Sigma Portfolio |
|---|---|---|
| -21,170% | -0,09% | 1,73% |

Abbildung 61: Die gering industrialisierte Bank im volatilen Marktumfeld[654]

Der Gesamtbank-VaR steigt ebenfalls stark und fällt zwischen den Schocks auch nur langsam ab. Der Grenzwert von 8% des Gesamtvolumens wird überschritten, die vorhandenen Risikodeckungsmassen reichen nicht aus, um das entstehende ökonomische Risiko abzudecken.

Die industrialisierte Bank (Abbildung 62) reagiert auf den sprunghaften Anstieg der Volatilität mit einer sofortigen Re-Allokation in risikoarme Wertpapiere. Alle Kredite und risikoreiche Wertpapiere werden auf das erlaubte Minimum reduziert. Obwohl der VaR damit im Vergleich zur gering industrialisierten Bank wesentlich reduziert werden kann, ist der maximale Verlust hier durch die einseitige Allokation vor dem Schock wesentlich höher. Das dürfte auch ein Grund für die immer noch relativ hohe Schwankungsbreite $\sigma_{RAROC}$ verglichen mit der gering industrialisierten Bank sein.

654 Modellausgabe/ eigene Darstellung.

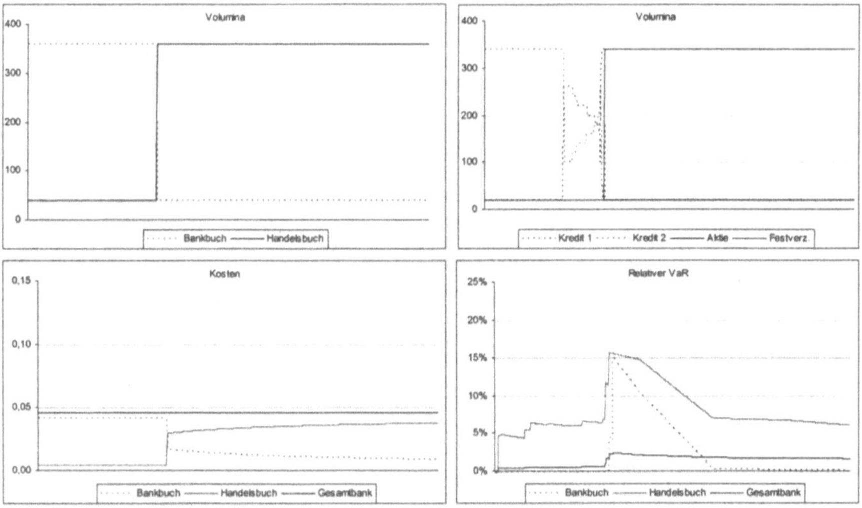


| Mean RAROC | Sigma RAROC | Mean VOLBB | VaRMax | VaRMax Perioden |
|---|---|---|---|---|
| 0,4% | 14,6% | 143 | 2,4% | 0 |
| Nutzen-Funktion | Mean Portfolio | Sigma Portfolio | | |
| -0,949% | 0,06% | 0,41% | | |

Abbildung 62: Die industrialisierte Bank im volatilen Marktumfeld[655]

Insgesamt führt diese Parameterkonstellation zu einer Verringerung der Portfolio-Varianz bei steigender Portfoliorendite. Während die Portfoliorendite positiv auf das mittlere Bankergebnis wirkt, wird die Portfolio-Varianz durch die zweite Transformation wie eben beschrieben negativ beeinflusst.[656]
Zusammenfassend kann man also bereits jetzt festhalten, dass die industrialisierte Parameterkonstellation zu einseitigem und in Extremsituationen zu risikoaversem Verhalten der Bank führt.

655 Modellausgabe/ eigene Darstellung.
656 Die beiden Transformationsschritte der Bank sind in Kapitel 3.6.2 beschrieben.

## 4.5 Modell-Ergebnisse

### 4.5.1 *Grundlagen der Ergebnisdarstellung*

Wie in Kapitel 3.6.1 und Kapitel 4.2 ausgeführt, bildet die risikoadjustierte Größe RAROC das zentrale Maß zur Beurteilung der Bankperformance im Outputsystem der Bank. Zur Erklärung der Modellergebnisse wird jedoch noch auf weitere Ergebnisgrößen im Sinne des zweistufigen Transformationsverhaltens der Bank[657] zurückgegriffen. So werden nach Transformationsschritt 1 die Eigenschaften des Bankportfolios wie das mittlere im Bankbuch allokierte Volumen $v_K$[658], die Portfoliovarianz $\sigma_{Ges}$, die mittlere Portfoliorendite $\mu_{Ges}$ sowie der erreichte Nutzenwert $U$ (Wert der Nutzenfunktion $u(\mu, \sigma)$)[659] der Bank gemessen. Darüber hinaus werden der maximale Verlust $l_{Max}$[660] sowie der $VaR_{Max}$[661] pro Periode über alle Simulationsläufe gemessen.

Zusätzlich wird die Wirkungsanalyse auch anhand der in Kapitel 3.6.2 definierten Zyklusverstärkerwirkung der Bank durchgeführt.

Diese Ergebnisgrößen wurden für zwei Marktszenarien (stabil und wiederholt volatil; siehe Kapitel 4.3.1.2) ermittelt. In Kapitel 4.5.2 wird auf Szenario 1 (stabiles Marktumfeld) und in Kapitel 4.5.3 auf Szenario 3 (wiederholt volatiles Marktumfeld) detailliert eingegangen. Bei letzterem Szenario wird ergänzend die Analyse der Zyklusverstärkerwirkung der Industrialisierung der Transformation von Banken vorgenommen. Abschließend erfolgt in Kapitel 4.5.4 eine Sensitivitätsanalyse bzgl. der Parametrisierung der Bank und in Kapitel 4.5.5 die Konsolidierung der wesentlichen Kernaussagen respektive eine kritische Würdigung des Modells.

### 4.5.2 *Industrialisierungswirkungen im stabilen Marktumfeld*

#### 4.5.2.1 *Wirkung auf Portfolioeigenschaften und Bankergebnis*

Die Ergebnisgrößen für Szenario 1 (stabiles Marktumfeld) sind auf den folgenden Abbildungen für die neun Parametrisierungen des gewählten Industrialisierungspfades (vgl. Kapitel 4.3.5.3) dargestellt. Die Ergebnisdiskussion erfolgt in der logischen Reihenfolge der Abbildungen entlang des Industrialisierungspfades und beinhaltet darüber hinaus jeweils eine industrialisierungsspezifische Interpretation.

---

657 Vgl. Kapitel 3.6.2. Im ersten Transformationsschritt wird mit Hilfe der Transformationsfunktion die Marktvolatilität in die Portfoliovolatilität der Bank bzw. den VaR übersetzt. Im zweiten Transformationsschritt erfolgt die Transformation in das Bankergebnis mittels Abwicklungsfunktion und Eigenkapital-Unterlegung.

658 Vgl. Kapitel 3.4.1.2.

659 Hier werden die realisierten Portfolioeigenschaften gemessen, d.h. nach erfolgter Allokation und simulierten Marktvolatilitäten im n+1. Simulationslauf. Der Nutzenwert beschreibt den realisierten Wert der Nutzenfunktion der Bank im n+1. Simulationslauf (vgl. Kapitel 3.4.1.3).

660 Der Verlust pro Periode bezeichnet die Summe aus den Verlustwerten des Handels- und Bankbuches (vgl. Kapitel 3.3.2.3 bzw. 3.3.3.3). Der maximale Verlust ist dessen Maximum über alle Simulationsperioden.

661 Gemessen wird der Portfolio- oder Gesamtbank-Value at Risk, der pro Simulationslauf durch Abzählen der Gesamtbankverluste ermittelt wird.

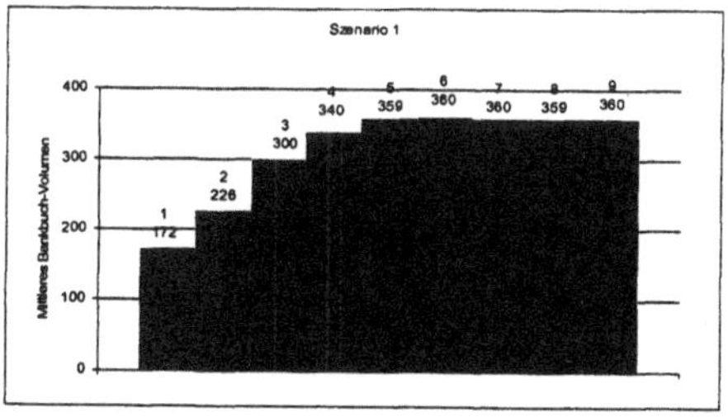


Abbildung 63: Mittleres, im Bankbuch allokiertes Volumen (stabiler Markt)[662]

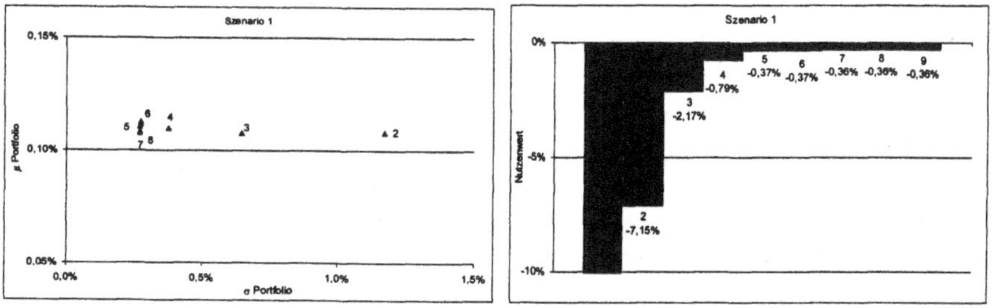


Abbildung 64: Portfoliovarianz/ -rendite und Nutzenwert (stabiler Markt)[663]

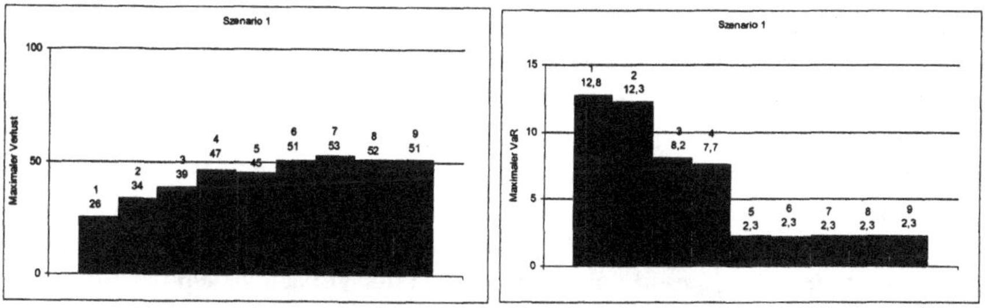


Abbildung 65: Maximaler Verlust und VaR des Portfolios (stabiler Markt)[664]

662 Modellausgabe/ eigene Darstellung.

663 Modellausgabe/ eigene Darstellung. Nicht dargestellt: Strategie 1: $\sigma_{Ges}$=3,30%; $\mu_{Ges}$=0,07%; U=-55,3%.

664 Modellausgabe/ eigene Darstellung.

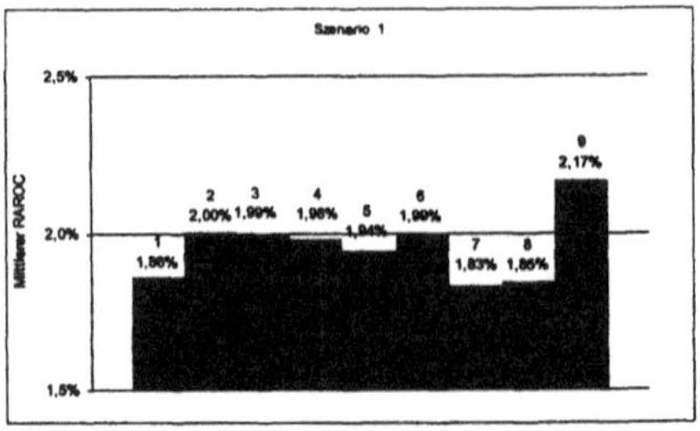


Abbildung 66: Mittlerer Bank-RAROC (stabiler Markt)[665]

*Strategien 1 und 2*: Während in Strategie 1 die am Markt gemessenen Asset-Renditen als indirekte Informationsquelle zur Ermittlung der Eigenschaften der Portfolioelemente bzw. zur Optimierung herangezogen werden, verwendet Strategie 2 bereits die tatsächlich nach Transformation realisierten Verlustwerte zur Beurteilung von Risiko und Rendite der Portfolioelemente.[666] Dieses Vorgehen ist in der Praxis durch eine umfassende interne Historisierung und Auswertung von Verlustdaten möglich. Der Strategieübergang weist Analogien zum Übergang von einem Standardansatz zu einem IRB-Ansatz im Rahmen von Basel II auf, da bei letzterem ebenfalls interne Verfahren zur Ermittlung von Verlustverteilungen verwendet werden.[667]

Aus modelltechnischer Sicht erfolgt in Strategie 1 durch die Verwendung der Asset-Renditen eine Überschätzung der Volatilität des Bankbuches. Demgegenüber gibt Strategie 2 die tatsächliche Volatilität des Bankbuches wider (sprungfixe Verlustfunktion mit Verlusteintritt bei Rating-Änderung). Insofern überrascht es wenig, dass eine stärkere Allokation in das Bankbuch erfolgt (vgl. Abbildung 63), somit die Portfoliovarianz sinkt und dadurch der Nutzenwert steigt (vgl. Abbildung 64).[668] Auch der maximale VaR sinkt leicht aufgrund der im Sinne der verbesserten Allokation durch Annäherung an die (risikoaverse) Ziel-Nutzenfunktion der Bank (vgl. Abbildung 65). Die höhere Allokation in das Bankbuch führt aber ihrerseits auch zu höheren maximalen Verlusten aufgrund der Eigenschaften der Verlustfunktion der Kredite im Sinne einer rechtsschiefen Verteilung.[669]

665 Modellausgabe/ eigene Darstellung.

666 Vgl. zu diesem Vorgehen Kapitel 3.5.2. Die Messpunkte werden in Abbildung 23 (Kapitel 3.6.2) verdeutlicht: Marktdaten werden vor Transformation 1 gemessen, während interne Verluste nach Transformation 1 gemessen und historisiert werden.

667 Für eine ausführliche Diskussion der Auswirkungen der Ansatzwahl vgl. Elschen, R., Neues Aufsichtsrecht, 2002, S. 20ff.

668 Die Messungen der Portfolioeigenschaften in Strategie 1 und 2 sind nur bedingt vergleichbar, da sie an unterschiedlichen Messpunkten genommen werden. In Strategie 1 erfolgt die Messung vor Transformationsschritt 1, in Strategie 2 danach. Vgl. Kapitel 3.6.2.

669 Die rechtsschiefe Verlustverteilung des Bankbuches ist in Kapitel 3.3.3.2 beschrieben, die Auswirkungen auf die Skalierung von Haltedauer und Volatilitäten in Kapitel 3.3.5.2.

Die risikoadjustierte Bankperformance RAROC steigt beim Übergang auf Strategie 2 leicht (vgl. Abbildung 66). Den Hintergrund hierfür bildet die Tatsache, dass in der Ausgangssituation (Strategie 1) die Bank aufgrund der starken Überschätzung der Volatilitätseigenschaften der Kredite nahezu ausschließlich in risikoarmen, festverzinslichen Wertpapieren im Handelsbuch allokiert ist. Im Rahmen von Strategie 2 erfolgt eine zunehmende Allokation in die Papiere des Bankbuchs mit höheren Renditen; dies ist bezogen auf Strategie 1 eine leicht risikoaffinere Allokation. In den Strategien 1 und 2 werden die vorhandenen Risikodeckungsmassen nicht überschritten und es fällt dementsprechend keine Penalty Cost[670] an. Gleiches gilt für die Strategien 3 bis 9 im stabilen Markt.
Es kann formuliert werden, dass durch eine interne Messung und Verarbeitung (über Automatisierung und Datenhistorisierung) der Verlustdaten eine verbesserte Allokation des Gesamtbankportfolios im Sinne der Nutzenfunktion der Bank und eine Steigerung der Bankperformance erfolgen kann. Ohne umfassende Kenntnis der Portfolioeigenschaften muss diese jedoch durch einen höheren maximalen Verlust „erkauft" werden. Darüber hinaus sinkt der maximale VaR leicht; dies liefert jedoch aufgrund der Abhängigkeit von der Parameterausgestaltung in der Ausgangsstrategie 1 nur einen schwachen Hinweis, dass der Übergang zur internen Datenauswertung eine geringere Eigenkapitalunterlegung[671] nach sich zieht. Insofern ist der Beitrag dieses Ergebnisses in der Diskussion um die Wirkung eines Übergangs zu IRB-Verfahren im Rahmen von Basel II, in der sehr uneinheitliche Effekte konstatiert werden,[672] als begrenzt zu erachten.

*Strategien 2 und 3*: Der Übergang von Strategie 2 zu Strategie 3 wird durch den Wegfall des starren Maximumlimits für alle Portfoliopositionen gekennzeichnet.[673] Somit kann der Optimierungsalgorithmus die Allokation ohne diese Nebenbedingung durchführen, was bei der modellierten risikoaversen Bank zu einer Erhöhung des Nutzenwertes durch eine Verringerung der Portfoliovarianz führt.[674] Dies wird durch eine stärkere Vermeidung risikoreicher Titel und mithin eine insgesamt risikoaversere Allokation vor allem in Titel des Bankbuches erreicht (vgl. Abbildung 63). Ohne ausreichende Kenntnis der Eigenschaften der Bankbuch-Titel führt die höhere Allokation in das Bankbuch analog zu Strategie 2 jedoch auch zu höheren maximalen Verlusten. Der maximale VaR sinkt durch die stärkere Allokation in risikoärmere Titel leicht.[675]

---

670 Zur Berechnung der Penalty Cost vgl. Kapitel 3.4.1.3.

671 Bezogen auf das ökonomische, nicht das aufsichtsrechtliche Kapital.

672 Bei Verwendung eines fortgeschrittenen IRB-Ansatzes werden Effekte von einer 5%-igen Mehrbelastung bis hin zu einer 10%-igen Minderbelastung des Eigenkapitals beschrieben. Vgl. Elschen, R., Neues Aufsichtsrecht, 2002, S. 24.

673 Vgl. Abbildung 68. Zur Ausgestaltung des Maximumlimits vgl. Kapitel 3.4.1.4.

674 Bei konstantem Gesamtvolumen wirkt ein Maximumlimit gleichzeitig wie ein Minimumlimit, da das Gesamtvolumen in jedem Fall auf die Portfoliopositionen „verteilt" werden muss.

675 Insofern limitiert das Maximumlimit im vorliegenden Fall zwar die Verluste, jedoch nicht das tatsächliche Risiko. Grund dafür ist die Minimumlimit-Eigenschaft des Maximumlimits im Modell.

Trotz der Verringerung des VaR sinkt die Bankperformance RAROC leicht (vgl. Abbildung 66). Im Gegensatz zu Strategie 2 führt die stärkere Allokation in das Bankbuch zu einer Senkung der Renditen respektive des Bankergebnisses. Grund ist die risikoaffinere Allokation von Strategie 2 im Vergleich zu Strategie 1 (von festverzinslichen Papieren im Handelsbuch in das Bankbuch) und die risikoaversere Allokation von Strategie 3 im Vergleich zu Strategie 2 (von Aktien im Handelsbuch in das Bankbuch sowie innerhalb des Bankbuchs in risikoärmere und damit weniger renditestarke Kredite). Dieses Verhalten ist abhängig von der gewählten Parametrisierung des Bankportfolios hinsichtlich Risiko-Rendite-Kennzahlen. Eine ausführliche Sensitivitätsanalyse ist in Kapitel 4.5.4 zu finden.
Zusammenfassend lässt sich festhalten, dass der Wegfall starrer Volumenlimite eine verbesserte Allokation gemäß der Nutzenfunktion der Bank ermöglicht. Für eine risikoaverse Bank folgt daraus eine insgesamt risikoaversere Allokation, die jedoch auch zu einer leicht sinkenden Bankperformance führt. Zwar steigen die maximalen Verluste an, das Risiko und mithin die Eigenkapitalintensität können jedoch gesenkt werden. Dieses Ergebnis unterstützt die Forderung, Volumenlimitsysteme abzulösen und den VaR im Rahmen der Gesamtbanksteuerung nicht nur für Zwecke der Risikomessung, sondern auch umfassend für die Steuerung der Allokation einzusetzen.[676]

*Strategien 3 und 4:* Der Wegfall des Minimumlimits in Strategie 4 wirkt ähnlich wie der Wegfall des Maximumlimits in Strategie 3. Erneut kann die Allokation im Sinne der Nutzenfunktion durch den Wegfall von Nebenbedingungen verbessert werden. Der Wegfall der Minimumlimits kann aber auch als Ausschaltung einer erzwungenen Diversifikation des Portfolios interpretiert werden, die hier zu einer risikoärmeren, aber auch zunehmend einseitigen Allokation in das Bankbuch führt.[677] Diese lässt den Nutzenwert vor allem durch eine Absenkung der Portfoliovarianz steigen. Die verstärkte Allokation in das Bankbuch verursacht weiter steigende maximale Verluste aufgrund der rechtsschiefen Eigenschaften der Verlustverteilung von Krediten. Analog zum Strategieübergang von 2 auf 3 sinkt die Bankperformance RAROC weiter, obwohl der maximale VaR stark sinkt. Die Senkung des Risikos wird also durch ein geringeres Ergebnis „erkauft".
Aus Sicht der Banksteuerung ist demnach analog zum Wegfall des Maximumlimits zu folgern, dass bezüglich Limiten industrialisierte Banken vorteilhafter im Sinne ihres Nutzenwertes allokieren können. Sie verhalten sich insgesamt risikoaverser, was das Risiko respektive das notwendige Eigenkapital und jedoch auch das Ergebnis senkt. Grundsätzlich kann insbesondere das Minimumlimit auch als Resultat einer menschlichen Verhaltensanomalie (z.B. „Home Bias") interpretiert werden.[678]

676 Vgl. zu dieser Forderung z.B. Grimmer, J.U., Gesamtbanksteuerung, 2003, S. 242f.
677 Die risikosteigernden Effekte durch Verringerung der Granularität des Portfolios werden hier überlagert durch risikomindernde Effekte der Möglichkeit zu einer risikoärmeren Allokation. Zu Risiko-Effekten der Portfolio-Granularität vgl. Wilkens, M./ Baule, R./ Entrop, O., Granularity adjustment, 2001.
678 Für eine Beschreibung von Anätzen der Behavioral Finance vgl. Kapitel 3.2.2.3.

Insofern könnte der Wegfall des menschlichen Einflusses bei einzelnen Bankdispositionen als vorteilhaft im Sinne der Nutzenfunktion der Bank eingeschätzt werden. Es muss jedoch darauf hingewiesen werden, dass diese Verhaltensanomalien durch die Automatisierung der Disposition nicht vollständig eliminiert werden. Vielmehr erfolgt mit der Festlegung und Einstellung der Parameter von automatisierten Abläufen im Sinne von Stellgrößen der Gesamtbanksteuerung (insbesondere die Nutzenfunktion der Bank) durch Funktionsträger in der Bank (z.B. CFO, Risiko Management-Abteilung) eine Multiplikation der Verhaltensanomalien, indem diese jetzt systematisch bankweit wirken können. Außerdem kann es durch die Einführung von automatischen Dispositionsverfahren, z.B. im Rahmen einer Standardsoftware, zu einer Gleichschaltung des Bankverhaltens im Markt oder gar marktübergreifend kommen.

*Strategien 4 und 5:* Ergänzend wird der Wegfall des menschlichen Einflusses (modelliert über eine stochastische Störgröße) durch den Übergang zu Strategie 5 repräsentiert. Der Wegfall des stochastischen Einflusses kann auch als Reduktion eines „ungesteuerten" Minimumlimits interpretiert werden, da der Optimierungsalgorithmus durch diese Nebenbedingung die optimale Allokation nicht vollständig ausführen kann. Insofern ist es eingängig, dass ähnliche Entwicklungen der Outputparameter wie für die Strategieübergänge von 2 auf 3 und von 3 auf 4 festzustellen sind. Es erfolgt eine fast vollständige Allokation in Titel des Bankbuches, welche den Nutzenwert der Bank weiter optimiert (vgl. Abbildung 64). Dies resultiert insbesondere aus der Verringerung der Portfoliovarianz. Die insgesamt risikoärmere Allokation führt darüber hinaus zu einer Verringerung des maximalen VaR. Auch der maximale Verlust kann jetzt bei gleich bleibendem mittlerem Bankbuchvolumen leicht gesenkt werden, da eine weitergehende Verschiebung von Volumina in risikoärmere Kredite ermöglicht wird.
Trotz sinkendem VaR sinkt auch der RAROC, was in einer Reduktion des Bankergebnisses begründet liegt. Grund hierfür ist wieder die risikoärmere Allokation – sowohl vom Handelsbuch in das Bankbuch als auch innerhalb des Bankbuches, die zu geringeren Renditen führt. Insgesamt agieren Banken, die ihre Transformationsfunktion weitgehend automatisiert haben, optimal gemäß ihrer Ziel-Nutzenfunktion. Banken mit einer risikoaversen Nutzenfunktion agieren somit stärker risikoavers; dies äußert sich darin, dass das Risiko und die Eigenkapitalintensität weiter gesenkt werden können.[679] Das Bankergebnis wird jedoch durch den Wegfall gesteuerter und ungesteuerter Diversifikation ebenfalls gesenkt.
Diese Schlussfolgerung gilt insbesondere für die gewählte Modellierung des menschlichen Einflusses als stochastische Störgröße. Alternative Modellierungen menschlichen Verhaltens sind im Sinne der Behavioral Finance Theorie vorstellbar.[680]

---

679 Die risikosteigernden Effekte durch Verringerung der Granularität des Portfolios werden wieder überlagert durch risikomindernde Effekte der risikoärmeren Allokation.
680 Vgl. Kapitel 3.2.2.3.

*Strategien 5 und 6:* Die Verbesserung des Optimierungsalgorithmus im Sinne einer Erhöhung der Anzahl an maximal möglichen optimalen Portfoliokombinationen (Erhöhung der Optimierungstiefe) wird in Strategie 6 erreicht.[681] Es lässt sich eine leicht höhere Allokation in das Bankbuch bei leicht steigendem maximalem Verlust beobachten (vgl. Abbildung 63 und Abbildung 65). Die Portfolioeigenschaften und der maximale VaR bleiben hingegen im Wesentlichen konstant. Grund dafür ist die bereits weitgehend optimale Allokation im Sinne der Nutzenfunktion in Strategie 5. Der verbesserte Optimierungsalgorithmus kann also hinsichtlich der Portfolioeigenschaften primär den Nutzen nicht steigern. Dieses Ergebnis erscheint zunächst konträr zur Vorteilhaftigkeit der Granularitätseigenschaft bei (Kredit-) Portfolios. Der Diversifizierungs- und damit Risikominderungseffekt steigt prinzipiell, je granularer, also mehrteiliger und ungleichmäßiger verteilt das Portfolio beschaffen ist.[682] Die bereits sehr risikoaverse Allokation verbunden mit positiven Korrelationen der Positionen kann jedoch im Rahmen der Modellbank nicht zu risikomindernden Effekten aufgrund der gestiegenen (möglichen) Granularität führen.

Das risikoadjustierte Ergebnis kann jedoch trotz des konstanten VaR-Wertes durch die höhere Granularität der Optimierung gesteigert werden. Hintergrund hier ist die höhere Teilbarkeit der Portfoliokombinationen, die verstärkt zu mehrteiligen Portfolios führt. Bei Rendite- oder Risikoänderungen der Portfoliotitel müssen weniger radikale Re-Allokationen vorgenommen werden, es kann nun auch zu Umschichtungen in geringerem Ausmaß kommen. Beispielsweise wird bei Rating-Änderungen eines Kredites nicht mehr das gesamte Volumen aus diesem Wert in sichere Anlagen verlagert, sondern es erfolgt eine teilweise Umschichtung zwischen den Bankbuch-Positionen. Somit steigt das Bankergebnis durch eine leicht höhere Allokation im Bankbuch sowie durch Rendite-optimierte Re-Allokationen innerhalb des Bankbuchs.

Im Sinne einer Interpretation aus Industrialisierungssicht lässt sich festhalten, dass ein abnehmender Grenznutzen verbesserter Datenverfügbarkeit und -verarbeitungskapazitäten im stabilen Markt existiert. Die Ergebnisse, die durch die Eliminierung von Limiten und menschlichen „Biases" erreicht werden, lassen sich durch verbesserte Methoden und Systeme nur leicht steigern. Der Vorteil einer höheren Granularität bzw. Teilbarkeit der Portfoliotitel liegt im stabilen Markt jedoch in der Vermeidung von radikalen Re-Allokationen bzw. sehr großen Transaktionen. Für eine risikoaverse Bank im stabilen Markt führt dieses Vorgehen zu einem leicht risikoaffineren Verhalten, indem kleinere Re-Allokationen innerhalb der Bücher gegenüber größeren Allokationen zwischen den Büchern bevorzugt werden. Es erfolgt keine sofortige, vollkommene De-Investition aus riskanteren Märkten. Dies belegt in Teilen die mögliche Vorteilhaftigkeit einer zunehmenden Handelbarkeit der Teilportfolios von Banken, z.B. im Rahmen von Verbriefungs- und Ausplatzierungsinitiativen.[683]

---

681 Zur Definition der Optimierungstiefe siehe Kapitel 3.4.1.4.

682 Vgl. Wilkens, M./ Baule, R./ Entrop, O., Granularity adjustment, 2001.

683 Zur Diskussion und den Stand der Verbriefungsinitiativen in Deutschland vgl. z.B. o.V., Verbriefung, 2004.

Wichtig ist hierbei, dass erst verbesserte Algorithmen und eine genauere Kenntnis und Dokumentation der Portfolioeigenschaften es ermöglichen, kleinere Tranchen zu platzieren.[684]

*Strategien 6 und 7:* Die Erhöhung der Lerntiefe stellt den letzten Schritt zur Industrialisierung der Transformationsfunktion dar. Die Verlustdaten aller bisherigen Perioden werden zur Berechnung der Risikoparameter für die Optimierung herangezogen. Dies führt zu moderaten Abflüssen in das risikoarme festverzinsliche Wertpapier im Handelsbuch. Wie in Strategie 6 ändern sich die Portfolioeigenschaften jedoch nicht; die Erhöhung der Lerntiefe kann also den Nutzenwert des Bankportfolios nicht weiter steigern. Auch maximaler Verlust und VaR bleiben weitestgehend konstant, was darauf zurückzuführen ist, dass im stabilen Markt die Gesamtbankverluste durch die Seltenheit von wesentlichen Kreditverlusten nahezu normalverteilt sind.[685]

Trotz konstantem VaR sinkt die risikoadjustierte Bankperformance RAROC, was somit auf eine Senkung des Bankergebnisses zurückzuführen ist. Die bessere Kenntnis der Portfolioeigenschaften durch die höhere Lerntiefe verursacht ein stark risikoaverses Verhalten. Einmal aufgetretene Verluste in einem Titel werden nicht „vergessen". Deshalb werden risikoreiche Titel stärker vermieden, es kommt verstärkt zu Allokationen in risikoarme Titel (z.B. innerhalb des Bankbuches) und zu einer leichten Re-Allokation in risikoarme Titel des Handelsbuches. Die höhere Risikoaversität führt in der Konsequenz jedoch auch zu geringeren Renditen und einer fallenden Bankperformance. Dieses Ergebnis ist abhängig von der modelltechnischen Implementierung der Lerntiefe und dem gewählten einperiodigen Optimierungsansatz.[686]

Die vollständige Daten-Historisierung und der Einbezug aller historischen Werte in die Ermittlung der Risikofaktoren für die Optimierung (ohne Berücksichtigung des Zeitpunktes historischer Ausfälle) führen somit zu nahezu „irrational" risikoaversem Verhalten. Die Bank handelt im Sinne ihrer Nutzenfunktion äußerst risikoavers mit stark negativen Auswirkungen auf die Bankperformance. Eine sinnvolle Limitierung der Historisierung ist damit nicht zuletzt aus Ertragsgesichtspunkten zu fordern. Dieses Ergebnis ist konsistent mit den Bedenken hinsichtlich der Auswirkungen der Eigenkapitalrichtlinien von Basel II. So würden „Banken, die mit IRB-Ansätzen arbeiten, (...) an einer Übernahme ausschließlich extrem niedriger Kreditrisiken interessiert sein."[687] Hintergrund ist hier neben dem Nachweis der Datenhistorisierung auch die granularere (aufsichtsrechtliche) Kapitalunterlegung.

---

684 Vgl. Perdegnana, M./ Schacht, C., Risikointermediation, 2003.

685 Im stabilen Markt konnten für die Verteilung der Gesamtbankverluste Kurtosis- und Skewness-Werte innerhalb des 5%-Intervalls nachgewiesen werden.

686 Vgl. Kapitel 3.5.2 zur Modellierung der Lerntiefe und Kapitel 3.1.2 zum grundsätzlichen Modellansatz.

687 Elschen, R., Neues Aufsichtsrecht, 2002, S. 28.

Das zunehmend risikoaverse Verhalten von Banken mit steigender Industrialisierung der Gesamtbanksteuerung wird z.B. in der Diskussion um die Zukunft der Gewerbe- und Mittelstandsfinanzierung in Deutschland häufig thematisiert und kritisiert.[688]

*Strategien 7 und 8 bzw. 9:* Nachdem bis Strategie 7 die Industrialisierung der Transformationsfunktion in verschiedenen Schritten vorgenommen wurde, erfolgt in Strategie 8 mit einer Erhöhung der Variabilisierung der Kostenfunktion und in Strategie 9 mit einer Degression der variablen Stückkosten die Industrialisierung der Abwicklungsfunktion in zwei Schritten.

Da beide Strategien erst im zweiten Transformationsschritt[689] der Bank wirken, können sie keine Auswirkung auf die Portfolioeigenschaften und Verlustfunktionen der Bank haben. Das wird in Abbildung 63ff. deutlich.[690] Darüber hinaus verändert die Variabilisierung der Kostenfunktion (Strategie 8) auch das Bankergebnis nicht (vgl. Abbildung 66). Die stärkere Variabilisierung der Kosten führt zwar zu sinkenden Fixkosten in Bank- und Handelsbuch, die variablen Kosten steigen jedoch im Mittel durch eine konstante CAR bei Abwesenheit von Skaleneffekten.[691] Durch die Gleichheit der CAR in Bank- und Handelsbuch[692] ändert sich die Gesamtkostenposition auch bei Re-Allokationen nicht. Zusätzlich führt die Nebenbedingung konstanter Volumina zu einer Konstanz der mittleren Kosten. Insgesamt lässt sich formulieren, dass bestimmte Modell-Annahmen wie die Gleichheit der CAR-Werte und die Konstanz der Volumina eine abschließende Wirkungsdiskussion einer erhöhten Kostenvariabilisierung nicht zulassen.

Erst die Realisierung von Skaleneffekten durch Kostendegression in der Abwicklungsfunktion erhöht erwartungsgemäß das Bankergebnis (vgl. Abbildung 66). Zusammenfassend lässt sich also formulieren, dass eine reine Variabilisierung der Abwicklungskosten, z.B. durch Auslagerung im vorliegenden Modellkontext, keine Effekte auf die Bankperformance erreicht. Outsourcing als Modeerscheinung „l'art pour l'art" ist nicht vorteilhaft; erst die tatsächliche Erzielung von Skaleneffekten durch den Outsourcer bzw. deren Weitergabe an die auslagernde Bank führt zu einer Verbesserung der Kostenposition und mithin einer Steigerung der Bankperformance.

Im Folgenden sollen die Ergebnisse des Industrialisierungsmodells unabhängig vom Pfad der Industrialisierung im Rahmen von abgeleiteten Industrialisierungseigenschaften zusammengefasst werden.

---

688 Vgl. hierzu KfW, Auswirkungen auf die Mittelstandsfinanzierung, 2003.
689 Vgl. Kapitel 3.6.2.
690 Es können kleinere Abweichungen aufgrund von Messfehlern auftreten.
691 Vgl. Gl. 3.4-29 in Kapitel 3.4.3. Es wird unterstellt, dass ein externer Abwickler zunächst mit der gleichen CAR operiert wie die Bank.
692 Vgl. Kapitel 4.3.4.

#### 4.5.2.2 Zusammenfassende Ergebnisinterpretation

Aus den vorliegenden Ergebnissen im stabilen Marktumfeld lassen sich die ersten Industrialisierungseigenschaften ableiten:

*Abgeleitete Industrialisierungseigenschaft 1: Die Industrialisierung der Transformation führt zu einer im Sinne der Nutzenfunktion der Bank verbesserten, somit im Regelfall risikoaverseren[693] Mittelallokation; diese wird im stabilen Marktszenario durch Einbußen im Bankergebnis „erkauft".*

Insofern liefert das vorliegende Modell einen Beitrag – nämlich ein mögliches Erklärungsmuster – zur Diskussion um die stark erhöhte Risikoaversität von Banken bei der Kreditvergabe. Vor dem Hintergrund der Basel II-Regelungen werden Banken beispielsweise in der risikoreicheren Gewerbe- und Mittelstandsfinanzierung in ihrer Vergabepraxis restriktiver.[694] Banken, die sich für den IRB-Ansatz entscheiden, bei dem höhere Ausfallwahrscheinlichkeiten zu exponentiell ansteigenden Risikogewichten führen, verhalten sich dabei besonders restriktiv in der Vergabe.
In der Konsequenz führt aber eine derart gesteuerte Strategie der Vermeidung hoher Risiken und Margen im stabilen Markt zu sinkenden Erträgen für die Banken.[695] Imperativ an dieser Stelle ist die im Rahmen von Basel II diskutierte verstärkte Spreizung der Kreditkonditionen.[696] Schlechtere Bonitäten, die durch interne Datensammlung und Ratings sichtbar werden, müssen mit höheren Margen belegt werden.[697]

*Abgeleitete Industrialisierungseigenschaft 2: Die Industrialisierung der Transformation birgt die Gefahr einer verringerten Diversifikation und höherer maximaler Verluste.*

Eine automatisierte Steuerung und Optimierung des Portfolios einer Bank kann zu einseitigeren Allokationen führen, da spezifische Titel oder ganze Geschäftsfelder stark nutzenoptimal sind. Dieses Ergebnis erscheint zunächst kontra-intuitiv. Man könnte erwarten, dass eine höhere Automatisierung der Disposition zu granulareren und diversifizierteren Allokationen führt. Die genauere Kenntnis der Portfolioeigenschaften verbunden mit der Risikoaversität der Bank bewirkt jedoch das Gegenteil, die Bank zieht sich aus bestimmten Portfoliopositionen gänzlich zurück. Die risikomindernden Effekte einer erhöhten Portfolio-Granularität[698] werden mit steigender Industrialisierung also zunehmend von risikomindernden und Nutzensteigernden Effekten einseitiger, aber risikoaverser Allokationen überlagert.[699]

---

693 Zur Diskussion der Risikoaversität der Nutzenfunktion einer Bank vgl. Froot, K.A./ Stein, J.C., Risk management, 1998.
694 Vgl. KfW, Auswirkungen auf die Mittelstandsfinanzierung, 2003
695 Vgl. Elschen, R., Neues Aufsichtsrecht, 2002, S. 25.
696 Die Spreizung im Modell ist als gering einzuschätzen. Vgl. Kapitel 4.3.3.
697 Vgl. Rolfes, B./ Emse, C., Kreditpreise, 2002.
698 Zu Risiko-Effekten der Portfolio-Granularität vgl. Wilkens, M./ Baule, R./ Entrop, O., Granularity adjustment, 2001.
699 Die geringe Anzahl der im Portfolio befindlichen Positionen wirkt im Modell ebenfalls limitierend.

Dies stellt einen Beitrag zur Erklärung von beobachtbaren, problematischen Anti-Diversifikationseffekten in der Bankpraxis dar (z.B. Abkehr vom Retailgeschäft durch zahlreiche Banken am Ende der neunziger Jahre[700] und die derzeitige Diskussion um die Zukunft der Mittelstandsfinanzierung[701]). In diesem Kontext kann auch die Forderung nach einem Einbezug von Mindestgeschäftsvolumina in die Steuerung gesehen werden.[702] Eine reine Fokussierung auf risikoadjustierte Performance-Maße kann zu einer nachteiligen Geschäftsstruktur führen. Dies wird durch balancierte Steuerungsansätze unter Einbezug von Nebenbedingungen bzgl. Produkten und Kunden vermieden.

*Abgeleitete Industrialisierungseigenschaft 3: Durch die Industrialisierung der Transformation wird der Faktor Mensch bei der einzelnen Bankdisposition eliminiert, was zu einer Annäherung des Bankverhaltens an die Ziel-Nutzenfunktion führt. Es ist jedoch ein Trugschluss zu glauben, dass dadurch menschliche Verhaltensanomalien ausgeschaltet werden. Die Verhaltensanomalien wirken über die Einstellung der Parameter der automatischen Gesamtbanksteuerung durch entsprechende Funktionsträger und werden systemisch multipliziert. Auch kann es dadurch zu einer stärkeren Gleichschaltung des Bankverhaltens im Markt kommen.*

Im Rahmen der Konfiguration einer automatisierten Gesamtbanksteuerung sind analog zum Modell zahlreiche Parameter, insbesondere die Nutzenfunktion der Bank, einzustellen. Bei der Festlegung dieser Parameter wirken die aus der Behavioral Finance-Theorie bekannten Verhaltensanomalien ebenso wie bei der nicht-automatisierten, singulären Bankdisposition (vgl. Kapitel 3.2.2). Insofern wirkt die Subjektivität des Menschen weiterhin, nur auf einer höheren Ebene. Fehlentscheidungen durch Funktionsträger auf dieser Ebene (z.B. Risiko Management-Abteilung, CFO) können durch die Multiplikationswirkung wesentliche negative Konsequenzen nach sich ziehen.[703] Ein Beispiel dafür ist die Kritik an der Kalibrierung der Gewichtungsfaktoren im IRB-Ansatz durch den Basler Ausschuss.[704] In der Konsequenz müssen umfassende personelle und organisatorische Prüfmechanismen für die Parametereinstellung/ -änderung aufgebaut werden.

Gleichsam kann es durch den verstärkten Einsatz automatisierter Methoden und Prozesse in der Bankdisposition zu einer stärkeren Gleichschaltung des Bankverhaltens innerhalb des Marktes oder sogar zu marktübergreifenden Effekten kommen.

---

700 Vgl. Hornblower Fischer, Deutsche Bank, 2000.

701 Vgl. Elschen, R., Neues Aufsichtsrecht, 2002, S. 26.

702 Vgl. Schierenbeck, H., Band II, 2003, S. 550f.

703 Vgl. Bieta, V./ Milde, H., Der naive Umgang mit Risiken, 2005. "Fachleute berichten, dass heutzutage praktisch kein Händler eine Wertpapiertransaktion durchführt, ohne zuvor die "F9"- Taste gedrückt zu haben [...die das Optimalportfolio in Sekundenschnelle aktualisiert]." Alle Handelnden gehen von ähnlichen exogen gegebenen Verteilungsfunktionen und historischen Daten aus – Verhaltensrisiken durch Herdeneffekte werden systematisch ignoriert. Bieta/ Milde schlagen Modelle der Spieltheorie zur Behebung dieser Defizite vor.

704 Vgl. Elschen, R., Neues Aufsichtsrecht, 2002, S. 32.

Grund dafür ist der Einsatz tendenziell ähnlicher Algorithmen, die bei vergleichbarer Parametrisierung zu ähnlichen Re-Allokationsentscheidungen kommen. Die Annahme vollkommener Liquidität der aufnehmenden Märkte könnte dann natürlich nicht mehr getroffen werden.[705]

*Abgeleitete Industrialisierungseigenschaft 4: Die Industrialisierung der Abwicklung im Sinne einer Reduktion der Fertigungstiefe wirkt in dieser Konstellation nicht vorteilhaft.[706] Erst die Realisierung von Skaleneffekten beim Outsourcer sowie deren Weitergabe erhöht das Ergebnis für die auslagernde Bank.*

Die Modellergebnisse lassen keine Interpretation bzgl. der Vorteilhaftigkeit von Outsourcing zu.[707] Die reine Kostenvariabilisierung (oftmals durch quasi-fixe Vertragsbestandteile stark eingeschränkt) wirkt in diesem Modellkontext weder auf das Ergebnis noch auf das Risiko vorteilhaft. Um Ergebniseffekte zu erzielen, sind zwei Voraussetzungen notwendig: eine effizientere Leistungserstellung durch den Outsourcer (unter Berücksichtigung von Transaktionskosten) sowie die Weitergabe von Kosteneinsparungen an das leistungsbeziehende Unternehmen.
Im Folgenden soll analog auf die Modellergebnisse im volatilen Marktszenario eingegangen werden.

### *4.5.3 Industrialisierungswirkungen im volatilen Marktumfeld*

#### *4.5.3.1 Wirkung auf Portfolioeigenschaften und Bankergebnis*

Die folgenden Graphiken verdeutlichen die Outputvariablen des Modells respektive deren Wert im volatilen Marktszenario:

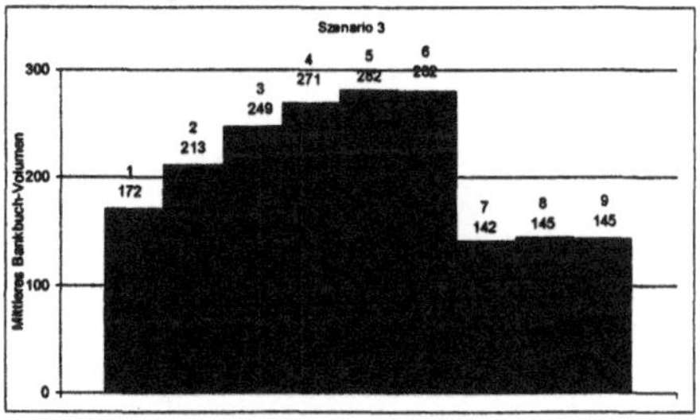


Abbildung 67: Mittleres, im Bankbuch allokiertes Volumen (volatiler Markt)[708]

705 Vgl. hierzu Kapitel 3.4.1.4.
706 Modell-Einschränkungen wie konstante Volumina und CAR-Werte wirken limitierend. Vgl. Kapitel 4.5.2.1; Diskussion Strategie 8 und 9.
707 Vgl. Hess, T., Nachhaltiger Trend, 2004.
708 Modellausgabe/ eigene Darstellung.

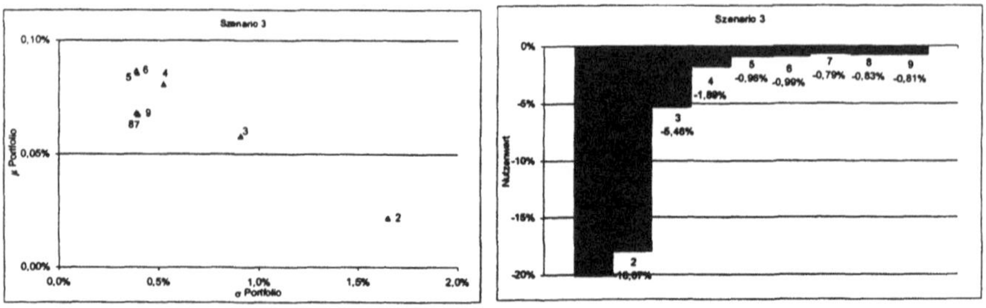


Abbildung 68: Portfoliovarianz/ -rendite und Nutzenwert (volatiler Markt)[709]

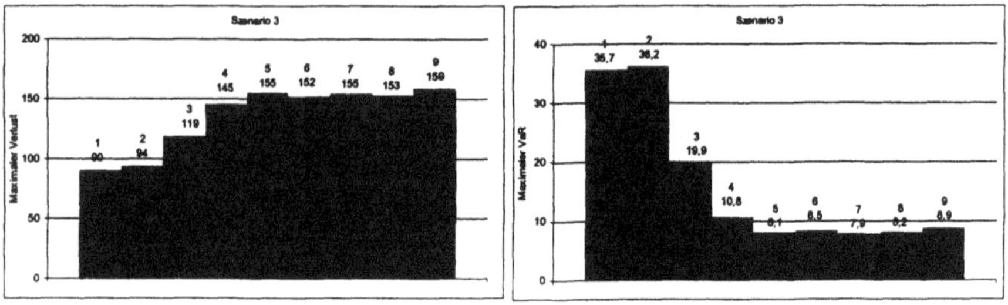


Abbildung 69: Maximaler Verlust und VaR des Portfolios (volatiler Markt)[710]

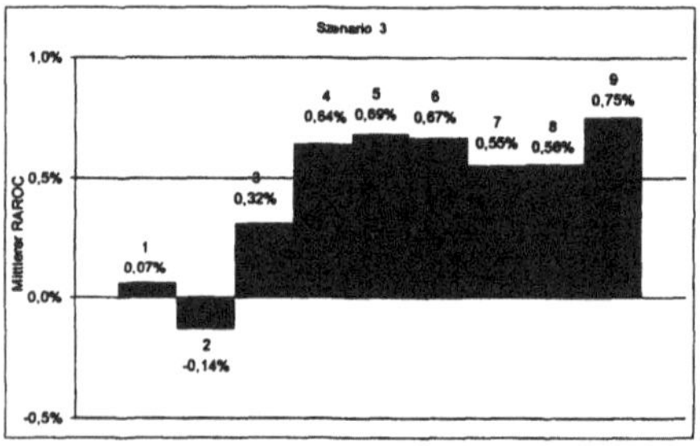


Abbildung 70: Mittlerer Bank-RAROC (volatiler Markt)[711]

*Strategien 1 und 2:* Die Verwendung tatsächlicher, realisierter Verlustwerte bei der Optimierung (Strategie 2) verursacht auch im volatilen Markt eine höhere Allokation in das Bankbuch. Analog zum stabilen Markt bewirkt dies, insbesondere durch die Reduktion der Portfoliovarianz, eine Erhöhung des Nutzenwertes der Bank. Diese Allokation führt wie im stabilen Markt zu einer Steigerung des maximalen Verlustes, der im volatilen Markt natürlich absolut höher ist. Im Gegensatz zum stabilen Marktszenario steigt jedoch der maximale VaR leicht durch ein nachteiligeres Risikoprofil der Kredite im volatilen Markt (vgl. Abbildung 69).

709 Modellausgabe/ eigene Darstellung. Nicht dargestellt: Strategie 1: $\sigma_{Ges}$=4,21%; $\mu_{Ges}$=0,05%; U=-103,8%.
710 Modellausgabe/ eigene Darstellung.
711 Modellausgabe/ eigene Darstellung.

Es kommt sowohl in Strategie 1 als auch in Strategie 2 zu massiven Überschreitungen der vorhandenen Risikodeckungsmassen.[712] Dabei ist sowohl die maximale Penalty Cost als auch die Anzahl der Überschreitungs-Perioden in Strategie 2 höher als in Strategie 1. Die Modellbank ändert ihr Allokations-Verhalten trotz massiver Überschreitung der Deckungsmassen und trotz gering industrialisierter Ausprägung in den Strategien 1 und 2 aus zwei Gründen nicht wesentlich. Zum einen ist die Modellierung des menschlichen Einflusses (eingeschaltetes Maximumlimit und stochastische Komponente) nicht mit der Höhe der Penalty Cost verknüpft und zum anderen führt die einperiodige Optimierung verbunden mit der nachträglichen Berücksichtigung einer Überschreitung der Deckungsmassen durch eine Penalty Cost zu kurzfristigen und suboptimalen Allokationsentscheidungen im Sinne der Risikonebenbedingungen.[713] Die Aufhebung dieser Modell-Limitationen würde dementsprechend im gering industrialisierten Fall zu einer schnelleren Verhaltensänderung der Bank in eine risikoärmere Allokation als hier im Modell gezeigt führen.
Die risikoadjustierte Bankperformance sinkt zum einen aufgrund des leicht steigenden VaR. Zum anderen sinkt das mittlere Bankergebnis durch höhere Gesamtverluste im Bankbuch im Vergleich zu Strategie 1.
Die tendenziell negative Wirkung einer Verwendung interner Verlustdaten lässt sich damit erklären, dass bei nicht ausreichender Kenntnis der Portfolioeigenschaften bzw. bei geringer Lerntiefe eine systematische Unterschätzung des Kreditrisikos erfolgt. Insofern kann es für Banken mit limitierter Datenverarbeitungskapazität vorteilhafter sein, neben internen Ansätzen vor allem in volatilen Phasen externe Indikatoren (wie z.B. Asset-Renditen) für die Allokationsentscheidung hinzuzuziehen. Natürlich ist auch hier das Ergebnis im Kontext der gewählten Parametrisierung für die Geschäftsarten zu interpretieren.[714]

*Strategien 2 und 3:* Analog zum stabilen Markt ist auch hier eine verbesserte Allokation im Sinne der risikoaversen Nutzenfunktion durch Wegfall des Maximumlimits möglich. Es erfolgt (vor den modellierten Schockphasen) eine verstärkte Allokation in das Bankbuch; dies bewirkt eine reduzierte Portfoliovarianz. Während und nach den Schockphasen ist durch den Wegfall der Maximumlimite eine umfassendere Vermeidungsstrategie durch eine Re-Allokation in risikoarme Wertpapiere des Handelsbuches möglich. Dies gewährleistet reduzierte Verluste aus Kreditausfällen und steigert die Portfoliorendite. Es ergibt sich ein steigender Nutzenwert für die Bank (vgl. Abbildung 68).

---

712 Die Penalty Cost-Werte sind nicht eigens graphisch dargestellt. Die maximal vorhandene Risikodeckungsmasse beträgt 8% des Gesamtbankvolumens (400 Einheiten), also 36 Einheiten auf Gesamtbankebene (vgl. Kapitel 4.3.3.2). Ein $VaR_{Max}$ von 35,7 bzw. 36,2 für Strategie 1 bzw. 2 bedeutet eine Überschreitung der Deckungsmassen in den Simulationsperioden. Die mittlere Anzahl der Perioden mit Überschreitung beträgt in Strategie 1: 470 von 3000, in Strategie 2: 525 von 3000.
713 Vgl. Kapitel 3.4.1.4.
714 Vgl. Kapitel 4.5.4.1 für die Sensitivitätsanalysen.

Die vor den Marktschocks stärkere Allokation in das Bankbuch erklärt auch den steigenden maximalen Verlust. Die während bzw. nach den Perioden mit extremer Marktvolatilität durchgeführte Re-Allokation in sichere Handelspapiere erklärt hingegen den sinkenden maximalen VaR. Darüber hinaus kann die Überschreitung der Risikodeckungsmassen eliminiert werden. Dementsprechend fällt keine bankweite Penalty Cost mehr an. Gleiches gilt für die Strategien 4 bis 9 im volatilen Markt. Die Steigerung des RAROC ist damit neben dem sinkenden VaR und einem steigenden Bankergebnis aufgrund geringerer Verluste aus Kreditausfällen auch mit der Eliminierung der „Penalty Cost" für eine Überschreitung der Risikodeckungsmassen erklärbar.

Der Wegfall von Volumenlimiten verbunden mit einer stärkeren Automatisierung der Bankdisposition ist also auch in stark volatilen Marktphasen als vorteilhaft zu beurteilen. Es kann eine im Sinne des Nutzenwertes verbesserte Allokation erreicht werden, die das Risiko und die Eigenkapitalintensität absenkt. Zugleich kann insbesondere während und nach einem Schock eine schnellere und höhere Re-Allokation in sichere Werte erfolgen, was auch die mittlere Rendite respektive die Bankperformance steigert. Die Annahme gleicher Maximumlimite für alle Positionen des Bankportfolios wirkt hier auf die Modellergebnisse. Alternativ könnten nach dem Risiko der Portfolioelemente gestaffelte Limite simuliert werden.

Ohne ausreichende Datenverarbeitungskapazität im Sinne einer wirklichen Kenntnis der Portfolioeigenschaften verursacht die Reduktion von Limiten jedoch auch hohe Exposures im Bankbuch, was zu hohen Verlusten führen kann.

*Strategien 3 und 4:* Der Wegfall des Minimumlimits wirkt weitgehend analog zum bereits dargestellten Strategiewechsel von 2 auf 3 im volatilen Szenario. Es erfolgt eine höhere Allokation in das Bankbuch, die während und nach den Schockphasen durch Re-Allokation in sichere Handelspapiere korrigiert wird. Der Spielraum, diese „Pendelstrategie" durchzuführen, steigt durch die Abkehr von Limiteinschränkungen weiter. Somit sinkt die Portfoliovarianz; die Portfoliorendite und der Nutzenwert steigen (vgl. Abbildung 68). Die höhere Allokation in das Bankbuch führt wieder zu steigenden maximalen Verlusten. Während bzw. nach den Schocks ist eine verstärkte Allokation in sichere Handelspapiere möglich, die den VaR insgesamt weiter absenkt. Der RAROC steigt durch den verringerten VaR und höhere Renditen bzw. Bankergebnisse.

Analog zum stabilen Marktszenario lässt sich formulieren, dass der Wegfall von Minimumlimiten ggf. interpretiert als die Ausschaltung menschlicher Einflüsse (z.B. Biases) eine verbesserte, in diesem Fall also risikoärmere Allokation gemäß der Nutzenfunktion ermöglicht. Auch hier wird jedoch deutlich, dass der Erfolg einer automatisierten Disposition letztendlich von der Ausgestaltung bzw. Parametrisierung der Verfahren und Systeme abhängt, welche ihrerseits menschlichen Einflüssen unterliegt und diese in die Bank und ggf. in den Markt multipliziert.

*Strategien 4 und 5:* Der Wegfall der stochastischen Störgröße kann wieder als Verringerung eines ungesteuerten Minimumlimits interpretiert werden. Auch dies erlaubt entsprechend der vorherigen Entwicklungen eine verbesserte Allokation im Sinne der Nutzenfunktion. In der Konsequenz sinkt die Portfoliovarianz und der Nutzenwert steigt. Analog zum Wegfall des Minimumlimits steigt der maximale Verlust durch eine höhere Allokation in Banktitel in den Phasen vor den Schocks und der maximale VaR sinkt durch eine umfassendere Vermeidung während und nach den Schocks. Die Bankperformance verbessert sich kontinuierlich weiter. Dies liegt im sinkenden VaR und steigenden Bankergebnis begründet; letzteres resultiert aus der besseren Risikominimierung während bzw. nach den Schocks, die gleichzeitig zu Ergebnissteigerungen führt. Alternative Modellierungen des menschlichen Verhaltens im Sinne der Behavioral Finance Theorie wurden in diesem Kontext nicht simuliert.
Die konsequente Automatisierung der Transformation bis hin zur vollständigen Ausschaltung menschlicher Einflüsse bei der Disposition kann somit positiv wirken. Im volatilen Markt ergeben sich positive Effekte sowohl im Sinne einer Risikominimierung als auch einer Ergebnissteigerung.

*Strategien 5 und 6:* Die Verbesserung der Optimierungstiefe durch die Erhöhung der Anzahl an maximal möglichen Portfoliokombinationen zeigt im volatilen Marktszenario eine interessante Wirkung. Es werden – analog zum stabilen Markt – die Portfolioeigenschaften sowie Verlustausprägungen kaum beeinflusst. Bezüglich der Portfolioeigenschaften kann man auch hier von einem abnehmenden Grenznutzen der Datenverarbeitungsqualität sprechen.
Die risikoadjustierte Bankperformance sinkt jedoch leicht und bei weiterer Erhöhung der Volatilität (vgl. Abbildung 77) sehr stark. Die höhere mögliche Allokationsgranularität führt auch im volatilen Marktszenario zu weniger radikalen Re-Allokationen bei Änderungen der Portfolioeigenschaften, und es entstehen tendenziell mehrteiligere Portfolios bzw. Zwischenlösungen. Diese treten insbesondere während und nach den Schockphasen auf, d.h. die Vollständigkeit und Geschwindigkeit der Allokation aus dem dann risikoreichen Bankbuch in risikoarme Titel sinkt. Somit steigt die Auftrittswahrscheinlichkeit von Ausfällen im Bankbuch während der extremen Marktphasen, was zu einer Absenkung der Gesamterträge im Bankbuch führt.[715]
Diese Eigenschaft ist insbesondere von der Verteilung des Bankportfolios abhängig. Alternative Anfangsverteilungen und mehrteiligere Portfolios wurden jedoch hier nicht simuliert.
Insgesamt ist also die granulare Portfoliooptimierung ohne ausreichende Lerntiefe (d.h. genaue Kenntnis der Portfolioeigenschaften) im volatilen Markt als nachteilig zu beurteilen.

---

715 Dieses Ergebnis ist wieder konträr zur risikomindernden Wirkung erhöhter Granularität in Kreditportfolios. Die hier mögliche Re-Allokation in sichere Werte während volatiler Marktphasen überlagert jedoch die Nutzenwirkung einer Diversifikation des Portfolios.

In extremen Marktphasen kann es gemäß des Modells einer risikoaversen Bank vorteilhaft sein, radikal vorzugehen und eine komplette Re-Allokation aus den riskanten Segmenten zu betreiben. Mehrteiligkeit verzögert an dieser Stelle die Entscheidung und erhöht die Verluste.

*Strategien 6 und 7:* Den letzten Schritt des Pfades der Industrialisierung in der Transformation stellt die Erhöhung der Lerntiefe dar. In Strategie 7 werden sämtliche historische Verlustwerte einbezogen. Die Eigenschaft des vollständigen Lernens der Portfolioeigenschaften verursacht eine radikale Re-Allokation in sichere Werte während bzw. nach den Schocks. Dies wird an dem stark verminderten durchschnittlichen Volumen im Bankbuch deutlich (vgl. Abbildung 72). Dieses extrem risikoaverse Verhalten kann den Nutzenwert leicht steigern, führt hingegen zu einer sinkenden Portfoliorendite aufgrund der geringeren Rendite der allokierten Werte (vgl. Abbildung 68). Das Bankergebnis fällt und zeigt hier die strukturellen Eigenschaften des stabilen Marktes. Erst bei einer weiterem Erhöhung der Volatilität (vgl. Abbildung 77) senkt die im Mittel geringere Allokation in das Bankbuch den maximalen Verlust und den maximalen VaR leicht. Der RAROC steigt in diesem Fall stark durch den geringeren VaR und vor allem durch das höhere Ergebnis. Dieses kann vor allem durch die systematische und schnelle Vermeidung von Verlusten während und nach den Schocks erreicht werden.
Die hohe Lerntiefe verursacht also letztendlich die Optimierung gemäß der risikoaversen Nutzenfunktion unter Einbezug aller jemals aufgetretenen Verlustwerte in die Berechnung der Risikoparameter. Dies führt zu einer breiten Vermeidung riskanter Bankbuchtitel, was aufgrund deren Risikoparameter im volatilen Markt vorteilhaft ist. Ein großer Datenhaushalt (historische Werte, etc.) ist somit insbesondere in hoch volatilen Märkten vorteilhaft. Dieses Ergebnis ist wieder im Kontext der gewählten einperiodigen Optimierung zu sehen. Die Auswirkung der Lerneigenschaft auf mehrperiodige Optimierungsverfahren wurde hier nicht untersucht.

*Strategien 7 und 8 bzw. 9:* Die Industrialisierung der Abwicklung hat auch im volatilen Marktszenario erwartungsgemäß keine Auswirkung auf die Portfolioeigenschaften und Verlustwerte. Die Variabilisierung der Kostenfunktion in Strategie 8 hat analog zum stabilen Markt hier aufgrund der gewählten Modell-Annahmen keine Auswirkung auf die Bankperformance. Positive Effekte (z.B. das „Mitschwingen" der Kosten z.B. bei negativer Geschäftsentwicklung) treten durch die Gleichheit der CAR-Werte bei Bank und Outsourcer nicht auf. Demgegenüber steigert der Einbezug von Skaleneffekten in Strategie 9 hingegen wie erwartet die Bankperformance. Somit kann festgehalten werden, dass eine reine Auslagerung/ Variabilisierung der Abwicklung in diesem Modellkontext keine Wirkung auf die Performance besitzt; erst die Realisierung von Degressionseffekten führt zu einer Steigerung des Bankergebnisses.
Im Folgenden soll nach der Ergebnisdarstellung im Sinne des Pfades der Industrialisierung die Verstärkerwirkung der Industrialisierung diskutiert werden.

#### *4.5.3.2 Wirkung auf Zyklusverstärkung*

Im Rahmen der Zyklusverstärkung kann zunächst analysiert werden, ob die Transformationsfunktion einer industrialisierten Bank zu geringeren Schwankungsbreiten des Bankergebnisses führt. Abbildung 71 und Abbildung 72 geben einen Überblick der Schwankungsbreite des RAROC bei den unterschiedlichen Strategien im stabilen bzw. im volatilen Marktszenario.

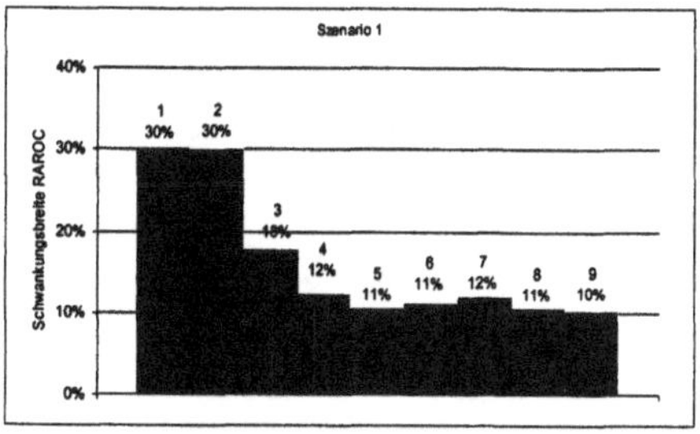


Abbildung 71: Schwankungsbreite des Bankergebnisses im stabilen Markt[716]

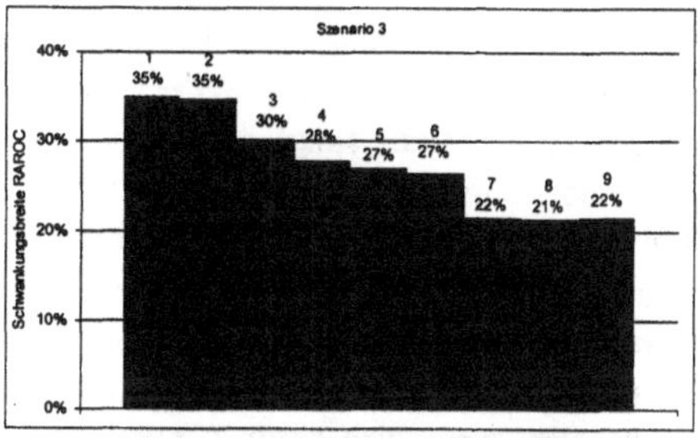


Abbildung 72: Schwankungsbreite des Bankergebnisses im volatilen Markt[717]

Es ist ersichtlich, dass Industrialisierung im Sinne der modellierten risikoaversen Bank die Schwankungsbreite des Bankergebnisses stark verringert. Dies gilt sowohl für das volatile als auch für das stabile Marktszenario. Dies bestätigt die erste abgeleitete Industrialisierungseigenschaft, dass schrittweise risikoärmere Allokationen im Rahmen der Industrialisierung der Gesamtbanksteuerung gesucht werden. Hierbei werden die bereits anhand des Pfades der Industrialisierung dargestellten Ergebnisse bestätigt.

716 Modellausgabe/ eigene Darstellung.
717 Modellausgabe/ eigene Darstellung.

So liefert beispielsweise im volatilen Szenario erst die Erhöhung der Lerntiefe (Strategie 7) und somit das vollständige Lernen der Portfolioeigenschaften den entscheidenden Beitrag zur Reduktion der Schwankungsbreite des Bankergebnisses.
Im nächsten Schritt ist es interessant, die Verstärkerwirkung im Sinne einer Verhältnisbetrachtung zwischen der Ergebnisvolatilität im stabilen und im volatilen Marktszenario zu analysieren. Hierfür wird die in Kapitel 3.6.2 definierte relative Verstärkerwirkung zwischen stabilem und volatilem Markt verwendet. Die Ergebnisse sind in Abbildung 73 dargestellt.

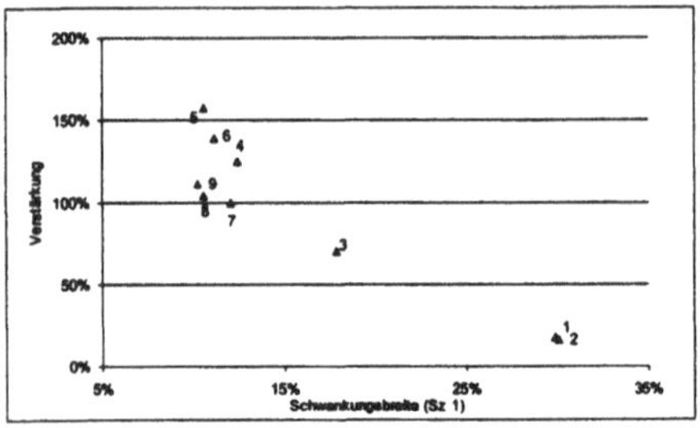


Abbildung 73: Zyklusverstärkung und Industrialisierung[718]

Die stärkere Allokation in das Bankbuch aufgrund des Wegfalls von Limiten führt dazu, dass die Volatilität des Bankergebnisses in den Strategien 3-6 beim Übergang von einem stabilen in einen volatilen Markt sehr viel stärker steigt als in den Ausgangsstrategien 1 und 2. Die einseitige Allokation ohne vollständige Kenntnis der Portfolioeigenschaften (Lerntiefe) stellt sich als nachteilig heraus. Erst die zusätzliche Kenntnis der Portfolioeigenschaften (Strategie 7) kann die Verstärkung senken.
Insofern kann formuliert werden, dass eine Automatisierung der Gesamtbanksteuerung die ausreichende Kenntnis der Eigenschaften der Portfoliotitel (auch in Schocksituationen) erfordert. Ohne diese ergibt sich das Risiko einer Zyklusverstärkung der Märkte durch die Bank.
Auf Basis der Analyse der Strategien kann jetzt eine zusammenfassende Ergebnisinterpretation im volatilen Marktumfeld erfolgen.

#### *4.5.3.3 Zusammenfassende Ergebnisinterpretation*

Die in Kapitel 4.5.2.2 aufgezeigten Industrialisierungseigenschaften bzgl. der Wirkung der Industrialisierung im stabilen Marktumfeld werden an dieser Stelle ergänzt. Hierbei liegt der Schwerpunkt auf der Darstellung von Unterschieden zwischen dem stabilen und dem volatilen Marktszenario.

718 Modellausgabe/ eigene Darstellung.

*Abgeleitete Industrialisierungseigenschaft 5: Die Industrialisierung der Transformation führt im volatilen Marktszenario zu einer Annäherung an die risikoaverse Ziel-Nutzenfunktion. Dies wird im volatilen Markt zusätzlich durch ein steigendes Bankergebnis belohnt.*

Der konsequente Rückzug aus risikoreichen Titeln aufgrund der genauen Kenntnis der Portfolioeigenschaften wird im volatilen Markt belohnt. Dies rührt insbesondere daher, dass Kreditausfälle im volatilen Markt besonderes negativ auf das Bankergebnis wirken.

*Abgeleitete Industrialisierungseigenschaft 6: Die Industrialisierung der Transformation ohne ausreichende Dateninfrastruktur (Lerntiefe) wirkt insbesondere im volatilen Szenario nachteilig. Der „wahre Wert" der genauen Kenntnis der Portfolioeigenschaften zeigt sich also erst in volatilen Märkten.*

In stabilen Marktszenarien führt die Integration von ggf. sehr seltenen bzw. länger zurückliegenden Wertverlusten zu einem übertrieben stark risikoaversen Verhalten. In volatilen Marktszenarien ist das schrittweise Lernen der Portfolioeigenschaften jedoch uneingeschränkt positiv zu bewerten. In diesem Zusammenhang kann auch die Kritik an Basel II hinsichtlich der unzureichenden Berücksichtigung von Konjunkturschwankungen interpretiert werden.[719] Banken haben bei Verwendung von einfachen Ansätzen lediglich die Möglichkeit, einen höheren Eigenkapitalpuffer vorzuhalten, um konjunkturellen Schwankungen zu begegnen. Dies verstärkt jedoch die negativen Selektionseigenschaften von Basel II. Bei Verwendung des fortgeschrittenen IRB-Ansatzes können auch beliebige Instrumente in die Risikoberechnung einbezogen werden (z.B. Kreditderivate).

*Abgeleitete Industrialisierungseigenschaft 7: Eine höhere Granularität der Portfolioallokation (Stückelung der Titel bzw. Optimierungstiefe) wirkt im stabilen Marktszenario hinsichtlich des Bankergebnisses positiv. Aufgrund des verzögerten und/ oder nicht vollständigen Verlagerns in sichere Titel ist dies in volatilen Märkten jedoch nachteilig.*[720]

Eine niedrige Optimierungstiefe führt tendenziell zu extremen und schnellen Re-Allokationen, welche im stabilen Marktszenario nicht vorteilhaft sind. Je volatiler der Marktkontext, umso vorteilhafter ist jedoch die vollständige Allokation in sichere Titel.

719 Vgl. Elschen, R., Neues Aufsichtsrecht, 2002, S. 31. Elschen weist zusätzlich auf mögliche ertragssteigernde Effekte von internen Rating-Ansätzen hin. So würden dadurch bessere Kundeninformationen aufgebaut, die für Akquisitions-Zwecke genutzt werden könnten.

720 Im Rahmen der Sensitivitätsanalyse hinsichtlich der Portfolioeigenschaften wird gezeigt, dass diese Eigenschaft mit steigender Korrelation der Elemente des Kreditbuches zunimmt.

*Abgeleitete Industrialisierungseigenschaft 8: Die Industrialisierung der Transformation kann zu einer Zyklusverstärkung der Marktvolatilität durch die Bank führen. Insbesondere Industrialisierungsschritte wie die Eliminierung von Limiten und menschlichen Einflüssen erhöhen die Verstärkerwirkung. Eine zusätzliche, umfassende Kenntnis der Portfolioeigenschaften durch Datenhistorisierung senkt die Verstärkerwirkung der Bank jedoch wieder ab.*

Bezüglich der Verstärkerwirkung ist zwischen den einzelnen Industrialisierungsschritten und ihrer Wirkung zu differenzieren. Die Eliminierung menschlicher Disposition kann beispielsweise aufgrund der daraus resultierenden einseitigen Allokationen zu einer Verstärkung der Marktzyklen führen. Analog zur abgeleiteten Industrialisierungseigenschaft 7 führt erst eine umfassende Kenntnis der Portfolioeigenschaften durch entsprechende Datenspeicherungs- und Datenauswertungs-Kapazitäten wieder zu einer leichten Absenkung der Verstärkung.
Diese Eigenschaft liefert eine zusätzliche Erklärungskomponente zur Diskussion um pro-zyklisches Verhalten von standardisierten und automatisierten Banksteuerungsansätzen. Während sich die wissenschaftliche Auseinandersetzung bisher auf die Auswirkungen auf die Kreditmärkte fokussierte,[721] wird hier eine weitere Dimension der Verstärkerwirkung untersucht: die Verstärkung des Wertes der Bank im Vergleich zu den Inputmärkten. Diese Schwankung des Bankwertes kann verbunden mit der verstärkten Gleichschaltung des Bankverhaltens in der Branche die makroökonomische Pro-Zyklikalität noch verschärfen.
Im Folgenden wird auf die umfangreich durchgeführten Sensitivitätsanalysen eingegangen.

### *4.5.4 Sensitivitätsanalyse*

Nachdem die Ergebnisse zusammengefasst wurden, soll im folgenden Kapitel die Sensitivität dieser auf Änderung der Parametrisierung des Inputsystems, der Bankprozesse und der Nutzenfunktion untersucht werden.

#### *4.5.4.1 Inputsystem*

Mit der Definition der Marktvolatilitäten und Korrelationen kommt dem Inputsystem eine wesentliche Rolle bei der Modellierung zu.[722] Insofern sollen die Ergebnisse zunächst auf ihre Sensitivität hinsichtlich der Eingangsgrößen Marktvolatilität und Korrelation der Portfolioelemente hin untersucht werden. Unterschiedliche Ausgestaltungen der Geschäftsarten Kredite und Wertpapiere sollen ebenfalls getestet werden.[723]
*Wirkung der Marktvolatilität:* die Volatilitätssteigerung im volatilen Markt soll von ursprünglich 400% auf 200% bzw. 600% verändert werden.

721 Vgl. u.a. Walter, N., Basel II, 2003 und Rösch, D., Mitigating pro-cyclicality, 2002.
722 Vgl. Kapitel 3.1.3 bzw. Kapitel 4.3.1 für die Ausgestaltung des Inputsystems.
723 Der Modellblock 2: Geschäftsarten wurde bisher getrennt vom Inputsystem betrachtet.

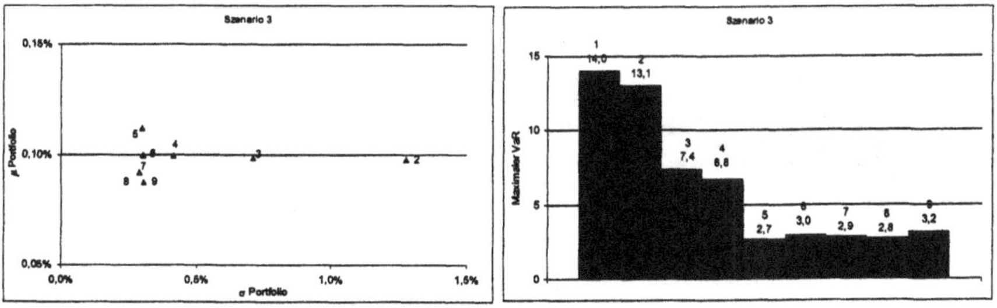


Abbildung 74: Portfolioeigenschaften bei Volatilitätssteigerung 200%[724]

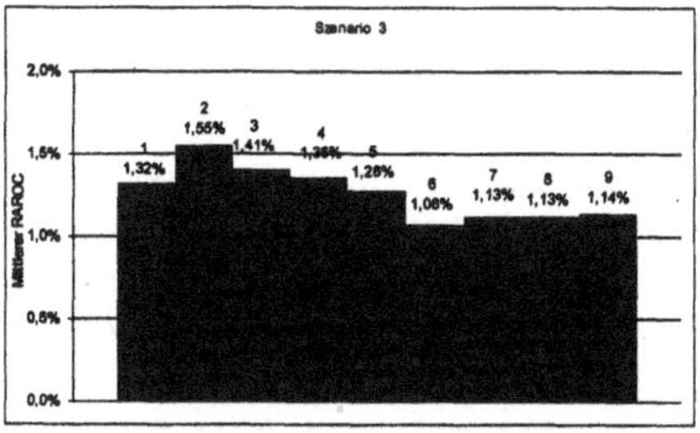


Abbildung 75: Bankergebnis bei Volatilitätssteigerung 200%[725]

Man erkennt, dass bei einer Volatilitätssteigerung von lediglich 200% die Ergebnisse im volatilen Markt eher den Ergebnissen des stabilen Marktes (vgl. Abbildung 63ff.) gleichen. Hintergrund sind die fehlenden Kreditausfälle bei dieser Marktvolatilität. Erwartungsgemäß steigt jedoch der VaR im Vergleich zum stabilen Markt. Alle abgeleiteten Industrialisierungseigenschaften für den stabilen Markt können bestätigt werden.

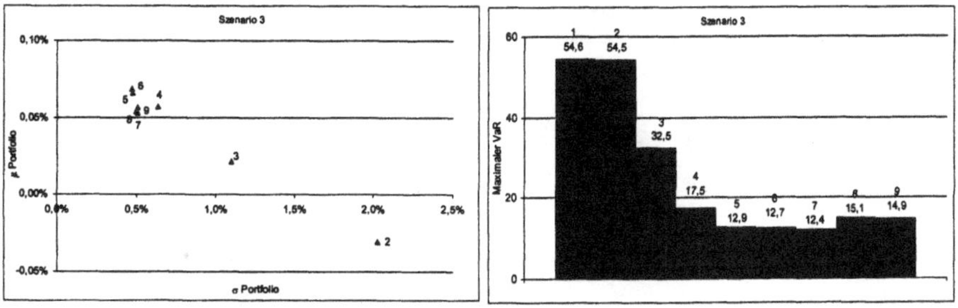


Abbildung 76: Portfolioeigenschaften bei Volatilitätssteigerung 600%[726]

724 Modellausgabe/ eigene Darstellung. Darstellung nur für Szenario 3 = volatiler Markt.
725 Modellausgabe/ eigene Darstellung. Darstellung nur für Szenario 3 = volatiler Markt.
726 Modellausgabe/ eigene Darstellung. Darstellung nur für Szenario 3 = volatiler Markt.

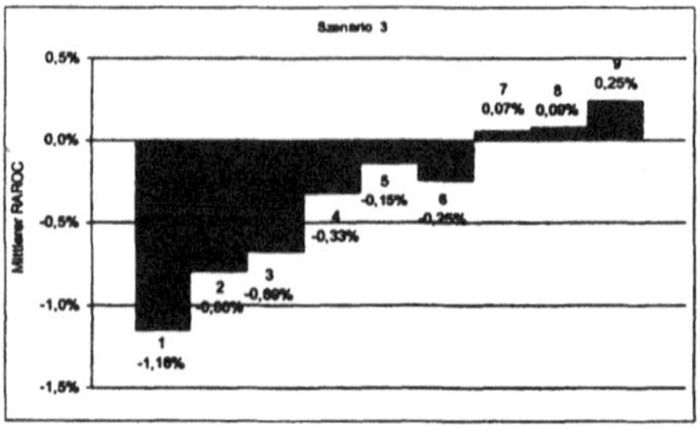


Abbildung 77: Bankergebnis bei Volatilitätssteigerung 600%[727]

Eine Volatilitätssteigerung von 600% verstärkt die im volatilen Markt beschriebenen Beobachtungen: mit steigender Industrialisierung senkt das zunehmend risikoaverse Verhalten das Risiko ab, und dieses Verhalten wird zusätzlich mit einer steigenden Rendite respektive Bankergebnis „belohnt". Zusätzlich wird neben der Vorteilhaftigkeit einer erhöhten Lerntiefe (ab Strategie 7) auch die Nachteiligkeit der höheren Portfoliogranularität deutlich (Strategie 6). Insgesamt können auch bei veränderten Marktvolatilitäten die abgeleiteten Industrialisierungseigenschaften bestätigt werden.

*Wirkung der Korrelation:* die in Kapitel 4.3.1 aus konkreten Marktdaten abgeleitete Korrelation der Portfolioelemente soll wie folgt verändert werden:

| | **Kredit 1 – Kredit 2** | **Kredit 1 – Aktie** | **Kredit 2 - Aktie** |
|---|---|---|---|
| Ausgangsszenario | 0,38 | 0,80 | 0,38 |
| Hohe Korrelation der Kredite | 0,80 | 0,01 | 0,01 |
| Geringe Korrelation der Kredite | 0,01 | 0,01 | 0,01 |

Abbildung 78: Sensitivitätsanalyse Marktkorrelationen[728]

727 Modellausgabe/ eigene Darstellung. Darstellung nur für Szenario 3 = volatiler Markt.
728 Eigene Darstellung.

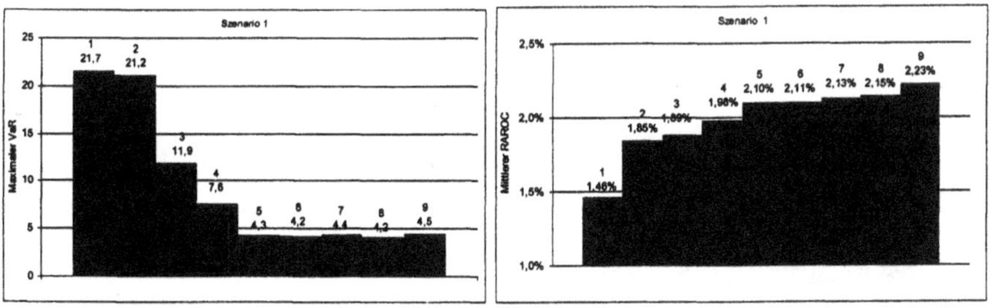


Abbildung 79: Hohe Korrelation (stabiler Markt)[729]

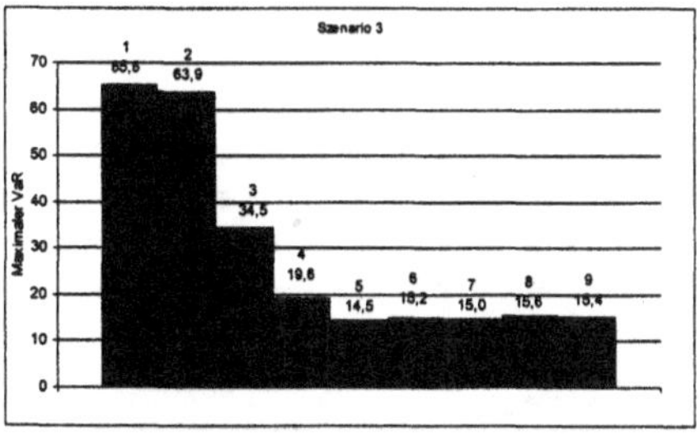


Abbildung 80: Hohe Korrelation (volatiler Markt)[730]

Die erhöhte Korrelation der Kredite wird im stabilen Markt vom Wegfall der Korrelation zum Aktienwert überdeckt. Letzterer bewirkt eine wesentliche Steigerung der Inputvolatilität, da die hohe unkorrelierte Volatilität des Aktienwertes nun nicht mehr „geglättet" wird. In der Folge steigen die Volatilität des Gesamtportfolios sowie die VaR-Werte, die Schwankungsbreiten des Bankergebnisses und die Verstärkerwirkung der Bank.

Die Ergebnisstruktur mit fallenden VaR-Werten und steigenden RAROC-Werten über die Strategien hinweg ähnelt eher dem volatilen Markt, in dem die Absenkung der Portfoliovolatilität mit steigenden Bankergebnissen einher geht. Insofern führt diese Parameterwahl wegen der stark erhöhten Inputvolatilität eher zur Bestätigung der Industrialisierungseigenschaft 1 für volatile Märkte und nicht zu einer Bestätigung der Eigenschaft für stabile Märkte.

Im volatilen Markt bewirken beide Korrelationsänderungen (die hohe Korrelation der Kredite und die geringe Korrelation des Aktienwertes) eine höhere Inputvolatilität und damit höhere VaR- und RAROC-Werte. Die Ergebnisstruktur bleibt verglichen mit dem Ausgangsszenario weitgehend erhalten. Die Auswirkung der genauen Kenntnis der Portfolioeigenschaften (Strategie 7) wird hier über die risikoaverse Allokation, die Absenkung der Portfoliovolatilität und die Verbesserung des Nutzenwertes sehr deutlich. Wie im Ausgangsszenario geht dies jedoch mit einer Absenkung des Bankergebnisses einher.

729 Modellausgabe/ eigene Darstellung.

730 Modellausgabe/ eigene Darstellung.

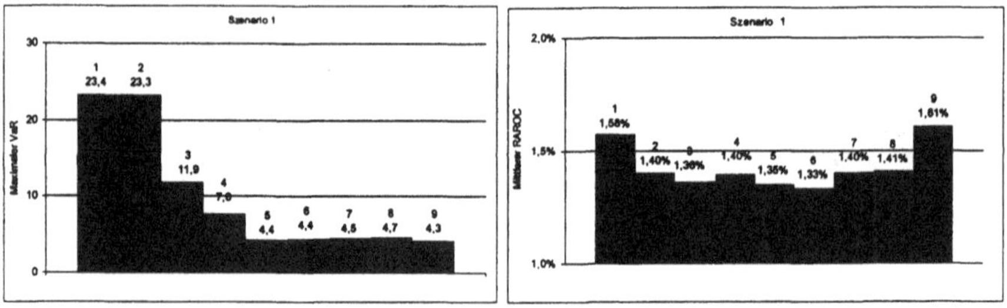


Abbildung 81: Geringe Korrelation (stabiler Markt)[731]

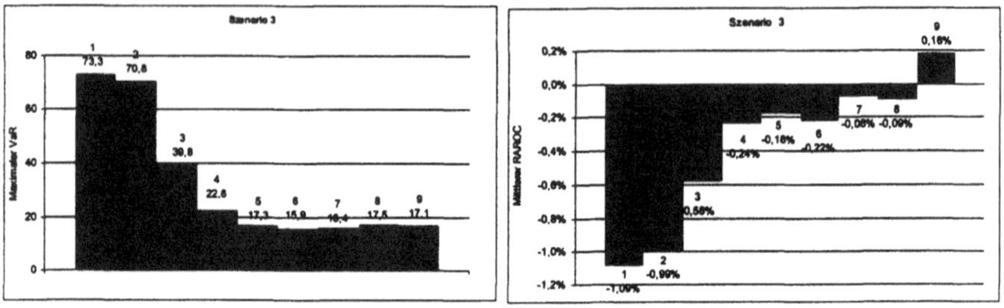


Abbildung 82: Geringe Korrelation (volatiler Markt)[732]

Sind die Kreditpositionen zusätzlich zur Aktienposition sehr gering korreliert, steigen Portfoliovolatilität und VaR durch die noch geringere „Glättung“ der unkorrelierten Volatilitäten weiter. Die Ergebnisse der Strategien 1 bis 6 verhalten sich wie im Ausgangsszenario: die Absenkung des VaR wird durch ein fallendes Bankergebnis „erkauft“. Die genaue Kenntnis der Portfolioeigenschaften (Strategie 7) bewirkt in diesem volatilen, schwach korrelierten Inputmarkt eine Senkung der maximalen Verluste durch verbesserte Allokationsentscheidungen. In der Folge steigt der RAROC wie im ursprünglichen, volatilen Markt an.
Im volatilen Markt fällt auf, dass die Ergebnisstruktur der des ursprünglichen, hochvolatilen Marktes (ursprüngliche Sensitivitätsanalyse bzgl. Volatilitätssteigerung bei Marktschock 600% anstatt 400%) ähnelt. Dies wird durch die insgesamt höhere Inputvolatilität verursacht. Dadurch tritt die nachteilige Wirkung einer höheren Portfoliogranularität (Strategie 6) auf. Auch bei fehlender Korrelation der Positionen können die Industrialisierungseigenschaften also insgesamt bestätigt werden.
*Wirkung der Kreditqualität:* im Rahmen der Konfiguration der Geschäftsarten soll untersucht werden, inwiefern sich die Qualität des Kreditbuches der Bank auf die abgeleiteten Industrialisierungseigenschaften auswirkt. Dazu soll eine extrem hohe Kreditqualität (beide Kredite: Rating AA) und eine extrem geringe Kreditqualität (beide Kredite: Rating B) gegenübergestellt werden.

731 Modellausgabe/ eigene Darstellung.
732 Modellausgabe/ eigene Darstellung.

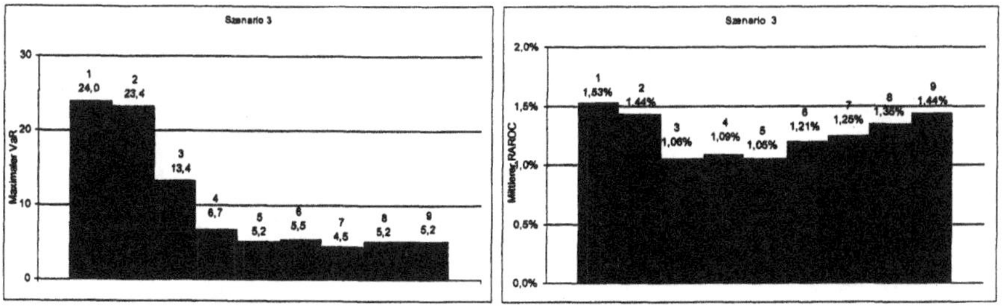


Abbildung 83: Hohe Kreditqualität[733]

Bei extrem hoher Kreditqualität kommt es sowohl im stabilen[734] als auch im volatilen Marktumfeld zur Vermeidung von Kreditausfällen. Im stabilen Markt werden dadurch kaum Änderungen zum Ausgangsszenario sichtbar. Dagegen werden im volatilen Markt ein im Vergleich zum Ausgangsszenario sinkendes Risiko und ein steigendes Bankergebnis sichtbar (Abbildung 83). Die Vorteilhaftigkeit der Industrialisierung im volatilen Markt bezüglich des Bankergebnisses (abgeleitete Industrialisierungseigenschaft 5) wird hier durch die insgesamt geringeren Margen der Kreditpositionen und die fehlenden Kreditausfälle erst ab Strategie 6 sichtbar.

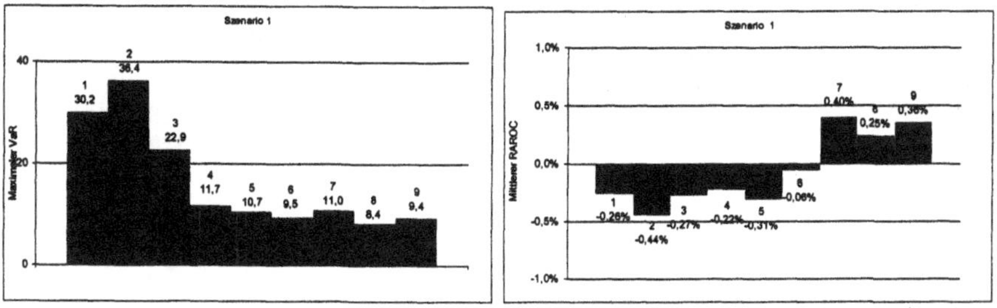


Abbildung 84: Geringe Kreditqualität[735]

733 Modellausgabe/ eigene Darstellung. Darstellung nur für Szenario 3 = volatiler Markt.
734 Die Ergebnisse zum stabilen Markt befinden sich in Anhang A1.
735 Modellausgabe/ eigene Darstellung. Darstellung nur für Szenario 1 = stabiler Markt.

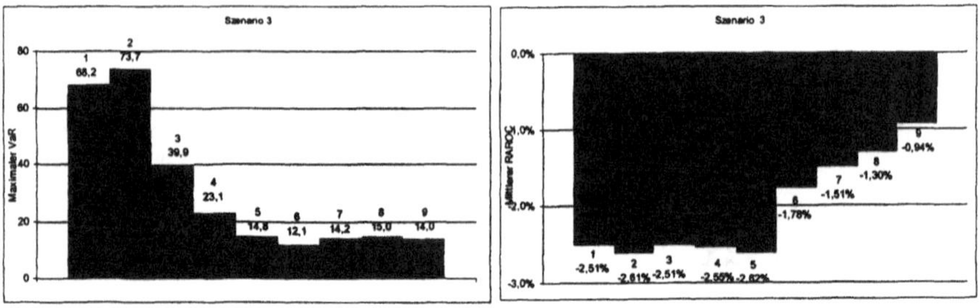


Abbildung 85: Geringe Kreditqualität[736]

Bei extrem geringer Kreditqualität zeigen die Ergebnisse im stabilen Marktumfeld (Abbildung 84) die strukturellen Eigenschaften des volatilen Marktes im Ausgangsszenario: die zunehmende Automatisierung der Disposition wirkt nicht nur verstärkt risikoavers sondern vermag auch das Bankergebnis durch die Vermeidung von häufigen, hohen Verlusten zu steigern. Gleiches gilt auch für das volatile Marktumfeld (Abbildung 85). Die abgeleiteten Industrialisierungseigenschaften können also bestätigt werden.

*Wirkung des festverzinslichen Papiers:* das festverzinsliche Wertpapier spielt bei der Re-Allokation insbesondere während und nach Marktphasen mit hoher Volatilität eine wichtige Rolle. Der Zinssatz ist im Ausgangsszenario mit *3,5%* voreingestellt (vgl. Kapitel 4.3.2). Im Rahmen der Sensitivitätsanalyse soll das Wertpapier einmal unattraktiver gemacht werden (Zinssatz *1%*) und einmal wesentlich attraktiver (Zinssatz *6%*) gestaltet werden. Besonderer Fokus soll dementsprechend auf die Modellreaktion im volatilen Markt gelegt werden.[737]

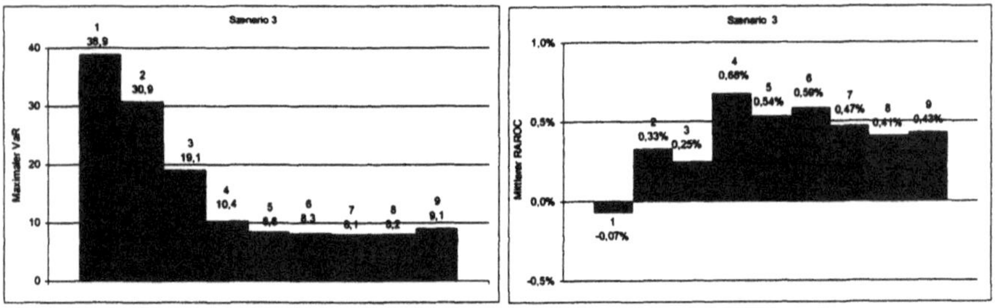


Abbildung 86: Geringe Attraktivität des festverzinslichen Papiers[738]

736 Modellausgabe/ eigene Darstellung. Darstellung nur für Szenario 3 = volatiler Markt.

737 Die kompletten Ergebnisse für das volatile und das stabile Marktumfeld befinden sich in Anhang A1.

738 Modellausgabe/ eigene Darstellung. Darstellung nur für Szenario 3 = volatiler Markt.

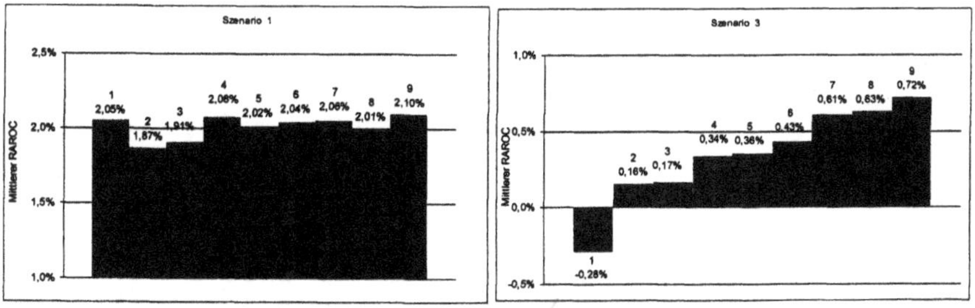


Abbildung 87: Hohe Attraktivität des festverzinslichen Papiers[739]

Aus Abbildung 86 lässt sich erkennen, dass eine sinkende Attraktivität des sicheren Wertpapiers keine wesentlichen Änderungen zum Ausgangsszenario aufweist, außer dass das Bankergebnis insgesamt geringer ausfällt. In Abbildung 87 (links – stabiler Markt) wird deutlich, dass die risikoaverse Allokation ab Strategie 7 keine wesentliche Absenkung des Bankergebnisses mehr zur Folge hat. Das ist auch einsichtig, denn mit *6%* liegt der Zins deutlich über dem GKM, der mit *3,4%* voreingestellt ist.[740]
In Abbildung 87 (rechts – volatiler Markt) wird eine Steigerung des Bankergebnisses ab Strategie 4 im Vergleich zum Ausgangsszenario deutlich. Die risikoaverse Re-Allokation in das sichere Papier führt erwartungsgemäß nicht mehr zu Einbußen beim Bankergebnis. Die Granularitätseigenschaft in Strategie 6 ist nicht ausgeprägt, da die entstehende Risiko-Return-Relation des sicheren Papiers sehr günstig ist und eine Mehrteiligkeit des Portfolios verhindert.[741]
Insgesamt wurden die abgeleiteten Industrialisierungseigenschaften auch bei veränderten Markteigenschaften bzw. modifizierter Ausgestaltung der Geschäftsarten bestätigt.

### *4.5.4.2 Parametrisierung der Bankprozesse*

Neben der Einstellung des marktseitigen Inputsystems der Bank kommt der Parametrisierung der Transformationsfunktion eine entscheidende Rolle bzgl. der Wirkungsweise der Gesamtbanksteuerung zu. Im Folgenden sollen daher die Ergebnisse auf ihre Sensitivität hinsichtlich wichtiger Parameter der Transformationsfunktion getestet werden. Zusätzlich soll damit die Unabhängigkeit der abgeleiteten Eigenschaften vom gewählten „Pfad der Industrialisierung“ gezeigt werden.

---

739 Modellausgabe/ eigene Darstellung. Links: stabiler Markt, rechts volatiler Markt.

740 GKM: fristengleicher Geld- und Kapitalmarktzins. Vgl. Kapitel 3.3.4.2.

741 Diese Konstellation ist jedoch in der Praxis nicht möglich. Bei gleichen Laufzeiten liegt der Habenzins für risikoarme festverzinsliche Papiere wenig über dem GKM. Der GKM wird hingegen auch zur Ermittlung des Kreditwertes herangezogen. Vgl. Kapitel 3.3.3.3.

| Strategie | Optimierungs-Input | Maximumlimit | Minimumlimit | Stochastische Variable/ Einfluss des Menschen | Optimierungstiefe | Lerntiefe | Kostenvariabilisierung | Kostendegression |
|---|---|---|---|---|---|---|---|---|
| 9 – Basis: Voll-Industrialisierung | Verlust | Nicht vorhanden | Nicht vorhanden (5%) | Nicht vorhanden | 20 | 100% | 80% | 50% |
| 10 – Optimierungstiefe = 10 | Verlust | Nicht vorhanden | Nicht vorhanden (5%) | Nicht vorhanden | 10 | 100% | 80% | 50% |
| 11 – Optimierungstiefe = 4 | Verlust | Nicht vorhanden | Nicht vorhanden (5%) | Nicht vorhanden | 4 | 100% | 80% | 50% |
| 12 – Lerntiefe = 50% | Verlust | Nicht vorhanden | Nicht vorhanden (5%) | Nicht vorhanden | 20 | 50% | 80% | 50% |
| 13 – Lerntiefe = 10% | Verlust | Nicht vorhanden | Nicht vorhanden (5%) | Nicht vorhanden | 20 | 10% | 80% | 50% |
| 14 – Minimumlimit = 2% | Verlust | Nicht vorhanden | 2% | Nicht vorhanden | 20 | 100% | 80% | 50% |
| 15 – Stochastische Variable an | Verlust | Nicht vorhanden | Nicht vorhanden (5%) | Vorhanden | 20 | 100% | 80% | 50% |

Abbildung 88: Sensitivitätsanalyse Parameter Transformationsfunktion[742]

Basis der Untersuchung bildet Strategie 9, die eine Vollindustrialisierung im Sinne des Pfades der Industrialisierung aus Kapitel 4.3.5.3 darstellt. In Strategie 10 und 11 wird die Optimierungstiefe, in Strategie 12 und 13 die Lerntiefe in jeweils 2 Schritten reduziert. In Strategie 14 wird das geringe Minimumlimit weiter reduziert und in Strategie 15 der Einfluss des Menschen respektive die stochastische Störgröße wieder zugeschaltet. Mit diesem Vorgehen wird somit auch die Sensitivität hinsichtlich der Reihenfolge im Rahmen des Pfades der Industrialisierung getestet.

Die Ergebnisse dieser zusätzlichen Strategien sind in Abbildung 89 bis Abbildung 91 für das stabile Marktszenario dargestellt, die vollständigen Ergebnisse befinden sich in Anhang A1.

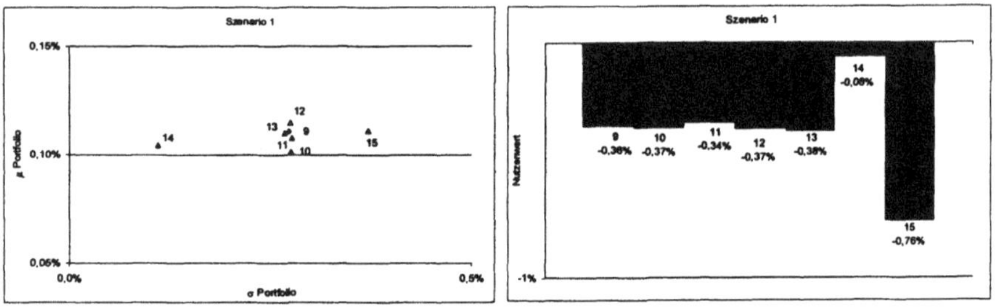


Abbildung 89: Portfoliovarianz/ -rendite und Nutzenwert[743]

742 Eigene Darstellung.
743 Modellausgabe/ eigene Darstellung. Darstellung nur für Szenario 1 = stabiler Markt.

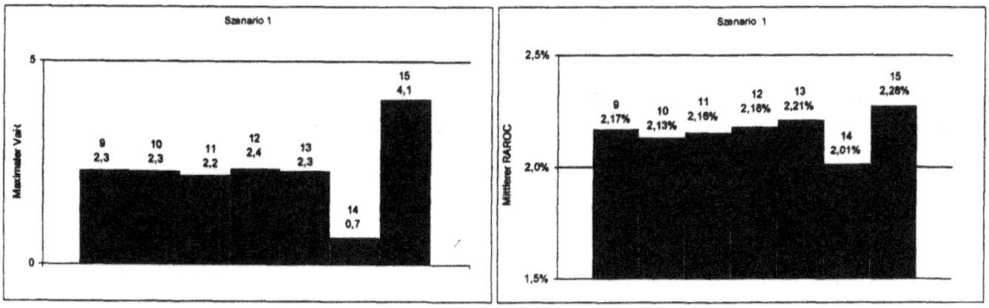


Abbildung 90: Maximaler VaR und Mittlerer Bank-RAROC[744]

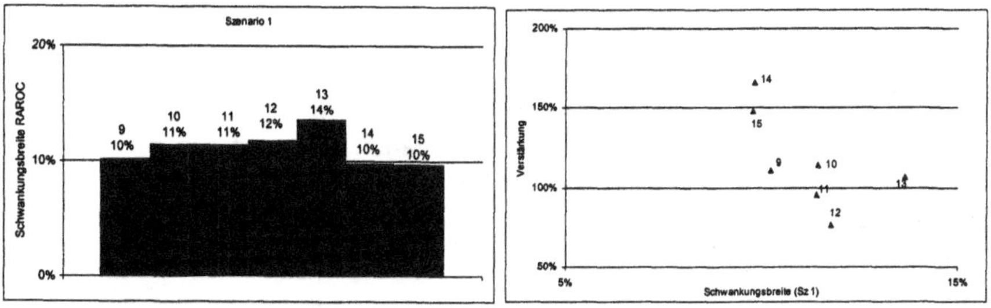


Abbildung 91: Schwankungsbreite und Verstärkerwirkung[745]

An den konstanten Portfolioeigenschaften bzw. am lediglich leicht sinkenden Nutzenwert für Strategien 10 bis 13 lässt sich der oben erwähnte abnehmende Grenznutzen erhöhter Datenverarbeitungsqualität belegen. Bei Strategie 10 und 11 ist darüber hinaus ein leicht abnehmendes durchschnittliches Bankergebnis aufgrund der verringerten Mittelallokation im Kreditbereich festzustellen. Die weitere Verringerung des Minimumlimits in Strategie 14 macht hingegen die verbesserte Allokation im Sinne der Nutzenfunktion der Bank deutlich. Die Portfoliovarianz kann deutlich gesenkt werden und auch der Nutzenwert und der VaR sind deutlich geringer als in der Basis-Strategie 9.

744 Modellausgabe/ eigene Darstellung. Darstellung nur für Szenario 1 = stabiler Markt.
745 Modellausgabe/ eigene Darstellung. Darstellung nur für Szenario 1 = stabiler Markt.

Diese Risikominderung muss allerdings wieder durch ein sinkendes Bankergebnis „erkauft" werden. Die Zuschaltung der stochastischen Variablen (Strategie 15) erhöht erwartungsgemäß die Portfoliovarianz und den VaR und senkt den Nutzenwert entsprechend. Bezüglich der Verstärkerwirkung der Bank lässt sich in Abbildung 91 erkennen, dass die Verringerung des Minimumlimits (Strategie 14) und die Zuschaltung der stochastischen Komponente (Strategie 15) die Verstärkung wieder steigern. Das ist konsistent mit der abgeleiteten Industrialisierungseigenschaft 8.
Grundsätzlich kann festgehalten werden, dass die Sensitivitätsanalyse hinsichtlich der Bankprozesse die Wirkungsweise des Modells sowie die wesentlichen ergebnisbezogenen Eigenschaften der Industrialisierung von Banken bestätigt.

#### *4.5.4.3 Nutzenfunktion der Bank*

Die Nutzenfunktion stellt die zentrale Steuerungsleitlinie der Gesamtbanksteuerung dar.[746] Im Rahmen dieser Sensitivitätsanalyse soll die Nutzenfunktion noch risikoaverser als im Ausgangsszenario ausgestaltet werden. Dazu werden die Parameter der Nutzenfunktion zu *a = 0,1* und *b = 10.000* gewählt. Die Simulationsergebnisse sind in Abbildung 92 bis Abbildung 94 dargestellt, die vollständigen Ergebnisse befinden sich in Anhang A1.

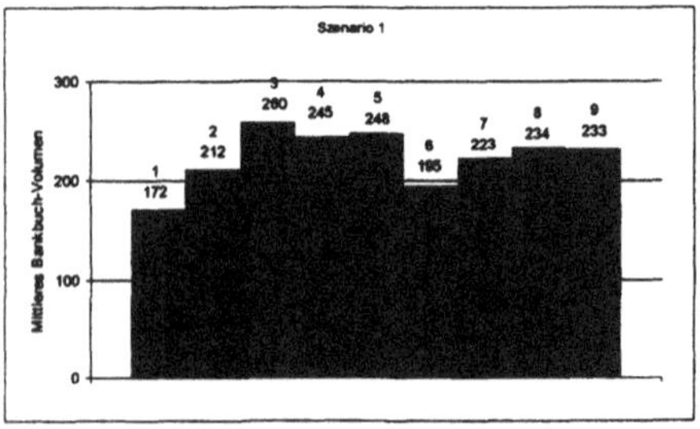


Abbildung 92: Mittleres, im Bankbuch allokiertes Volumen[747]

746 Vgl. Kapitel 3.4.1.4.
747 Modellausgabe/ eigene Darstellung. Darstellung nur für Szenario 1 = stabiler Markt.

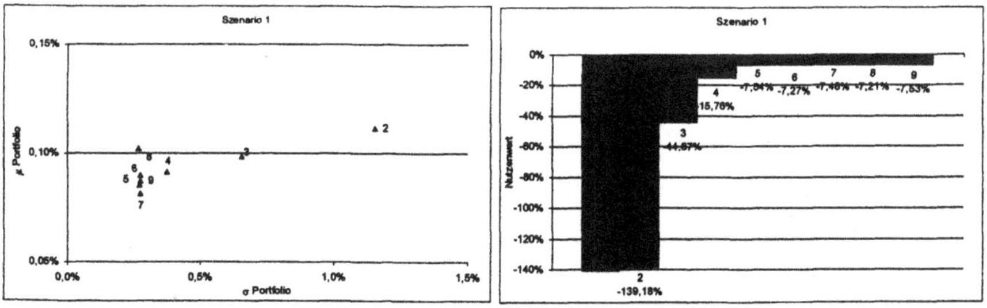


Abbildung 93: Portfoliovarianz/ -rendite und Nutzenwert[748]

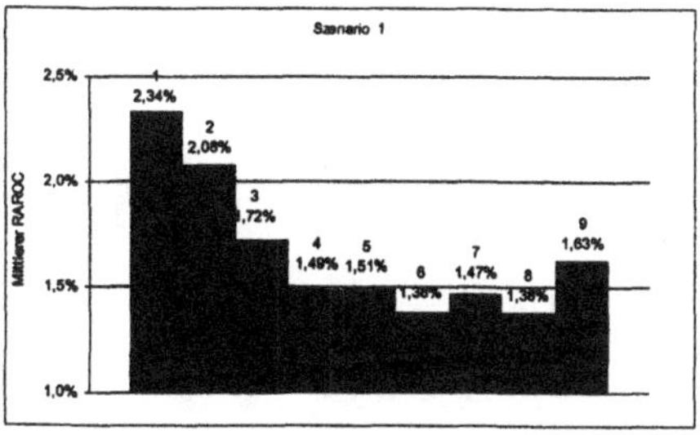


Abbildung 94: Mittlerer Bank-RAROC[749]

Für den stabilen Markt[750] lässt sich erkennen, dass die stärkere Risikoaversität zu einem geringeren Bankbuch-Volumen und mithin zu geringeren maximalen Verlusten führt. Die verstärkte Allokation von Mitteln in sichere Papiere des Handelsbuches lässt auch die Portfoliorendite und letztendlich das Bankergebnis und dessen Schwankungsbreite sinken. Die abgeleiteten Industrialisierungseigenschaften 1 bis 4 werden also durch diese Analyse bestätigt. Im volatilen Markt steigt durch die Änderung der Nutzenfunktion das Bankergebnis, was eine Bestätigung der Industrialisierungseigenschaft 5 bedeutet.

Die Kenntnis der Portfolioeigenschaften führt bei dieser Parameterkonstellation bereits im stabilen Markt zu einer noch risikoaverseren Allokation in sichere Werte, die Bank kann nur noch begrenzt ihre Intermediationsfunktion[751] wahrnehmen.

Im nächsten Schritt soll eine schwach risikoaverse Bank simuliert werden. Die Parameter der Nutzenfunktion werden dazu auf $a = 0,1$ und $b = 0,1$ gesetzt. Ausgewählte Simulationsergebnisse sind in Abbildung 95 bis Abbildung 97 dargestellt, die vollständigen Ergebnisse befinden sich in Anhang A1.

748 Modellausgabe/ eigene Darstellung. Darstellung nur für Szenario 1 = stabiler Markt. Nicht dargestellt: Strategie 1: $\sigma_{Ges}$=3,26%; $\mu_{Ges}$=0,06%; U=-1166,3%.

749 Modellausgabe/ eigene Darstellung. Darstellung nur für Szenario 1 = stabiler Markt.

750 Die Ergebnisse des volatilen Szenarios befinden sich in Anhang A1.

751 Inkl. Risikotransformation, Losgrößentransformation und Fristentransformation.

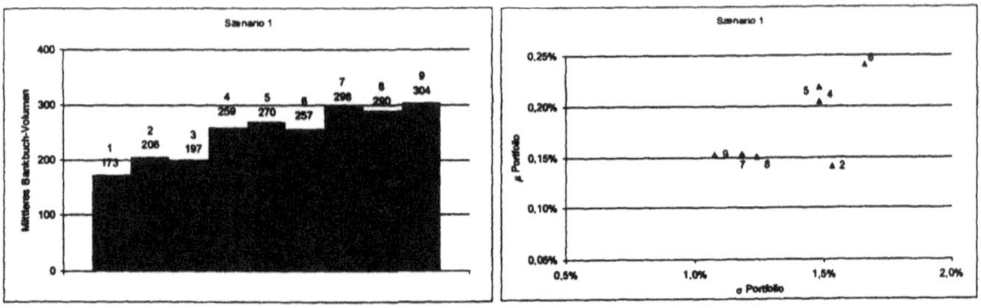


Abbildung 95: Mittleres Bankbuchvolumen sowie Portfoliovarianz/ -rendite[752]

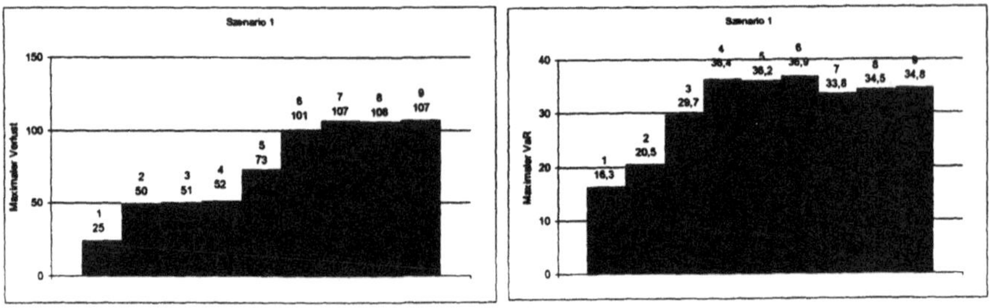


Abbildung 96: Maximaler Verlust und VaR des Portfolios[753]

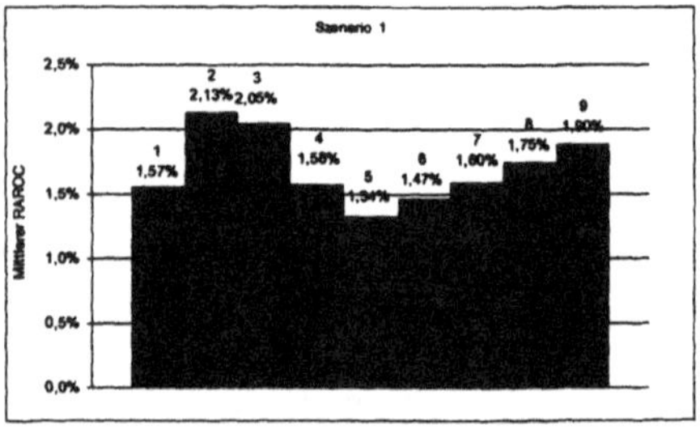


Abbildung 97: Mittlerer Bank-RAROC[754]

Es lässt sich erkennen, dass die schwach risikoaverse Bank im stabilen Markt das Risiko stärker sucht, um der Nutzenfunktion und letztendlich höheren Portfoliorenditen gerecht zu werden und den Nutzenwert zu steigern (vgl. Abbildung 95). Resultat ist ein höherer VaR, nach Wegfall der Beschränkungen (Limite, menschliche Disposition) mit Überschreitungen der vorhandenen Risikodeckungsmassen. Die Kenntnis der Portfolioeigenschaften durch vollständiges Lernen kann die Portfolio-Varianz und –Rendite sowie den VaR reduzieren.

752 Für den stabilen Markt. Nicht dargestellt: Strategie 1: $\sigma_{Ges}$=3,51%; $\mu_{Ges}$=0,12%.
753 Modellausgabe/ eigene Darstellung. Darstellung nur für Szenario 1 = stabiler Markt.
754 Modellausgabe/ eigene Darstellung. Darstellung nur für Szenario 1 = stabiler Markt.

Das Ergebnis steigt in der Konsequenz, wird jedoch durch die „Penalty Cost" negativ beeinflusst.[755] Die Verstärkung der Marktzyklen steigt mit steigendem Automatisierungsgrad der Disposition. Insgesamt kann man festhalten, dass die „Penalty Cost"-Funktion hier das Bankergebnis verzerrt und die Interpretation der Ergebnisse erschwert. Der hier modellierte Optimierungsalgorithmus mit nachträglicher Berücksichtigung des VaR kann also für schwach risikoaverse Banken bzw. für Banken mit einem risikoreichen Portfolio als nur bedingt tauglich beschrieben werden.
Abschließend soll im Folgenden eine Zusammenfassung der wesentlichen Modellergebnisse sowie eine kritische Würdigung vorgenommen werden.

### *4.5.5 Ergebniszusammenfassung und kritische Würdigung*

Die Sensitivitätsanalysen bestätigen die im Rahmen des stabilen und volatilen Marktszenarios abgeleiteten Industrialisierungseigenschaften. Diese sind in Abbildung 98 noch einmal übersichtlich zusammengefasst.

755 Auch im volatilen Markt, werden die Portfolioeigenschaften durch vollständiges Lernen optimiert. Das Ergebnis steigt, wird jedoch durch massive Überschreitungen des VaR negativ beeinflusst. Die Ergebnisse befinden sich in Anhang A1.

| Nr. | **Abgeleitete Industrialisierungseigenschaft** |
|---|---|
| 1 | Die Industrialisierung der Transformation führt zu einer im Sinne der Nutzenfunktion der Bank verbesserten, somit im Regelfall risikoaverseren Mittelallokation; diese wird im stabilen Marktszenario durch Einbußen im Bankergebnis „erkauft". |
| 2 | Die Industrialisierung der Transformation birgt die Gefahr einer verringerten Diversifikation und höherer maximaler Verluste. |
| 3 | Durch die Industrialisierung der Transformation wird der Faktor Mensch bei der einzelnen Bankdisposition eliminiert, was zu einer Annäherung an die risikoaverse Ziel-Nutzenfunktion führt. Es ist jedoch ein Trugschluss zu glauben, dass dadurch menschliche Verhaltensanomalien ausgeschaltet werden. Die Verhaltensanomalien wirken über die Einstellung der Parameter der automatischen Gesamtbanksteuerung durch entsprechende Funktionsträger und werden systemisch multipliziert. Auch kann es dadurch zu einer stärkeren Gleichschaltung des Bankverhaltens im Markt kommen. |
| 4 | Die Industrialisierung der Abwicklung im Sinne einer Reduktion der Fertigungstiefe wirkt in dieser Konstellation nicht vorteilhaft. Erst die Realisierung von Skaleneffekten beim Outsourcer sowie deren Weitergabe erhöht das Ergebnis für die auslagernde Bank. |
| 5 | Die Industrialisierung der Transformation führt im volatilen Marktszenario zu einer Annäherung an die risikoaverse Ziel-Nutzenfunktion. Dies wird im volatilen Markt zusätzlich durch ein steigendes Bankergebnis belohnt. |
| 6 | Die Industrialisierung der Transformation ohne ausreichende Dateninfrastruktur (Lerntiefe) wirkt insbesondere im volatilen Szenario nachteilig. Der „wahre Wert" der genauen Kenntnis der Portfolioeigenschaften zeigt sich also erst in volatilen Märkten. |
| 7 | Eine höhere Granularität der Portfolioallokation (Stückelung der Titel bzw. Optimierungstiefe) wirkt im stabilen Marktszenario hinsichtlich des Bankergebnisses positiv. Aufgrund des verzögerten und/ oder nicht vollständigen Verlagerns in sichere Titel ist dies in volatilen Märkten jedoch nachteilig. |
| 8 | Die Industrialisierung der Transformation kann zu einer Zyklusverstärkung der Marktvolatilität durch die Bank führen. Insbesondere Industrialisierungsschritte wie die Eliminierung von Limiten und menschlichen Einflüssen erhöhen die Verstärkerwirkung. Eine zusätzliche, umfassende Kenntnis der Portfolioeigenschaften durch Datenhistorisierung senkt die Verstärkerwirkung der Bank jedoch wieder ab. |

Abbildung 98: Zusammenfassung der Industrialisierungseigenschaften[756]

756 Eigene Darstellung.

Im Folgenden soll eine abschließende kritische Würdigung der Ergebnisse und Ausgestaltung des Modells vorgenommen werden. Diese soll nach den Modellblöcken Inputsystem, Geschäftsarten, Bankprozesse, Industrialisierungsfaktoren und Outputsystem aus Kapitel 3.1.5 strukturiert werden.

*Inputsystem:* Die geforderte Wirklichkeitsnähe der Parametrisierung des Inputsystems wurde über eine historische Analyse der Indizes und ausgewählter Titel in Deutschland erfüllt.[757] Im Gegensatz dazu wurden wirklichkeitsnahe Daten bzgl. Intensität und Dauer extremer Marktsituationen aus Studien der amerikanischen und asiatischen Märkte gewonnen. Insofern könnte es vor dem Hintergrund unterschiedlicher Markteigenschaften zu Ergebnisverzerrungen kommen. Außerdem wurden die Korrelationen zwischen den Portfolioelementen auch während extremer Marktkonstellationen aus Gründen der Modellvereinfachung konstant gehalten. Es existiert jedoch eindeutige empirische Evidenz, dass während Phasen extremer Marktvolatilität sich die Korrelationen bis hin zu Vorzeichenwechseln ändern können.[758] Gleichwohl stellt das Inputsystem aus Sicht des Autors ein für derartige Modellierungszwecke akzeptable Annäherung an die Realität dar.

*Geschäftsarten:* Die Anforderung an die Abbildung aller wesentlichen Aufgaben einer Bank wurde mit der Modellierung von Aktiv-, Passiv- und Handelspositionen Rechnung getragen. Die Transformation führt zwar eine Risikotransformation aus, Fristen- und Losgrößentransformationen sind nur indirekt (z.B. über einen Misch-Zins der Passiv-Position) berücksichtigt. Die Bank verfügt über 5 Positionen (Kredit 1, Kredit 2, Aktie, festverzinsliches Wertpapier, Einlagen), wobei nur die ersten 4 Positionen in die Allokation einbezogen werden. Dazu ist anzumerken, dass die geringe Anzahl der Positionen zu Limitationen der Optimierung führt und - wie in der Sensitivitätsanalyse beschrieben – eine verminderte Risikotransformationseigenschaft der Bank nach sich ziehen kann.[759] Insofern ist für weitere Untersuchungen die Portfoliogranularität zu erhöhen. Im vorliegenden Fall kann die Interpretation des festverzinslichen Wertpapiers als extrem risikoarmes Kreditportfolio helfen, die Ergebnisse abzuleiten, ohne die Bank in ihren Grundfunktionen in Frage stellen zu müssen.
Ergänzend wird im Rahmen des Modells von einem konstanten Portfoliovolumen ausgegangen, d.h. Neugeschäft explizit ausgeschlossen. Diese restriktive Annahme könnte im Rahmen der Weiterentwicklung des Modells abgelöst werden.
Darüber hinaus macht die Anforderung liquider Märkte in Zusammenhang mit der ganzheitlichen Betrachtung des Bankportfolios im Rahmen der Gesamtbanksteuerung die Abwägung zwischen einer komplexen, mehrperiodigen Optimierung und der Skalierung der Haltedauern von Kredit- und Marktpositionen notwendig.

757 Vgl. Kapitel 4.3.1.
758 Vgl. Gantenbein, P./ Spremann, K., Protection management, 2003.
759 Vgl. Kapitel 4.5.4.3.

Aus Komplexitätsgründen wurde die Skalierungsoption gewählt,[760] unter Inkaufnahme von Abweichungen, die auf einer Skalierung von nicht-normalverteilten Verlustwahrscheinlichkeiten beruhen. Ein mehrperiodiger Optimierungsansatz und die zunehmend bessere Abbildung von Kreditrisiken in Sekundärmärkten können hier Verbesserungen in der Qualität der Modellierung erreichen.

*Bankprozesse:* Als grundsätzlicher Simulationsansatz wurde eine Monte Carlo Simulation mit einperiodiger Optimierung gewählt. Somit bestand ein Zielkonflikt zwischen der wirklichkeitsnahen Abbildung von Schocks (z.B. über mehrere Wochen) und der Konstanz aller Parameter vor jeder neuen Periode. Mit der implementierten Lerneigenschaft der Transformationsfunktion über mehrere Perioden hinweg wurde ein Kompromiss zwischen ein- und mehrperiodiger Optimierung gewählt. Als eine mögliche Weiterentwicklung des Modells ist also auch hier eine mehrperiodige Optimierung zu sehen.
Die Transformationsfunktion ist im Vergleich zu heute verwendeten Ansätzen zur Gesamtbanksteuerung sehr modern ausgestaltet.[761] So werden alle Geschäftsrisiken der Bank[762] in eine Risikokennzahl integriert und eine weitgehende Konvergenz zwischen ökonomischem und aufsichtsrechtlichem Kapital angenommen. Die konsequent an der Nutzenfunktion der Bank ausgerichtete Re-Allokation von Portfoliopositionen kann durch die erwähnte Erhöhung der Portfoliogranularität verbessert werden.
Der Optimierungsalgorithmus beruht auf der klassischen Portfoliotheorie von Markowitz im Rahmen eines $(\mu, \sigma)$-Kriteriums.[763] Die Voraussetzung normalverteilter Renditen kann aber speziell bei Kreditportfolioelementen nicht erfüllt werden, so dass es zu einer verzerrten Allokation kommen kann. Gleichzeitig wurde der Algorithmus nicht mit einer linearen Programmierung, sondern mit einer – für die Abbildung der Industrialisierungsfaktoren notwendigen – skalierbaren Suchroutine implementiert.[764] Die Herausforderung für weiterführende Untersuchungen besteht in der Verknüpfung einer analytisch geschlossenen Lösung des Optimierungsproblems mit der Abbildung von Industrialisierungsfaktoren. Auch die Frage des Entscheidungskriteriums sollte vor diesem Hintergrund noch einmal evaluiert werden. Weiter gilt es abzuwägen, ob der Optimierungsalgorithmus vom Risiko-Ertrags- auf einen Risiko-Deckungsbeitrags-Fokus gehoben werden kann, um differenzierte operative Kosten mit einzubeziehen.

760 Vgl. Kapitel 3.3.5.3.
761 Vgl. Grimmer, J.U., Gesamtbanksteuerung, 2003. Grimmer gibt einen Überblick über heute bei Banken im Einsatz befindliche Verfahren.
762 Vgl. Abbildung 13.
763 Vgl. Markowitz, H.M., Portfolio selection, 1952.
764 Vgl. Kapitel 3.4.1.4.

Zusätzliche Verzerrungseffekte werden durch die nachträgliche Berücksichtigung des VaR in der Optimierung über eine „Penalty Cost"-Funktion verursacht. Dabei sind die Effekte für den Normalfall einer risikoaversen Bank vergleichsweise gering, da kaum Überschreitungen der Risikodeckungsmassen auftreten. Die Sensitivitätsanalyse bzgl. einer schwach risikoaversen Bank in Kapitel 4.5.4.3 hat jedoch gezeigt, dass die „Penalty Cost" die Ergebnisse verfälschen kann. Dadurch wird auch deutlich, dass die Bestimmung der wahren Nutzenfunktion der Bank und die nachfolgende Parametrisierung der Algorithmen eine große Herausforderung für die weitere wissenschaftliche Betrachtung und für die Praxis darstellen wird. Die mögliche Multiplikatorwirkung dieser wichtigen Parameter wurde in Industrialisierungseigenschaft 3 abgeleitet.

Die Abwicklungsfunktion ist über die Parameter CAR, $F_v$ und $F_d$ relativ grob implementiert worden.[765] Dabei wird die Wirkungsanalyse der Variabilisierung oder Reagibilität der Kostenfunktion durch zwei Sachverhalte erschwert. Zum einen konnten keine verlässlichen und differenzierenden CAR-Werte für den Abwicklungsbereich (bankintern und bei aufnehmenden bzw. abgebenden Unternehmen) und den Transformationsbereich gefunden werden.[766] Das hatte zur Folge, dass gleiche CAR-Werte für Bank- und Handelsbuch gewählt wurden, was die Interpretation von Änderungen des Variabilisierungsgrades quasi unmöglich machte. Hier sind genauere empirische Untersuchungen, auch vor dem Hintergrund des Trends zum Outsourcing von Bankprozessen, vorzunehmen. Gleichzeitig ist der Simulationsablauf so umzugestalten, dass die Analysen der anderen Parametrisierungen nicht durch die überlagerte Kostenfunktion erschwert werden.

Zum anderen konnte keine befriedigende Lösung für eine Modellierung des Anpassungsprozesses der Kosten in Abhängigkeit der abgewickelten Volumina gefunden werden.[767] Auch hier besteht ein Feld für weiterführende Forschung.

*Industrialisierungsfaktoren:* Die modellierten Limitsysteme beziehen sich lediglich auf Volumina der Portfoliopositionen. Moderne Limitsysteme werden auch auf Risikokenngrößen wie z.B. den VaR des Portfolios bezogen.[768] Im Zusammenhang mit der Erweiterung des Optimierungsalgorithmus bzgl. des Einbezuges von VaR-Werten in die Allokationsentscheidung könnten variierende Typen von Limitsystemen abgebildet werden.

Einen weiteren Diskussionspunkt bildet die Abbildung des menschlichen Einflusses auf die Dispositionsentscheidung als stochastische Störgröße. Eine Weiterentwicklung dieses Faktors könnte daher zwischen rationalem und irrationalem Verhalten des Menschen abwägen.

Die Wirkung einiger Industrialisierungsfaktoren, wie beispielsweise des Kostendegressionseffektes, können als Parameter und Wirkung zugleich aufgefasst werden.

---

765 Vgl. Kapitel 3.4.3.

766 Vgl. Kapitel 4.3.4.

767 Derzeit werden die Fixkosten über das mittlere abgewickelte Volumen angepasst. Vgl. Kapitel 3.4.3.

768 Vgl. Dresel, T./ Johanning, L./ Kern, M., VaR-Limitsteuerung, 2000.

Insofern kann man in Teilbereichen von einer „Self-fulfilling Prophecy“ sprechen. Der „Pfad der Industrialisierung“ aus Kapitel 4.3.5.3 könnte über eine schrittweise von restriktiven Annahmen befreite Optimierung als gewisse Vorwegnahme der Ergebnisse gewertet werden. Gleichwohl stellt die Übersetzung von Modellparametern in einen Industrialisierungskontext sowie die Analyse der kombinierten Wirkung der Faktoren in verschiedenen Marktphasen jedoch einen erheblichen, wissenschaftlichen Beitrag dar.

*Outputsystem:* Die Modellierung der Zyklusverstärkung der Bank über die Schwankungsbreite des Bank-RAROC stellt gewissermaßen eine zweifache Berücksichtigung der Portfoliovolatilität dar. Betrachtet man die zwei Transformationsschritte der Bank in Kapitel 3.6.2, so wird jedoch klar, dass der VaR und damit der Nennerterm des RAROC lediglich die Volatilität des Transformationschrittes *1* beinhaltet. Die zusätzliche Ergebnisvolatilität, die durch die Abwicklungsfunktion und Eigenkapitaleffekte in Transformationsschritt 2 hinzugefügt wird, bleibt jedoch unberücksichtigt. Insofern ist es zumindest legitim, die Schwankungsbreite des RAROC als zusätzliches Volatilitätsmaß zu berechnen.

Die wesentlichen Weiterentwicklungspotenziale lassen sich wie folgt zusammenfassen:

| Bereich | Weiterentwicklungspotenziale des Modells |
| --- | --- |
| Inputsystem | • Erhöhung der Konsistenz der Parameterwahl (analoger Marktkontext).<br>• Änderung nicht nur der Volatilitäten, sondern auch der Korrelation in Schockphasen. |
| Geschäftsarten | • Erhöhung der Anzahl der Titel im Portfolio<br>• Abkehr von der restriktiven Annahme der Nicht-Existenz von Neugeschäft<br>• Erweiterung des Modells in Richtung mehrperiodiger Optimierung |
| Bankprozesse | • Erarbeitung eines geschlossenen Optimierungsalgorithmus (LP)<br>• Re-Evaluierung des Entscheidungskriteriums vor dem Hintergrund des modifizierten Optimierungsalgorithmus<br>• Einbezug von operativen Kosten in die Optimierung (Deckungs-beitragsorientierung)<br>• Einbezug des VaR in die Optimierung (rekursiv)<br>• Differenziertere Abbildung des Abwicklungsbereichs im Modell |
| Industrialisierungs-faktoren | • Verringerung der „Self-Fulfilling Prophecy"-Eigenschaft von Teilergebnissen<br>• Ergänzende Abbildung verschiedener Varianten von Limitsystemen<br>• Ergänzende Differenzierung des menschlichen Einflusses zwischen rationalen und stochastischen Beiträgen zur Optimierung |
| Outputsystem | • Verwendung alternativer Maße zur Beurteilung der Verstärkerwirkung der Bank |

Abbildung 99: Weiterentwicklungspotenziale des Modells[769]

Zusammenfassend kann formuliert werden, dass das Modell zur Industrialisierung in Transformation und Abwicklung eine Grundlage für die Diskussion um Industrialisierung und die Substitution des Faktors Mensch in Banken geschaffen hat; gleichwohl bestehen entlang der Modellstruktur noch Potenziale zur Weiterentwicklung.

769 Eigene Darstellung.

## V. Zusammenfassung und Ausblick

Das Ziel der vorliegenden Arbeit bestand in der Wirkungsanalyse von Industrialisierungstendenzen im Bankensektor – insbesondere in der Analyse der Auswirkungen auf den Transformations- und Abwicklungsbereich der Bank.

In Kapitel 2 wurden die Grundlagen der Industrialisierung von Banken mit der Beschreibung der Untersuchungsobjekte Industrialisierung und Bank gelegt. Zusätzlich wurde auf sichtbare Industrialisierungsentwicklungen anhand der generischen Wertschöpfungskette einer Bank eingegangen. Es schloss sich ein Überblick existierender empirischer Wirkungsanalysen an.[770]

Aus den in Kapitel 2 identifizierten Industrialisierungstendenzen wurde in Kapitel 3 ein Modell zur Wirkungsanalyse entwickelt. Die Modellkomponenten Inputsystem, Geschäftsarten, Bankprozesse, Industrialisierungsfaktoren und Outputsystem wurden dazu entsprechend ausgestaltet.

Das Inputsystem respektive das Marktmodell modellieren die Märkte bzw. bankbetriebliche Risiken wie Markt-, Gegenpartei- und Liquiditätsrisiken als Inputparameter der Modellbank. Zusätzlich werden im Inputsystem Marktzyklen bzw. Schocks abgebildet. Die Untersuchung zeigte, dass neoklassische, effiziente Marktmodelle zur Abbildung von Phasen mit hoher Marktvolatilität nicht geeignet sind. In der wissenschaftlichen Diskussion existieren Ansätze, die von kleineren Abweichungen von der Hypothese effizienter Märkte bis hin zu einer gänzlichen Entfernung von diesem Theoriegebilde reichen. In diesem Zusammenhang wurden auch verhaltenstheoretische Ansätze und nichtlineare Funktionen diskutiert. Abschließend wurde eine Analyse empirischer Untersuchungen zu Marktunvollkommenheiten respektive Wirkungsanalysen zu extremen Marktsituationen durchgeführt. Aus dieser Analyse wurden letztendlich die Rahmenwerte für das Verhalten des Inputsystems in volatilen Marktphasen extrahiert.

Die Abbildung der Geschäftsarten sollte möglichst wirklichkeitsgetreu parametrisiert werden sowie eine gute Abdeckung des Bankgeschäftes garantieren. Zu diesem Zweck wurden Kredite an Firmen, Handelspositionen wie Aktien und festverzinsliche Wertpapiere sowie Einlagen als Hauptgeschäftsarten ausgewählt. Diese wurden systematisch mit den relevanten Risikoarten des Inputsystems verknüpft, so dass je Geschäftsart ein Risikobeitrag entsteht. Ferner wurde jeder Geschäftsart ein Ergebnisbeitrag zugewiesen, der eine Rendite bzw. einen Konditionsbeitrag und einen Kostenbeitrag beinhaltet. Während die Ausgestaltung der Handelspositionen im Wesentlichen der RiskMetrics™-Methodik folgt, werden die Kreditpositionen analog zum CreditMetrics™-Ansatz modelliert. Der Erfolgsbeitrag der Einlagenpositionen wird über den Gesamtkonditionsbeitrag ausgedrückt, das zugehörige Liquiditätsrisiko ergibt sich durch die Berücksichtigung der Bilanzgleichung im Modell.

770 Das Kapitel 2 stellt eine Zusammenfassung der parallelen Dissertation von Cornelius Riese/ Technische Universität Chemnitz dar. Vgl. Riese, C., Industrialisierung von Banken - Grundlagen, 2005.

Die Korrelation der Geschäfts- respektive Risikoarten untereinander wird über eine Cholesky-Zerlegung umgesetzt. Die für eine ganzheitliche Gesamtbanksteuerung notwendige Modellierung von Geschäften mit unterschiedlichen Haltedauern in eine gemeinsame Stichprobe wurde durch eine Skalierung und Renditeglättung von Erfolgs- und Risikobeiträgen erreicht.
Die Modellierung der Bankprozesse wurde im Sinne eines Parzialmodells auf den Transformations- und Abwicklungsbereich beschränkt. Im Transformationsbereich konnte eine echte Gesamtbanksteuerung implementiert werden, die alle Erfolgs- und Risikobeiträge der Geschäftsarten integriert. Aufgrund der geringeren Umsetzungskomplexität und einer besseren Integrierbarkeit von Industrialisierungsparametern wurde ein $(\mu, \sigma)$-Optimierungsansatz ausgewählt. Dieser wurde verbunden mit einer risikoavers ausgestalteten Nutzenfunktion der Bank implementiert. Im Abwicklungsbereich wurde die Kostenfunktion reagibel auf sich ändernde Abwicklungsvolumina ausgestaltet. Weiterhin können Kostendegressionseffekte zugeschaltet werden.
Die Industrialisierungsfaktoren wurden eng mit den Bankprozessen verknüpft. Dazu wurden acht spezifische Parameter eingeführt, die unterschiedliche Industrialisierungsgrade definieren. Der „Pfad der Industrialisierung" bringt diese Parameter in eine logische Reihenfolge zunehmender Industrialisierung. Der Einfluss des Menschen wird über eine stochastische Variable abgebildet.
Das Outputsystem wurde auf Basis einer risikoadjustierten Bankperformance (RAROC) ausgestaltet. Darüber hinaus kann die Zyklusverstärkerwirkung der Bank gemessen werden.
In Kapitel 4 wurde das entwickelte Modell wirklichkeitsnah parametrisiert. Dazu wurden Daten deutscher Märkte, insbesondere aus dem deutschen Bankensektor ausgewertet. Lediglich für die Parametrisierung stark volatiler Marktphasen wurde auf eine internationale Datenbasis zurückgegriffen. Zusätzlich erfolgt in Kapitel 4 ein umfassender Test der Wirkungsweise des Modells.
Die Modellergebnisse werden ebenfalls in Kapitel 4 zusammengefasst. Es konnten acht Industrialisierungswirkungen abgeleitet werden. Zusammenfassend kann formuliert werden, dass Industrialisierung der Transformationsfunktion eine Optimierung des Bankverhaltens im Sinne ihrer Nutzenfunktion bewirkt. In stabilen Märkten führt dies zu risiko- jedoch auch ergebnismindernden Bankverhalten. In volatilen Märkten wirkt diese Eigenschaft, besonders bei einem hohen Kreditengagement der Bank hinsichtlich Risiko und Ergebnis vorteilhaft. Die Industrialisierung der Transformation birgt jedoch die Gefahr einer einseitigen Allokation (z.B. auf singuläre Geschäftsfelder) und somit höherer maximaler Verluste bei Marktschocks. Außerdem kann Industrialisierung der Transformation in der Parametrisierung der automatischen Abläufe zu einer systemischen Multiplikation von Verhaltensanomalien spezifischer Funktionsträger führen. Nachteilige Effekte entstehen insbesondere dann, wenn keine ausreichende Kenntnis der Portfolioeigenschaften vorliegt.

Weitere negative Effekte können hinsichtlich der Verstärkerwirkung auftreten: insbesondere die Eliminierung von Limiten und menschlichen Einflüssen kann die Zyklusverstärkung der Bank erhöhen. Erst eine umfassende Kenntnis der Portfolioeigenschaften kann diesen Einfluss abschwächen.
Die Industrialisierung der Abwicklung wirkt erst mit der Realisierung und Weitergabe von Skaleneffekten durch den Outsourcer positiv.
Der wissenschaftliche Beitrag der vorliegenden Ausarbeitung kann vor allem in der erstmaligen modellhaften Verknüpfung der Untersuchungsgegenstände Bank und Industrialisierung gesehen werden. Nach Kenntnis des Autors existiert in der wissenschaftlichen Literatur bisher kein Industrialisierungsmodell, das durch eine Parametrisierung der Bankprozesse realisiert ist. Weiterhin ist die Verknüpfung von Ansätzen aus dem Bereich der Behavioral Finance mit stochastischen Modellen des Bankverhaltens als ein weiterer wichtiger Beitrag zur wissenschaftlichen Diskussion zu sehen. Die ganzheitliche Zusammenführung von Kredit- und Marktrisiko im Rahmen einer integrierten Gesamtbanksteuerung sowie der Prozessbereiche Transformation und Abwicklung in ein Bankmodell erreicht nach Kenntnis des Autors ebenfalls eine neue Qualität der Auseinandersetzung mit der Modellierung des Bankverhaltens. Die Konzeption eines Skalierungsansatzes für Kreditrisiken und einer „Penalty Cost"-Funktion stellen in diesem Zusammenhang entsprechende Leistungen dar.
Außerdem ist die wirklichkeitsnahe Ausgestaltung des Modells für den deutschen Bankensektor von hohem Wert für Wissenschaft und Bankpraxis. Die Abbildung von Schocks und die systematische Auswertung der Bankreaktion stellen einen weiteren wissenschaftlichen Beitrag dar.
Die Ergebnisse der Ausarbeitung stehen zum Großteil im Einklang mit der Diskussion über Auswirkungen der Eigenkapitalrichtlinie Basel II, die mit verstärkter Datenhistorisierung und –auswertung letztendlich einen Industrialisierungsschritt bzgl. der Transformationsfunktion darstellt. Einige Ergebnisse wie die Auswirkung der Portfoliogranularität (Industrialisierungseigenschaft 7) oder die Wirkung auf die Zyklusverstärkung (Industrialisierungseigenschaft 8) können als Belege für vermutete Auswirkungen von Industrialisierungstendenzen wie Basel II aufgefasst werden.
Von künftigem Interesse für die wissenschaftliche Diskussion wird die Weiterentwicklung der vorgestellten Modellbank sein. Eine Erweiterung um die Prozessbereiche Vertrieb und Produktentwicklung könnte vor dem Hintergrund der Industrialisierungsdiskussion besonders lohnend sein. Auch die Verbesserung des Optimierungsalgorithmus und der Abbildung der Industrialisierungsfaktoren bietet ein Feld der wissenschaftlichen Auseinandersetzung. Ein Vergleich der modellhaften Wirkungsanalyse der Industrialisierung mit anderen wissenschaftlichen Instrumenten stellt ebenfalls ein Gebiet potenzieller Weiterentwicklung dar.

# VI. Anhang

## Anhang 1: Ergebnisse der Sensitivitätsanalysen[771]

### A1.1 Parametrisierung des Inputsystems

#### A1.1.1 Kreditqualität

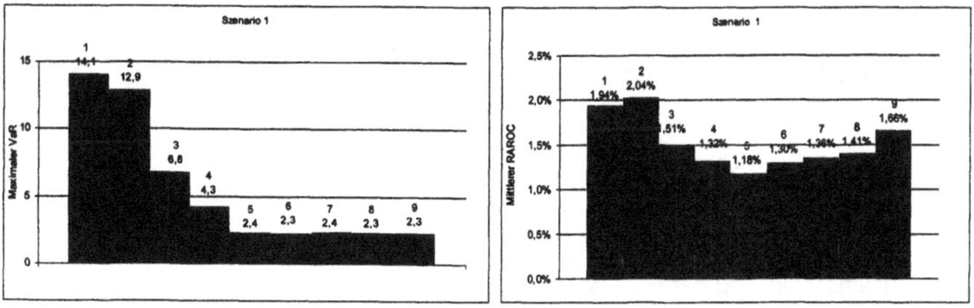


Abbildung 100: A1.1.1 Hohe Kreditqualität (stabiler Markt)

#### A1.1.2 Geringe Attraktivität des festverzinslichen Papiers

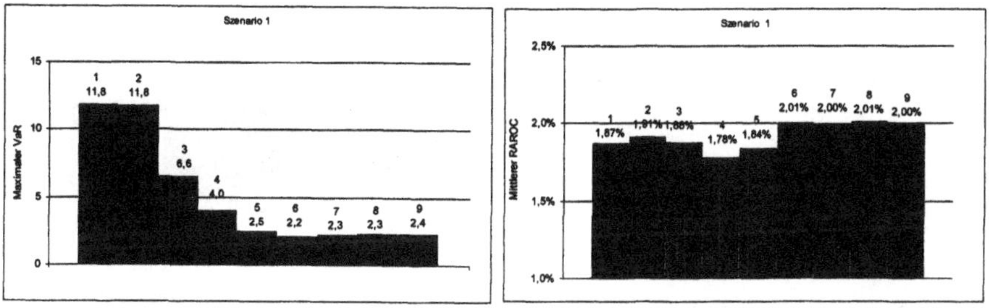


Abbildung 101: A1.1.2 Niedriger Zins (stabiler Markt)

771 Alle folgenden Grafiken: Modellausgabe/ eigene Darstellung.

A1.1.3 Hohe Attraktivität des festverzinslichen Papiers

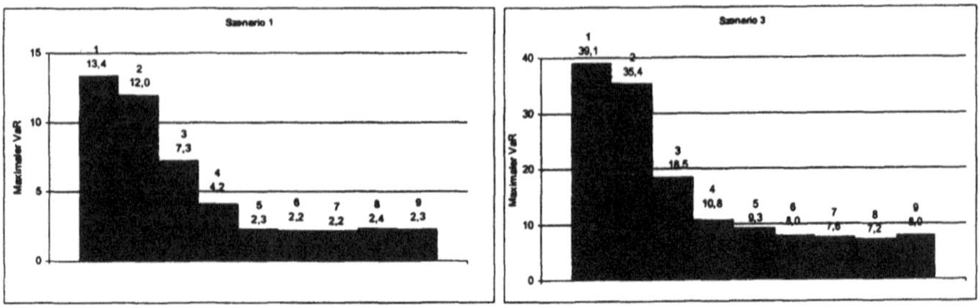


Abbildung 102: A1.1.3 Hoher Zins (stabiler Markt)

## A1.2 Parametrisierung der Bankprozesse

### A1.2.1 Stabiler Markt

Vgl. Abbildungen 89 – 91.

### A1.2.2. Volatiler Markt

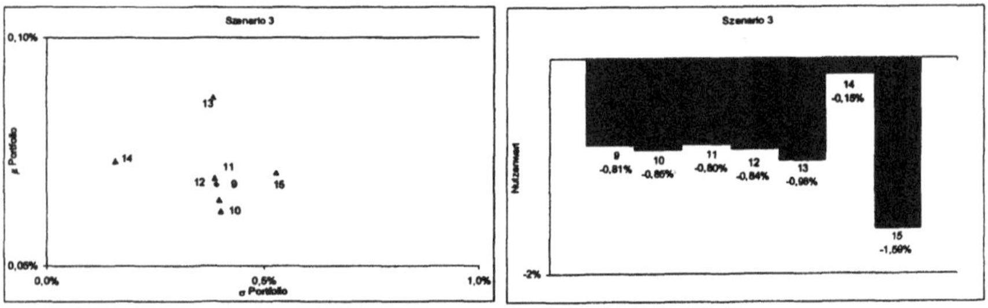


Abbildung 103: A1.2.2 Parametrisierung Bankprozesse (volatiler Markt)

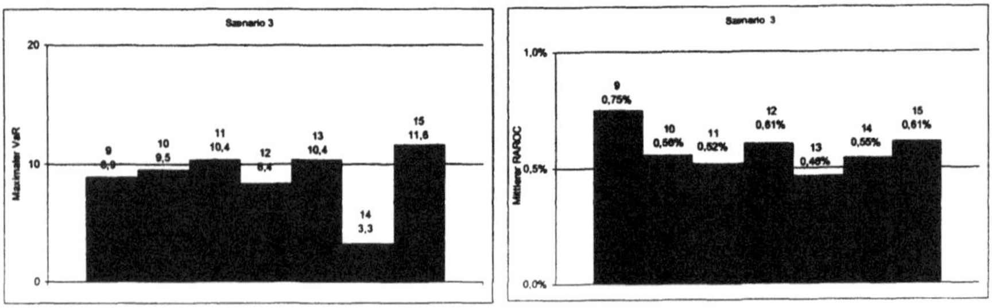


Abbildung 104: A1.2.2 Parametrisierung Bankprozesse (volatiler Markt)

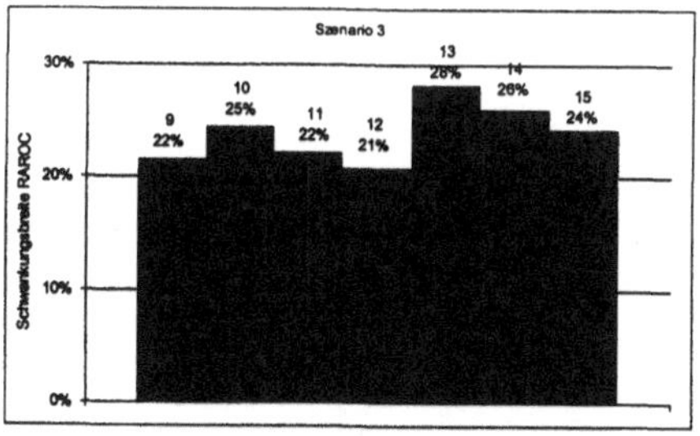


Abbildung 105: A1.2.2 Parametrisierung Bankprozesse (volatiler Markt)

## A1.3 Parametrisierung der Nutzenfunktion

### A1.3.1 Stark risikoaverse Bank

#### *A1.3.1.1 Stabiler Markt*

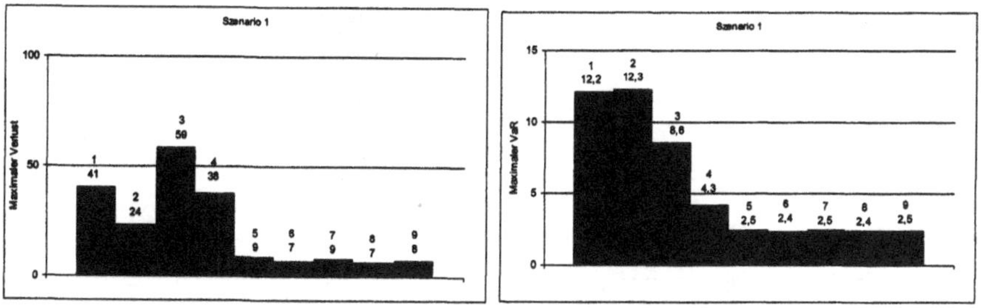


Abbildung 106: A1.3.1.1 Stark risikoaverse Bank (stabiler Markt)

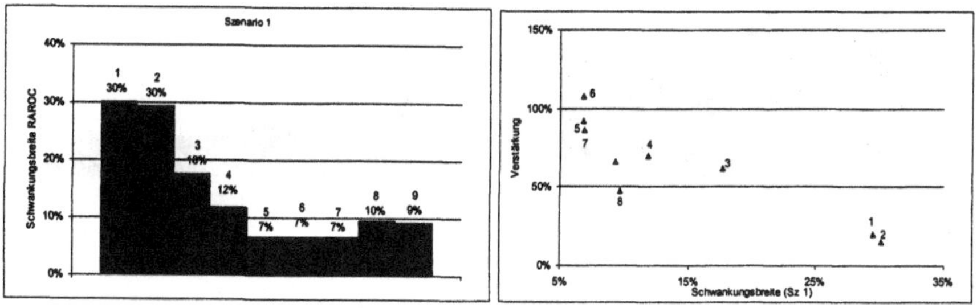


Abbildung 107: A1.3.1.1 Stark risikoaverse Bank (stabiler Markt)

*A1.3.1.2 Volatiler Markt*

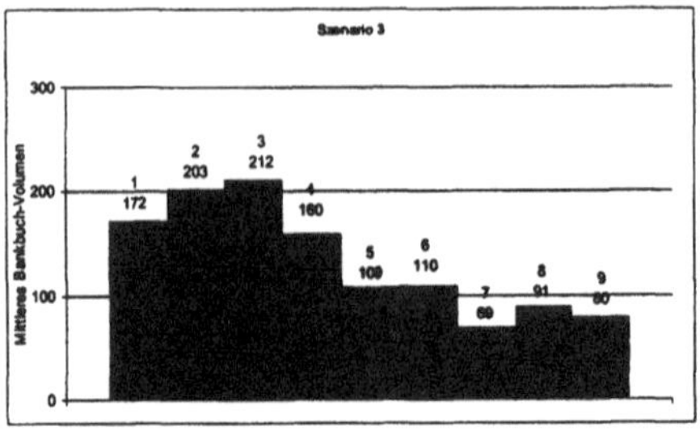


Abbildung 108: A1.3.1.2 Stark risikoaverse Bank (volatiler Markt)

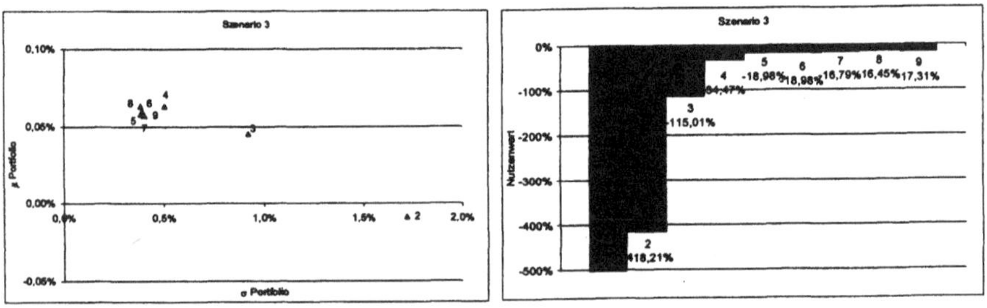


Abbildung 109: A1.3.1.2 Stark risikoaverse Bank (volatiler Markt)

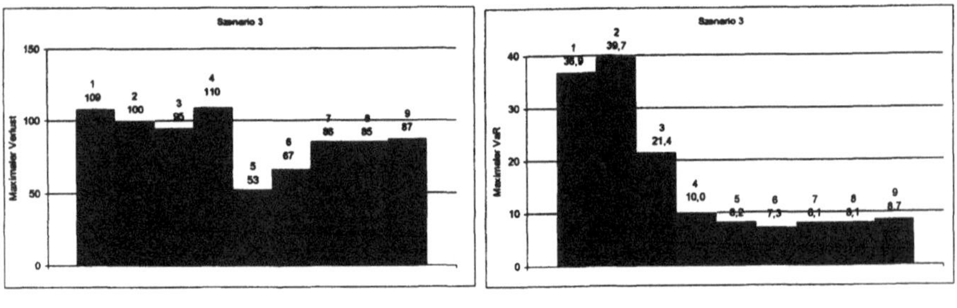


Abbildung 110: A1.3.1.2 Stark risikoaverse Bank (volatiler Markt)

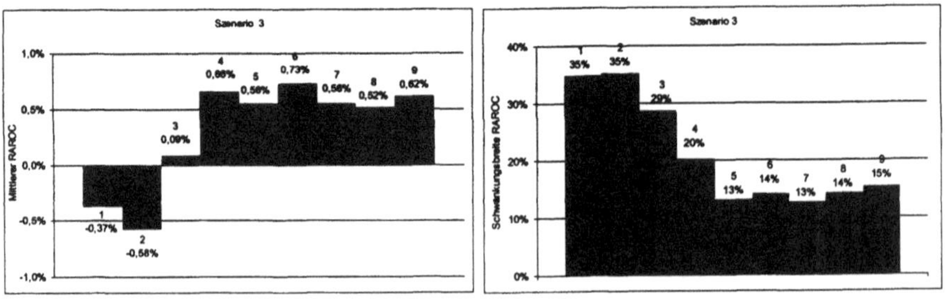


Abbildung 111: A1.3.1.2 Stark risikoaverse Bank (volatiler Markt)

A1.3.2 Schwach risikoaverse Bank

*A1.3.2.1 Stabiler Markt*

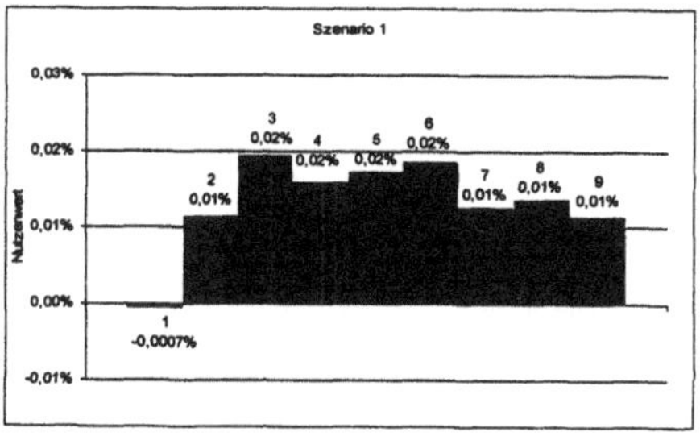


Abbildung 112: A1.3.2.1 Schwach risikoaverse Bank (stabiler Markt)

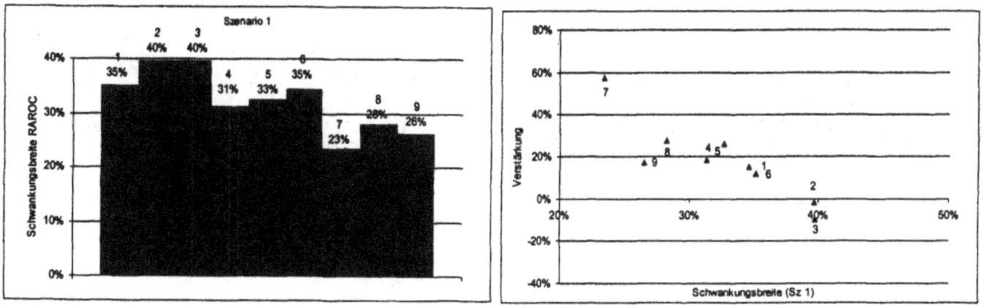


Abbildung 113: A1.3.2.1 Schwach risikoaverse Bank (stabiler Markt)

A1.3.2.2 Volatiler Markt

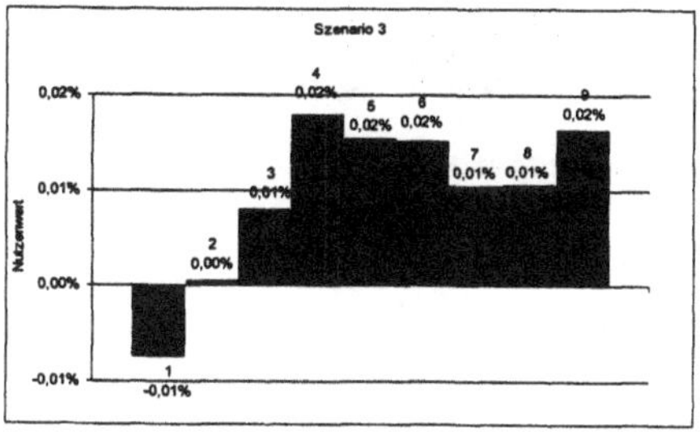


Abbildung 114: A1.3.2.2 Schwach risikoaverse Bank (volatiler Markt)

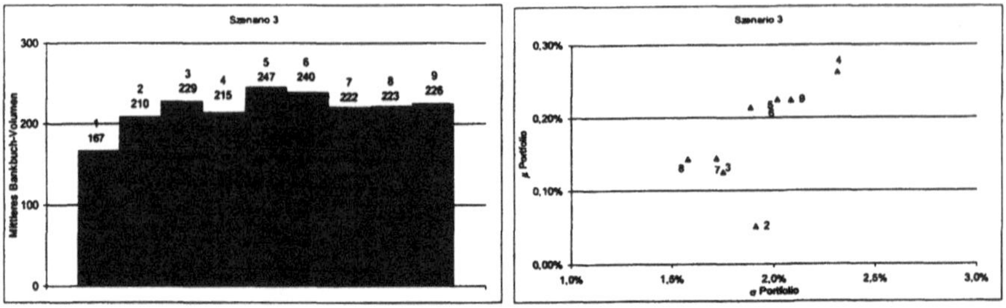


Abbildung 115: A1.3.2.2 Schwach risikoaverse Bank (volatiler Markt)

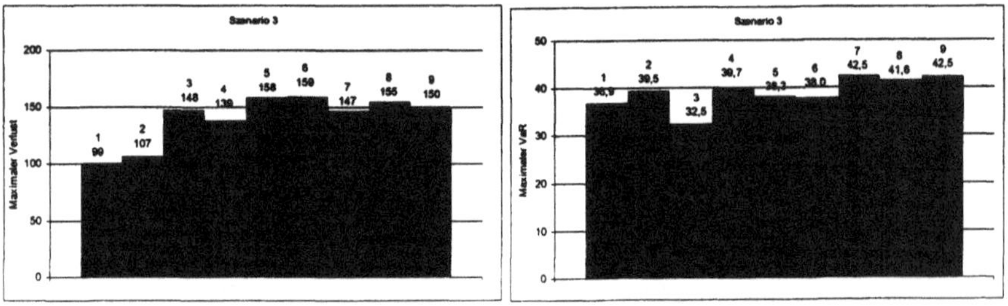


Abbildung 116: A1.3.2.2 Schwach risikoaverse Bank (volatiler Markt)

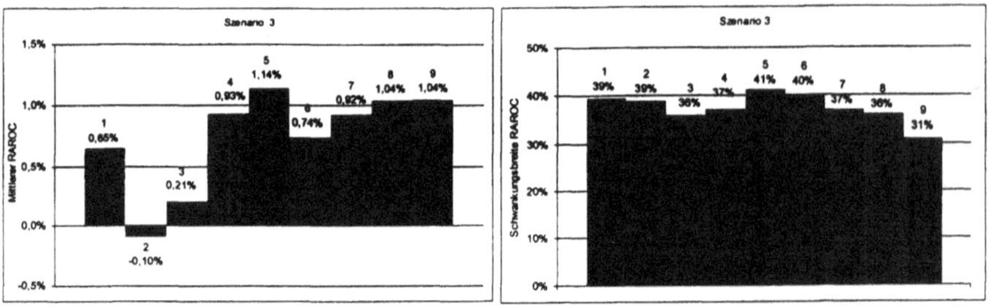


Abbildung 117: A1.3.2.2 Schwach risikoaverse Bank (volatiler Markt)

## Anhang 2: Symbol- und Parameterbeschreibung

| *Symbol* | *Beschreibung* | *Variable (berechnet); Parameter (änderbar)* | *Wirkung* |
|---|---|---|---|
| ***Bilanzgrößen*** | | | |
| **V** | Vektor der Volumina (Nennwerte) der Aktiva (Markt- und Kreditpositionen) | Parameter | Gesamtvolumen ist konstant 400 Einheiten |
| $v_{Ges}$ | Bilanzsumme der Bank | Parameter | |
| $v_B = v_K$ | Gesamtvolumen bzw. Nennwert der Kreditpositionen | Variable | Anfangs Parameter (200 Einheiten), danach Variable (Berechnung aus Portfolio-Re-Allokation) |
| $v_H$ | Gesamtvolumen bzw. Nennwert der Handelspositionen | Variable | Anfangs Parameter (200 Einheiten), danach Variable (Berechnung aus Portfolio-Re-Allokation) |
| $v_A$ | Nennwert/ Stück der Aktienposition | Variable | Anfangs Parameter (100 Einheiten), danach Variable (Berechnung aus Portfolio-Re-Allokation) |
| $v_Z$ | Nennwert des festverzinslichen Wertpapiers | Variable | Anfangs Parameter (100 Einheiten), danach Variable (Berechnung aus Portfolio-Re-Allokation) |
| $v_D$ | Gesamtvolumen der Einlagenpositionen | Parameter | Konstant 200 Einheiten |
| $K_{EK}$ | Bilanzielles Eigenkapital | Parameter/ Variable | Zunächst Parameter (4% der Bilanzsumme), danach Variable je nach Kapitalbedarf |
| Gap | Netto-Interbankenposition | Variable | Differenzposition auf der Passivseite der Bilanz |
| $k_{EK}$ | Eigenkapitalkosten der Bank | Parameter | Über historische Kurse mittels CAPM zu bestimmen |
| GKM | Fristengleicher Geld- und Kapitalmarktzins zur Refinanzierung (Annahme hier: gleicher GKM für Aktiv- und Passivgeschäft, d.h. ein Interbanken-Zins) | Parameter | |
| LKM | Langfristiger Kapitalmarktzins | Parameter | |
| ***Kenngrößen des Inputsystems*** | | | |
| x, **X** | Zufallsgröße/ Risikowert (Vektor) | Variable | Aus Stichproben (Zufallszahlen) |
| $X_T$ | Transponierter Zufallsvektor | Variable | Berechnet aus **X** |
| $x_{SN}$ | Standardnormalverteilte Zufallsgröße/ Risikowert | Variable | Normalverteilte Zufallsgröße wird aus einer gleichverteilten Risikogröße gewonnen |

| ***Symbol*** | ***Beschreibung*** | ***Variable (berechnet); Parameter (änderbar)*** | ***Wirkung*** |
|---|---|---|---|
| $\sigma$ | Vektor der Standardabweichungen | Parameter | Risikoparameter der Renditen |
| $\mathbf{C}$ | Korrelationsmatrix | Parameter | Beschreibt die Korrelationen der Positionen untereinander |
| $\rho_{ij}$ | Elemente der Korrelationsmatrix | Parameter | |
| $x_C$ | Standardnormalverteilte Zufallsgröße mit gewünschter Korrelation | Variable | Verknüpfung der normalverteilten Zufallsgröße mit der Korrelationsmatrix **C** (Cholesky-Zerlegung) |
| $F_s$ | Störfaktor zur Abbildung stark volatiler Märkte | Parameter | Verändert die Volatilitäts-Spitzen |
| ***Kenngrößen der Geschäftsarten*** | | | |
| $r$, $\mathbf{r}$ | Rendite(vektor) der Position | Variable | Rendite der Position über einen Zeitraum (diskrete Rendite) |
| $W$, $W_t$ | Wert der Position (zum Zeitpunkt t) | Variable | Monetärer Wert der Position am Stichtag (in Abgrenzung zum Nennwert/ Volumen V) |
| $W_A$ | Wert der Aktienposition | Variable | $W_A=P_A*v_A$; $P_A$ Preis der Aktie; $v_A$ Volumen/ Stück; bei $P_A=1$ wird $W_A = v_A$ = Stück zum Nennwert der Aktie |
| $\Delta W$ | Wertänderung | Variable | Wertdifferenz zwischen Zeitpunkt $t_0$ und Zeitpunkt $t_1$ |
| $P$ | Preis der Positionen/ Assets | Variable | Berechnung der Stichproben aus normalverteilten Renditen |
| $\mu_A$ | Erwartungswert der Renditeverteilung der Aktienposition | Parameter | Mittlere Rendite der Aktienposition |
| $\sigma_A$ | Standardabweichung der Renditeverteilung der Aktienposition | Parameter | Volatilität der Aktienposition |
| $\mu_Z$ | Erwartungswert der Renditeverteilung der Zinsposition | Parameter | Mittlere Rendite der Zinsposition |
| $\sigma_Z$ | Standardabweichung der Renditeverteilung der Zinsposition | Parameter | Volatilität der absoluten Zinsänderungen der Zero Bonds im Markt |
| $\sigma_D$ | Standardabweichung der Diskontfaktoren der Zinsposition | Nicht verwendet | |
| $t_{Rest}$ | Restlaufzeit der Zins-/ oder Kreditposition | Parameter | Restlaufzeit eingestellt auf 3 Jahre |
| $z_K$ | Sollzins der Kreditposition | Parameter | Verändert Marktwerte und Ergebnis der Kreditpositionen |
| $z_D$ | Habenzins der Einlagenposition | Parameter | Verändert den Gesamtkonditionsbeitrag |
| $z_Z$ | Zinssatz des festverzinslichen Wertpapiers | Parameter | Verändert die Rendite des festverzinslichen Wertpapiers |
| $z_m$ | Marktzinssatz | Variable | Aus Stichproben berechnet |

| *Symbol* | *Beschreibung* | *Variable (berechnet); Parameter (änderbar)* | *Wirkung* |
|---|---|---|---|
| $z_t$ | Laufzeit- und Rating-abhängiger Zins-Aufschlagssatz | Parameter | Regelmäßig bereitgestellt von Moody's (empirische Analysen) |
| $1-\alpha$ | Signifikanzniveau der Verlustverteilung | Parameter | Verändert den VaR und damit das Risikokapital. Eingestellt zu 99%. |
| $N_{1-\alpha}$ | $(1-\alpha)$-Quantil der Standard-Normalverteilung | Variable | Berechnet als Integral der Wahrscheinlichkeitsdichtefunktion |
| $\sigma_{ij}$ | Kovarianzen der Portfoliopositionen | Variable | Berechnet aus den Korrelationen und Varianzen der Positionen |
| **E** | Vektor der Erfolgsbeiträge der Positionen | Variable | Berechnung aus Volumina und Marktpreisen bzw. Konditionsbeiträgen |
| $l_A$ | Verlust der Aktienposition | Variable | Berechnung aus Erwartungswert und realisiertem Marktwert |
| $l_Z$ | Verlust der Zinsposition | Variable | Berechnung aus Erwartungswert und realisiertem Marktwert |
| **Y** | Risikovektor | Variable | Berechnet aus den Risikobeiträgen der Positionen |
| $VaR_H$ | Value at Risk der Handelspositionen | Variable | Berechnung durch Abzählen der tatsächlich realisierten Verluste |
| $VaR_B$ | Value at Risk der Kreditpositionen | Variable | |
| $VaR_{Ges}$ | Gesamtbank Value at Risk | Variable | |
| $K_{ÖK}$ | Ökonomisches Risikokapital der Bank | Variable | Berechnet aus $VaR_{Ges}$ |
| $k_{ök}$ | Risikokapitalkostensatz, Kosten des ökonomischen Kapitals | Parameter | Eingestellt zu 11% |
| **Ü** | Übergangsmatrix für Bonitätsänderungen | Parameter (empirisch gefunden) | Verändert Bonitäts-Änderungs- und Ausfall-Risiko |
| $u_t$ | Unternehmenswert des Kreditnehmers zum Zeitpunkt t | Variable | Berechnung der Stichproben aus normalverteilten Renditen |
| Rating(t) | Rating/ Bonität des Kreditnehmers zum Zeitpunkt t | Variable | Berechnung aus Unternehmenswert und **Ü** |
| LGD | Loss given default für Kreditpositionen (Verlust bei Adress-Ausfall) | Parameter | Verändert das absolute Kreditbuchergebnis (bei Ausfällen). Eingestellt zu 50%. |
| KB | Konditionsbeitrag der Kreditpositionen | Variable | Berechnung aus Sollzinsen und GKMZins |

| ***Symbol*** | ***Beschreibung*** | ***Variable (berechnet); Parameter (änderbar)*** | ***Wirkung*** |
|---|---|---|---|
| ***Kenngrößen der Transformationsfunktion*** | | | |
| $\mu$ | Vektor der (gelernten) Rendite-Erwartungswerte der Porfoliopositionen | Variable | Berechnung aus allen bisherigen Perioden (erreichte Renditen) |
| $\sigma$ | (Gelernte) Kovarianzmatrix der Porfoliopositionen | Variable | Berechnung aus allen bisherigen Perioden (erreichte Kovarianzen) |
| $u(\mu, \sigma)$ | Nutzenfunktion der Bank | Variable | Wird über Parameter a, b definiert |
| U | Wert der Nutzenfunktion der Bank | Variable | Wert von $u(\mu, \sigma)$ |
| A, b | Parameter der Nutzenfunktion der Bank | Parameter | a = 0,1; b = 500 |
| $V_{Max}$ | Maximal-Volumenlimit | Parameter | Industrialisierungsparameter |
| $V_{Min}$ | Minimal-Volumenlimit | Parameter | Industrialisierungsparameter |
| $V_{Inkrem}$ | Optimierungs-Schrittweite | Variable | Volumensinkrement mit $T_{Opt} = V_{Max} / V_{Inkrem}$ |
| $\mathbf{V}_{Opt}$ | Re-allokierter, optimaler Volumensvektor | Variable | Über den Optimierungsalgorithmus berechnet |
| $T_{Opt}$ | Optimierungstiefe | Parameter | Industrialisierungsparameter |
| **C** | Optimierungsvektor | Variable | Beinhaltet die Linearkombinationen der Portfolio-Volumina, die für die Optimierung gegeneinander verglichen werden |
| S | Analysetiefe | Parameter | Industrialisierungsparameter: die *s* letzten Stichproben werden in die Optimierung einbezogen |
| ***Kenngrößen der Abwicklungsfunktion*** | | | |
| **K** | Kostenvektor | Variable | Berechnung aus den Kostenbeiträgen der Positionen |
| GK | Gesamtkosten in der Periode | Variable | Berechung aus VK, FK |
| FK | Fixe Kosten | Variable | Berechnung über CAR, $F_v$ und $\mu_{MW}$ |
| VK | Variable Kosten in der Periode | Variable | Berechung aus $f_{Var}$ (Stückkostensatz), und Abwicklungsmenge M |
| M | Abwicklungsmenge | Variable | Ausfluss aus Re-Allokation |
| CIR | Cost Income Ratio | Nicht verwendet | |
| CAR | Cost Asset Ratio | Parameter | Verändert Gesamtkosten-Position der Bank |

| *Symbol* | *Beschreibung* | *Variable (berechnet); Parameter (änderbar)* | *Wirkung* |
|---|---|---|---|
| $f_{Var}$ | Variabler Stückkostensatz | Variable | Berechung aus CAR und $F_v$ |
| $F_v$ | Variabilisierungsfaktor | Parameter | Industrialisierungsparameter. Verändert die Kostenposition zwischen fixen (Mengen-unabhängigen) und variablen (Mengen-abhängigen) Kosten |
| $F_d$ | Degressionsfaktor | Parameter | Industrialisierungsparameter. Verändert variable Kostenposition über Stückkosten |
| $\mu_{MW}$ | Mittlerer Marktwert aller Positionen über alle bisherigen Perioden | Variable | Mittelwert aller Marktwerte |
| $\sigma_{GK}$ | Standardabweichung der Gesamtkosten über alle Perioden | Variable | Berechnung über alle Gesamtkosten-Positionen |
| ***Kenngrößen des Outputsystems*** | | | |
| RAROC | RAROC der Periode | Variable | Berechnet aus Ertrags-, Kosten- und Risikoposition |
| RORAC | Risk-adjusted Return on Risk-adjusted Capital | Nicht verwendet | |
| $\zeta_{Markt}$ | Inputrisiko der Bank (Markt) | Variable | |
| $F_{RT1}$ | 1. Risikotransformationsfunktion der Bank vom Inputrisiko in das Risiko des Asset-Portfolios | Variable | |
| $\zeta_{Portfolio}$ | Risiko des Asset-Portfolios der Bank nach Transformation | Variable | |
| $F_{RT2}$ | 2. Risikotransformationsfunktion der Bank Risiko des Asset-Portfolios in das Risiko der Wertentwicklung der Bank | Variable | |
| $\zeta_{Wert}$ | Risiko der Wertentwicklung der Bank in der Periode | Variable | |
| $\sigma_{Wert}$ | Standardabweichung der Wertänderung der Bank | Variable | Repräsentation des Risikos der Wertentwicklung der Bank |
| $\sigma_{RAROC}$ | Standardabweichung des RAROC über mehrere Perioden | Variable | Repräsentation des Risikos der Wertentwicklung der Bank |
| $v$, $v_1$, $v_2$ | Verstärkerwirkung Gesamt, Transformation 1, Transformation 2 | Variable | Berechnet aus den RAROC-Schwankungsbreiten |

| *Symbol* | *Beschreibung* | *Variable (berechnet); Parameter (änderbar)* | *Wirkung* |
|---|---|---|---|
| ***Sonstige Variablen*** | | | |
| q | Verhältnis Sachaufwand zu Gesamtaufwand | | Verwendet bei empirischer Analyse |
| $\Phi$ | Informationsstruktur | | Verwendet zur Herleitung effizienter Märkte |
| f() | Funktion, Wahrscheinlichkeitsverteilung | | |
| I | Marktindex | | Verwendet zur Erklärung des Zeeman-Modells |
| J | Verhaltensindex | | |
| C | Nachfrage spekulativer Anleger | | |
| F | Nachfrage langfristiger Anleger | | |

## Anhang 3: Detaillierte Modellbeschreibung

Die Modellbank wurde in MS Excel mit Hilfe von Visual Basic implementiert. Nachfolgend sind die Eingabe- und Ausgabemasken dargestellt.

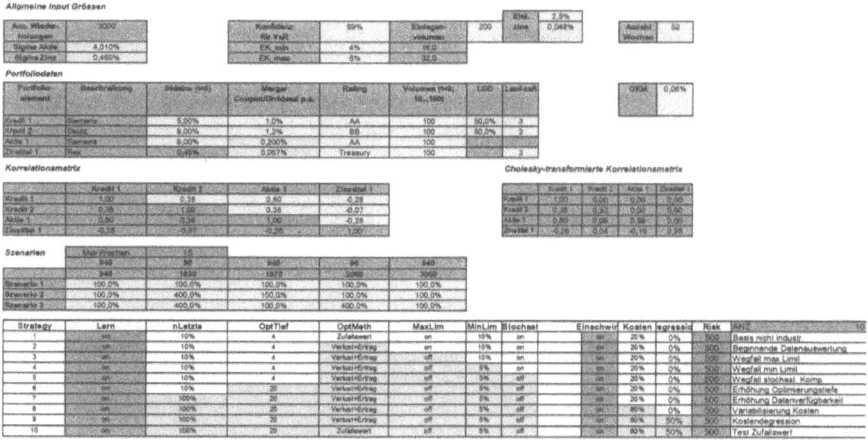

Abbildung 118: A3 Modell-Eingabemaske

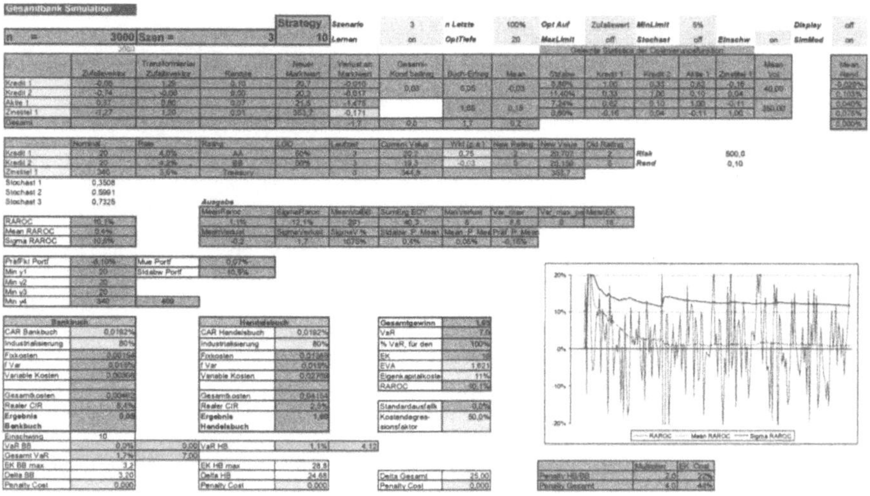

Abbildung 119: A3 Modell-Ausgabemaske

## VII. Literaturverzeichnis


*ABC Systemhaus [Software, 2004]:*

Unternehmenspräsentation: Kreditsoft – [Software von Banken für Banken], Berlin, 2004.

*Accenture [Industry vision, 2003]:*

Banking industry vision, Frankfurt am Main, 2003.

*Akademie der Wissenschaften zu Berlin [Automatisierung, 1993]:*

Arbeitsgruppe Automatisierung, Arbeitswelt und Künftige Gesellschaft – Automatisierung und Wandel der betrieblichen Arbeitswelt, Berlin und New York, 1993.

*Albrecht, P. [Risikomodellierung, 2000]:*

Mathematische Modellierung von Kredit- und Marktrisiken, in: Schierenbeck/ Rolfes/ Schüller, Handbuch Bankcontrolling, Wiesbaden, 2000.

*Alnova Corporation [Produkt- und Gebührenmodellierung, 2002]:*

Überblick Produkt- und Gebührenmodellierung (Marketing-Broschüre), Madrid, 2002.

*Ambros, H. [Strukturwandel, 2001]:*

Multi-Channel – Strukturwandel im Retail Banking, in: Schmoll, A./ Ronzal, W. (Hrsg.): Neue Wege zum Kunden: Multi-Channel-Vertrieb im Bankgeschäft, Wiesbaden, 2001, S. 240-252.

*Ang, S. [IS outsourcing, 1998]:*

Production and transaction economies and IS outsourcing: a study of the U.S. banking industry, in: MIS Quarterly, Vol. 22, Nr. 4 1998, S. 535–552.

*Ansoff, H.L. [Strategic management, 1985]:*

Conceptual underpinnings of systematic strategic management, in: European Journal of Operational Research, Nr. 19, 1985, S. 2-19.

*Arrow, K.J. [Organization, 1969]:*

The organization of economic activity: Issues pertinent to the choice of market vs. non-market allocation, analysis and evaluation of public expenditures, 91st Congress, Joint Economic Committee 1, Part 1, Section A, Washington, 1969, S. 47-63.

*BaKred [Grundsatz I, 1997]:*

Bundesaufsichtsamt für das Kreditwesen: Bekanntmachung über die Änderung und Ergänzung der Grundsätze über das Eigenkapital und die Liquidität der Kreditinstitute, Berlin, 1997.

*Bank for International Settlements (BIS) [Working paper 12, 2003]:*

The Basel Committee on Banking Supervision, Working Paper No. 12, Markets for Bank Subordinated Debt and Equity in Basel Committee Member Countries, 2003. Erhältlich unter www.bis.org.

*Barlevy, G./ Veronesi, P. [Rational panics and crashes, 2003]:*

Rational Panics and stock market crashes, in: Journal of Economic Theory, Vol. 110, 2003, S.234-263.

*Basler Ausschuss für Bankenaufsicht [Eigenkapitalrichtlinie, 2001]:*

Die neue Basler Eigenkapitalvereinbarung, Konsultationspapier des Basler Ausschusses für Bankenaufsicht, Bank für Internationalen Zahlungsausgleich (Hrsg.), Basel, 2001.

*Batten, J.A./ Ellis, C./ Hogan, W.P. [Volatility scaling, 1999]:*

Scaling the Volatility of Credit Spreads: Evidence from Australian Dollar Eurobonds, Nanyang Technological University, Department of Banking and Finance Working Paper No. 99-03, 1999. Erhältlich unter: http://ssrn.com/abstract=159648.

*Bauer, W./ Ryser, M. [Risk management strategies, 2004]:*

Risk management strategies for banks, in: Journal of Banking and Finance, Heft 28, 2004, S.331-352.

*Bamberg, G./ Coenenberg, A.G., [Entscheidungslehre, 2004]:*

Betriebswirtschaftliche Entscheidungslehre, München, 2004.

*Baxmann, U.G. [Kostenjäger, 2004]:*

Im Visier der Kostenjäger, Sonderbeilage der FAZ: Bank der Zukunft, Nr. 82, 2004, S. B2.

*Bearing Point [Kreditbackoffice-Dienstleistungen, 2003]:*

Leistungsvergleich der Serviceprovider für Kreditbackoffice-Dienstleistungen in Deutschland, Frankfurt am Main, 2003.

*Beck, T. [Deposit insurance Germany, 2002]:*

Deposit insurance as private club: is Germany a model?, in: The Quarterly Review of Economics and Finance, Vol. 42, 2002, S. 701-719.

*Bedoni, M. [Aggregate bank model, 1987]:*

Strategies simulation in an aggregate bank model, in: European Journal for Operational Research, Heft 30, 1987, S. 24-29.

*Benölken, H./ Wings, H. [Lean banking, 1994]:*

Lean banking - Wege zur Marktführerschaft: von der Konzeption zur Realisierung, Wiesbaden, 1994.

*Bergmann, M. [Qualitätsmanagement, 1996]:*

Qualitätsmanagement in Kreditinstituten - Verfahren zur Messung und Steuerung der Dienstleistungsqualität und deren Implementierung, Frankfurt am Main, 1996.

*Bernet, B. [Finanzintermediation, 2003]:*

Institutionelle Grundlagen der Finanzintermediation, München, 2003.

*Bertsimas, D. et al. [Shortfall, 2000]:*

Bertsimas, D., Lauprete, G.J., Samarov, A., Shortfall as a risk measure: properties, optimization and applications, Working Paper, MIT Sloan School of Management, 2000.

*Bestmann, U. [Kompendium, 1997]:*

Kompendium der Betriebswirtschaftslehre, München/ Wien, 1997.

*Bertsekas, D.P. [Dynamic programming, 1987]:*

Dynamic programming: Deterministic and stochastic models, Englewood Cliffs, 1987.

*Bessler, W./ Booth, G.G. [Risk management model, 1994]:*

An interest rate risk management model for commercial banks, in: European Journal for Operational Research, Vol.74, S.243-256, 1994.

*Bielenberg, U. [Bankmarketing, 1997]:*

Bankmarketing: Schlanke Strukturen und Servicequalität als strategische Aufgaben für Universalkreditinstitute, München und Mering, 1997.

*Bierer, H./ Fassbender, H./ Rüdel, T. [Weg zur „schlanken Bank“, 1992]:*

Auf dem Weg zur "schlanken Bank", in: Die Bank, Nr. 9, 1992, S. 500-506.

*Bieta, V./ Milde, H. [Der naive Umgang mit Risiken, 2005]:*

Der naive Umgang mit Risiken in Banken, in: Frankfurter Allgemeine Zeitung, 14.10.2005.

*Binner, H.F. [TQM-Umsetzung, 2000]:*

Prozessorientierte TQM-Umsetzung, München, 2000.

*Black, F./ Derman, E./ Toy, W. [One-factor model, 1990]:*

A one-factor model of interest rates and its application to treasury bond options, in: Financial Analyst Journal, Nr. 46, 1990, S. 33-39.

*Blanchard, O.J./ Watson, M.W. [Rational expectations, 1982]:*

Bubbles, rational expectations and speculative markets, in: Wachtel, P., Crisis in Economic and Financial Structure: Bubbles, Bursts and Shocks, Lexington, 1982.

*Blanco, R./ Brennan, S./ Marsh, I.W. [Credit default swaps, 2004]:*

An empirical analysis of the dynamic relationship between investment-grade bonds and credit default swaps, Working Paper, Banco de Espana, 2004. Erhältlich unter: www.bde.es.

*Blejer, M.I./ Feldman, E.V./ Feltenstein, A. [Exogenous shocks, 2002]:*

Exogenous shocks, contagion, and bank soundness: a macroeconomic framework, in: European Journal for Operational Research, Heft 21, S.33-52, 2002.

*Bleymüller, J./ Gehlert, G./ Gülicher, H. [Statistik, 2004]:*

Statistik für Wirtschaftswissenschaftler, München, 2004.

*Börner, C.J. [Bankmanagement, 2000]:*

Strategisches Bankmanagement: ressourcen- und marktorientierte Strategien für Universalbanken, München und Wien, 2000.

*Bösch, G. [Produktionsmanagement im Bankbetrieb, 1992]:*

Produktionsmanagement im Bankbetrieb: Wettbewerbsfaktor Back-Office; Strategie, Organisation und Kultur, Bern u.a., 1992.

*Bösch, M. [Outsourcing im Transaction Banking, 2004]:*

Outsourcing im Transaction Banking: Theorie, Praxis und Ausblick, in: Die Bank, Nr. 2, 2004, S. 125-129.

*Brady, N. [Presidential task force, 1988]:*

Report of the Presidential Task Force on Market Mechanisms, Washington, 1988.

*Brealy, R.A./ Myers, S.C. [Corporate finance, 2000]:*

Principles of corporate finance, 6. Auflage, New York, 2000.

*Breuer, W. [Finanzintermediation, 1992]:*

Finanzintermediation und Kapitalmarktgleichgewicht, Wiesbaden, 1992.

*Bröker, F. [Quantifizierung von Kreditrisiken, 2000]:*

Quantifizierung von Kreditportfoliorisiken – Eine Untersuchung zu Modellalternativen und Anwendungsfeldern, Schriftenreihe des Zentrums für ertragsorientiertes Bankmanagement, Münster, Band 23, Frankfurt/M., 2000.

*Brockhaus [Enzyklopädie Band 10, 1989]:*

Enzyklopädie: in 24 Bd., Band 10, 20. Auflage, Mannheim, 1999.

*Brockhaus [Enzyklopädie Band 11, 1989]:*

Enzyklopädie: in 24 Bd., Band 11, 20. Auflage, Mannheim, 1999.

*Brodt, A.I. [Balance sheet management model, 1978]:*

Dynamic Balance Sheet management model for a Canadian chartered bank, in: Journal of Banking and Finance, Nr. 2, 1978, S. 221-241.

*Broussard, J.P./ Booth, G.G. [Extreme values, 1998]:*

The behavior of extreme values in Germany's stock index futures: an application to intradaily margin setting, in: European Journal of Operational Research, Nr. 104, 1998, S. 393-402.

*Bruckner, B. [Bonitätsbeurteilung, 1996]:*

Neue Wege in der Bonitätsbeurteilung von Firmenkunden, Wien, 1996.

*Bühler, S./ Jäger, F. [Einführung, 2002]:*

Einführung in die Industrieökonomik, Berlin u.a., 2002.

*Büsch, O. [Industrialisierungsforschung, 1979]:*

Industrialisierung und Geschichtswissenschaft: Ein Beitrag zur Thematik und Methodologie der historischen Industrialisierungsforschung, 2. Auflage, Berlin, 1979.

*Büschgen, H.E. [Bankbetriebslehre, 1998]:*

Bankbetriebslehre: Bankgeschäfte und Bankmanagement, 5. Auflage, Wiesbaden, 1998.

*Büschgen, H.E. [Bankmarketing, 1995]:*

Bankmarketing, Düsseldorf, 1995.

*Bullinger, H.-J. et al. [IT-Szenarien Finanzdienstleister, 2002]:*

IT-Szenarien Finanzdienstleister 2002plus, Stuttgart, 2002.

*Bundesaufsichtsamt für das Kreditwesen (Hrsg.) [MaH, 1995]:*

Bundesanstalt für Finanzdienstleistungsaufsicht: Verlautbarung über Mindestanforderungen an das Betreiben von Handelsgeschäften der Kreditinstitute (MaH), Berlin, 23.10.1995.

*Bundesverband deutscher Banken [Banken 2004, 2004]:*

Banken 2004 - Fakten, Meinung, Perspektiven, 2004. Erhältlich unter www.bankenbericht.de (02.01.2005).

*Bundesverband deutscher Banken [Statistik Service, 2003]:*

Statistik Service: Anzahl der Geldautomaten, 2003. Erhältlich unter www.bankenverband.de (22.09.2004).

*Burmester, C./ Siegl, T. [Strategieorientierte Simulation, 2001]:*

Strategieorientierte Simulation in der Gesamtbanksteuerung für Markt- und Kreditrisiko, in: Eller, R., Handbuch Gesamtbanksteuerung, Stuttgart, 2001, S. 103 – 120.

*Calvet, L.E./ Fisher, A.J. [Multifractal model, 2002]:*

A Multifractal Model of Asset Returns: Theory and Evidence, in: The Review of Economics and Statistics, Nr. 3, 2002, S. 381-406.

*Campell, R./ Huisman, R./ Koedijk, K. [Optimal portfolio selection, 2001]:*
Optimal portfolio selection in a Value at Risk framework, in: Journal of Banking and Finance, Vol. 25, 2001, S. 1789-1804.

*Caplin, A./ Leahy, J. [Market crashes, 1994]:*
Business as usual, market crashes and wisdom after the fact, in: The American Economic Review, Vol. 84, Nr. 3, 1994, S.548-565.

*Carino, D.R./ Myers, D.H./ Ziemba, W.T. [Concepts, 1995]:*
Concepts, technical issues and uses of the Russel-Yasuda Kasai financial planning model. Technical report, Tacoma, 1995.

*Celent Communications [Trends in European banking, 2004]:*
IT spending trends in European banking, London, 2004.

*Ciarlet, P.G. [Numerical Linear Algebra, 1993]:*
Introduction to Numerical Linear Algebra and Optimisation, Cambridge, 1989.

*Coase, R.H. [Firm, 1937]:*
The nature of the firm, in: Economica, Nr. 4, 1937, S. 386-405.

*Cornett, M.M./ Mehran, H./ Tehranian, H. [Financial markets, 1998]:*
Are Financial Markets Overly Optimistic about the Prospects of Firms That Issue Equity? Evidence from Voluntary versus Involuntary Equity Issuances by Banks, in: The Journal of Finance, Vol. 53, Nr. 6, 1998, S. 2139 -2159.

*Corsten, H. [Produktionswirtschaft, 2000]:*
Produktionswirtschaft: Einführung in das industrielle Produktionsmanagement, 9. Auflage, München und Wien, 2000.

*Crama, Y./ Schyns, M. [Simulated annealing, 2003]:*
Simulated annealing for complex portfolio selection problems, in: European Journal for Operational Research, Nr. 150, S. 546-571, 2003.

*Crecelius, J./ Sievi, C. [Gesamtbankrisiko-/ Ertragsstatus, 2004]:*
Integration aller Risiken und Chancen zu einem Gesamtbankrisiko-/ Ertragsstatus, in: Die Bank, Heft 4/ 2004, S. 274-281, 2004.

*Crouhy, M./ Galai, D./ Mark, R. [Credit risk models, 2000]:*
A comparative analysis of current credit risk models, in: Journal of Banking and Finance, Vol. 24, 2000, S. 59-117.

*Datamonitor [Core systems, 2002]:*
Core systems in European retail banking, 2001-2005: Still waiting for the top tier banks, London, 2002.

*de Bondt, W.F.M./ Thaler, R. [Overreaction, 1985]:*
Does the Stock Market Overreact?, in: The Journal of Finance, Vol. 3, 1985, S. 793-805.

*de Matteo, T./ Aste, T./ Dacorogna, M.M. [Long term memories of markets, 2004]:*

Long term memories of developed and emerging markets, in: The Journal of Banking and Finance, 2004 (article in press).

*Deppe, H.-D. [Wachstum, 1969]:*

Bankbetriebliches Wachstum, Stuttgart, 1969.

*Dermine, J./ Bissada, Y.F. [Asset and liability management, 2002]:*

Asset and Liability Management, London, 2002.

*Dermine, J./ Lajeri, F. [Deposit insurance, 2001]:*

Credit risk and deposit insurance premium: a note, in: Journal of Economics and Business Vol.53, 2001.

*Deutsche Bundesbank [KWG, 1998]:*

Gesetz über das Kreditwesen, in: Bankrechtliche Regelungen, Bd.2., Frankfurt am Main, 1998.

*Deutsche Bundesbank [Geschäftsbericht, 1997]:*

Geschäftsbericht, 1997, erhältlich unter: http://www.bundesbank.de/download/volkswirtschaft/jahresberichte/1997gb_bbk.pdf

*Dibbern, J./ Güttler, W./ Heinzl, A. [Outsourcing Erklärungsansatz, 2001]:*

Die Theorie der Unternehmung als Erklärungsansatz für das selektive Outsourcing der Informationsverarbeitung, in: Zeitschrift für Betriebswirtschaft (ZfB), Vol.71, Heft 6, 2001, S.675-700.

*Ditt, K./ Pollard, S. [Von der Heimarbeit in die Fabrik, 1992]:*

Von der Heimarbeit in die Fabrik: Industrialisierung und Arbeiterschaft in Leinen- und Baumwollregionen Westeuropas während des 18. und 19. Jahrhunderts, Paderborn, 1992.

*Dresel, T./ Kern, M./ Rudolph, B. [Risikosteuerung, 2000]:*

Die Steuerung von Markt- und Kreditrisiken in Banken, Arbeitspapier im Rahmen des DFG-Projekts „Integriertes Risikomanagement für die Gesamtbank", 2000.

*Dresel, T./ Johanning, L./ Kern, M. [VaR-Limitsteuerung, 2000]:*

Die Berücksichtigung von Korrelationen bei der VaR-Limitsteuerung, Arbeitspapier im Rahmen des DFG-Projekts „Integriertes Risikomanagement für die Gesamtbank", 2000.

*Eberhard, S. [Taylorismus, 1995]:*

Abschied vom Taylorismus: Mitarbeiterführung in schlanken Unternehmen, Leonberg, 1995.

*E-Finance Lab [Outsourcing, 2004]:*

Schaffen Outsourcing-Ankündigungen Shareholder Value?, Vortrag auf der Frühjahrstagung des E-Finance Lab, 26.02.2004 (Tom Gellrich und Lars Friedrich).

*Eftekhari, B./ Pedersen, C.S./ Satchell, S.E. [Volatility of risk measures, 2000]:*

On the volatility of measures of financial risk, in: The European Journal of Finance, Vol. 6, 2000, S. 18-38.

*Eilenberger, G. [Bankbetriebswirtschaftslehre, 1997]:*

Bankbetriebswirtschaftslehre: Grundlagen - internationale Bankleistungen – Bankmanagement, 7. Auflage, München und Wien, 1997.

*Eller, R. [Gesamtbanksteuerung, 2001]:*

Handbuch Gesamtbanksteuerung, Stuttgart, 2001.

*Elschen, R. [Neues Aufsichtsrecht, 2002]:*

Banken im Wettbewerb – Wer profitiert vom neuen Aufsichtsrecht?, in: Tietmeyer, H./ Rolfes, B., Basel II – Das neue Aufsichtsrecht und seine Folgen, Wiesbaden, 2002.

*Euroforum [Banken, 2003]:*

5. Euroforum Jahrestagung: Vortrag - SAP in Banken, 2003.

*Evanoff, D.D./ Wall, L.D. [Measures of bank riskiness, 2002]:*

Measures of the riskiness of banking organizations: Subordinated debt yields, risk-based capital, and examination ratings, in: Journal of Banking and Finance, Vol. 26, Nr. 5, 2002, S. 989-1009.

*Fama, E.F. [Efficient capital markets, 1970]:*

Efficient Capital Markets: A Review of Theory and Empirical Work, in: The Journal of Finance, Vol.25, Nr.2, Papers and Proceedings of the 28. Annual Meeting of the American Finance Association New York, N.Y., December 28-30, 1969, Mai 1970, S.383-417.

*Fama, E.F. [Efficient capital markets II, 1991]:*

Efficient Capital Markets II, in: The Journal of Finance, Vol. 46, Nr. 5, 1991, S. 1575-1617.

*Fama, E.F. [Market efficiency, 1998]:*

Market Efficiency, long-term Returns and Behavioral Finance, in: Journal of Financial Economics, Vol. 49, 1998, S. 283-306.

*Färber, G./ Kirchner, J. [Gesamtbankinfrastruktur, 2003]:*

SAP Bank Analyzer 3.0 – Gesamtbankinfrastruktur, IAS- und Basel II-Lösungen der SAP, Bonn, 2003.

*Fischer, T. M. [EVA, 1999]:*

Economic Value Added (EVA) – Informationen aus der externen Rechnungslegung zur internen Unternehmenssteuerung, HHL-Arbeitspapier Nr. 27, Leipzig 1999.

*Fisher, R.A./ Tippett, L.H.C. [Frequency distribution, 1928]:*

Limiting forms of the frequency distribution of the largest and smallest member of a sample, in: Proceedings, Cambridge Philosophy Society 24/2, 1928, S. 180-190.

*Flämig, M. [Managementtheorien, 1998]:*

Naturwissenschaftliche Weltbilder in Managementtheorien: Chaostheorie, Selbstorganisation, Autopoesie, Frankfurt am Main und New York, 1998.

*Franke, D. [Banken der Welt, 2004]*

Die 1.000 größten Banken der Welt - wieder auf Kurs, in: Die Bank, Nr. 11, 2004, S. 29-33.

*Franke, D. [Crash, 2004]*

Die Dynamik des Crashs, in: Die Bank, Nr. 8, 2004, S. 8-13.

*Friedrich, L. et al. [Intelligentes Sourcing, 2004]:*

Intelligentes Sourcing – eine theoretische Fundierung, abrufbar unter www. efinancelab.de (22.07.2004).

*Froot, K.A./ Stein, J.C. [Risk management, 1998]:*

Risk management, capital budgeting and capital structure policy for financial institutions: an integrated approach, in: Journal of Financial Economics, Vol. 47, 1998, S. 55-82.

*Gaivoronski, A.A./ Krylov, S./ van der Wijst, N. [Optimal portfolio selection, 2004]:*

Optimal portfolio selection and dynamic benchmark tracking, in: European Journal for Operational Research, 2004, Article in press.

*Gantenbein, P./ Spremann, K. [Protection management, 2003]:*

Protection management bei variabler Korrelation, Working Paper Schweizerisches Institut für Banken und Finanzen, Universität St. Gallen, 2003. (erhältlich unter: www.spremann.ch/Papers/157pro.pdf )

*Genotte, G./ Leland, H. [Market liquidity, 1990]:*

Market Liquidity, Hedging and Crashes, in: The American Economic Review, Vol.80, Nr. 5, 1990, S. 999-1021.

*Gentle, J.E. [Linear Algebra, 1993]:*

Numerical Linear Algebra for Applications in Statistics, Berlin, 1998.

*Germann, U. [Vertrieb, 2004]:*

Mehr Ertrag im Vertrieb, in: Bankmagazin, Nr. 9, 2004, S. 14-20.

*Gissel, R. [Wertpapierbereich, 2004]:*

Strukturkrise der Banken - ein Lösungsansatz für den Wertpapierbereich, in: Kreditwesen, Ausgabe Technik, Nr. 2, 2004, S. 15-19.

*Gjerde, O./ Semmen, C. [Capital requirements, 1995]:*

Risk-based capital requirements and bank portfolio risk, in: Journal of Banking and Finance, Vol.19, 1995, S. 1159-1173.

*Goedeckemeyer, K.-H. [Konsolidierungsdruck, 2004]:*

Zunehmender Konsolidierungsdruck im US-Bankensektor, in: Die Bank, Nr. 5, 2004, S. 296-299.

*Golub, B. et al. [Stochastic programming model, 1995]:*

A stochastic programming model for money management, in: European Journal of Operational Research, Nr. 85, 1995, S. 282-296.

*Gordy, M.B. [Credit risk models, 2000]:*

A comparative anatomy of credit risk models, in: Journal of Banking and Finance, Vol. 24, 2000, S. 119-149.

*Grabher, G. [De-Industrialisierung, 1988]:*

De-Industrialisierung oder Neo-Industrialisierung?: Innovationsprozesse und Innovationspolitik in traditionellen Industrieregionen, Berlin, 1988.

*Grimmer, J.U. [Gesamtbanksteuerung, 2003]:*

Gesamtbanksteuerung – Theoretische und empirische Analyse des Status Quo in der Bundesrepublik Deutschland, Österreich und der Schweiz, Wiesbaden, 2003

*Grootveld, H./ Hallerbach, W. [Variance vs. downside risk, 1999]:*

Variance vs. downside risk: is there really that much difference?, in: European Journal for Operational Research, Vol. 114, 1999, S. 304-319.

*Gropp, R./ Vesala, J./ Vulpes, G. [Bank fragility, 2004]:*

Market indicators, bank fragility and indirect market discipline, in: Economic Policy Review (Federal Reserve Bank of New York), Vol. 10, Nr. 2, 2004, S. 53-63.

*Grossman, S.J./ Hart, O. [Principal agent-problem, 1983]:*

An analysis of the Principal Agent-Problem, in: Econometrica, 51. Jg., 1983, S. 7-45.

*Grossman, S. [Stock market efficiency, 1976]:*

On the Efficiency of Competitive Stock Markets where Traders have Diverse Information, in: Journal of Finance, Vol.31, Nr.2, Papers and Proceedings of the 34. Annual Meeting of the American Finance Association Dallas, Texas, December 28-30, 1975, Mai 1976, S. 573-585.

*Gruber, W. [Risikomessung, 2001]:*

Konzepte zur Messung von Markt- und Kreditrisiken, in: Eller, R.: Handbuch Gesamtbanksteuerung, Stuttgart, 2001, S. 81-101.

*Grubmann, N. [Simulation model, 1987]:*

BESMOD: A strategic balance sheet simulation model, in: European Journal of Operational Research, Nr. 30, 1987, S. 30-34.

*Hadar, J./ Russel, W.R. [Uncertain prospects, 1969]:*

Rules for ordering uncertain prospects, in: The American Economic Review, Vol. 59, 1969, S. 25-34.

*Hallerbach, W.G. [Portfolio Value at Risk, 1999]:*

Decomposing Portfolio Value at Risk: a general analysis, Working Paper, Erasmus University Rotterdam, 1999.

*Hambücher, H. [Bankfiliale, 2001]:*

Die zukünftige Rolle der Bankfiliale: Ein neues Vertriebskonzept - ein neuer Filialtyp, in: Schmoll, A. / Ronzal, W. (Hrsg.): Neue Wege zum Kunden: Multi-Channel-Vertrieb im Bankgeschäft, Wiesbaden, 2001, S. 81-114.

*Hammes, W./ Shapiro, M. [Credit asset portfolios, 2001]:*

The implications of the new capital adequacy rules for portfolio management of credit assets, Journal of Banking & Finance, Vol. 25, 2001, S. 97-114.

*Harper, R.B. [Asset allocation, 2003]:*

Asset Allocation, Decoupling, and the Opportunity Cost of Cash, in: Journal of Portfolio Management, Vol. 29, 2003.

*Hatgioannides, J. [Modelling credit spreads, 2002]:*

Modelling credit spreads, in: Derivatives Use, Trading and Regulation, Vol. 8, Nr. 3, 2002, S. 204-208.

*Hein, M. [Bankbetriebslehre, 1993]:*

Einführung in die Bankbetriebslehre, 2. Auflage, München, 1993.

*Heine, M. [Wirtschaftsmetropole, 1989]:*

Von der Peripherie zur Wirtschaftsmetropole - und zurück: Grundzüge einer Theorie räumlicher Agglomerationsvorteile, Berlin, 1989.

*Hess, T. [Nachhaltiger Trend, 2004]:*

Netzwerke als nachhaltiger Trend für die Unternehmenspraxis?, Vortrag an der Universität Göttingen, 05.02.2004, abrufbar unter: http://www.wi2.wiso.uni-goettingen.de/getfile/ID_477/Vortrag_Hess.pdf (29.08.2004).

*Hirth, H. [Marktliquidität, 1999]:*

Marktliquidität, in: Enzyklopädisches Lexikon des Geld-, Bank- und Börsenwesens, Frankfurt/M., 1999.

*Hockmann, H.J./ Thießen, F. [Investment banking, 2002]:*

Handbuch Investment Banking, Stuttgart, 2002.

*Hodrick, R.J. [Market volatility, 1990]:*

Volatility in Foreign Exchange and Stock Markets: is it excessive?, in: The American Economic Review, Vol. 80, Nr. 2, 1990, S. 186-191.

*Holtmann, C.-F./ Kleinheyer, N. [Kreditfabrik, 2003]:*

Strategische Schritte zur Errichtung einer Kreditfabrik, Publikation des OSGV (Ostdeutscher Sparkassen- und Giroverband) und SGVHT (Sparkassen- und Giroverband Hessen-Thüringen), 2003.

*Hornblower Fischer [Deutsche Bank, 2000]:*

Analystenreport Deutsche Bank, 05.12.2000 – Ratingherabsetzung, abrufbar unter: http://boerse.welt.de/analysen/analysen_detail.asp?AnalyseNr= 5774 (22.09.2004).

*Hügginger, S. [TQM bei Kreditinstituten, 1995]:*

Total Quality Management bei Kreditinstituten: Probleme, Konzepte, empirische Ergebnisse, München, 1995.

*Hügli, J. [Zertifizierung, 1997]:*

Zertifizierung nach ISO 9001 – auch für Banken ein erstrebenswertes Ziel, Bern, 1997.

*Hull, J./ Predescu, M./ White, A. [Credit default swap spreads, 2004]:*

The relationship between credit default swap spreads, bond yields, and credit rating announcements, in: The Journal of Banking and Finance, Vol. 28, 2004, S. 2789-2811.

*Humphries, N. [The power of the CDS, 2002]:*

The power of the CDS, in: Risk management for investors, Vol. 15, No. 9, 2002, erhältlich unter www.erisk.com.

*Institut für Weltwirtschaft [Automobilindustrie, 2000]:*

Kieler Arbeitspapier Nr. 1002: Globalisierung der Automobilindustrie: Neue Standorte auf dem Vormarsch, traditionelle Anbieter unter Druck?, Kiel, 2000.

*Jagtiani, J./ Lemieux, C. [Market discipline and bank failure, 2001]:*

Market discipline prior to bank failure, in: Journal of Economics and Business, Vol. 53, 2001, S. 313-324.

*James, C. [RAROC-based capital allocation, 1996]:*

RAROC based capital budgeting and performance evaluation: a case study of bank capital allocation, Working Paper, The Wharton Financial Institutions Center, 1996.

*Jarrow, R.A./ Turnbull, S.M. [Intersection of risk, 2000]:*

The intersection of market and credit risk, in: Journal of Banking and Finance, Vol. 24, 2000, S.271-299.

*Jenkins, S. [Distribution and marketing game, 2004]:*

Winning at the distribution and marketing game to achieve high powered growth, abrufbar unter http://www.bsa.org.uk/Events/Event/PDFs/BSConf-2004/SimonJenkins.pdf (09.10.2004).

*Jobst, N.J./ Zenios, S.A. [Simulation of securities, 2003]:*

On the Simulation of portfolios of interest rate and credit risk sensitive securities, in: European Journal for Operational Research, 2003 (article in press).

*Johansen, A./ Sornette, D. [Bubbles and anti-bubbles, 2001]:*

Bubbles and anti-bubbles in Latin-American, Asian and Western stock markets: an empirical study, in: International Journal of Theoretical and Applied Finance, Vol. 4, 2001, S. 853-920.

*J.P.Morgan – Morgan Guaranty Trust Company, Risk Management Research [CreditMetrics – Technical Document, 1997]:*

CreditMetrics™ – Technical Document, The benchmark for understanding credit risk, New York, 1997.

*J.P.Morgan – Morgan Guaranty Trust Company, Risk Management Research [RiskMetrics – Technical Document, 1994]:*

RiskMetrics™ – Technical Document, New York, 1994.

*Kahneman, D./ Slovic, P./ Tversky, A. [Uncertainty, 1982]:*

Judgment under uncertainty: Heuristics and Biases, New York, 1982.

*Kahneman, D./ Tversky, A. [Psychology of prediction, 1973]:*

On the Psychology of Prediction, in: Psychological Review, Vol. 80, 1973, S. 237-251.

*Kahneman, D./ Tversky, A. [Prospect theory, 1979]:*

Prospect Theory: An Analysis of Decision Making Under Risk, in: Econometria, 1979, S. 263-291.

*Kallberg, J.G./ White, R.W./ Ziemba, W.T. [Financial planning, 1982]:*

Short term financial planning under uncertainty, in: Management Science, Nr. 28, 1982, S. 670-682.

*Kaminsky, G.L./ Reinhart, C.M. [Financial markets, 2002]:*

Financial markets in times of stress, in: Journal of Development Economics, Vol. 69, 2002, S.451-470.

*Kang, S.-D. [Fordismus, 1994]:*

Fordismus und Hyundäismus: Rationalisierung und Wandel der Automobilindustrie in der BRD und in Südkorea, Frankfurt am Main u.a., 1994.

*Kappeldorf, G. [Automobilindustrie, 2004]:*

Entwicklung in der Automobilindustrie, Vortrag an der Universität Bochum, 30.03.2004.

*Kaizoji, T. [International financial crises, 2001]:*

A model of international financial crises, in: Physica A, Vol. 299, 2001, S. 279-293.

*Kearney, C. [International transmission, 2000]:*

The determination and international transmission of stock market volatility, in: Global Finance Journal, Nr. 11, 2000, S. 31-52.

*Kern, W. [Produktionswirtschaft, 1996]:*

Handbuch der Produktionswirtschaft, Stuttgart, 1996.

*Keuper, F. [Management, 2001]:*

Strategisches Management, München und Wien, 2001.

*Keynes, J.M. [General theory, 1936]:*

The General Theory of Employment, Interest and Money, Chicago, 1936.

*KfW (Kreditanstalt für Wiederaufbau) [Auswirkungen auf die Mittelstandsfinanzierung, 2003]:*

Basel II – Aktueller Stand und Auswirkungen auf die Mittelstandsfinanzierung, 2003, abrufbar unter: http://www.kfw.de/DE/Research/Publikatio94/Mittelstan45/Internatio27/Periodikum30_BaselII.pdf (09.01.2005).

*Kiehling, H. [Kursstürze, 1991]:*

Kursstürze am Aktienmarkt, München, 1991.

*Kiesel, R./ Schmid, B. [Stochastische Modellierung, 2000]:*

Aspekte der stochastischen Modellierung von Ausfallwahrscheinlichkeiten in Kreditportfoliomodellen, Working Paper, London School of Economics and Political Science, London, 2000.

*Kilka, M./ Weber, M. [Home bias, 2000]:*

Home Bias in International Stock Return Expectations, in: The Journal of Psychology in Financial Markets, Vol. 1, 2000, S. 176-192.

*King, M. [Transmission of volatility, 1990]:*

Transmission of volatility between stock markets, in: The Review of Financial Studies, Vol. 3, Nr. 1, 1990, S.5-33.

*Klein, W./ Goebel, R. [Gesamtbanksteuerung, 1999]:*

Gesamtbanksteuerung – Bündelung von Kompetenz in der Sparkassenorganisation, in: Sparkasse, Nr. 6, 1999, S. 255-266.

*Köhler, T./ Fink, D. [Innovationspartnerschaft, 2003]:*

Outsourcing 2007 - Von der IT-Auslagerung zur Innovationspartnerschaft: Eine Marktanalyse zu aktuellen Trends und Entwicklung im deutschsprachigen Outsourcing Markt. Accenture und IMCS (Institute of Management and Consulting Science), 2003.

*Krämer, W./ Runde, R. [German stock returns, 1996]:*

Stochastic Properties of German Stock Returns, in: Empirical Economics, Vol. 21, 1996, S. 281-306.

*Krichel, M./ Schwind, K. [Immobilienfinanzierungsgeschäft, 2003]:*

Immobilienfinanzierungsgeschäft im Umbruch. Wertschöpfung zwischen Konsolidierung, Spezialisierung und Expansion, in: Betriebswirtschaftliche Blätter, Nr. 8, August 2003, S. 1-7.

*Kuritzes, A. [Active credit portfolio management, 1998]:*

Active credit portfolio management, erisk.com Newsletter, 1.7.1998.

*Kusy, M.I./ Ziemba, W.T. [Asset and liability management model, 1986]:*

A bank Asset and Liability Management model, in: Operations Research, Nr. 34, 1986, S. 356-376.

*Lacity, M./ Willcocks, L./ Feeny, D. [Outsourcing, 2004]:*

Commercializing the back office at Lloyds of London: Outsourcing and strategic partnerships revisisted, in: European Management Journal, Vol. 22, Nr. 2, 2004, S. 127-140.

*Lamberti, H.-J./ Pöhler, A. [Industrialisierung des Backoffice, 2003]:*

Die Industrialisierung des Backoffice am Beispiel der etb, in: Lamberti, H.-J./ Marliere, A./ Pöhler, A. (Hrsg.): Management von Transaktionsbanken, Berlin et u.a., 2003, S. 3-38.

*Laux, H. [Entscheidungstheorie, 1998]:*

Entscheidungstheorie, 4. Auflage, Berlin, 1998.

*Lieber, K./ Moormann, J. [Six Sigma, 2004]:*

Six Sigma: Neue Chancen zur Produktivitätssteigerung, in: Die Bank, Nr. 1, 2004, S. 28-33.

*Lin, W.L./ Engle, R.F./ Ito, T. [Bulls and bears across borders, 1994]:*

Do bulls and bears move across borders? Transmission of stock returns and volatility, in: The Review of Financial Studies, Vol. 7, Nr. 3, 1994, S. 507-538.

*Linn, N./ Krotsch, S./ Riese, C. [Banken, 2002]:*

Banken in der Wertfalle – Effizienz- und Wachstumsstrategien für eine Branche in der Krise, Frankfurt am Main, 2002.

*Lubich, R./ Rebouillon, J. [Wie industrialisiert man eine Bank, 2004]:*

Wie industrialisiert man eine Bank, in: Bankmagazin, Nr. 10, 2004, S. 27.

*Macchi, M. [Effiziente Vertriebsmodelle, 2002]:*

Multikanal-Management - Wertgenerierung durch effiziente Vertriebsmodelle, in: Krotsch, S./ Linn, N./ Riese, C. (Hrsg.): Banken in der Wertfalle, Frankfurt am Main, 2002, S. 117-133.

*Malz, A.M. [Financial crises, 2001]:*

Financial crises, implied volatility and stress testing, Working Paper 01-01, RiskMetrics Group, 2001. (erhältlich unter www.riskmetrics.com).

*Makridakis, S.G./ Wheelwright, S.C. [Interrelationships among stock exchanges, 1974]:*

An analysis of the interrelationships among the worlds major stock exchanges, in: Journal of Business Finance and Accouting, Nr. 1, 1974, S. 195-215.

*Markowitz, H.M. [Portfolio selection, 1952]:*

Portfolio selection, in: The Journal of Finance, Nr. 7, 1952, S. 77-91.

*Mausser, H./ Rosen, D. [Beyond VaR, 1998]:*

Beyond VaR: From measuring risk to managing risk, ALGO Research Quarterly, Vol. 1, 1998, S. 5 -20. (erhältlich unter www.gloriamundi.org).

*McNeil, A.J./ Frey, R. [Estimation of tail-related risk measures, 2000]:*

Estimation of tail-related risk measures for heteroscedastic financial time series: an extreme value approach, in: Journal of Empirical Finance, Vol. 7, Nr. 3-4, 2000, S. 271-300.

*Merton, R.C. [Pricing of corporate debt, 1974]:*

On the pricing of corporate debt: The risk structure of interest rates, in: Journal of Finance 29, 1974.

*Meyer zu Selhausen, H. [Bankbetriebswirtschaftslehre, 2000]:*

Bankinformationssysteme: Eine Bankbetriebswirtschaftslehre mit IT-Schwerpunkt, Stuttgart, 2000.

*Mohandas, P. [Six Sigma, 2003]:*

More banks go Six Sigma, abrufbar unter www.thehindubusiness-line.com (28.11.2003).

*Moody's Investor Service [Measuring private firm default risk, 1999]:*

Measuring private firm default risk, 1999, www.moodys.com/ research.nsf/index.

*Moormann, J. [CRM in Banken, 2002]:*

CRM in Banken - ein prozessorientierter Ansatz, Vortrag auf der European Banking Technology Fair, 29.10.2002.